AVIÉNUS

LES PHÉNOMÈNES D'ARATOS

COLLECTION DES UNIVERSITÉS DE FRANCE
publiée sous le patronage de l'ASSOCIATION GUILLAUME BUDÉ

AVIÉNUS

LES PHÉNOMÈNES D'ARATOS

TEXTE ÉTABLI ET TRADUIT
PAR
JEAN SOUBIRAN
Professeur à l'Université de Toulouse-Le Mirail

Deuxième tirage

PARIS
LES BELLES LETTRES
2003

Conformément aux statuts de l'Association Guillaume Budé, ce volume a été soumis à l'approbation de la commission technique, qui a chargé M. Jean Beaujeu d'en faire la révision et d'en surveiller la correction en collaboration avec M. Jean Soubiran.

95 boulevard Raspail, 75006 Paris
www.lesbelleslettres.com

Première édition 1981

ISBN : 2-251-01020-3
ISSN : 0184-7155

INTRODUCTION

I. — Vie et œuvre

Il n'est pas facile d'écrire une biographie d'Aviénus[1]. Non que, comme il arrive, tout document fasse défaut. Mais, dans le foisonnement prosopographique du Bas-Empire, on ne discerne pas toujours si telle inscription, telle notice d'un historien ou d'un scholiaste concernent notre poète, un parent ou un simple homonyme. Il faudra donc, en présentant les pièces du dossier, distinguer ce qui est assuré, probable, possible, douteux, et se garder de trop audacieuses reconstructions. C'est pourquoi, plutôt qu'une biographie synthétique, nous présenterons une analyse critique des éléments connus ou supposés.

Repères chronologiques. Trois témoignages situent Aviénus vers le milieu du IVe siècle.

Aux livres I et V des *Institutions divines*, Lactance cite Cicéron et Germanicus traducteurs d'Aratos[2]. Du silence gardé sur Aviénus on déduit, avec grande vraisemblance, que notre poète est postérieur à Lactance.

1. Travaux fondamentaux, auxquels nous renverrons par abréviations dans tout ce qui suit : Fr. Marx, s. v. *Avienus*, 3, P. W., II (1896), 2386-2391 ; M. Schanz, *Gesch. der röm. Lit.*, IV, 1, 2e éd., München, 1914, p. 14-21 ; J. Matthews, *Continuity in a Roman family : the Rufii Festi of Volsinii*, Historia, XVI (1967), p. 484-509 ; A. H. M. Jones-J. R. Martindale-J. Morris, *The Prosopography of the Later Roman Empire*, vol. I, Cambridge, 1971, p. 336 sq.

2. *Inst.*, I, 21, 38, citation de German., 165-168 ; V, 5, 4, citation de German., 112 et 113 ; V, 5, 5, citation de Cic., *Ph. fr.*, XVII.

Or, les *Institutions divines* datent de 310, à très peu près[1].

C'est saint Jérôme qui, le premier, fait mention expresse des *Aratea* d'Aviénus : *Comm. Epist. ad Tit.*, I, 12, ... *quod hemistichium in Phaenomenis Arati legitur, quem Cicero in Latinum sermonem transtulit, et Germanicus Caesar, et nuper Auienus, et multi, quos enumerare perlongum est*[2]. Or, la date de ce texte est connue à un an près[3] : 386 après J.-C. Reste à savoir le laps de temps que sous-entend *nuper* : quelques mois? quelques années? un quart de siècle, ou même un peu plus? Car, pour Jérôme, Aviénus est de toute façon un auteur « récent » par rapport à Cicéron et Germanicus[4].

D'interprétation plus délicate est le témoignage de Servius qui, *ad Aen.*, X, 272[5], allègue les spéculations astrologiques d'Aviénus sur les comètes (cf. *infra*, p. 34). Comme le nom de cet Aviénus — qui est à coup sûr le nôtre — figure à la fois dans la notice de Servius et dans celle, plus copieuse, du Deutéro-Servius (cf. *Append.* II, p. 297 sq.), les spécialistes[6] en déduisent que les deux textes doivent remonter au commentaire virgilien d'Aelius Donat, source commune habituelle des deux Servius. Or, selon saint Jérôme, Donat *florebat* vers 354. Cette œuvre (perdue) d'Aviénus serait donc

1. Composition et publication des sept livres échelonnées entre 304 et 313 selon M. Schanz (*op. cit.*, III, 2e éd., 1905, p. 451) ; entre 307 et 313 selon Lietzmann (s. v. *Lactantius*, 1, P. W., XII, 353) ; entre 305 et 313 selon la plupart des chercheurs récents : cf. en dernier lieu M. Perrin, éd. de Lactance, *L'ouvrage du Dieu créateur*, Sources chrétiennes, no 213, Paris, 1974, t. I, p. 15 sq. et dépliant en fin de vol.

2. *Patrol. Lat.*, XXVI, 607, Migne.

3. M. Schanz, *op. cit.*, IV, 1, p. 470 ; F. Cavallera, *Saint Jérôme, sa vie et son œuvre*, Paris, 1922, t. II, p. 156.

4. J. Matthews, *op. cit.*, p. 487.

5. Et aussi ailleurs (cf. *infra*, p. 34 et Appendice II) ; mais c'est ce passage qui offre ici le plus d'intérêt.

6. P. Wessner, s. v. *Servius*, 8, P. W. IIte R., II, 1834-1848 (notamment 1839 sq.) ; Ch. E. Murgia, *Avienus's supposed iambic version of Livy*, Calif. Stud. in Class. Phil., III (1970), p. 185-197.

antérieure à 350 — sensiblement, si l'on admet que le commentaire de Donat était toujours compilé d'après ceux de prédécesseurs ; de peu, si l'on accepte une entorse à cette habitude en faveur d'un contemporain, peut-être d'un ami. Aviénus est en tout cas l'auteur le plus récent que cite le Deutéro-Servius.

Dédicataires des poèmes. L'œuvre d'Aviénus, qui consiste surtout en traductions du grec, n'est guère propice aux allusions historiques. Deux personnages seulement y sont nommés.

L'édition princeps (cf. *infra*, p. 79) nous conserve seule, en tête du *corpus* aviénien, une petite épître versifiée (cf. *infra*, p. 29) à un *Flauianus Myrmeicus*, *v. c.* Malheureusement, le personnage est inconnu. On a jadis proposé divers rapprochements[1], qui ne reposaient sur rien de précis. Le *cognomen* de *Myrmeicus*, rarissime, n'est porté par aucun Flavianus connu. Aussi bien la *Real-Encyclopädie* ne consacre-t-elle même pas d'article à ce correspondant d'Aviénus, que Jones-Martindale-Morris, à la suite de J. Matthews (*op. cit.*, p. 487), connaissent seulement à ce titre, sans l'identifier à quiconque.

L'*Ora Maritima* porte également, dans le texte cette fois (v. 1, 24, 51, 632), le nom du dédicataire, Probus. C'est à l'intention de ce jeune homme de sa parenté[2],

1. P. Monceaux (*Note sur un proconsul d'Afrique, le poète Aviénus*, Rev. Arch., 3e série, IX (1887), p. 194 sq.) songeait à Nicomachus Flavianus, historien et ami de Symmaque, personnage des *Saturnales* de Macrobe, vicaire d'Afrique en 377 (sur ce haut dignitaire, cf. O. Seeck, s. v. *Flavianus*, 14, P. W., VI, 2506-2511 ; Jones-Martindale-Morris, *op. cit.*, p. 347 sqq. ; J. Flamant, *Macrobe et le néo-platonisme latin à la fin du IVe siècle*, Leyde, 1977, p. 45-58). Pallu de Lessert (*Fastes des provinces africaines*, II, 62) préférait le Flavianus proconsul d'Afrique en 358/361 (cf. O. Seeck, s. v. *Flavianus*, 11, P. W., VI, 2506 ; Jones-Martindale-Morris, *op. cit.*, p. 344). Et il y a d'autres Flavianus au IVe siècle... Le contenu du poème d'Aviénus, très circonstanciel, n'offre rien d'utilisable.

2. *O. M.*, 14 sq. *(addo)... liberum temet loco / mihi esse amore*

intelligent et d'esprit curieux[1], qu'Aviénus, déjà dans sa maturité et depuis longtemps féru de géographie[2], rédigea, nous dit-il, ce périple en trimètres iambiques.

Qui est Probus? L'opinion la plus répandue[3] reconnaît en lui Sex. Claudius Petronius Probus, personnage éminent de la seconde moitié du IVe siècle. Né vers 328/330, proconsul d'Afrique dès 358, plusieurs fois préfet du prétoire entre 364 et 383, consul en 371 avec Gratien, mort vers 388, il nous est connu par une vingtaine d'inscriptions, plusieurs textes d'Ammien Marcellin, des mentions élogieuses de Symmaque, d'Ausone, de Claudien[4]. Poète comme son père et son grand-père, il dédia un recueil à Théodose, et il serait naturel qu'Aviénus, de son côté, lui eût offert une de ses œuvres. L'hypothèse aurait l'intérêt de nous fournir une date relativement précise. La dédicace d'Aviénus s'adressant manifestement à un tout jeune homme non encore avancé dans le *cursus honorum*, l'*Ora Maritima* daterait de

sanguinisque uinculo; 26 *quin et parentis credidi officium fore...*; 51 *pars mei cordis, Probe*; 632 *mi Probe*.

1. *O. M.*, 16-23.

2. *O. M.*, 7-11. L'expression du v. 7, *prolixa die*, est ambiguë. On peut comprendre : « puisque j'ai beaucoup de temps (= de loisir) » (ainsi J. Rius y Serra, éd. A. Schulten[2], p. 153 : « teniendo tiempo de sobras ») — ou bien : « puisque ma vie s'avance » (éd. D. Stichtenoth, p. 15 : « bei meinem hohen Alter ») — ce sens de *dies* = *uita* étant bien attesté (Virg., *Aen.*, X, 466 ; Sén., *H. O.*, 104, etc.) jusque chez Aviénus (*D. O. T.*, 545). Enfin, J. P. Murphy (éd., p. 3) rapporte *prolixa die* à Probus : « I did not think it right that at a mature age you do not have before you the shape of that region... », solution moins probable, car la sensible différence entre un jeune homme avide de s'instruire et un homme mûr est manifeste dans le ton affectueux et indulgent du poète (cf. *supra*, p. 9, n. 2).

3. Ainsi O. Seeck, s. v. *Anicius*, 45, P. W., I, 2207 ; A. Rostagni, *Storia della Letteratura Latina*, t. III, Torino, 1964, p. 559 ; J. Matthews, *op. cit.*, p. 487 sq. ; W. Seyfarth, *Sextus Petronius Probus, Legende und Wirklichkeit*, Klio, LII (1970), p. 419 ; Jones-Martindale-Morris, *op. cit.*, p. 740 (mais un point d'interrogation p. 336).

4. Cf. O. Seeck, *op. cit.*, 2205 sqq. ; *Q. Aurelii Symmachi quae supersunt*, M. G. H. A. A., VI (1883), p. XC-CVI ; W. Seyfarth, *op. cit.*, p. 411-425 ; Jones-Martindale-Morris, *op. cit.*, p. 736-740 ; H. Drexler, *Ammianstudien*, Spudasmata 31, Hildesheim, 1974, p. 65-78.

350 environ, 355 au plus tard[1], Mais aucun élément positif n'appuie cette identification. Aviénus ne mentionne évidemment aucune titulature, et nous ignorons tout d'une parenté entre les deux hommes, même si Aviénus, comme il est probable (cf. *infra*, p. 15 sq.), est lui aussi de rang sénatorial. D'autre part, Sex. Petronius Probus est chrétien, alors qu'Aviénus reste fidèle au paganisme[2].

Il est vrai qu'on a songé aussi[3] au troisième fils du précédent, Anicius Petronius Probus, consul en 406 après J.-C., *comes sacrarum largitionum* en 412-414[4]. Cela retarderait d'une trentaine d'années (vers 380/385?) la composition de l'*Ora Maritima*, toute proche, ainsi, de la notice de saint Jérôme. Mais, outre que nous ignorons (cf. *infra*, p. 33) les datations relatives des *Aratea* et de l'*Ora Maritima*, on croira difficilement — c'est un argument nouveau à verser au dossier — que, dédiant son poème au fils d'un haut dignitaire de l'Empire, comblé de titres et d'honneurs, Aviénus ait passé sous silence cette glorieuse filiation pour se présenter lui-même comme une sorte de père adoptif du jeune homme. Les expressions citées, *supra*, p. 9, n. 2, seraient, dans cette situation, pour le moins choquantes : comment un parent éloigné (oncle? cousin?) oserait-il se substituer ainsi à un père prestigieux?

Reste que le Probus immortalisé par Aviénus ne soit pour nous qu'un inconnu. C'est ce qu'est porté à croire M. Schanz (*op. cit.*, p. 15, n. 2) ; et peut-être n'a-t-il pas tort.

1. *Sic* J. Matthews, *loc. cit.*

2. Pour Sex. Petronius Probus, cf. Jones-Martindale-Morris, *op. cit.*, p. 739 (dernière ligne) ; pour Aviénus, cf. *infra*, p. 14.

3. Hypothèse mentionnée par M. Schanz (*op. cit.*, p. 15, n. 2), adoptée par A. Schulten[2] et D. Stichtenoth dans leurs éditions de l'*O. M.* (note au v. 1).

4. Sur ce personnage, beaucoup moins connu que son père, cf. O. Seeck, s. v. *Anicius*, 48, P. W., I, 2207.

Témoignages personnels. Dans cette décevante investigation demeurent à glaner deux notices qui attestent des voyages réellement effectués par notre géographe-poète[1]. Aviénus, en effet, se flatte d'avoir visité à Delphes le temple d'Apollon (*D. O. T.*, 603 sq.) :

Illic saepe deum conspeximus adridentem,
inter turicremas hic Phoebum uidimus aras[2].

Il a vu aussi Gadès déchue et son temple d'Hercule (*O. M.*, 270 sqq.) :

multa et opulens ciuitas
aeuo uetusto, nunc egena, nunc breuis,
nunc destituta, nunc ruinarum agger est.
Nos hoc locorum, praeter Herculaneam
sollemnitatem, uidimus miri nihil[3].

Rien ne nous dit encore à quelle occasion Aviénus effectua ces voyages : curiosité de « touriste » ou missions officielles? Deux vers des *Aratea* (71 sq.)

O mihi nota adyti iam numina Parnasei!
O per multa operum mea semper cura Camenae!

suggèrent déjà la seconde solution, en laissant deviner une double carrière de haut fonctionnaire (quelle autre eût assumée un homme de cette qualité?) et de poète : ainsi un Silius Italicus, un Ausone... Mais d'autres documents apportent des réponses plus précises.

1. Scepticisme injustifié de J. Matthews, *op. cit.*, p. 488 sq.

2. Rien d'équivalent dans l'original grec (Denys, *Périég.*, 444-446) : « ... dans le beau temple où souvent Apollon en personne, récemment arrivé de Milet ou de Claros, s'arrête et détache la corde de son carquois d'or. » Non sans audace, Aviénus calque et s'applique à lui-même les expressions (πολλάκις αὐτός) par lesquelles Denys évoquait le dieu.

3. Quoique la ou les source(s) de l'*O. M.* soient imparfaitement connues (cf. éd. A. Schulten², *passim*), il ne fait aucun doute, malgré J. Matthews, que ces vers évoquent un souvenir personnel : on notera le même emploi de *uidimus* qu'en *D. O. T.*, 604.

La dédicace à Nortia. Une belle plaque de marbre, aujourd'hui au Musée du Vatican, porte une double inscription métrique (*C. I. L.*, VI, 537) que l'on trouvera traduite et commentée dans l'Appendice I (cf. *infra*, p. 293 sqq.). Tout le problème est de savoir si le *R. Festus*, auteur des huit hexamètres, est notre poète. On l'a admis pendant des siècles, puisqu'une autre inscription, que l'on a d'abord crue antique et qui fut, au XIXe siècle, reconnue moderne[1], semble avoir accompagné les deux précédentes et confond sans équivoque le proconsul et le poète : R. FESTI. AVIENI V C / BIS. PROCONSVLIS / ET CELEBRIS POETAE / INSIGNIS MEMORIA.

Mommsen, cependant, éditeur du *C. I. L.*, VI[2], attribua la dédicace à Nortia non à notre poète, mais à l'historien Festus, auteur d'un *Breuiarium* dont nous aurons à reparler (cf. *infra*, p. 22 sqq.). C'est la solution qu'adoptèrent O. Seeck[3] et, plus récemment, H. G. Pflaum[4]. Il est vrai que, de toute façon, ce Festus et notre Aviénus ne seraient pas sans rapports. Pour Mommsen et Seeck, l'historien pourrait être le fils du poète : cela expliquerait l'expression du v. 1, *prolesque Auieni* (cf. *infra*, p. 14, n. 3). A la limite — et Mommsen ne l'exclut pas — l'historien et le poète pourraient être le même homme. Nous y reviendrons.

Sans toujours se prononcer sur ce dernier point, l'*opinio communis* fait du traducteur d'Aratos l'auteur et l'objet

1. Cf. *C. I. L.*, VI, 537, notice *ad loc.*

2. Cf. aussi, du même, *Ammians Geographica*, Hermes, XVI (1881), p. 605, n. 1 et 2.

3. S. v. *Festus*, 11, P. W., VI, 2257 sq.

4. *Les carrières procuratoriennes équestres sous le Haut Empire romain*, Paris, 1970, t. I, p. 566. H. G. Pflaum identifie en outre l'auteur du *Breuiarium* et le proconsul d'Afrique de 366, Iulius Festus Hymetius.

de l'inscription : Marx[1], Schanz[2], Dessau,[3] Garroni[4], Rostagni[5], Matthews[6], Fuhrmann[7], Jones-Martindale-Morris[8] en sont d'accord. Ils se fondent sur la similitude des noms, puisque les *incipit* et *explicit* de nos manuscrits et de l'édition princeps portent *Rufi Festi* (*Auieni*/*-nii*)[9], ainsi que sur des analogies d'expression entre les grands poèmes et l'inscription[10]. Ces analogies sont, en effet, si nombreuses (cf. Append. I, p. 294 sqq.) qu'on peut, sans le moindre doute, rapporter à notre Aviénus la double inscription — dédicace, peut-être, d'une statue du poète à la déesse Nortia[11], et épitaphe versifiée rédigée par son fils Placidus.

Cela admis, et malgré l'obscurité du v. 2, ce texte abonde en informations précieuses. D'abord, les Rufii Festi étaient païens : la dédicace même à Nortia, l'idée de destin qui s'exprime à nouveau au dernier vers, attestent une croyance toute stoïcienne au déterminisme universel. Voilà qui s'accorde avec le grand prooemium des *Aratea*, hymne à Jupiter âme du monde et monde lui-même (cf. *infra*, p. 42 sqq.), ainsi qu'avec le glorieux ancêtre évoqué au v. 1, Musonius Rufus. On verra plus loin comment d'autres inscriptions de Volsinies, berceau de la famille, permettent d'esquisser

1. P. W., II, 2387.
2. *Op. cit.*, p. 14 sq., 17.
3. *I. L. S.*, t. I, p. 575 — avec toutefois un léger doute : « Videtur esse Rufus, uel potius Rufius Festus Auienus qui scripsit phaenomena Arati aliaque... quamquam mirum est non ipsum dici Auienum, sed patrem eius. »
4. *L'iscrizione di Rufio Festo Avieno e l'autore del Breuiarium historiae Romanae*, Boll. della Commiss. archeol. communale in Roma, XLIII (1915), p. 123-135.
5. *Storia della Lett. Lat.*, t. III, p. 554 sq.
6. *Op. cit.*, p. 485 sq.
7. Der kleine Pauly, s. v. *Avienus*, I, 788.
8. *Prosopography...*, p. 336.
9. Pour une étude plus précise des noms du poète, cf. *infra*, p. 16 sq.
10. F. Marx, J. Matthews, *loc. cit.*
11. F. Marx, *op. cit.*, 2387.

une généalogie des Rufii Festi. Relevons pour le moment la mention *carmina multa serens*, qui recoupe parfaitement *Arat.*, 71 sq., commentés *supra*, et goûtons cette expression d'un bonheur familial — santé, mariage heureux, nombreux enfants — qui, si banale qu'elle soit dans les inscriptions du temps, reprend vie un instant et nous touche.

Les deux proconsulats. Reste la mention des deux proconsulats. Au IVe siècle, trois provinces seulement sont « proconsulaires » : Asie, Achaïe, Afrique[1]. On écartera donc l'hypothèse d'un proconsulat de Bétique, lancée jadis[2] au vu de la notice sur Gadès (cf. *supra*, p. 12).

En revanche, le proconsulat d'Achaïe est suggéré, non seulement par la visite à Delphes évoquée en *D. O. T.*, 603 sq. (cf. *supra*, p. 12), mais aussi par une inscription grecque[3] dont il est très plausible qu'elle célèbre notre Aviénus :

C. I. A., III, 1, 635 (Athènes) ⟨α⟩γαθη ⟨τυχη⟩ | τον λαμπροτατον α⟨ν⟩θυπατον | της Ελλαδος Ρουφιον Φηστον | και Αρεοπαγειτην η εξ Αριου | παγου βουλη και η βουλη των | τριακοσιων και ο δημος ο Αθη | ναιων ευνοιας ενεκα κλι *(sic)* ευερ | γεσιας της περι την πολιν ανε | στησεν προνοια Φλαβιου Πομ⟨πειου⟩ | δαδουχου του διασημοτατου και | απο κομιτων[4].

1. P. Monceaux, *art. cit.*, p. 192 ; H. Volkmann, s. v. *Proconsul*, Kl. Pauly, IV, 1149 ; cf. Jones-Martindale-Morris, *op. cit.*, p. 1072-1077.

2. F. Marx, *op. cit.*, 2388 ; M. Schanz, *op. cit.*, p. 17.

3. Sur un socle de marbre qui supportait sans doute la statue du proconsul. L'inscription est en capitales, les mots ne sont pas séparés.

4. Texte reproduit dans l'éd. Holder d'Aviénus, p. 175. Jones-Martindale-Morris (*op. cit.*, p. 713) hésitent entre les restitutions Πομπηΐου et Πομπηιάνου. Ils font, contre le *C. I. A.*, de δᾳδούχου un nom commun (le δᾳδοῦχος est un prêtre attaché à l'un des cultes d'Éleusis). Flavius Pompei(an)us, fonctionnaire d'un moindre rang (comme l'indiquent les derniers mots, il était *uir perfectissimus, ex comitibus*), est par ailleurs inconnu (Jones-Martindale-Morris, *loc. cit.*).

Tous les commentateurs, même ceux pour qui *C. I. L.*, VI, 537, ne concerne pas le poète, admettent que cette inscription explique l'un des deux proconsulats allégués au v. 4.

Pour l'autre, O. Seeck avait songé à l'Asie[1] ; mais c'est vers l'Afrique que s'était déjà tourné P. Monceaux[2], avec des arguments d'inégale valeur[3]. C'est l'Afrique que suggère une inscription inédite, récemment découverte à Bulla Regia et communiquée par R. P. Duncan-Jones à ses collègues britanniques[4] : *Abienii. eximiae integritatis uiro ac mir(a)e bonitatis exemplo, Postumio Rufio Festo...* Pas plus de date que précédemment[5], mais encore une fois les mêmes noms : *Rufius*, *Festus*, *Auien(i)us.* Tout concorde, et l'on est presque tenté de trouver que c'est trop beau. Répétons qu'il s'agit de fortes probabilités, non de certitudes.

Les noms d'Aviénus. Il est temps de récapituler et de discuter les données onomastiques. Sont attestés, dans les documents en notre possession, les noms suivants :

— *Postumius*, dans l'inscription de Bulla Regia seulement.

1. P. W., VI, 2257. Mais on se rappelle qu'il attribue tout ce *cursus* à l'auteur du *Breuiarium*, fils présumé de notre poète.

2. *Art. cit. supra*, p. 9, n. 1.

3. Dans la *D. O. T.* (330 sq.), Aviénus décrit les paysages et peint les types africains avec beaucoup de précision et de pittoresque. Dans l'*O. M.* (33-40, 277-284, 383, 412), il cite volontiers Salluste, Juba, Himilcon, auteurs à la mode dans l'Afrique romaine. Il est passé à Gadès. Il a les qualités et les défauts des Africains : coloris et pittoresque du style, goût de l'antithèse et du mot populaire, mépris de la grammaire et de la prosodie classiques [ceci très discutable]. Il se fait envoyer des grenades de Carthage par Flavianus Myrmeicus [que Monceaux identifie sans preuve avec Nicomachus Flavianus, cf. *supra*, p. 9, n. 1].

4. J. Matthews, *art. cit.*, p. 489 sq. ; Jones-Martindale-Morris, *op. cit.*, p. 336 ; A. Cameron, *Macrobius, Avienus and Avianus*, Class. Quart., N. S., XVII (1967), p. 392. Je n'en ai pas trouvé trace dans l'*Année épigraphique* (jusqu'au vol. de 1974).

5. Datation approximative par Mrs Joyce S. Gordon (cf. Appen-

— *Rufius* : seules attestations claires, le ΡΟΥΦΙΟΝ de l'inscription athénienne et le *Rufio* de Bulla Regia. En revanche, l'édition princeps d'Aviénus, copie d'un manuscrit perdu (cf. *infra*, p. 79) porte *Rufus* en tête de l'épître à Flavianus Myrmeicus. Dans tous les autres *incipit* et *explicit* de cette édition et des manuscrits, le génitif *Rufi*[1] est ambigu, comme le *R.* du titre dans *C. I. L.*, VI, 537 (et de l'inscription moderne).

— *Festus* : largement attesté, sans variante ni ambiguïté : *C. I. L.*, VI, 537, *Festus*, *Feste*; *C. I. A.*, III, 1, 635, ΦΗCΤΟΝ; inscription de Bulla Regia, *Festo*; adresse de l'épître à Flavianus Myrmeicus, *Festus*; *incipit* et *explicit* des manuscrits et de l'édition princeps, *Festi*.

— *Auien(i)us* : ici, divergence importante, la tradition hésite entre *-nus* et *-nius*.

. Ce nom manque dans l'inscription grecque, dans les *incipit* et *explicit* des manuscrits, dans l'édition princeps entre *Arat.* et *D. O. T.*, entre *D. O. T.* et *O. M.*

. Il a la forme ambiguë *Auieni* dans *C. I. L.*, VI, 537 (et l'inscription moderne), dans le *Gudianus* 132 (cf. *infra*, p. 86).

. *Auienus* se lit chez saint Jérôme (*loc. cit.*)[2].

. *Abienus* est chez Servius (cf. *supra*, p. 8)[3].

. *Auienius* se lit dans l'en-tête de l'épître à Flavianus Myrmeicus (éd. pr.) et dans D.-Servius, *ad Aen.*, X, 272 (ms. F) — cf. *Abiemus* (*-nius*) chez Servius, *ad loc.* (ms. F); *Auienii* est plusieurs fois dans l'édition princeps (*incipit* des *Arat.* et *explicit* de l'*O. M.*; mention liminaire *Hic codex auienii continet*...)[4]; *Abienii* est dans l'inscription africaine.

dice I, p. 293) : seconde moitié du IVe siècle, peut-être plus tard que plus tôt dans cette période.

1. *Ruffi* dans *A*, sans autorité (cf. *infra*, p. 77).

2. Mais sur quels manuscrits est fondée la *Patrologie* de Migne (A. Cameron, *art. cit.*, p. 393)?

3. Cf. Ch. E. Murgia, *art. cit.*, p. 8, n. 6.

4. Dans sa lettre-préface, V. Pisani appelle lui aussi *Auienius* notre poète.

La variante *Auie-/Abie-* ne surprend pas : confusion phonétique bien connue[1] dès les premiers siècles de l'Empire. Quant au génitif lancé en tête de l'inscription africaine, alors que les autres noms sont au datif, il prouverait qu'*Auien(i)us* n'est pas un *cognomen*, mais un *signum* (sobriquet) ; l'usage du *signum* initial au génitif est par ailleurs attesté[2]. Si bien que A. Cameron et Jones-Martindale-Morris nomment notre poète *Postumius Rufius Festus* (*signo*) *Auienius*.

Reste la variante *-nus/-nius*. Nous avons vu que les témoignages se partagent, et il est impressionnant que s'accordent sur *-nius* l'inscription de Bulla Regia et l'édition princeps. D'autre part, *Auienus* et *Auienius* sont également attestés, à plusieurs exemplaires chacun, dans l'ensemble du *C. I. L.*, où ils concernent des personnages sans rapport décelable avec le nôtre[3]. Mais les confusions étaient, de ce fait même, inévitables, d'abord au génitif, puis, par extension, aux autres cas. Les faux *signa* en *-ii*, remarquent J. Matthews (*art. cit.*, p. 490 et n. 32) et J. Küppers[4], ne manquent pas ; et quel crédit accorder à l'édition princeps qui, d'autre part, écrit seule (et sûrement à tort) *Rufus* pour *Rufius*? Enfin, les personnages que J. Matthews considère, sur

1. Par exemple, J. Herman, *Le latin vulgaire*, Paris, 1967, p. 53 sq. ; G. B. Pighi, *Storia della lingua Latina*, Encicl. Class., VI, 1, Turin, 1968, p. 173 sq. (cf. les recommandations de l'*Appendix Probi*, *op. cit.*, p. 101-107).

2. J. Matthews, *art. cit.*, p. 490 ; A. Cameron, *art. cit.*, p. 392, n. 4 ; cf. R. Cagnat, *Cours d'épigraphie latine*, Paris, 1898, p. 56 sq., 474 sqq. ; I. Kajanto, *Supernomina. A study in Latin epigraphy*, Helsinki, 1966, p. 42-65.

3. Cf. *Thes. L. L.*, s. v. *Auius*, II, 1450 sq. ; indices du *C. I. L.*, *pass.* La plus ancienne attestation du nom est dans le *B. Afr.*, 54, 1 (C. Aviénus, tribun militaire de la Xe légion). Les féminins *Auiena* et *Auienia* existent également.

4. *Die Fabeln Avians : Studien zu Darstellung und Erzählweise spätantiker Fabeldichtung*, Bonn, 1977, p. 21. Cet ouvrage, que nous a signalé Mlle F. Gaide (nous l'en remercions ici), est le plus récent à discuter ce problème, en relation avec Avianus (cf. *infra*, p. 26), p. 20-25.

la foi de leurs noms, comme des descendants de notre poète (cf. *infra*, p. 20) se nomment tous *Auienus*, non *Auienius* : Gennadius Aviénus, Rufius Magnus Faustus Aviénus, Flavius Aviénus Junior. Devant ces témoignages contradictoires, l'hésitation est permise[1]. C'est pourquoi, malgré l'autorité de Jones-Martindale-Morris, nous conserverons au poète le nom d'Aviénus sous lequel les latinistes le connaissent depuis des siècles.

La famille d'Aviénus : origine et descendants. Dans l'article auquel nous avons maintes fois renvoyé (cf. *supra*, p. 7, n. 1), J. Matthews s'est efforcé, à partir des éléments ci-dessus et d'autres témoignages épigraphiques, d'esquisser une histoire des Rufii Festi. Nous renvoyons à son travail, dont nous dégagerons seulement les grandes lignes.

Originaires de Volsinies, ainsi que leur ancêtre Musonius Rufus, les Rufii Festi appartiennent d'abord à l'ordre équestre, comme le procurateur du IIe siècle, C. Rufius Pompeius Festus, dont ils descendent[2]. Mais les enfants de celui-ci, C. Rufius Festus Laelius Firmus et Rufia Procula sont déjà de rang sénatorial. De Viterbe, on connaît également des Rufii Festi (IIIe-IVe siècle)[3], sans doute apparentés à notre poète, qui atteignent un rang élevé : C. Ceionius Rufius Volusianus est préfet de Rome et consul entre 310 et 315[4].

Les nombreux enfants dont Aviénus se glorifie ont dû faire souche à leur tour. Le consul de 448, Rufius Praetextatus Postumianus, celui de 472, Rufius Postumius

1. C'est l'attitude de J. Matthews, *art. cit.*, p. 490. J. Küppers (*loc. cit.*) demeure partisan résolu d'*Auienus*, qu'il estime mieux attesté que *-nius*. Tel est aussi l'avis de J. Beaujeu, qui doute même que l'inscription de Bulla Regia soit utilisable pour Aviénus.

2. *C. I. L.*, XI, 2698 (cf. 7272) ; H. G. Pflaum, *Les carrières procuratoriennes équestres...*, p. 566.

3. *C. I. L.*, XI, 2997, XV, 7525, VI, 2153 ; Jones-Martindale-Morris, *op. cit.*, p. 336, s. v. *Rufius Festus*, 10 et 11.

4. Jones-Martindale-Morris, *op. cit.*, p. 976 sqq.

Festus, celui de 481, Rufius Placidus, portent plusieurs noms révélateurs (on se souvient que la femme d'Aviénus s'appelait Placida, son fils Placidus). En 452, le sénateur Gennadius Aviénus (*cos.* 450), connu de Sidoine Apollinaire (*Ep.*, I, 9), se rend en ambassade auprès d'Attila. En 501 et 502, Rufius Magnus Faustus Aviénus et son cousin Flavius Aviénus Junior revêtent tour à tour le consulat. La *gens* s'est entre temps convertie au christianisme : Rufius Praetextatus Postumianus fait restaurer une église vers 445 ; enfin, le pape Séverin (640) est fils d'un Aviénus (*ex patre Abieno*)...

Homonymies? Nous ne sommes pas au bout de nos incertitudes. A propos d'autres témoignages encore on a pu se demander s'ils ne concernaient pas notre poète.

Une inscription de Lucanie (*C. I. L.*, X, 212), non datée (ɪᴠᵉ-ᴠᵉ siècle?) mentionne un *Rullus Festus*, *v. c.*, *corr*(*ector*) *Luc*(*aniae*) *et Brit*(*tiorum*). Quoique la lecture semble sûre, le nom de Rullus a été jugé étrange, et l'on a proposé de lire *Rufius*[1]. Serait-ce notre Aviénus qui aurait, avant ses proconsulats, exercé les fonctions plus modestes de *corrector*[2] en Italie du Sud? Le doute est plus que permis.

Un sénateur *Abienus* fait d'autre part l'objet d'une notice d'Ammien Marcellin (XXVIII, 1, 48-50). Accusé d'adultère avec une femme de haut rang, pendant la terreur de Maximin à Rome, il se cacha quelque temps, mais fut dénoncé à Simplicius (vicaire de Rome en 374), condamné et exécuté. S'agit-il de notre poète, qui aurait donc connu cette fin lamentable? Les historiens hésitent[3]. La date, certes, conviendrait (cf. notre chro-

1. O. Seeck, s. v. *Festus*, 12, P. W., VI, 2258 (qui l'identifie « wahrscheinlich » avec l'abréviateur Festus, auteur, selon lui, de *C. I. L.*, VI, 537) ; Jones-Martindale-Morris, *op. cit.*, p. 337.

2. Cf. par exemple, H. Hausmaninger, s. v. *Corrector*, Kl. Pauly, I, 1324.

3. M. Schanz (*op. cit.*, p. 17) ne prend pas parti ; Jones-Martindale-

nologie, *infra*, p. 38 sq.), à cela près qu'en 374 le poète pouvait être largement sexagénaire — un âge avancé pour une affaire de ce genre : ne serait-ce pas plutôt un de ses fils? D'autre part, le silence d'Ammien sur les titres de l'accusé (deux proconsulats, une belle œuvre poétique ne sont pas qualités négligeables) ne plaide pas en faveur de l'identification. Surtout, si la double inscription *C. I. L.*, VI, 537, concerne bien le poète — et tout le laisse penser — on s'étonnera qu'après une exécution pour adultère la famille ait maintenu l'intempestif *coniugio laetus Placidae* et que le fils ait aussitôt promis à son père une sereine immortalité applaudie par l'assemblée des dieux... à moins qu'on n'ait cherché, un peu plus tard, à réhabiliter la mémoire du défunt en faisant regraver cette dédicace jadis versifiée par lui. On regrette de ne pouvoir conclure que par un *non liquet*.

Un autre Aviénus joue un rôle dans les *Saturnales* de Macrobe, dont la date « scénique » est très proche de 384[1]. Mais cet Aviénus est présenté comme un jeune

Morris (*op. cit.*, p. 126) ne fait même pas le rapprochement. En revanche, O. Seeck (*in* F. Marx, *P. W.*, II, 2387) croit à l'identification, pour laquelle penche J. Matthews, *art. cit.*, p. 490.

1. Sur cette datation, cf. A. Cameron, *The date and identity of Macrobius*, J. R. S., LVI (1966), p. 28 sq. ; *Macrobius, Avienus and Avianus*, Class. Quart., XVII (1967), p. 393 ; J. Flamant, *Macrobe et le néo-platonisme latin*, Leyde, 1977, p. 27, n. 41, p. 76, n. 319, p. 87. Cette date précède la mort, dans les derniers jours de 384, de Vettius Agorius Praetextatus, personnage de haut rang et protagoniste des *Saturnales* (sur lui, voir maintenant J. Flamant, *op. cit.*, p. 26-36), et elle la précède forcément de peu, car l'expérience religieuse, l'érudition et la notoriété du personnage, chez Macrobe, interdisent de l'imaginer jeune ; or, il est né vers 310 (Jones-Martindale-Morris, A. Chastagnol). E. Türk (*Les Saturnales de Macrobe source de Servius Danielis*, R. É. L., XLI, 1963, p. 336) suggère pour cette date scénique le *terminus a quo* de 382 ; J. Flamant (*loc. cit.*) admet 383 ; A. Cameron (*loc. cit.*) suppose même, avec des arguments séduisants, que le dialogue précéda la mort de quelques jours seulement (thèse adoptée, semble-t-il, par Jones-Martindale-Morris, s. v. *Servius*, p. 827) : donc 384.

homme timide[1], ce que ne pouvait être le nôtre. A cette date, en effet, il avait très certainement écrit les *Aratea*[2], qui n'étaient pas sa première œuvre (cf. *Ar.*, 71 sq. et *infra*, p. 31 sq.). Macrobe n'aurait-il pas rappelé cette production? Du reste, les interventions de l'Aviénus des *Saturnales* n'ont rien à voir avec la poésie scientifique[3] : ce ne sont qu'aimables anecdotes[4]. Serait-ce, alors, un fils de notre poète? F. Marx (*op. cit.*, 2387) et A. Rostagni (*op. cit.*, p. 452, 555) l'ont supposé, mais A. Cameron (*art. cit.*, p. 394) en doute : Macrobe n'aurait-il pas évoqué cette flatteuse ascendance? La thèse qui prévaut aujourd'hui[5] identifie plutôt l'Aviénus de Macrobe avec le fabuliste Avianus (cf. *infra*, p. 26). Quoi qu'il en soit, il n'est sûrement pas celui qui nous intéresse ici.

Festus et le « Breuiarium ». On regrette de ne pouvoir être aussi affirmatif à propos de Festus, auteur d'un rapide *Breuiarium* d'histoire romaine[6]. Les manuscrits le nomment *Festi* ou *Rufi Festi*. Fonctionnaire de l'admi-

1. Portrait du personnage et discussion de son âge par J. Flamant, *op. cit.*, p. 77-85.

2. Cf. *supra*, p. 8. Aratos est mentionné en *Sat.*, I, 18, 15, dans une longue réponse de Prétextat à Aviénus, et en V, 2, 4 (comme modèle de Virgile dans les *Géorgiques*) : personne n'évoque alors une traduction par Aviénus. Une allusion (*Sat.*, I, 5, 12) à Musonius Rufus, ancêtre des Rufii Festi de Volsinies, ne provoque pas non plus de réaction.

3. A. Cameron, Class. Quart., XVII, p. 395 sq.

4. En bon jeune homme dont la culture est incomplète, Aviénus est surtout là pour poser des questions et susciter les exposés érudits de ses aînés : ainsi, entre autres, sur les divers noms du Soleil (I, 17, 1), d'où l'ample dissertation de Prétextat (I, 17-23) ; sur l'interprétation de passages de Virgile (*Sat.*, V et VI, *passim*), sur les aliments et les boissons (*Sat.*, VIII, 12-13). Lui-même n'apporte qu'un élément positif au cénacle : une longue série de bons mots et d'histoires drôles (II, 2, 9 ; II, 4-7).

5. Proposée jadis par Ellis, elle est défendue par A. Cameron (*art. cit.*) et J. Flamant (*op. cit.*, p. 85).

6. Édition : J. W. Eadie, *The Breuiarium of Festus, a critical edition with historical commentary*, Londres, 1967. Étude : W. Den Boer, *Some minor Roman historians*, Leyde, 1972, p. 173-223.

nistration impériale, sans doute païen[1], il dédie à Valens, vers 370[2], cet abrégé exécuté sur ordre, malgré un manque de talent avoué[3] et un âge avancé (cf. 30 *aeuo grauior*).

On se souvient (cf. *supra*, p. 13) que Mommsen et Seeck faisaient de cet historien le fils d'Aviénus (*proles Auieni*) et l'auteur de *C. I. L.*, VI, 537. Cette thèse est à la rigueur compatible avec la chronologie. Sexagénaire (?) en 370, Festus serait né vers 310 ; donc son père, le poète, vers 280. Celui-ci aurait écrit les *Aratea* dans son âge mûr (cf. *infra*, p. 31 sq.), soit vers 330/340 — dans la fourchette 310-386, en tout cas, et le *nuper* de saint Jérôme reste admissible. Il ne serait même pas exclu que l'*Ora Maritima*, œuvre d'un septuagénaire, s'adressât bien, vers 350, à Sex. Petronius Probus. Mais voici une objection majeure : quand l'auteur du *C. I. L.*, VI, 537, se flatte d'être un poète fécond (*carmina multa serens*), cela convient au mieux à notre Aviénus ; cela ne convient nullement à cet abréviateur qui se dit dénué de *facultas eloquendi*[4], dont nous ne connaissons aucun poème, et qui pour comble serait le fils d'un grand poète ! On croira d'autant moins à une telle usurpation que nous avons montré ailleurs (cf. Append. I) les affinités stylistiques de l'inscription avec les *Aratea* et la *Descriptio Orbis Terrae*.

Si donc Festus l'abréviateur n'est pas le fils d'Aviénus, serait-il Aviénus lui-même? Dans cette hypothèse[5],

1. S'adressant à l'empereur chrétien, il écrit : 30 *maneat modo concessa dei nutu cui credis et ab amico cui creditus es numine indulta felicitas.*

2. Date établie à quelques mois près, grâce à des allusions historiques précises : M. Schanz, *op. cit.*, p. 83 ; W. Den Boer, *op. cit.*, p. 175.

3. Praef. *quippe cui desit facultas eloquendi* ; 30 *impar dicendi nisu.*

4. Il faut sans doute faire la part d'une modestie affectée, surtout devant l'empereur. Quoique Festus ne soit pas — c'est bien exact — un grand styliste, on remarque qu'il soigne ses clausules (fréquence de – ᴗ – – – et de – ᴗ – – ᴗ –).

5. Que A. Rostagni (*op. cit.*, p. 494 et 558) encore envisage favorablement.

aucun des éléments ci-dessus allégués ne fait plus difficulté. On admettra que Festus Aviénus a rédigé son *Breuiarium* comme un « parergon » occasionnel, tout en se considérant comme poète de vocation ; d'où le silence de *C. I. L.*, VI, 537, sur cette œuvre mineure. La date de 370, la mention *grauior aeuo*, l'attachement au paganisme sont en accord avec tout ce que nous savons.

Mais voici surgir un autre problème. Comme l'abréviateur Festus est qualifié de *magister memoriae* dans un des meilleurs manuscrits et qu'on connaît par Ammien Marcellin (XXIX, 2, 22) un *magister memoriae* contemporain nommé Festus de Tridentum (Trente), on a depuis longtemps songé à identifier les deux. C'est ce que propose M. Schanz (*op. cit.*, p. 84) et que soutiennent, entre autres, A. Garroni[1] et Jones-Martindale-Morris[2]. Devrions-nous donc combiner trois personnages en un seul?

Non, car Festus de Tridentum et Aviénus sont absolument irréductibles. Il suffit de confronter le texte d'Ammien allégué plus haut et *C. I. L.*, VI, 537. Trente est loin de Volsinies ; ce Festus est d'humble origine (*ultimi sanguinis et ignoti*), et l'essentiel de sa carrière s'est déroulé en Asie (*consularis Syriae* en 365 ou 368, proconsul d'Asie en 372-378), où il a fait un riche mariage et persécuté les philosophes — car il semble bien, de plus, avoir été chrétien.

Donc, ou bien l'abréviateur Festus = Festus de Trente (mais il reste un problème de religion, qui amène W. Den Boer[3] à rejeter cette hypothèse), et Aviénus est indépendant de lui ; ou bien l'abréviateur Festus = Aviénus, et Festus de Trente n'a rien à voir avec lui. A moins enfin — c'est ce que croient W. Den Boer et les

1. *Art. cit.* (*supra*, p. 14, n. 4) ; cf. aussi W. Den Boer, *op. cit.*, p. 181, n. 31, qui allègue l'adhésion à cette thèse de J. Matthews, R. Syme et T. D. Barnes.

2. *Op. cit.*, s. v. *Festus*, 3, p. 334 sq.

3. *Op. cit.*, p. 181 sq. Critique des hypothèses subtiles de Garroni pour lever la difficulté.

rédacteurs du *Kleine Pauly*[1] — qu'il s'agisse de trois personnages distincts.

L'étude prosopographique n'offrant aucune certitude, il resterait à juger sur textes, c'est-à-dire à confronter, en quête de concordances significatives, les *carmina* d'Aviénus et le *Breuiarium* de Festus. Tâche quasi désespérée : prose et poésie, géographie ou astronomie et histoire, ampleur et concision ne peuvent que différer du tout au tout. Un lecteur d'Aviénus parcourant l'abrégé de Festus découvre un autre monde : vocabulaire militaire et politique, notations sèches, phrases-types de la narration historique[2] ne rappellent en rien la langue ornée et prolixe des *Aratea* ou de la *D. O. T.* Nombre de mots ne sont nulle part attestés dans les poèmes[3], dont le vocabulaire est assez cohérent et constant. Il est vrai qu'on observe aussi quelques concordances — de mots peu usuels, les seules qui vaillent d'être notées[4] : l'emploi commun de *intimare* au sens de « exposer »[5] et du participe *indultus* (chap. 30, ∾ *Ar.*, 110) ; l'expression même *ora maritima* (chap. 6) ; la formule qui ouvre le chap. 9, *Nunc Eoas partes totumque Orientem, ac positas sub uicino sole prouincias*, dont la couleur

1. M. Fuhrmann, s. v. *Avienus*, I, 788 sq. ; A. Lippold, s. v. *Festus*, 3 et 4, II, 540 sq.

2. Nombreux ablatifs absolus, participes en apposition et subordonnées temporelles ; cf. J.-P. Chausserie-Laprée, *L'expression narrative chez les historiens latins*, Paris, 1969.

3. Ainsi (en se limitant à des termes assez généraux, compatibles avec les thèmes et le rythme de la poésie dactylique — encore l'*O. M.* est-elle en trimètres iambiques) : mots ou locutions-outils, *ad extremum*, *exinde*, *in tantum*, *utpote* ; mots à sens plein, *adgredior*, *adgressus*, *adsequor*, *barbaricus*, *callidus*, *crudelis*, *expertus*, *impar*, *migro*, *nisus*, *occupo*, *persequor*, *persono*, *potens*, *poto*, *praeparo*, *praesumo* « oser » (« conjecturer » chez Avién.), *propago*, *prouincia*, *refugio*, *remeo*, *reseco*, *reuerentia*, *rudis*, *uiolo*...

4. Ainsi : *falcatus*, *famosus*, *inclitus*, *ingens*, *inhio*, *instar*, *lito*, *prolixus*, *proprius*, *supernus*. Mais ces mots appartiennent aussi bien au latin courant du IVe siècle.

5. *Breu.* 2 *breuiter intimabo* ∾ *O. M.* 21 *memorem intimati*, 74 *intimatio*. Mais le mot est attesté dans ce sens depuis Tertullien (cf. W. Den Boer, *op. cit.*, p. 175, n. 9).

poétique rappelle la *D. O. T.* L'on remarque aussi que l'affectation de brièveté, manifeste dans les premiers chapitres, s'estompe dans les derniers au profit d'une prolixité qui nous rapproche davantage du poète. Enfin et surtout, il est curieux que Festus et lui seul[1] ait construit son abrégé sur un plan qui, refusant l'ordre chronologique attendu, passe successivement en revue chaque province de l'Empire, avec la date et les circonstances de son annexion : plan de géographe plus que d'historien — et comment n'en être pas troublé, au souvenir des poèmes géographiques d'Aviénus[2]?

Nous ne pouvons qu'indiquer là, brièvement, une piste possible. Dans l'état actuel de nos connaissances et de nos impressions, l'identité parfois supposée entre le poète de la *Descriptio Orbis Terrae* et l'auteur du *Breuiarium* ne peut être ni réfutée, ni démontrée.

Avianus et ses fables. Dernier candidat au syncrétisme avec Aviénus, le fabuliste Avianus[3], que l'on situe lui aussi vers la fin du IVe siècle ou le début du Ve, quoiqu'on ne sache rien de lui[4]. Mais ici, langue, style et métrique — Avianus écrit en distiques élégiaques — permettent d'écarter à coup sûr l'hypothèse que les deux poètes n'en font

1. W. Den Boer (*op. cit.*, p. 197) souligne son originalité sur ce point.

2. Remarque déjà faite par A. Rostagni, *op. cit.*, p. 494.

3. Éditions : E. Baehrens, *P. L. M.*, V, Leipzig, 1883 ; L. Hervieux, *Les fabulistes latins*, t. III, Paris, 1894 ; R. Ellis, Oxford, 1887 ; J. W. et A. M. Duff, *Minor Latin Poets*, coll. « Loeb », 1934 ; A. Guaglianone, Corp. Parav., 1958 ; L. Herrmann, coll. « Latomus », 1968 ; F. Gaide, C. U. F., Paris, 1980. Je remercie ici Mlle Gaide qui a bien voulu, par lettres personnelles et envoi de documents, me faire profiter de sa connaissance de l'œuvre d'Avianus et des problèmes qu'elle pose. Ce paragraphe lui doit beaucoup.

4. Cf. M. Schanz, *op. cit.*, IV, 2, p. 32 sq. ; O. Crusius, s. v. *Avianus*, P. W., II, 2373-2378, et les introductions des éditions citées à la note précédente. Pour le nom, on hésite entre *Avianus* et *Avianius*, mais certains manuscrits l'appellent *Auienus*, d'où le problème. Le gentilice *Flauius* est sans autorité.

qu'un. Avianus n'a ni la variété lexicale, ni l'ampleur stylistique d'Aviénus ; ses distiques sont pauvres et raides ; surtout, un certain nombre d'indices techniques précis l'opposent à notre poète[1], et nous ne pensons pas que, cette fois, le moindre doute subsiste.

Quant à savoir si cet Avianus est le même homme que l'Aviénus mis en scène dans les *Saturnales* de Macrobe (qui serait le dédicataire des fables) — les manuscrits des *Fabulae* qui l'appellent Aviénus donneraient en ce cas son véritable nom — c'est une hypothèse défendable

1

AVIANUS (326 hex.)	AVIÉNUS (3271 hex.)
Syntaxe.	
Complétives par *quod* après *putare* (XXV, 16), *iurare* (I, 2), *fama est* (XXXV, 1).	Tour inconnu (cf. *Ar.*, 187, 896, 1366 ; *D. O. T.*, 206 ; *O. M.*, 7, 528).
Datur = *dicitur* (III, 4 ; XV, 10 ; XXV, 10).	Tour inconnu.
Prosodie	
III, 6 ; XXIII, 10 *uelĭs* (subj.).	Pas d'exemple (*uelis* + cons., *Ar.*, 1060).
XI, 5 ; XXIII, 8 *dispăr*. XVIII, 10 *impăr*.	*Păr est* (*Ar.*, 561) ; 2 *dispar* + cons. ; aucun *impar*.
VII, 3 *lātratibus* (correct).	Scande toujours, incorrectement, *lătra-* (*Ar.*, 283 ; *D. O. T.*, 48, 578 ; *O. M.*, 159, 391).
XXIX, 22 *duō* (devant coupe du pentam.).	Toujours *duŏ* (13 ex.).
Métrique	
Rares élisions de longues (1,5 %).	Élisions de longues plus nombreuses (4,1 %).
Élisions au total plus rares (13,1 %) (cf. E. Reuter, *op. cit.*, p. 50).	Élisions au total plus nombreuses (21,8 %).
Aucun quadrisyllabe final d'hexamètre.	76 quadrisyllabes en fin d'hex.
Aucun pentasyllabe final d'hexamètre.	20 pentasyllabes en fin d'hex.
Aucun vers spondaïque.	59 vers spondaïques. (cf. E. Reuter, *op. cit.*, p. 81 sqq.)
4 ponctuations bucoliques seulement (I, 3 ; XI, 7 ; XXVII, 5 ; XXXIX, 5).	Prédilection exceptionnelle pour la ponct. bucol. (E. Reuter, *op. cit.*, p. 63).

(Cameron, Matthews, Flamant), mais qui sort de notre sujet.

Malgré maintes incertitudes s'esquisse en définitive, de notre poète, une image étonnamment conforme à celle que peignent les historiens de l'aristocratie sénatoriale au IVe siècle. Citons Paul Petit[1] : « Les aristocrates romains sont de souche récente, car depuis la fin de la République et l'Empire, trop de « purges » sanglantes ont fait disparaître les vieilles familles affaiblies par la dénatalité. En fait, les nobles du IVe siècle, les Symmachi, Anicii Probi, Nicomachi Flaviani, Vettii Agorii, Ceionii, etc... n'ont acquis leur dignité qu'au IIIe siècle au plus tôt, mais tiennent d'autant plus aux traditions. Cette aristocratie est une puissance sociale et non politique. Entre deux séjours dans leurs terres et les entretiens philosophiques au sein de leurs somptueuses villas, ils acceptent quelques postes officiels, gouvernements de provinces italiennes, proconsulats d'Afrique ou d'Achaïe, un consulat et surtout la préfecture de la Ville, qui leur donne l'illusion de gérer les affaires de l'État (...). Tous ont en commun l'orgueil de leur caste, le souci de la culture et des traditions païennes (...), le goût de la campagne où ils mènent une existence déjà seigneuriale. Les empereurs depuis Constantin leur témoignent une faveur mêlée d'un léger mépris pour leur peu d'ardeur au service de l'État et leur totale incompétence militaire ou juridique. » Tel dut être notre Aviénus. Sans doute ne compta-t-il point parmi les plus prestigieux de ces aristocrates. Nous ignorons s'il possédait des *latifundia* ; lui-même se déclare habitant de Rome[2]. Nous ne voyons pas qu'il ait dépassé le clarissimat[3] pour devenir *spectabilis* ou *illustris*. Il semble

1. *Histoire générale de l'Empire romain*, Paris, 1974, p. 686 sq. = *Le Bas-Empire*, Paris, 1978, p. 178 sq.
2. *C. I. L.*, VI, 537, v. 4.
3. Attesté par *C. I. L.*, VI, 537 (intitulé) et par l'*incipit* de l'épître à Flavianus Myrmeicus.

n'avoir jamais été consul (mais ses descendants le seront), jamais non plus préfet de la Ville — pour ne rien dire des grandes préfectures à hautes responsabilités. Enfin, ni Macrobe dans les *Saturnales*, ni Symmaque dans sa correspondance ne font mention de lui. Mais peut-être ce silence est-il dû au simple fait qu'après 380 Aviénus était déjà mort (cf. chronologie, *infra*, p. 39).

Poèmes conservés. Il est temps d'en venir aux œuvres.

C'est l'édition princeps de 1488 (cf. *infra*, p. 79) qui en contient le plus, et dont nous suivrons l'ordre, quitte à le discuter ensuite. Les manuscrits *V* et *A* (cf. *infra*, p. 76 sq.) n'apportent rien de plus, et souffrent au contraire de lacunes considérables.

I. L'édition princeps s'ouvre — on se demande pourquoi[1] — sur l'épître (31 hexamètres) à Flavianus Myrmeicus[2] sollicité d'envoyer des grenades (*Punica mala*) au poète, qui, souffrant de l'estomac, répugne à s'alimenter et s'imagine que ces fruits lui rendront l'appétit. Œuvrette de circonstance, comme Aviénus dut en écrire beaucoup : l'authenticité ne fait aucun doute ; le style se reconnaît immédiatement ; la date en revanche nous échappe (cf. *supra*, p. 9).

II. Viennent ensuite les *Aratea* (1.878 hex.), l'œuvre la plus longue, conservée aussi par les manuscrits *V* (jusqu'au v. 1581) et *A*. N'en disons pas plus ici (cf. *infra*, IIe et IIIe Parties).

1. Perplexité de F. Marx, P. W., II, 2391. Une réponse possible : l'archétype auquel remontent nos témoins (cf. *infra*, p. 83 sq.) était l'exemplaire des œuvres complètes copié spécialement pour Flavianus Myrmeicus : il s'ouvrait, *honoris causa*, sur l'épître adressée à celui-ci. Sur la diffusion souvent restreinte des ouvrages littéraires à la fin du IVe siècle, cf. J. Flamant, *Macrobe et le néo-platonisme...*, p. 136 sq.

2. Poème I de Holder = *Anthol. Lat.*, Riese, t. II, n° 876.

III. La *Descriptio Orbis Terrae* (1.393 hex.) lui succède, traduction libre de Denys le Périégète (IIe siècle après J.-C.)[1]. Comme le titre l'indique, il s'agit d'une description de la terre. Le manuscrit *A* en donne aussi, à la suite des *Aratea*, le texte presque intégral[2].

IV. L'*Ora Maritima*, dédiée à Probus (cf. *supra*, p. 9 sq.) termine dans l'édition princeps, qui en est le seul témoin, les poèmes d'Aviénus. En trimètres iambiques, elle s'interrompt au v. 713, non sans lacunes chemin faisant[3]. Très altéré, le texte exige nombre de restitutions. C'est peut-être pourquoi il a si fort intéressé les philologues modernes, qui en ont procuré plusieurs éditions[4]. Mais géographes, historiens et archéologues ne l'ont pas moins scruté, car il donne sur les côtes de l'Europe occidentale et méditerranéenne une foule de précisions et de toponymes dont les sources ont été beaucoup discutées. Des trois grandes œuvres d'Aviénus, c'est celle qui, de loin, a suscité le plus de travaux.

Dans quel ordre ces trois poèmes ont-ils été composés? Les historiens de la littérature qui posent la question répondent, en général : dans l'ordre où les donne l'édition princeps, celui où nous les avons énumérés[5]. De

1. Exactement en 124, sous Hadrien. Cf. O. Crusius, s. v. *Dionysios*, 94, P. W., V, 915-924 ; H. Gärtner, s. v. *Dionysios*, 30, Kl. Pauly, II, 73 sq. Outre l'édition de Holder, on verra maintenant, de la *D. O. T.*, celle de P. Van de Woestijne, Univ. te Gent, Werke... Fak. van Lett., 128, Bruges, 1961.

2. Manquent seulement les douze derniers vers.

3. L'édition princeps laisse des blancs, sans doute lorsque son modèle est illisible.

4. Éditions (avec trad. et comm., ou notes abondantes) : A. Schulten, Berlin, 1922 ; A. Berthelot, Paris, 1934 ; A. Schulten, 2e éd. (*Fontes Hispaniae antiquae*, I, 2), Barcelone, 1955 ; D. Stichtenoth, Darmstadt, 1968 ; J. P. Murphy, Chicago, 1977.

5. C'est l'opinion de F. Marx (*Aviens Ora Maritima*, Rh. M., L, 1895, p. 322), M. Schanz (*op. cit.*, p. 18), N. Terzaghi (*Storia della Letteratura Latina da Tiberio a Giustiniano*, Milan, 1934, p. 503 sq.), A. Rostagni (*op. cit.*, p. 557).

fait, il est assuré que l'*O. M.* est postérieure à la *D. O. T.*, à laquelle elle renvoie :

> 71 reliqua porro scripta sunt
> nobis in illo plenius uolumine
> quod de orbis oris partibusque fecimus.

Quant aux *Aratea*, on a fait observer[1] que les *Phénomènes* d'Aratos et la *Périégèse* de Denys sont souvent conservés dans les mêmes manuscrits grecs[2], et que ce voisinage a pu inciter Aviénus à les traduire successivement.

C'est possible, mais cela ne nous dit pas dans quel ordre[3]. Or, P. von Winterfeld[4] relève dans les *Aratea* deux indices qui font soupçonner l'antériorité de la *D. O. T.* : d'abord les vers 71 sq., déjà commentés,

> O mihi nota adyti iam numina Parnasei !
> O per multa operum mea semper cura Camenae !

qui attestent que les *Aratea* ne sont pas le premier essai du poète[5]. Ensuite, dans la formule liminaire (sans correspondant chez Aratos),

> auspice terras
> linquo Ioue, excelsam reserat mihi Iuppiter aethram,

terras linquo signifierait « j'abandonne la (géographie de la) terre » (allusion à la *D. O. T.*) pour suivre Jupiter

1. P. Van de Woestijne, éd. de la *D. O. T.* (cf. *supra*, p. 30, n. 1), p. 19, n. 1.

2. Cf. J. Martin, *Hist. du texte des Phénomènes d'Aratos*, Paris, 1956, p. 235-262, *passim* (voir index, *s. v.* Denys le Périégète). L'ordre des deux poèmes dans ces manuscrits est variable. Tantôt Aratos précède Denys, tantôt c'est l'inverse ; et ils ne sont pas toujours contigus.

3. P. Van de Woestijne (*loc. cit.*) s'avance beaucoup en écrivant : « Il est possible que seule la possession d'un codex contenant Aratos et Denys (...) ait incité Aviénus à traduire la *Périégèse* après Aratos. »

4. *Observationes criticae*, I, Philologus, LVIII (1899), p. 281.

5. Il est vrai, reconnaît von Winterfeld, que l'allusion peut viser des poèmes aujourd'hui perdus.

à la découverte du ciel, *aethram* (les *Aratea*). A ces arguments, que M. Schanz (*op. cit.*, p. 18) écarte un peu vite, nous en ajouterons un troisième, celui des invocations liminaires à Apollon et aux Muses. Au début de la *D. O. T.*, après l'annonce du sujet développée d'après Denys, les v. 5-10, du cru d'Aviénus, sollicitent l'appui divin :

Aonii perget stilus impiger oris.
Ardua res, Musae. Deus, en deus intrat Apollo
pectora, fatidicae quatiens penetralia Cirrhae.
Pierides, toto celeres Helicone uenite,
concinat et Phoebo uester chorus ; Oceanumque,
carminis auspicium, primum memorate, Camenae.

Rapprochons de ce texte la fin du *prooemium* des *Aratea*, tout aussi indépendante du modèle grec :

O mihi nota adyti iam numina Parnasei !
O per multa operum mea semper cura Camenae !
Iam placet in superum uisus sustollere caelum
atque oculis reserare uiam per sidera. Maior,
maior agit mentem solito deus, ampla patescit
Cirrha mihi et totis (se) Helicon inspirat ab antris.

Les sentiments et le ton diffèrent profondément ici et là. Dans la *D. O. T.* s'exprime l'appréhension du poète intimidé par sa tâche (*ardua res, Musae*). Certes, il fera de son mieux (*stilus impiger*), et Apollon est déjà là pour l'inspirer (*deus en deus intrat Apollo*, qui rappelle Virg., *B.*, V, 64) ; mais comme s'il craignait que cela ne suffît pas, il appelle les Muses en renfort. Au seuil des *Aratea*, en revanche, le poète n'est que confiance et audace : conforté par sa longue expérience (*nota numina Parnasei, mea semper cura Camenae*), il aborde un nouveau sujet (*iam placet*...), plus imposant (*in superum*...), mais la faveur d'Apollon est aussi plus puissante (*maior, maior solito*), et les Muses sont déjà là[1]. Comment ne pas

1. Les indicatifs *patescit* et *inspirat* s'opposent à *uenite* et *concinat* de la *D. O. T.*

voir, dans ces comparatifs surtout, une palinodie de *Ardua res, Musae. Deus en deus intrat Apollo / pectora* de la *D. O. T.*? La simple comparaison des deux textes nous paraît établir l'antériorité de la *D. O. T.* par rapport aux *Aratea*[1].

Cela admis, deux questions demandent réponse :

a) L'*Ora Maritima* est-elle antérieure ou postérieure aux *Aratea*? Rien ne permet d'en décider. On peut imaginer l'ordre : 1) *D. O. T.* 2) *O. M.* 3) *Ar.* ; les rappels d'œuvres antérieures en *Ar.*, 71 sq., concerneraient au moins deux longs poèmes connus de nous[2]. Mais l'ordre : 1) *D. O. T.* 2) *Ar.* 3) *O. M.* n'est pas indéfendable. Le poème en trimètres iambiques n'a été composé que sur demande, par un homme qui laisse deviner un âge déjà mûr et une vie d'étude[3]. Si le jeune Sex. Petronius Probus en est le dédicataire, les *Aratea* peuvent être postérieurs à l'*O. M.*, qui ne saurait être abaissée au-delà de 350/355. Si Probus est un inconnu, tout indice disparaît, d'autant plus qu'Aviénus semble avoir pratiqué concurremment, tout au long de sa carrière, trimètre et hexamètre (cf. *infra*, p. 34 sqq.).

b) L'*O. M.* étant de toute façon postérieure à la *D. O. T.*, pourquoi l'édition princeps donne-t-elle aux *Aratea* une place initiale contraire, croyons-nous, à la chronologie? Certes, nous ignorons qui est responsable de cette présentation : le poète, dans un *codex* paru de son vivant? un éditeur postérieur, mais proche de lui (son fils)? un manuscrit médiéval? Mais nous en voyons

1. On n'en sera pas surpris. La *Périégèse* de Denys n'avait jamais été traduite en latin (elle le sera à nouveau, après Aviénus, par Priscien), alors qu'Aratos avait déjà eu deux adaptateurs célèbres : l'urgence était donc moindre de reprendre la tâche.

2. L'hypothèse est ancienne : l'édition Lemaire (1825), p. 30 et 531, la présente comme la plus vraisemblable, en arguant d'*Ar.*, 71 sq.

3. Cf. *supra*, p. 9, n. 2, p. 10, n. 2, et encore : *O. M.*, 10 sq. (*formam regionis*) *quam per omnem spiritus nostri diem / secretiore lectione acceperam.* Faut-il attacher un sens d'éloignement temporel au pronom *illo* dont Aviénus qualifie la *D. O. T.* lorsqu'il écrit l'*O. M.* (cf. *supra*, p. 31)?

si bien les avantages qu'elle doit remonter haut. Avantage thématique d'abord : au ciel (*Ar.*) succède la terre (*D. O. T.*, *O. M.*, dans l'ordre de composition et d'importance), comme il se doit. Avantage métrique ensuite : les deux poèmes en hexamètres (*Ar.*, *D. O. T.*) ouvrent le recueil, dans la grande tradition didactique, et l'*O. M.* suit, en trimètres plus familiers, comme un 'parergon' de moindre ambition. Avantage philosophique enfin : grâce au procemium des *Aratea*, inspiré des *Phénomènes* mais considérablement amplifié (cf. *infra*, p. 42), le païen convaincu qu'était Aviénus ouvre le manuscrit de ses œuvres complètes (*opera maiora* du moins) par un hymne majestueux au Jupiter stoïcien, âme du monde, monde lui-même, providence et destin : ἐκ Διὸς ἀρχώμεσθα, *ab Ioue principium.* Cela aussi est dans l'ordre, et ce grand procemium, dont ni la *D. O. T.* ni l'*O. M.* n'ont d'équivalent, constituait la page idéale pour ouvrir le recueil entier[1].

Œuvres perdues. En trois passages de son commentaire à Virgile, Servius mentionne Aviénus, qui aurait traité des comètes dans un poème en trimètres iambiques (comme l'*O. M.*), paraphrase ou prolongement de Virgile[2]. Ces notices soulèvent des problèmes de chronologie (cf. *supra*, p. 8 sq.) et d'interprétation. S'agit-il bien, d'abord, de notre Aviénus? On l'a toujours admis[3], jusqu'au jour

1. L'épître à Flavianus Myrmeicus ne peut donc être considérée que comme une dédicace. Et l'on se souviendra, à l'appui de notre thèse, que c'est des tout premiers vers des *Aratea* que Placidus s'est inspiré pour composer l'épitaphe de son père (cf. Appendice I, p. 293) : ils étaient à ses yeux la σφράγις de l'œuvre entière.

2. *Ad Aen.*, X, 272 ; *ad Ge.*, I, 488 : voir ces deux textes dans l'Appendice II, p. 297 sq. En outre, *ad Aen.*, X, 388 : *RHOETI DE GENTE VETVSTA / ANCHEMOLVM : Haec fabula in Latinis nusquam inuenitur auctoribus. Auienus tamen, qui totum Liuium iambis scripsit, hanc commemorat, dicens Graecam esse.*

3. Fr. Marx, *op. cit.*, 2390 ; M. Schanz, *op. cit.*, p. 20 ; A. Rostagni, *op. cit.*, p. 557.

où A. Cameron[1] a formulé l'hypothèse que l'Aviénus de Servius était Avianus, auteur lui aussi de *fabulae*. Ch. E. Murgia[2] et J. Küppers[3] ont raison de n'en rien croire. Les *fabulae* d'Avianus — dont la date est du reste trop tardive pour que Servius les cite — n'ont rien de comparable avec celles auxquelles Servius se réfère. L'intérêt évident pour les astres, la géographie et la mythologie, les similitudes textuelles avec tels passages des *Aratea*[4], l'habitude de citer ses sources et l'emploi du trimètre iambique (deux traits caractéristiques de l'*O. M.*) nous convainquent de revenir à la thèse traditionnelle.

Ce développement sur les comètes, qu'on nous dit fort étendu (*plenissime* — et tout le contenu de la scholie, *ad Aen.*, X, 272) ne semble pas avoir constitué un poème autonome[5], mais plutôt un appendice à certaines pages de Virgile, reprises et développées en trimètres. C'est du moins ce qui ressort de l'incise *qui iambis scripsit Vergilii fabulas* : car il serait étonnant que cette précision fût suivie d'un long emprunt à une autre œuvre[6], au lieu d'indiquer la « référence » des extraits produits. Curieuse entreprise, que nous imaginons mal — encore que l'*Ora Maritima* puisse nous en donner une idée. Le goût de la glose et du commentaire, si répandu au IVe siècle (Donat, Servius, Macrobe) y prenait une forme versifiée très souple, assez proche finalement de la prose. On a vu plus haut (cf. *supra*, p. 8 sq.) que cet essai, dont il est impossible de conjecturer l'étendue, pouvait être une

1. *Macrobius, Avienus and Avianus*, Class. Quart. N. S., XVII, p. 394 sq.
2. *Avienus's supposed iambic version...*, Calif. Stud. Class. Ant., III, p. 191.
3. *Die Fabeln Avians*, p. 23 sq.
4. Cf. Appendice II, p. 301, n. 12 et *Ar.*, 592 ; *globus... tumens* (p. 422.30, Thilo) ∾ *globo tumet* (*Ar.*, 171).
5. La matière n'eût pourtant pas manqué, à partir de Sénèque, *N. Q.*, VII.
6. Ch. E. Murgia, *op. cit.*, p. 185.

œuvre de jeunesse, antérieure à 350. Par la doctrine astrologique qu'il expose, Aviénus reflète en tout cas, peut-être par l'intermédiaire du mystérieux Campester, l'enseignement des 'Ἀστρολογούμενα attribués aux fameux Néchepso et Pétosiris, dont on connaît le succès à Rome. Les concordances textuelles avec Johannes Lydus et Héphestion de Thèbes (cf. Append. II, notes, *passim*) ne laissent à cet égard aucun doute.

Aviénus aurait-il fait le même travail de paraphrase et d'explication pour tout Tite-Live : *totum Liuium iambis scripsit* (Serv., *ad Aen.*, X, 388)? L'énormité de l'entreprise a laissé supposer qu'il s'était contenté d'en versifier des extraits (pourtant Servius dit bien *totum*). Mais Ch. E. Murgia, remarquant que Tite-Live ne nomme nulle part Anchemolus, même pas au livre I où l'on eût attendu cette mention, et qu'un groupe de manuscrits donne *totum uel uirgilium liuium* (où *uel uirgilium* est à interpréter comme la correction d'un lapsus passée dans le texte), nie purement et simplement l'existence de cette œuvre colossale. Aussi bien Anchemolus n'est cité que par Virgile, et c'est encore dans ses *Vergilii fabulae* qu'Aviénus dut raconter son histoire[1] : solution raisonnable, à laquelle nous nous rallierons[2].

En somme, Aviénus aurait fait pour (tout?) Virgile ce qu'il devait faire aussi pour Aratos : reprise du texte avec intégration de gloses et de scholies. Et le choix de Virgile ne surprend pas, tant la poésie dactylique d'Aviénus en trahit l'influence (cf. *infra*, p. 67 sq.).

1. Ch. E. Murgia, *op. cit.*, p. 185-191.

2. Avec une ombre de regret : si Aviénus s'était occupé de Tite-Live, cela aurait été une raison de plus pour le supposer identique à Festus et expliquer la requête de Valens ; mais le rapport est tellement ténu... Ce qui demeure, et qui rappelle encore Festus (cf. *supra*, p. 26), c'est que les présages cométaires sont ordonnés, eux aussi, selon un plan géographique. Mais reconnaissons qu'il en va de même chez Johannes Lydus et Héphestion — donc, sans doute, dans la source commune à tous ces textes (Néchepso et Pétosiris, Campester).

Poèmes apocryphes. Reste à dire un mot de deux œuvrettes que recueillent les éditions d'Aviénus depuis le XVIIe siècle[1], quoique les raisons de les y faire figurer soient des plus fragiles[2].

La première (VI de Holder = Baehrens, *P. L. M.*, IV, n° 128 ; Riese, *Anth. Lat.*, t. I, n° 26), en neuf hexamètres, est intitulée dans certains manuscrits (que suivent Baehrens et Riese) *Martialis de habitatione ruris.* L'attribution à Martial est d'autant plus douteuse que d'autres témoins donnent *Auieni* $\overline{u\ c}$ (ou *Auiani*) *ad amicos de agro*, d'autres *Horatii carmen de rustico*, d'autres enfin *Ouidius*, ou *Catonis*[3] — et Baehrens propose Sénèque[4] ! Autant reconnaître tout de suite notre ignorance. En tout cas, la langue et le style de ce 'poemetto' sans prétention — emploi du temps d'un campagnard païen (*deos oro*) qui partage son temps entre l'administration de son domaine et le commerce des Muses — ne rappellent guère ceux d'Aviénus : propositions courtes (indépendantes coordonnées ou juxtaposées), monotones avec leurs quinze formes verbales en *-o*, aucune recherche d'érudition ni d'originalité formelle. Un vers comme 7 *Prandeo*, *poto*, *cano*, *ludo*, *lauo*, *ceno*, *quiesco*, trahit la basse époque[5], et on ne l'imagine pas écrit par un Aviénus, trop sérieux pour ces amusettes[6].

1. Cf. A. Holder, p. XVIII-XXX.
2. Cf. A. Holder, p. XVII.
3. Cf. apparat critique, *ad loc.*, de Baehrens, Riese et Holder. L'œuvre a donc figuré à la suite des épigrammes de Martial et des fables d'Avianus (encore dans l'éd. L. Herrmann citée *supra*, p. 26, n. 3).
4. *Auieni* pourrait être, selon lui (app. crit., *ad loc.*), une altération de *Annei Sen.* (?).
5. Cf. Baehrens, *P. L. M.*, IV, n° 396 = Riese, *Anth. Lat.*, n° 217,

Langueo, deficio, marcesco, punior, uror,
aestuo, suspiro, pereo, debellor, anhelo.

Cf. aussi L. Mueller, *De re metrica*, 2e éd., 1894, p. 416.
6. Il suffit de comparer avec *C. I. L.*, VI, 537 et l'épître à Flavianus Myrmeicus, d'inspiration analogue, mais de facture bien plus raffinée.

Le poème VII de Holder (= Baehrens, *P. L. M.*, IV, nº 153; Riese, *Anth. Lat.*, t. II, nº 637), en neuf distiques élégiaques, *De Sirenis*, n'a d'autre titre à figurer dans les éditions d'Aviénus qu'une hypothèse arbitraire de Pithou l'attribuant à notre poète. Car les manuscrits en font l'œuvre d'un certain *Euphorbius*, et la pièce appartient à un ensemble, les *Carmina XII sapientum* (*de diuersis causis*), sorte de *certamen* poétique sur sujets et mètres donnés, entre douze versificateurs dont les noms sont précisés, constants d'une épreuve à l'autre, et qui s'affrontent à douze reprises[1]. Euphorbius est l'un des membres de ce cénacle, peut-être d'érudits gaulois contemporains d'Ausone[2], peut-être plus tardifs encore (début du VIe siècle)[3]. Attribuer à Aviénus une seule de ces pièces est évidemment indéfendable.

* * *

Pour conclure, nous rassemblerons les éléments biographiques ci-dessus discutés dans une chronologie qui s'efforce d'intégrer et de concilier le maximum de données, mais qui n'est, au mieux, que *possible*.

AVIÉNUS	AUTOUR D'AVIÉNUS
vers 305 Naissance à Volsinies	
	310 Lactance (*Instit.*) ignore Aviénus.
vers 330 Mariage avec Placida.	330 Naissance de Sex. Petronius Probus

1. Baehrens, *P. L. M.*, IV, nº 132-154 (p. 119-155); A. Riese, *Anth. Lat.*, t. II, nºs 495-638 (p. 49-89). Pour la dernière épreuve seulement (dont fait partie le *De Sirenis*), thème et mètre sont *ad libitum*.
2. Baehrens, *op. cit.*, p. 42.
3. Riese, *op. cit.*, p. XII-XIV.

vers 335 *Vergilii fabulae.*	
vers 340 Proconsulat d'Achaïe.	
vers 345 Proconsulat d'Afrique.	ou vice versa
vers 348 *Descriptio Orbis Terrae*	
vers 352 *Ora Maritima* dédiée à Probus	
	vers 354 *Floruit* de Donat
vers 360 *Aratea*	
←——— ? ———	370 *Breuiarium* de Festus
←——— ? ———	374 Exécution du sénateur Abiénus
	375-400 *Floruit* de Symmaque, qui ignore Aviénus
	383 Le jeune Aviénus aux *Saturnales* de Macrobe
	386-387 St Jérôme connaît les *Aratea* d'Aviénus, œuvre récente (*nuper*).

On rappelle que le seul point d'ancrage de cette chronologie est l'identification du Probus de l'*Ora Maritima* avec Sex. Petronius Probus. Si on récuse celle-ci, toutes les dates relatives à Aviénus peuvent être abaissées d'un laps de temps quelconque compris entre 0 et 25 ans (nouveau point d'ancrage : *Aratea* avant 386). L'historien Festus (*aeuo grauior* en 370) et le sénateur Abienus s'identifient de plus en plus malaisément, ou ne s'identifient plus du tout avec le poète, qui n'est en aucun cas l'Aviénus des *Saturnales*.

II. La traduction des Phénomènes d'Aratos

Le premier mérite de cette traduction latine[1], si tardive soit-elle, est son existence même : car c'est la seule complète qui nous soit parvenue. Celle de Cicéron l'était aussi ; mais il ne nous en reste que 480 vers d'un seul tenant (= Aratos, 230-701) et une quarantaine de fragments épars[2]. Germanicus, lui, n'avait pas traduit tout Aratos, remplaçant les Διοσημεῖαι (v. 733-1154) par des développements originaux d'astrométéorologie planétaire dont nous n'avons que d'assez copieux fragments[3]. Quant aux *multi* qui, selon saint Jérôme[4],

1. Portait-elle un titre, et lequel? Témoins et opinions divergent. *Rufi Festi Arati lib. primus de positione siderum* (mss. VA) est sûrement inauthentique : *lib. primus* en fait attendre au moins deux autres, qui ne viennent pas, alors que *de positione siderum* ne convient qu'aux v. 1-1059. A. Breysig opte pour le simple *Aratus*, qui a sûrement existé, comme désignation abrégée : cf., pour les traducteurs antérieurs, des citations introduites par *(M. Tullius) Cicero in Arato, Germanicus Caesar in Arato* (cf. J. Soubiran, Cic., *Aratea*, p. 11 ; D. B. Gain, *The Aratus ascribed to German.*, p. 17). Mais le titre « officiel » dut bien être *Arati Phaenomena* (ou *-menon liber*), que donnent *E* et le *Gudianus*. *Aratea* (scil., *carmina*), désignation commode souvent adoptée par les modernes pour les trois traductions latines, vient de Cicéron (*N. D.*, II, 104, *carminibus Arateis* [var., *Arati eis*] ; *Diu.* II, 14, *nostra... Aratea* ; *Leg.*, II, 7, *Arateum carmen*), mais n'a aucune autorité pour ses successeurs.

Autre problème du même ordre : les sous-titres (noms de constellations) qui jalonnent le poème dans la tradition manuscrite. Avec Breysig, contre Holder, nous les éliminons du texte pour les rejeter dans l'apparat. Car leur authenticité nous paraît douteuse : vers la fin du poème (*Pronostics*), ils se font moins constants et moins exacts ; surtout, le *carmen perpetuum* de style noble et d'ample respiration que, visiblement, Aviénus entend composer, souffrirait d'être constamment haché de sous-titres scolaires. Il s'agit bien plutôt de jalons postérieurs, que l'on rencontre aussi dans plusieurs manuscrits de Cicéron et de Germanicus.

2. Cicéron, *Aratea et fragments poétiques*, éd. J. Soubiran, Paris, C. U. F., 1972.

3. Germanicus, *Les Phénomènes d'Aratos*, éd. A. Le Boeuffle, Paris, C. U. F., 1975 ; D. B. Gain, *The Aratus ascribed to Germanicus Caesar*, Londres, 1976.

4. Cf. *supra*, p. 8. On a parfois compté parmi eux Varron d'Atax

s'étaient voués à la même tâche, les résultats de leur labeur ont disparu : cinq vers d'Ovide[1], aucun de Gordien I[2]. D'où l'intérêt d'Aviénus, adaptant en hexamètres de facture classique (cf. *infra*, p. 72 sq.) le poème entier d'Aratos[3].

La comparaison du texte d'Aviénus à l'œuvre d'Aratos a été souvent faite[4]. Elle montre dès l'abord une grosse différence de dimensions. Alors que Cicéron et Germanicus gardaient l'exacte mesure de l'original, aux 1.154 vers d'Aratos répondent 1.878 hexamètres d'Aviénus. D'où provient l'excédent? En partie, assurément, des principes stylistiques que suivent les deux poètes : à la concision un peu sèche du premier s'oppose, chez le second, une abondance verbale qui tient certes aux goûts de son siècle, mais qui s'affirme particulièrement chez lui. Il suffit de comparer les v. 1-4 au simple Ἐκ Διὸς ἀρχώμεσθα d'Aratos ! Mais nous reviendrons plus loin (cf. *infra*, p. 71 sq.) sur ce caractère, qu'il suffit d'annoncer ici.

La verbosité d'Aviénus, toutefois, n'est pas seule responsable de l'excédent. Maintes fois, si Aviénus est plus long, c'est qu'il en dit plus qu'Aratos ; et ces additions, qui ne sont pas — on le devine — la partie la moins intéressante de l'œuvre, méritent une rapide étude d'ensemble[5]. Mais on s'aperçoit aussi qu'à cet

(*fr.*, 21 et 22, Morel) et le père de Stace (d'après Stat., *Silu.*, V, 3, 19-23).

1. *Fr.*, 1 et 2, Morel.

2. *Script. Hist. Aug.*, *Gord. III*, III, 2.

3. La paraphrase prosaïque et barbare de l'*Aratus Latinus* (VIIIe siècle) n'appartient déjà plus à l'Antiquité.

4. G. Sieg, *De Cicerone Germanico Auieno Arati interpretibus*, diss. in. Halle, 1886 ; P. von Winterfeld, *Beiträge zur Quellen- und Textkritik der Wetterzeichen Aviens*, Berlin, 1896 ; A. Olivieri, *Sulla traduzione di R. Festo Avieno dei v. 1-732 di Arato*, Riv. Stor. Antica, III, 2-3, 1898, p. 132-135 ; K. Ihlemann, *De R. Festi Auieni in uertendis Arateis arte et ratione*, diss. in. Göttingen, 1909 ; A. Vigevani, *Ricerche intorno agli Aratea del poeta Avieno e alle loro fonti*, Ann. Scuola Norm. Sup. di Pisa, XVI (1947), p. 49-72.

5. On trouvera dans les notes de cette édition, auxquelles nous

égard l'attitude d'Aviénus a varié au fil du poème. Au début, il a « vu grand », comme on dit ; puis, s'essoufflant un peu, à ce qu'il semble, il a fait de moins en moins d'additions et de plus en plus de coupures. Nous distinguerons donc, dans l'œuvre, les quatre parties que les Anciens reconnaissaient déjà dans les *Phénomènes* d'Aratos[1] :

— Procemium à Zeus (Aratos, 1-18)
— Description statique des constellations (Aratos, 19-450)
— Planètes et cercles célestes, synchronismes des levers et couchers (Aratos, 451-732)
— Pronostics météorologiques (Aratos, 733-1154)

Nous les examinerons dans cet ordre.

Le procemium. Les *Phénomènes* d'Aratos s'ouvrent sur un « prélude à Zeus » de dix-huit vers qui salue l'omniprésence et la bienveillance du dieu[2]. Commencé avec le fameux Ἐκ Διὸς ἀρχώμεσθα, il s'achève sur l'apostrophe caractéristique des hymnes, Χαῖρε, πάτερ,... (v. 15).

Nous ignorons comment le premier traducteur latin d'Aratos avait rendu ce morceau célèbre. Les *Ph. fr.* I (et II?) de Cicéron[3] sont trop menus pour permettre

renvoyons une fois pour toutes, le détail des modifications qu'Aviénus fait subir à son modèle.

1. J. Martin, *Histoire du texte des Phénomènes d'Aratos*, p. 18 sq. ; éd. d'Aratos (Florence, 1956), p. XXI. Sur Aratos, on se reportera en outre à l'édition de M. Erren, München, 1971 (avec trad. allemande et notes) ; aux études récentes du même M. Erren, *Die Phainomena des Aratos von Soloi*, Wiesbaden, 1967 ; et de W. Ludwig, s. v. *Aratos*, P. W., Suppl. X (1965), 26-39.

2. Sur ce prélude, cf. J. Martin, notes *ad loc.* ; M. Erren, *Die Phainomena des Aratos von Soloi*, p. 9-31 ; A. J. Festugière, *La révélation d'Hermès Trismégiste*, II, 2e éd., Paris, 1949, p. 332-340.

3. Cf. Cicéron, *Aratea et fragments poétiques*, éd. J. Soubiran, Paris, 1972, p. 158. Le fragment I, le seul qui soit clair, traduit seulement Ἐκ Διὸς ἀρχώμεσθα.

la moindre hypothèse. Germanicus a délibérément substitué le *princeps* à Jupiter — mais s'agit-il d'Auguste ou de Tibère? *adhuc sub iudice lis est* — dans les seize vers qui ouvrent son poème. Aviénus, lui, revient au Jupiter du modèle grec, mais avec une ampleur (76 vers !) tout à fait nouvelle, qui implique, non une simple paraphrase de l'original, mais l'introduction de développements entiers.

En composant un *prooemium* de cette envergure, Aviénus entendait moins traduire Aratos que rivaliser avec d'illustres modèles. Le prélude aux Muses qui ouvre (v. 1-115) la *Théogonie* d'Hésiode, l'invocation à Vénus de Lucrèce (I, 1-43), l'adresse liminaire des *Géorgiques* de Virgile (I, 1-42) l'ont à coup sûr inspiré, sans oublier, peut-être, d'autres ouvertures moins célèbres[1]. A cette tradition de la poésie didactique, Aviénus s'est soumis de bon gré, et non sans talent.

Son prologue, toutefois, ne rappelle que d'assez loin, par l'allure générale, les pages classiques qu'on vient d'évoquer. Moins narratif, moins argumenté, de style plus lâche, surtout dans sa première partie (v. 5-45), il juxtapose une série de formules laudatives plus proches de la litanie que d'un développement structuré. L'analogie des hymnes tardifs[2] est ici manifeste : hymnes orphiques (notamment l'hymne à Zeus cité par Apulée, *De mundo*, XXXVII, 372, que nous retrouverons) ; fragment d'hymne à Jupiter de Valerius Soranus (*fr.* 4, Morel), fragment d'hymne à Janus (en choriambes) de Septimius Serenus (*fr.* 23, Morel) ; hymne au Soleil anonyme (*Anth. Lat.*, 389 = *P. L. M.*, IV, p. 434 sq., Baehrens), hymne au Soleil de Martianus Capella (II,

1. Le songe d'Ennius, inspiré de Callimaque, en tête des *Annales* ; le début du livre III des *Géorgiques* (1-48) ; les grands *prooemia* de Manilius (I, 1-117 ; II, 1-149 ; III, 1-42 ; IV, 1-121).

2. Sur le genre littéraire de l'hymne, cf. Wünsch, s. v. *Hymnos*, P. W., IX, 140-183, qui passe curieusement sous silence celui d'Aviénus.

185-193), et même — mais cette fois en prose — invocation à Isis d'Apulée (*Met.*, XI, 25)[1]. Comme plusieurs de ces textes (hymne orphique à Zeus, hymne anonyme au Soleil), comme Aratos lui-même jusqu'au v. 14, Aviénus renonce au 'Du-Stil' caractéristique pour présenter le dieu à la troisième personne. Mais l'esprit et le ton demeurent bien ceux de l'hymne : la sextuple mention du nom de Jupiter dans les quatre premiers vers, les anaphores insistantes (v. 5-45) de *hic* et de *iste* (synonymes), l'éloge continu et hyperbolique ne laissent aucun doute.

L'invocation à Zeus d'Aratos est déjà une profession de foi stoïcienne : « L'univers est rempli », écrit Jean Martin, « de la présence d'un dieu dévoué au bonheur des hommes, ses enfants ; il guide leurs travaux par des signes et des avertissements sans nombre, qui n'exigent d'eux qu'un effort de déchiffrement. Aratos entreprend une œuvre de piété : révéler aux hommes la bonté de Zeus en leur expliquant ces signes » (note au v. 1). Certes ; mais cela reste sur un plan assez terre à terre et pratique. Sans négliger cet aspect (cf. v. 41-66), prisé des Romains, Aviénus s'élève plus haut et se rapproche davantage de l'hymne à Zeus de Cléanthe[2], ainsi que des grands textes stoïciens ou stoïcisants qui font de Jupiter l'âme du monde et le monde même[3] : ce panthéisme inspire

1. Cf. notes, *ad loc.*, de J.-Cl. Fredouille, coll. « Érasme », Paris, 1975.

2. Von Arnim, *S. V. F.*, I, p. 121 sqq. (= Cléanthe, *fr.*, 537) ; traduction française de P.-M. Schuhl, in *Les Stoïciens*, N. R. F., Pléiade, Paris, 1962, p. 7 sq. ; cf. A.-J. Festugière, *op. cit.*, p. 310-332 (p. 340 : « Cléanthe contemple le Monde pour aller à Dieu et se remplir de la pensée que Dieu dirige toutes choses vers une fin bonne. Aratos est plus sensible aux marques temporelles de la bonté divine, au soin que Dieu prend des hommes »).

3. Varron *in* Aug., *Ciu. D.*, VII, 6 ; Cicéron, *N. D.*, II ; Sénèque, *N. Q.*, II, 45 ; Pline, *N. H.*, II, 1-2 (et comm. J. Beaujeu, *ad loc.*) ; en poésie, Cicéron, *Cons. fr.*, II, 1-5 ; Virgile, *Aen.*, VI, 724-732 ; Manilius, I, 247-254, 483-493 ; Lucain, IX, 580. Nombre d'éléments stoïciens figurent aussi dans les abondantes Scholies (p. 37-61, Mart.)

en particulier les v. 5-21, sur lesquels nous allons revenir.

Tout serait assez clair, si le style allusif et prolixe d'Aviénus ne dissimulait souvent la pensée du poète et le fil conducteur du développement, qu'il importe de bien dégager pour éclairer le sens de nombreuses formules[1].

Mis à part les quatre premiers vers, qui ne font qu'annoncer — avec quelle redondance ! — les thèmes du prologue (Jupiter) et du poème (les astres), un premier développement (v. 5-21), sans équivalent chez Aratos, aborde l'aspect métaphysique du problème : Jupiter est principe de mouvement (v. 6) et harmonie universelle (v. 9). La première de ces notions, déjà platonicienne (*Phaedr.*, 245 cd ; cf. Cic., *Somn. Scip.*, 26, 27), rappelle aussi le « premier moteur » d'Aristote, ce que semble confirmer au v. 14 la mention de l'amour. La seconde est plutôt pythagoricienne. On ne saurait dire à qui Aviénus les a précisément empruntées, surtout celle du premier moteur, technique, abstraite et rare en latin. A ces principes se joignent les quatre éléments matériels qui constituent traditionnellement l'univers ; l'accent est mis sur le feu — celui de la foudre jupitérienne, celui des astres (v. 6-8) — le plus subtil et le plus noble. Aux éléments s'ajoute, sans se confondre avec eux, le πνεῦμα-*spiritus* (v. 12 sq.) qui pénètre la matière et assure la cohésion universelle (v. 15). La chaleur — émanation du feu — joue également son rôle d'animation de la masse inerte. Tout est là — éléments matériels, principes et agents — pour la création du monde ; mais rien n'est encore commencé.

Partant alors de la formule traditionnelle : « Zeus

au *procemium* d'Aratos. La culture d'Aviénus, l'édition commentée d'Aratos dont il se servait lui permettaient de connaître et d'utiliser tous ces textes.

1. On complétera l'analyse qui va suivre par les notes qui accompagnent la traduction : d'autres éclaircissements et la discussion de difficultés ponctuelles y trouvent leur place.

doit être prié en premier comme en dernier lieu[1], πρῶτόν τε καὶ ὕστατον, » qui, chez Aratos, était conclusive, Aviénus en donne implicitement une exégèse (v. 18, *nam*) symbolique : Jupiter (le monde) s'appuie sur lui-même des deux côtés (*utrimque, geminum latus*), allusion probable à la sphéricité de l'univers qui se referme sur lui-même et aux deux hémisphères qui sont en contact par leur circonférence. Cette symétrie n'est pas sans rappeler la curieuse figure de Janus, que les théologiens romains ont eu, précisément, quelques difficultés à bien différencier de Jupiter[2]. Janus est, en effet, lui aussi, *antiquissimus diuum* (Juvénal, VI, 393), *Pater quasi deorum deus... qui cuncta fingit eademque regit* (Macrobe, *Sat.*, I, 9, 16 et 14) ; il est le Chaos primitif (Ovide, *F.*, I, 103) ; il est, plus spécialement, un dieu du ciel[3], voire le *mundus* même (saint Augustin, *Ciu. D.*, VII, 7) : ses deux faces symboliseraient le ciel diurne et le ciel nocturne[4], ou le levant et le couchant[5] — et pourquoi pas les deux hémisphères, que sépare l'horizon terrestre? L'on se demandera donc si, derrière le Jupiter stoïcien, ne se profilerait pas la silhouette du Janus *bifrons* dieu cosmique[6], et cela d'autant plus que, quelques vers plus

1. *Primum, medium atque secundum*, v. 17. On attendait *supremum* : cf. note, *ad loc.*

2. Textes fondamentaux sur Janus : Ovide, *F.*, I, 62-294 (et comm. de J. G. Frazer, F. Bömer et H. Le Bonniec, *ad loc.*) ; saint Augustin, *Ciu. D.*, VII, 6-10 ; Macrobe, *Sat.*, I, 9.

3. Macrobe, *Sat.*, I, 9.11 : *alii mundum, id est caelum esse uoluerunt, Ianumque ab eundo dictum, quod mundus semper eat, dum in orbem uoluitur et ex se initium faciens in se refertur... Hinc et Phoenices in sacris imaginem eius exprimentes draconem finxerunt in orbem redactum caudamque suam deuorantem, ut appareat mundum et ex se ipso ali et in se reuolui.* Sur Janus dieu céleste, cf. P. Grimal, *Le dieu Janus et les origines de Rome*, Lettres d'Humanité, VI (1945), p. 15-121 (surtout p. 85-121).

4. J. G. Frazer, *op. cit.*, t. II, p. 97 sq.

5. P. Grimal, *op. cit.*, p. 101 (d'après Ovide, *F.*, I, 139 sq.).

6. Je dois cette suggestion à mon collègue J.-Cl. Fredouille, que je remercie vivement ici de l'intérêt qu'il a bien voulu, à mon intention, porter à ce *proœmium*.

loin, la même épithète de *geminus*, caractéristique du dieu, reparaît (v. 27), rapportée cette fois à *aeuum*. Or, comme Jupiter, Janus est *sator* ou *reparator aeui*[1] ; il regarde à la fois le passé et l'avenir, et l'identité Janus = Αἰών, *Aeuum*, était déjà proposée par M. Messala au temps de Cicéron. Janus était encore honoré à l'époque impériale[2], et un tel syncrétisme ne surprendrait pas dans le temps même où un saint Augustin va montrer qu'il n'est guère de différence nette entre Janus et Jupiter.

Au vers 21, après la formule conclusive *mundi uere sanctus*[3] *pater*, le Jupiter-âme du monde initial se change en démiurge ; la perspective philosophique s'oriente désormais vers la théorie banale du dieu créateur ou, plus exactement, « fabricateur » qui met en place les éléments épars. Les choses, les objets se constituent et se fixent, prennent forme et couleur (25 *speciem... colorem*)[4]. Le mécanisme de la reproduction sexuée se met en place (v. 26), car Jupiter est à la fois mâle et femelle (cf. note au v. 26) ; et, si nous avons bien compris le vers 27 (cf. note *ad loc.*), les notions de temps (passé, futur) et d'espace prennent désormais leur sens. Le monde est formé, en état de fonctionner et de durer.

Cet univers organisé, Aviénus va le décrire très allusivement, de sa périphérie à son centre. D'abord, la sphère céleste qui l'enveloppe, avec ses deux hémisphères, l'un visible, l'autre invisible (v. 30, *aetheris atque Erebi*) ; puis, après cette sphère des fixes, voici, sur l'écliptique

1. Cf. les textes cités dans la note, *ad loc.* Sur αἰών, cf. A. P. Orbàn, *Les dénominations du monde chez les premiers auteurs chrétiens*, Nimègue, 1970.

2. Cf. l'hymne de Septimius Serenus (IIe s. ap. J.-C.) allégué plus haut ; Stace, *Silu.*, IV, 1, 11 sqq.

3. Conjecture personnelle (les mss. ont *factus*) : cf. note, *ad loc.*

4. Cf. — mais sans mention du dieu créateur — Apoll. Rhod., I, 496-502 ; Lucrèce, V, 416-508 ; Virgile, *B.*, VI, 31-40 ; Ovide, *F.*, I, 105-110 (à propos de Janus) ; avec le dieu, Ovide, *Met.*, I, 21-33. Sur la création du monde, cf. H. Schwabl, s. v. *Weltschöpfung*, P. W., Suppl. IX (1962), 1433-1582 (surtout 1543-1548).

oblique[1], si nous avons bien compris le vers 31, les cinq planètes-divinités (Saturne, Jupiter, Mars, Vénus, Mercure) qui gravitent autour de la terre à des intervalles (*insociabilium... deorum*) désormais immuables et harmonieux (*discretio iusta*). La terre, enfin, occupe le centre (*extremum... opus*, v. 32), entourée du soleil et de la lune : Aviénus révèle ainsi, implicitement, sa préférence pour l'ordre égyptien des planètes[2].

Nous voici dès lors sur la terre, amenés au point de vue de l'observateur terrestre. Soleil et lune (v. 32-35) procurent la meilleure des transitions, puisque ces deux astres règlent l'alternance des jours et des nuits, qui rythme l'existence humaine. Mais le soleil est responsable aussi de la succession des saisons, évoquée aussitôt après (v. 36-40). Les conditions atmosphériques variables qui en résultent influent sur les deux activités fondamentales — elles correspondent aux deux éléments dont est formé notre globe : l'eau et la terre — que sont la navigation et l'agriculture : il faut distinguer l'époque où il est possible de naviguer sans trop de risques (v. 39), où il est nécessaire, pour la subsistance des êtres, de labourer et de semer (v. 40). Ici, Aviénus intègre au passage quelques bribes du *procemium* d'Aratos (v. 7-10), dont nous avons plus haut noté le caractère utilitaire. Mais il ne s'agit pas encore de science (la science viendra plus tard) : tout au plus d'un empirisme très simple, tel que des primitifs peuvent le pratiquer.

1. L'expression *pigra inclinatio nodi* (v. 30) est très obscure (cf. note, *ad loc.*). Mais la démarche d'Aviénus et la vraisemblance suggèrent de l'interpréter ainsi plutôt qu'autrement.

2. C'est-à-dire, de l'extérieur vers l'intérieur : Saturne, Jupiter, Mars, Mercure, Vénus, Soleil, Lune. C'est l'ordre de Platon, d'Eudoxe, d'Aristote et d'Ératosthène (qui permute Mercure et Vénus). L'ordre chaldéen, plus courant à Rome (influence des Stoïciens), plaçait le Soleil entre Mars et Mercure (ou Vénus), au milieu donc de la série ; cf. F. Boll, s. v. *Hebdomas*, P. W., VII, 2561-2570 ; W. et H. Gundel, s. v. *Planeten*, P. W., XX, 1, 2099-2101 ; J. Flamant, *Macrobe et le néo-platonisme...*, p. 421-425.

Les trois vers suivants (v. 43-45) paraissent revenir à l'idée de Jupiter omnipotent et âme du monde, mais ils présentent cette fois son action du point de vue de l'humanité. Les constellations n'ont de sens que remarquées par l'œil humain ; la beauté des choses (*rebus honorem*) suppose un jugement esthétique, si instinctif soit-il ; la majesté de la nuit et la présence obscure de la divinité font naître le sentiment religieux.

La suite logique est l'éveil de l'intelligence, *mens* (v. 47) ; car il ne suffirait pas d'en rester à un confus et stérile instinct (*marcentia corda iacerent*). Au vague sentiment religieux se substituent une philosophie et une eschatologie cohérentes : l'âme immortelle, d'origine divine, vient habiter le corps — on reconnaît l'influence de Platon, de Cicéron, de Virgile (cf. note au v. 52). Et c'est ici que la science détrône l'empirisme primitif : Eudoxe, donné comme premier astronome — ce qui, bien entendu, est inexact, mais s'explique par le caractère aratéen de notre texte[1] —, détermine le cours du soleil et les saisons (v. 55-60), démontre la rotation du ciel autour d'un axe oblique (v. 60-62) et distingue les planètes des fixes (v. 63). A Eudoxe succède Aratos, pareillement inspiré par Jupiter (v. 64-66), et à Aratos notre poète, qui évite sans vergogne de saluer ses prédécesseurs romains.

Passons très vite sur les derniers vers. Les intentions seulement utilitaires qui s'y expriment démarquent assez inopportunément (cf. note *ad loc.*) l'exorde des *Géorgiques* ; le *prooemium* s'achève sur le rappel d'œuvres poétiques antérieures (cf. *supra*, p. 31), et sur les noms traditionnels d'Apollon et des Muses.

1. Aratos passait, en effet, dans l'Antiquité et jusque de nos jours, pour avoir simplement versifié des traités d'Eudoxe (cf. Hipparque, *Comm. in Arat.*, I, 1.8). Cette thèse est maintenant combattue par M. Erren (*Die Phainomena...*, passim ; éd. des *Phaenomena*, München, 1971, p. 131 sqq.).

Dans ce rapide survol des progrès intellectuels de l'humanité, Aviénus n'a pas dû manquer de songer à des textes fameux. D'abord, évidemment, celui d'Aratos : il est probable que les vers 46-54 développent le salut du poète grec (*Ph.*, 16) à la προτέρη γενεή. Cette mystérieuse « race aînée » a suscité maintes exégèses[1] : Zeus lui-même? ses frères? les héros? les Titans? les premiers astronomes[2]? Quoi qu'il en soit réellement, il nous paraît clair qu'Aviénus a fait sienne la dernière interprétation, comme les Scholiastes : οἱ δὲ ἀκριβέστερον περὶ τοῦ προκειμένου διαλαμβάνοντές φασιν ὅτι προτέραν γενεὰν ἐπικαλεῖται τὴν τῶν παλαιοτέρων ποιητῶν καὶ μαθηματικῶν, παρ' ὧν ἔλαβε τὴν τῶν Φαινομένων πραγματείαν[3]. Cette nécessité du progrès de l'intelligence domine encore l'hymne à Zeus de Cléanthe (v. 33-37) : (ô Zeus), « sauve les hommes de la triste ignorance »[4] : *ne longum marcentia corda iacerent*... Et c'est bien à Jupiter, ici et là, que l'hommage est rendu. Dans une perspective doctrinale toute différente, on rappellera aussi le tableau brossé par Lucrèce (V, 925-1457) des origines et des progrès de l'humanité, les belles pages liminaires de Manilius (I, 25-117) sur la naissance de l'astronomie en Orient, les progrès de la civilisation et de la science, dont les *Astronomica* représentent une nouvelle étape.

Ainsi lu et compris, le *prooemium* d'Aviénus cesse d'apparaître comme une pesante accumulation de vagues

1. Cf. J. Martin, note, *ad loc.* ; B. Effe, Προτέρη γενεή, *eine stoische Hesiod-interpretation in Arats Phaenomena*, Rh. M., 113 (1970), p. 167-182.

2. Les Scholies d'Aratos, *ad loc.* (p. 58-60, Mart.), les donnent déjà presque toutes.

3. Schol. Arat., p. 60, Mart., qui rapprochent de l'emploi de πρότεροι en *Ph.*, 442 et 637. Cf. plus loin : χαῖρε αὐτὸς καὶ οἱ πρῶτοι καταβαλόμενοί σοι τὴν κοσμικὴν οἰκονομίαν.

4. Cf. A.-J. Festugière, *op. cit.*, II, p. 320-325, et p. 330 : « Voilà l'homme sur la terre, doué d'une âme raisonnable qui l'apparente à Dieu... Son rôle est de connaître et de comprendre le plan divin, tel qu'il se manifeste dans l'ordre du Kosmos. »

formules philosophico-religieuses. Il n'est rien de moins, sous sa forme hymnique, qu'un raccourci de l'histoire du monde : éléments et forces primitifs encore inorganisés, mise en place et en forme de la création, système du monde, alternances temporelles (jours et nuits, saisons), premières activités et premiers sentiments humains, naissance de l'intelligence, de la philosophie et de la science, progrès de la littérature astronomique d'Eudoxe à Aviénus, qui se présente ainsi comme le dernier maillon d'une longue chaîne sur laquelle le dieu n'a cessé de veiller : construction grandiose et orgueilleuse — on sourira peut-être du *me quoque nunc similis stimulat fauor...* (v. 67) — qui, beaucoup plus que les quinze vers pragmatiques et bonhommes d'Aratos, entend à coup sûr rappeler les grandes pages cosmiques de Lucrèce, de Virgile (*Aen.*, VI) et de Manilius.

La description des constellations (77-907).

Abordant le vif de son sujet avec cette première partie des *Phénomènes*, qui pouvait lui paraître la plus facile, la plus intéressante, la plus riche de virtualités poétiques, Aviénus poursuit le dessein grandiose que faisait attendre le *proœmium*. Aux 432 vers d'Aratos ne répondent pas moins de 831 hexamètres latins : presque le double.

On ne s'étonnera donc pas qu'Aviénus s'interdise ici à peu près toute omission. C'est tout juste s'il supprime la mention du coucher de Sirius[1] et s'il allège, à propos de l'Autel, un développement verbeux — pour une fois — de son modèle[2] : en quoi il ne fait qu'imiter ses devanciers, Cicéron et Germanicus. Rares sont également les erreurs[3], et toutes ont l'excuse d'avoir été déjà

1. Arat., 336 ; cf. n. au v. 742.
2. Arat., 410 sqq. ; cf. n. au v. 856.
3. Les vers 151 sq. rendent maladroitement Arat., 54 sq.

commises par Cicéron[1] ou les Scholiastes d'Aratos[2], à qui Aviénus les doit sûrement.

Respectueux de son modèle, le traducteur romain ne se permet guère de modifications. Les plus notables consistent en un traitement relativement libre de développements aratéens diffus, auxquels Cicéron et Germanicus avaient déjà tenté de mettre bon ordre[3]. D'autres, plus ponctuelles, trahissent la même influence[4]. Reste le petit nombre de celles qu'explique seule, semble-t-il, l'approximation poétique[5].

Les déplacements ne sont pas moins exceptionnels. Le seul qui importe concerne les étoiles anonymes, non groupées en constellations, dont Aviénus juge bon de dire un mot préliminaire, tandis qu'Aratos ne les mentionnait qu'au hasard d'une occasion[6].

Cette fidélité se manifeste surtout, si l'on ose dire, envers et contre Hipparque et Germanicus. On sait, en effet, que l'astronome de Nicée, dans son *Commentaire aux Phénomènes d'Eudoxe et d'Aratos*[7], ne se privait pas de critiquer les erreurs du poète, et que Germanicus a tenu, assez souvent, compte de ces critiques[8]. Tel n'est pas le cas d'Aviénus ; s'il n'a pas lu Hipparque, il connaissait du moins son devancier romain, mais ne l'a

1. V. 724 = Arat., 327 (méprise sur les pattes du Chien) ; v. 803 = Arat., 364 (méprise sur l'adverbe ἐπιμίξ).

2. V. 534-537 = Arat., 239 (confusion entre le Bélier et le Triangle).

3. V. 807-819 = Arat., 373-382 (étoiles anonymes et origine des constellations) ; v. 857-873 = Arat., 413-430 (l'Autel indice de tempêtes).

4. V. 358 = Arat., 141 (étoiles périphériques de la Grande Ourse) ; v. 632 = Arat., 272 (cuisse ou genou de l'Agenouillé).

5. V. 670 sq. = Arat., 301 (description du Sagittaire) ; v. 692 sq. = Arat., 313 (le Cygne et le pôle) ; v. 718 sqq. = Arat., 322 (Orion et le Zodiaque).

6. V. 79-83 ∾ Arat., 370-385. Autre translation : v. 115 ∾ Arat., 48.

7. Éd. C. Manitius, Leipzig, 1894 ; éd. en préparation, par G. Aujac, dans la C. U. F.

8. C. Ihlemann, *op. cit.*, p. 75-83 ; A. Le Boeuffle, éd. de Germanicus, p. XIX ; D. B. Gain, éd. de Germanicus, p. 14 sqq.

pas suivi lorsque cela l'aurait conduit à modifier Aratos[1].

En revanche, pas plus que Cicéron[2], il ne s'est interdit d'ajouter des détails pittoresques, suggérés peut-être par l'examen d'un globe céleste[3], de majorer emphatiquement l'éclat d'étoiles en vérité discrètes[4], et de se laisser entraîner à des formulations contestables[5] : libertés de poète grisé par son vocabulaire et insoucieux des réalités...

Mais en cette première partie, la véritable originalité d'Aviénus n'est pas dans ces broutilles. Elle réside dans des additions, importantes et nombreuses, au poème aratéen.

Ces additions et leur origine sont depuis longtemps reconnues (cf. *supra*, p. 41, n. 4). Pour son travail, Aviénus disposait, non seulement du poème d'Aratos, mais, sous la forme d'un *corpus* dont J. Martin s'est naguère efforcé de préciser le contenu[6], de toute une littérature connexe, dont témoignent les *Catastérismes* attribués à Ératos-

1. Ainsi v. 238 = Arat., 84 ≠ German., 81 sqq. (les pieds d'Ophiuchus) ; v. 252 sq. = Arat., 90 ≠ German., 89 (éclat des Pinces) ; v. 439 = Arat., 177 sq. ≠ German., 181 sq. (coucher du Taureau) ; v. 445 sq. = Arat., 184 ≠ German., 188 sqq. (triangle : queue de la Petite Ourse + pieds de Céphée) ; v. 453 sqq. = Arat., 190 sq. ≠ German., 194 (éclat de Cassiopée) ; v. 568 = Arat., 254 ≠ German., 255 (position des Pléiades) ; v. 637 = Arat., 276 sq. ≠ German., 280 (éclat du Cygne) ; v. 841-844 = Arat., 401 ≠ German., 391 (la Couronne Australe) ; v. 880 = Arat., 436 sqq. ≠ German., 415 sqq. (position du Centaure).

2. Cf. J. Soubiran, éd. des *Aratea*, p. 90-93.

3. Que semble mentionner Aviénus (mais les textes sont d'interprétation difficile, cf. notes, *ad loc.*), v. 171 (et 489?) : v. 274 sq. (largeur du Zodiaque), v. 543-547 (localisation précise des Poissons), v. 648 sq. (beauté du Verseau), v. 700 (description du Dauphin). D'autres éléments descriptifs peuvent remonter aussi bien à Germanicus (et à la tradition poétique) qu'à un globe : v. 544 (les ailes de Pégase), v. 564 (les pieds ailés de Persée).

4. V. 152-155 (tête du Dragon), v. 246 (gueule du Serpent), v. 460-465, 476 (constellation d'Andromède), v. 533 sq. (le Triangle), v. 839 sq. (étoiles de l'Eau).

5. Cf. notes aux v. 118 sqq., 133 sqq., 537 sq., 734, 754 sq., 835 sq., 849 sqq., 905 sq.

6. *Hist. du texte des Phén. d'Aratos*, Paris, 1956, p. 123 sqq.

thène[1] et les *Astronomica* d'Hygin[2], ainsi que les Scholies d'Aratos[3] et de Germanicus[4]. L'originalité d'Aviénus est d'avoir versifié, dans la trame d'Aratos, nombre d'éléments exégétiques qu'il trouvait dans ce *corpus*.

Les plus frappants — et ce sont aussi ceux qui tiennent le plus de place chez Ératosthène et Hygin (*Astr.*, II) — concernent les mythes stellaires, les catastérismes. A ces aventures des héros de la fable immortalisés dans le ciel, Aratos ne faisait, sauf exception (la Vierge), que d'irrégulières et brèves allusions[5], auxquelles s'en tenait à peu près Cicéron. Déjà Germanicus avait multiplié et étoffé ces anecdotes[6]. Aviénus les développe encore davantage : mythes de Callisto et de l'Ourse (105-116), d'Hercule vainqueur du dragon des Hespérides (175-193), d'Asclépios-Ophiuchus (204-225), d'Arcas le Bouvier (258-263), des Gémeaux Castor et Pollux (370-378), du Cancer et des *Aselli* (379-388), d'Erichthonios le Cocher (409-411), de Pégase (489-502), des Poissons « bambyciens » (539-542), des Pléiades (573-576, 582-602), de la Lyre œuvre d'Hermès et instrument d'Orphée (618-631), du Verseau Ganymède (647), de l'Aigle « écuyer » de Zeus (694), du Dauphin monture d'Amphitrite (701-706), de l'Eridan-Nil (781-800), du Centaure Chiron (885-890). Quant au mythe de la Vierge et des âges de l'humanité, qu'Aratos narrait en 41 vers (*Ph.*, 96-136),

1. Éd. C. Robert, *Eratosthenis Catasterismorum reliquiae*, Berlin, 1878 (repr. 1963) ; sur Aviénus, cf. p. 26-29.

2. Éd. B. Bunte, Leipzig, 1875 (on attend dans la C. U. F. l'éd. de A. Le Boeuffle) ; A. Le Boeuffle, *Recherches sur Hygin*, R. É. L., XLIII (1965), p. 277.

3. *Scholia in Aratum uetera*, éd. J. Martin, Stuttgart, Teubner, 1974, qui remplace pour ces textes le classique recueil de E. Maass, *Commentariorum in Aratum reliquiae*, Berlin, 1898 (repr. 1958).

4. *Germanici Caesaris Aratea cum scholiis*, ed. A. Breysig, Berlin, 1867 (= Hildesheim, 1967).

5. L'Ourse crétoise (30-35), la Couronne d'Ariane (71 sq.), la Chèvre Amalthée (163 sq.), Céphée (179-181), Andromède (198, 203), le Cheval (216-223), Persée (252), la Lyre (268 sqq.), le Navire Argo (348), la Baleine (353 sq.), l'Eridan (360).

6. A. Le Boeuffle, éd. de Germanicus, C. U. F., p. xx sq.

Aviénus se fait une joie de l'amplifier en multipliant les identifications proposées (277-292) puis en développant, avec le soutien de la tradition poétique antérieure (Virgile, Tibulle, etc.), l'imposant triptyque des âges de l'humanité. Avec ces 85 hexamètres (273-357), nul doute qu'Aviénus ait entendu rivaliser avec les grands « épisodes » traditionnels dans la poésie didactique — ceux des *Géorgiques*, mais surtout, peut-être, celui d'Andromède dans Manilius (*Astr.*, V, 538-618).

Si le cas de la Vierge — suggéré par le modèle grec — reste exceptionnel, les autres digressions mythologiques attestent un évident souci de variété. Toutes les constellations n'en sont pas honorées, alors que le recueil des mythographes l'eût permis : rien sur le Lion (de Némée), le Taureau (ravisseur d'Europe), le Bélier (de Phrixos et d'Hellé), le Triangle (initiale du nom Διός), le Cygne (métamorphose de Zeus séducteur), le Capricorne (Aegipan), le Sagittaire (Crotus, fils de la nourrice des Muses), la Flèche (d'Apollon meurtrier des Cyclopes), Orion[1], le Chien (gardien d'Europe, puis offert à Céphale), l'Autel (sur lequel jurèrent les dieux avant d'attaquer les Titans), l'Hydre, la Coupe et le Corbeau (cf. Ovide, *F.*, II, 243-266), Procyon (chien d'Orion). D'autres héros doivent se contenter d'allusions rapides : ainsi Céphée, Cassiopée, Andromède, Persée, protagonistes d'un mythe bien connu[2] qu'Aviénus renonce à conter de nouveau. Dans l'ensemble, notre poète a retenu les aventures des personnages divins ou humains et dédaigné les mythes relatifs aux animaux ou aux objets.

Ces notices sont d'étendue très diverse. Ici un vers suffit (Ganymède, Aigle), là une phrase (le Cocher) ou deux (le Centaure). Ailleurs le récit se développe plus

1. Mais cela viendra plus loin, à propos du coucher de la constellation : cf. *infra*, p. 59.

2. Cf. C. Windisch, *De Perseo eiusque familia inter astra collocatis*, diss. in. Leipzig, 1902.

à l'aise (Hercule et le Dragon, Asclépios, Arcas). Quelquefois enfin c'est une véritable doxographie qui propose pour la même figure plusieurs identifications (Vierge, Eridan) ou pour le même fait plusieurs explications (disparition de la septième Pléiade). Ce procédé, cher aux mythographes, trahit la dépendance d'Aviénus à leur égard. Aussi bien n'hésite-t-il même pas à conserver la mention, érudite et prosaïque, des sources qu'il trouvait dans ces textes : Panyasis pour Hercule, Sminthès pour les Pléiades[1].

Ces éléments mythologiques ne sont pas les seuls qu'Aviénus doive à ses sources annexes. Ératosthène (*Catast.*) et Hygin (*Astr.*, III), les Scholiastes d'Aratos et de Germanicus dressent aussi, pour chaque constellation, un bref catalogue d'étoiles. A plusieurs reprises, mais non pas constamment, Aviénus versifie ces catalogues ou leur emprunte des détails absents chez Aratos : les neuf étoiles de la Couronne (199) et sa division en deux parties (199-203), la liste des étoiles du Bouvier et la place d'Arcturus entre les genoux (265-269)[2], la dissymétrie (3 + 2 étoiles) des pinces du Cancer (388 sqq.), l'œil et les cornes du Taureau (424-429), les pattes de Pégase (488), la forme triangulaire des Pléiades (603 sq.), le baudrier et l'épée d'Orion (723)[3], la langue trifide de l'Hydre (898), les trois étoiles du Petit Chien (903).

Enfin, Aviénus tient sans doute de cette littérature quelques additions de nature diverse : la comparaison de la sphère céleste avec une boule percée d'une tige (87),

1. Panyasis, v. 175 = Hygin, *Astr.*, II, 6 ; Schol. German., p. 70 et 128 sq. Br. La mention manque chez Ératosthène, ce qui laisserait supposer qu'Aviénus s'inspirait de textes latins plutôt que grecs ; mais C. Robert, qui est d'avis opposé (*op. cit.*, p. 27 sq.), admet une lacune chez Ératosthène ; sur Sminthès, v. 582, cf. note, *ad loc.*

2. Sur ce dernier point (cf. note, *ad loc.*), divergence entre Ératosthène (*Catast.*, VIII), ἀνὰ μέσον τῶν γονάτων et Hygin (*Astr.*, III, 3) *in zona*. Aviénus s'accorde avec le premier, mais tâche ensuite de concilier les deux (cf. v. 271 et note, *ad loc.*).

3. Déjà mentionnés par Germanicus (331 sq.) et Manilius (I, 391).

le bruit engendré par la rotation de l'univers (97), les Ourses annonciatrices de tempêtes (123), la couleur rougeâtre d'Arcturus (272), l'allusion à la Carie à propos de Cassiopée (455), la mention de la nébuleuse d'Andromède (469)[1]. Mais celles-ci, nous les cherchons en vain dans les textes conservés, et cela suggère l'hypothèse — qui va bientôt devenir certitude — que les documents annexes dont disposait Aviénus étaient plus étendus et plus complets que ceux qui nous restent. Pour un certain nombre de notices originales, Aviénus reste donc l'unique témoin d'une tradition disparue, et mérite une place dans l'histoire de l'astronomie (cf. n. 1 et *infra*, p. 63 sq.).

Planètes, cercles célestes, synchronismes des levers et couchers (908-1325).

A la suite des constellations, Aratos mentionne rapidement l'existence de cinq planètes, qu'il ne nomme pas, et se refuse à décrire leurs déplacements, trop complexes (*Ph.*, 454-460). Cicéron (226-234) et Germanicus (437-445)[2] imitent sa discrétion. Aviénus, lui, développe complaisamment la théorie, classique dans les manuels d'astronomie élémentaire, du double mouvement des planètes (mouvement propre d'ouest en est, mouvement diurne d'est en ouest)[3], et il l'éclaire d'une de ces comparaisons chères aux vulgarisateurs antiques. A ces v. 911-923, sans correspondants chez Aratos, il est malaisé d'assigner une source précise, tant est banal leur contenu[4].

1. Cf. J. Soubiran, *Une mention antique de la nébuleuse d'Andromède*, R. Ph., LI (1977), p. 207-216.

2. Le second, cependant, souhaite reprendre un jour ce sujet (annonce des fragments d'astrométéorologie planétaire?).

3. Mais il n'énumère pas les planètes, comme le font Ératosthène (*Catast.*, XLIII), Hygin (*Astr.*, II, 42 ; IV, 15-19), les Scholiastes d'Aratos (p. 286 sq., Martin) et de Germanicus (p. 102 sq., Br.) — sans parler d'autres textes innombrables.

4. Pour le double mouvement, cf. Schol. Arat., p. 289, Mart. ;

Cette parenthèse fermée, les *Phénomènes* d'Aratos abordent successivement deux problèmes. D'abord (v. 462-558), la disposition des cercles fondamentaux de la sphère céleste (tropiques, équateur, zodiaque — et Voie Lactée !) avec les constellations qu'ils traversent : c'est une mise en place, sur la sphère, des étoiles qui ont été jusque-là décrites par progression, de proche en proche, sans être situées plus précisément. Ensuite (v. 559-732), les συνανατολαὶ καὶ συγκαταδύσεις, c'est-à-dire une description de la sphère en mouvement : les levers et couchers des constellations au moment où se lève chaque signe du Zodiaque sont un moyen, très approximatif, de déterminer l'heure la nuit.

Quoique ces deux parties ne soient pas liées par un rapport direct[1], nous les examinerons ensemble, car elles ont posé à Aviénus des problèmes semblables, et il les a adaptées dans le même esprit, différent à la fois de celui que nous avons analysé jusqu'ici, et de celui que nous révélera la dernière partie de l'œuvre.

De tout le poème aratéen, c'était ici, assurément, qu'il était le plus difficile de faire œuvre poétique. La description des constellations se prêtait, on l'a vu, à divers ornements. Mais il eût été maladroit de les réutiliser : aussi bien tracés de cercles, indications de levers et couchers sont autant de notations sèches et scientifiques, peu propices à fioritures.

Aviénus n'a pourtant pas renoncé tout à fait à embellir cette matière ingrate. Il saisit, ici ou là, l'occasion de développer des notations pittoresques[2], d'ajouter quelque

pour la comparaison, Hygin, *Astr.*, IV, 13. Mais il existe bien d'autres textes (cf. Vitruve, IX, 1.5, 1.15, et comm. J. Soubiran, *ad loc.*).

1. La première continue la description de la sphère des fixes ; la seconde aborde la mesure du temps, qui se poursuivra dans des développements ultérieurs (cf. J. Martin, éd. d'Aratos, p. XXIV).

2. V. 936-942 (tableau de la nuit) ; 965-969 (passage du tropique à travers le Lion et le Cancer : possible influence d'un globe céleste) ; 975 sq., 1017 (char du Soleil) ; 1071 sqq. (les deux « bords » de l'Océan) ;

allusion mythologique neuve[1]. Surtout, il amplifie complaisamment le seul épisode animé et dramatique que lui offre Aratos : à propos du lever du Scorpion, qui entraîne le coucher d'Orion, voici le mythe du chasseur impie, châtié par Diane. L'épisode étiologique, dans les *Phénomènes* (637-646), répondait à la digression sur la Vierge — ici et là, une divinité « chaste et pure » aux prises avec la brutalité humaine — et Aviénus l'étoffe[2], de 10 à 23 hexamètres (1171-1193), en modifiant d'après Virgile des détails importants[3], en empruntant à Cicéron des éléments descriptifs[4], à Germanicus une morale[5]. La poésie, visiblement, l'intéresse plus que la science.

Celle-ci cependant posait dans ces deux parties des problèmes qu'Hipparque, dans son *Commentaire*, avait longuement traités. Si la figure des constellations reste immuable à l'échelle du siècle, voire du millénaire, il n'en va pas de même des coordonnées célestes (donc du tracé des cercles à travers les constellations) ni, par conséquent, des levers et couchers : la précession des équinoxes, dont Hipparque ne parle pas expressément dans son *Commentaire* (sans doute ne la découvrit-il que plus tard), fait que nombre de données aratéennes se trouvaient déjà fausses aux IIIe-IIe siècles avant J.-C.[6], pour ne rien dire du IVe siècle après J.-C. De plus, levers et couchers varient suivant

1155 (couchers stellaires) ; 1276 sq. (coucher partiel du Poisson Austral) ; 1301 sqq. (coucher du Bouvier).

1. V. 962 (la Vierge = Érigone) ; 1254 (le Petit Chien suit son maître Orion) ; 1283 (le Bélier de Phrixos).

2. Cicéron (420-435) lui en donnait déjà l'exemple (cf. éd. J. Soubiran, p. 92 sq.).

3. Orion n'est plus chasseur, mais coupeur de bois (v. 1180 sqq., cf. note, *ad loc.*).

4. V. 1180, 1185, cf. notes, *ad loc.*

5. V. 1189-1191 ∾ German., 656.

6. M. Erren (*Die Phainomena...*, passim ; éd. d'Aratos, p. 131-135) s'efforce de montrer que le ciel décrit par Aratos est celui de l'an 1000 avant J.-C. environ, et conteste donc qu'Eudoxe soit la source de données aussi inexactes pour son temps.

la latitude : Rome diffère donc d'Athènes, et plus encore de Rhodes ou d'Alexandrie.

Tandis que Germanicus s'est efforcé, mais sans constance, de rectifier Aratos d'après Hipparque, ni Cicéron ni Aviénus ne s'en sont souciés. En son temps, en son lieu, l'adaptation d'Aviénus avait perdu toute valeur scientifique — son auteur en eut-il conscience? — et ne pouvait servir à l'étude du ciel réel.

Ignorant ou dédaigneux des critiques d'Hipparque, dont le traité ne figurait pas dans le *corpus* qu'il avait en main, Aviénus a donc suivi docilement Aratos[1]. Plus docilement, même, que Cicéron et Germanicus, qui avaient tenté, par endroits, de mettre un peu d'ordre dans le décousu de leur modèle[2].

De ces devanciers, cependant, il a repris quelques suggestions de détail. Les unes ne mettent pas en question l'astronomie : omission des v. 582, 585 et 656 sq. d'Aratos, commune aux trois traducteurs[3], changement de sens imposé à la comparaison aratéenne entre les cercles célestes et des roues ajustées par un charron[4]. D'autres, en revanche, modifient légèrement l'enseignement d'Aratos, sous l'influence de Germanicus[5], des Scholiastes d'Aratos[6] ou d'un motif qui nous échappe[7]. On relèvera aussi l'addition de quelques détails astronomiques,

1. On lui reprochera seulement deux bévues dont il semble seul responsable : v. 1083 ($\neq$ Arat., 573 sq.) et 1273 ($\neq$ Arat., 702).

2. Arat., 665-668 = Avien., 1216 sqq. (Cic., 453 sqq., German., 671 sqq.) ; Arat., 679-689 = Avien., 1235-1251 (Cic., 464-469, German. 683-687).

3. Celle du v. 652, relatif à Céphée, a pour précédent Germanicus seul, qui ne mentionne même pas cette constellation ; de même l'omission de μέσον (Arat., 693 $\neq$ German., 693, Avien., 1261).

4. Arat., 529-533 = Avien., 1018-1021 (Cic., 302-307, German., 518 sq.) ; cf. M. Erren, *Die Phainomena...*, p. 166 sqq.

5. V. 957-960 (tracé du tropique du Cancer, cf. notes, *ad loc.*).

6. V. 1196 sq. (interprétation de πανσυδίῃ, Arat., 649) ; v. 1208 sq. (formule conclusive).

7. V. 1163, la Baleine, *uersa in Fluuium* $\neq$ ἐς λοφιὴν τετραμμένον (cf. note, *ad loc.*).

qui trahissent en général les mêmes influences[1] : le plus important est le lever du Dauphin avec le Capricorne (v. 1260), mention absente chez Aratos et ajoutée par Germanicus (691) d'après Hipparque.

L'influence des Scholies, qui s'imposera dans la dernière partie, commence ici à se manifester, par l'insertion de huit vers entiers (1034-1041) qui expliquent l'égalité du rayon de l'univers et de la corde qui sous-tend deux signes du Zodiaque. Ces vers, d'ailleurs embarrassés, proviennent de gloses que le texte très succinct d'Aratos réclamait pour être intelligible aux profanes.

Mais si l'on excepte le développement sur les planètes et ce seul passage, il reste que, dans cette deuxième section du poème, les additions sont minimes, presque compensées par quelques omissions. Si donc Aviénus a besoin de 396 vers pour traduire 271 vers d'Aratos, cela tient surtout à sa prolixité naturelle, et l'écart est bien moindre que dans la description des constellations.

Pronostics météorologiques (1326-1878).

Cet écart se réduit encore dans la troisième section : aux 422 vers d'Aratos ne répondent que 553 vers d'Aviénus. Hâte du poète lassé de sa tâche et pressé d'en finir? Ce n'est sans doute pas si simple. Le voici en tout cas qui aborde cette dernière partie avec des moyens nouveaux et une attitude nouvelle.

Moyens nouveaux, ou plutôt appauvris. Car pour ces questions de météorologie (indices fournis par la lune, le soleil, les étoiles et le monde terrestre), que précèdent quelques éléments de calendrier (mois lunaire, année solaire), Aviénus ne dispose plus ni d'Ératosthène ni

1. V. 961, le dos d'Ophiuchus ; 985, la flèche du Sagittaire ; 998, les heures équinoxiales ; 1075 sq., l'Orient et l'Occident (Cic. et German.) ; 1162, l'attitude de Céphée (Schol.) ; 1230, le pied de Céphée ; 1236, les pieds du Cocher (Schol.) ; 1287 sq., le lever de Persée.

(sauf tout au début) d'Hygin, ni de Germanicus (qui n'a pas traduit les *Pronostics*), ni des Scholies de Germanicus. Il ne lui reste que Cicéron (perdu pour nous, en revanche, à quelques fragments près) et les Scholies d'Aratos, dont nous allons voir qu'il a tiré un parti considérable.

Attitude nouvelle, car cette moindre disparité d'étendue résulte non d'une fidélité littérale, mais de suppressions et d'additions qui se compensent en gros[1].

Si l'on excepte, en effet, de très menus accidents (cf. *supra*, p. 51 et 60), Aviénus n'avait jusqu'ici rien omis de son modèle. Avec les *Pronostics*, il n'hésite plus à pratiquer des coupures d'un ou de plusieurs vers de suite : Arat., 741-747 (en partie réutilisés en conclusion de la seconde partie, v. 1317-1325, puis en 1377-1381), 756-760, 769-772, 802-804 (accident du texte?), 818, 895-896, 918 sq., 922-925, 929-932, 935 sq., 957-959, 961 sq., 966-971, 973 sq., 981 sq., 985 sq., 993, 999, 1026 sq., 1034 sq., 1062 sq., 1067, 1072-1074, 1078-1081, 1091, 1117, 1120 sq., 1128, 1137, 1138-1141 (sans doute apocryphes). Ces coupures, fort nombreuses, sont de nature variée : réflexions d'ordre général, incidentes, développements un peu longs qu'Aviénus abrège, mais, tout aussi bien, notices qui apportent une information précise (comportement révélateur de certains animaux) et qu'on s'étonne de voir disparaître, alors qu'une foule d'autres, analogues, sont maintenues.

Si voisins des suppressions que la distinction est parfois difficile (cf. *infra*, n. 1), voici également un bon nombre de résumés : Arat., 869-876 (Avien., 1637 sqq.), 880-889 (∾ 1645 sq.), 911 sq. (∾ 1674 sq.), 949-953 (∾ 1704 sq.), 977-980 (∾ 1719 sq.), 1003-1009 (∾ 1743 sq.), 1036-1043 (∾ 1774-1779), 1044-1050 (∾

1. Cf. C. Ihlemann, *op. cit.*, p. 11-14. Nos listes diffèrent légèrement des siennes, tant il est malaisé, parfois, de distinguer rigoureusement entre suppression et résumé.

1779 sq.), 1053-1059 (∾ 1785-1789), 1104-1109 (∾ 1841-1843). Le dommage est déjà moins grave, mais Aviénus ne nous avait pas habitués à cette concision, que l'on peut regretter. Car le modèle grec développait assez souvent des descriptions de plantes ou d'animaux qui ne manquaient ni de couleur ni de pittoresque — bref, de poésie. Ces détails ont-ils été jugés menus et futiles, indignes d'une œuvre si majestueusement commencée?

Certains indices nous inclineraient à le croire. Car si Aviénus escamote les mille-pattes, lombrics et autres bestioles dont Aratos ne rougissait pas, il lui arrive en revanche de développer sans nécessité des notations chères à la grande poésie : v. 1356-1361 (Arat., 749 sq.) l'aurore et le crépuscule, v. 1396-1399 (Arat., 767) aubes de tempête, v. 1405-1408 (Arat., 776 sq.) annonce des intempéries, v. 1474 (Arat., 793) la tempête, v. 1573-1585 (Arat., 834-837) intempéries annoncées par le soleil rouge ou noir, v. 1731-1734 (Arat., 994 sq.) évocation de l'état du ciel, v. 1774 sq. (Arat., 1036) entrée en matière solennelle, v. 1829 sq. (Arat., 1099) et 1860-1863 (Arat., 1131) notations temporelles. Le souci de noblesse se révèle dans ces choix.

Mais Aviénus n'a pas seulement voulu éviter le mesquin et rechercher le grandiose. Il a prétendu aussi, peut-être sur le modèle de Lucrèce, archétype romain du poème didactique, faire œuvre plus scientifique qu'Aratos. Il disposait, à cette fin, des explications détaillées que lui donnaient vers par vers les Scholies d'Aratos, et d'autres textes qui ne nous sont pas tous parvenus. C'est ainsi qu'empruntant à ces exégètes, Aviénus insère dans la trame aratéenne abrégée une série de notices, quelquefois étendues[1] : v. 1338-1347, phases décroissantes de la lune (Scholies, textes divers, cf. notes *ad loc.*) ; v. 1363-1368, calendriers de Solon et d'Harpale (Hygin

1. Cf. C. Ihlemann, *op. cit.*, p. 15-20.

perdu) ; v. 1369-1381, cycle de Méton (Hygin perdu, Scholies) ; v. 1409-1445, origine des nuages, des vents, des pluies et de la foudre (source inconnue) ; v. 1463 sq., 1478 sq., 1482 sq., influence des vents sur le croissant lunaire (Scholies) ; v. 1506-1526, air, ciel, planètes en relation avec les cercles de la sphère céleste (source précise inconnue) ; v. 1548-1555, hymne au Soleil (cf. Julien, Macrobe, Mart. Capella) ; v. 1590-1593, rayons du soleil (source inconnue) ; v. 1606-1609, cause de la dilatation apparente du soleil levant (Scholies) ; v. 1612-1615, cause d'un aspect du soleil (Scholies) ; v. 1631 sqq., cause de l'éclipse de soleil (Scholies) ; v. 1682 sq., cause d'une attitude de l'étourneau (Scholies) ; v. 1710-1712, froid extérieur, chaleur souterraine (Scholies) ; v. 1781-1784, action de l'humidité sur le bois de l'yeuse (Scholies) ; v. 1796 sq., action de l'humidité sur la sexualité des chèvres (Scholies) ; v. 1815-1819, origine des comètes (Scholies) ; v. 1823-1826, cause de la sécheresse des îles (Scholies).

L'astronomie et la physique dominent dans ces additions. Aviénus les préférait décidément aux détails terre à terre, peut-être pour conserver à son poème une unité d'inspiration et de ton dont Aratos s'était moins soucié. Il n'est pas moins clair qu'Aviénus a compilé les Scholies : les rapprochements (cf. notes *ad loc.*) sont trop nombreux et trop textuels pour que demeure le moindre doute[1]. Mais il est plus intéressant encore que certains développements d'Aviénus, et non des moindres (1409-1445, 1506-1526), soient sans modèle connu. Comme il est peu vraisemblable que notre poète soit allé en chercher bien loin la matière, on supposera qu'il la trouvait, soit dans des Scholies plus étoffées que

1. En d'autres passages encore, Aviénus est plus proche de la paraphrase des Scholies, dont il suit jusqu'aux erreurs d'interprétation, que des vers d'Aratos : ainsi v. 1350 sq., 1470, 1532, 1559, 1600-1606, 1616, 1663, 1673, 1697, 1720, 1746, 1766, 1771, 1792 sq., 1811 sq. (cf. notes, *ad loc.*).

celles qui nous restent[1], soit dans une littérature aratéenne annexe. Ces insertions originales, dont J. Martin n'a peut-être pas assez tenu compte dans sa belle *Histoire du texte des Phénomènes d'Aratos*, constituent des apports de grand intérêt pour l'histoire de la science antique : nous leur devons, outre la mention de la nébuleuse d'Andromède déjà indiquée (cf. *supra*, p. 57), l'attribution expresse de l'octaétéride à Solon[2], ignorée jusqu'ici faute d'un texte correctement établi.

Certes, la doctrine de ces exposés apparaît souvent peu scientifique, indigne même du plus haut niveau atteint par les Anciens. Leur mode d'insertion n'est pas non plus très adroit. Un *nam* ou un *quippe* introduit les plus brefs. Les plus étoffés (1409 sqq., 1506 sqq.), en revanche, surviennent *ex abrupto* et rompent intempestivement le fil du poème. En outre, la rédaction en est gauche, alourdie de termes rares, abstraits et prosaïques : l'unité de ton en souffre. Mais il reste que ces éléments font d'Aviénus, par moments, un poète original.

Transposant en vers latins, après bien d'autres, les *Phénomènes* d'Aratos, Aviénus a donc su, fidèle à l'esprit antique de l'*aemulatio* et de la *retractatio*, faire à la fois la même chose et autre chose que ses prédécesseurs. Comme Cicéron, il a voulu tout traduire ; comme Germanicus, il s'est permis de modifier son modèle — non en le corrigeant, mais en l'amplifiant. Si l'on ne peut dire que le résultat soit toujours heureux, l'intention didactique demeure évidente, avec le goût du grandiose, qu'avivaient sans doute les précédents de Lucrèce et de Manilius.

1. Particulièrement révélatrice est, à propos de l'*orchilos* (1763), la mention *infestus floricomis hymenaeis* (cf. note, *ad loc.*), absente des Scholies actuelles, mais présente à coup sûr dans les Scholies originelles, qu'elle suggère d'attribuer au grammairien Théon d'Alexandrie plutôt qu'au mathématicien tardif du même nom.

2. Cf. J. Soubiran, *Solon, Harpale et l'octaétéride*, Pallas, XXV (1978), p. 9-20.

Intérêt littéraire. Poète érudit au crépuscule de l'Empire romain, Aviénus est un des derniers à défendre, contre la dégradation de la langue et de la métrique, le legs des siècles classiques. Qu'il ait subi, cependant, l'influence de son temps n'est pas pour surprendre. Il n'en reste pas moins, par ses goûts et sa formation, un héritier du passé.

Nul doute — on s'en est convaincu dans les pages précédentes — qu'Aviénus ait lu ses devanciers, traducteurs romains d'Aratos. Non seulement il est guidé, ici ou là, par leur interprétation, mais il ne se prive pas de leur emprunter, en les modifiant légèrement, telles ou telles expressions. Cela se sent déjà en ce qui concerne Cicéron[1]; mais c'est surtout évident pour Germanicus, plus moderne, qu'Aviénus, ainsi que l'a montré C. Ihlemann[2], suit souvent de fort près, surtout dans les allusions mythologiques[3]. La tentation, certes, était grande,

1. Sur Aviénus imitateur de Cicéron, cf. C. Ihlemann, *op. cit.*, p. 60-66. Cas les plus nets : Avien., 153 ∾ Cic., *Ph. fr.*, IX, 2 (*duplici fulgore*) ; 392 ∾ *Ph. fr.*, XXII, 3 (éclat du Lion) ; 475 sq. ∾ *Ph. fr.*, XXXII, 2 sq. (*communi lumine*) ; 528 ∾ *Ph.*, 7 (*simili latus... utrumque*) ; 557 ∾ 18 (*laeuo ex umero... cognoscere*) ; 561 ∾ 18 (*quaerere*) ; 581 ∾ 36 (énumération des Pléiades) ; 636 ∾ 48 (*secat aera pinnis*) ; 700 ∾ 91 (*curuus Delphinus*) ; 897 ∾ 218 (*lubrica Hydra*) ; 980 sq. ∾ 275 (*caeruleae... caudam Pistricis*) ; 1012 ∾ 296 (*aequo spatio deuinctos sustinet axis*) ; 1018 ∾ 302 (*doctissima Pallas*) ; 1063 ∾ 343 (*semper signum... Titan trahit unum*) ; 1094 ∾ 364 (*sese satiauit luce*) ; 1787 ∾ *Progn. fr.*, V, 3 (*lentiscus... tria tempora monstrat arandi*).

2. *Op. cit.*, p. 66-75. Ihlemann estime (p. 70) à 150 au moins — récits mythiques exclus — les *loci similes.* On ne saurait donc les citer tous ; quelques exemples : Avien., 94 ∾ Germ., 22 (*mersa sub undas*) ; 144 ∾ 53 (*hac caput est Helices*) ; 565 ∾ 252 (*solium prope Cassiepiae*) ; 793 sq. ∾ 366 (*planxere... Phaethontides ulnis*) ; 1310 ∾ 720 (*signum erit Oceano Geminos remeare relicto*).

3. Ainsi (C. Ihlemann, *op. cit.*, p. 27 sqq.) : la Couronne d'Ariane (Avien., 194-198 ∾ Germ., 70 sqq.), le début du mythe de la Vierge (Avien., 277-281, 284 sqq., 290 sqq. ∾ Germ., 96-107), et plus loin, 292 sq. ∾ 111, 301 ∾ 119, 304 ∾ 121, 305 ∾ 109, 318 ∾ 120 (très net), etc. Et encore : le mythe des Ourses (Avien., 121 ∾ German., 39, 124 sq. ∾ 40 sq., 125-129 ∾ 42 sqq.), de la Chèvre (Avien., 406-409 ∾ German., 165-168), du Cocher (Avien., 409 sq. ∾ German.,

et la difficulté consistait plutôt à ne pas se laisser trop influencer. Mais Aviénus possède assez de personnalité, domine assez de lectures d'autres œuvres poétiques pour éviter le pur démarquage et préserver son style propre.

A-t-il lu aussi d'autres poètes astronomes? On l'a supposé : Lucrèce, Manilius[1], et ce n'est pas invraisemblable. Mais les *loci similes* relevés demeurent rares — faute, peut-être, d'une recherche systématique[2]. En tout cas, on ne discerne guère d'affinités stylistiques entre ces deux poètes et le nôtre. De Lucrèce, archaïque et rude, de Manilius, abrupt et obscur, Aviénus reste fort loin pour l'expression. Il ne leur doit guère, sans doute, qu'une conception générale, noble et grandiose, du poème didactique.

Des grands modèles classiques, c'est d'abord à Virgile qu'allait l'admiration d'Aviénus[3]. On se souvient (cf. *supra*, p. 34 sq.) qu'il le commentait en vers, avant Donat, Servius et Macrobe : tout ce IVe siècle est féru du Mantouan. Dans les *Aratea* aussi, on sent partout sa présence sous-jacente, même si elle est souvent diffuse, brouillée par des apports d'autre origine. Elle se manifeste cependant de deux manières. D'une part, Aviénus emprunte ici ou là, en leur faisant parfois subir une légère variation, des hémistiches entiers[4], des expressions dont l'origine

158 sq.), du Dauphin (Avien., 704 sqq. ∾ German., 322 sqq.), du Centaure (Avien., 887 ∾ German., 419), d'Orion (Avien., 1171 ∾ German., 646 *Latonia uirgo*, 1176 et 1182 ∾ 650 *impius*, 1179 ∾ 648 *contingere*, 1183 ∾ 652 *dono dabat Oenopioni*).

1. R. Bitschofsky, compte rendu de l'édition Breysig, Philol. Rundschau, II (1882), n° 37, col. 1173 ; A. Breysig, *Zu Avienus*, Phil. Abhandl. M. Hertz, 1888, p. 48.

2. Avien., 84, 562, 906 ∾ Lucr., V, 96 (*machina mundi*) ; Avien., 88 ∾ Manil., I, 279 (*tenuis axis*), 550 sq. ∾ I, 272 sq.

3. G. Sieg, *op. cit.*, p. 43 sq. ; N. Daigl, *Avienus. Studien über seine Sprache, seine Metrik, sein Verhältnis zu Vergil*, Inaug. diss. München (Erlangen), 1903, p. 21-25 ; C. Ihlemann, *op. cit.*, p. 84-89.

4. Avien., 105 *Has pater omnipotens* (Aen., I, 60) ; 163 *accendit lumina flammis* (Ge., I, 251) ; 172 *Illa laboranti similis* (Ge., III,

ne pouvait être méconnue[1]. D'autre part, certains passages se colorent plus précisément de cette teinte virgilienne. Ce sont d'abord deux récits mythiques qui autorisent, sinon appellent, un certain pathétique : activité coupable et châtiment d'Esculape-Ophiuchus (208-225) et tableau des âges de l'humanité (292-352) trahissent de nombreux souvenirs de l'*Énéide*. Plus loin, lorsqu'Aviénus décrit les signes terrestres précurseurs d'intempéries (surtout 1670-1724), c'est, autant qu'à Aratos, au Virgile des *Géorgiques* (I, 356-392) qu'il songe et dont il s'inspire[2] : autant d'hommages au maître de la poésie didactique et épique.

Aviénus n'ignorait pas Ovide. Mais l'esprit brillant et la limpide facilité de celui-ci lui sont étrangers. Aussi les rapprochements se limitent-ils à quelques allusions mythologiques (Phaéton, v. 785-796) et à des expressions éparses[3]. Aucune communauté de sentiments et d'inspiration ne lie les deux poètes.

Sans doute les lectures d'Aviénus ne se limitaient pas à ces grands modèles[4]. Mais à l'époque où il écrit, il

193) ; 326 *lacrimis aiebat obortis* (Aen., III, 492) ; 373 *tulit inclementia belli* (Ge., III, 68) ; 574 sq. *Atlas... caelifer atque umero magnum super aethera torquet* (Aen., IV, 482) ; 879, 1489, 1820 *Contemplator enim/item* (Ge., I, 187) ; 1103 *uilloso colla Leone* (Aen., VIII, 177) ; 1159, 1664 *Sed Boreae de parte trucis* (Ge., I, 370) ; 1414 *superas subducit in auras* (Ge., IV, 486) ; 1437 sq. ∾ Ge., I, 87-90.

1. Ainsi : 654 *mirabile dictu* (Ge., II, 30, *al.*) ; 778 sq. *squalentia terga* (Ge., IV, 13) ; 819 *quod sola carerent* (Aen., V, 651) ; 1154 *caput acris Equi* (Aen., I, 444) ; 1276 *supera in conuexa* (Aen., VI, 241) ; 1405 *aderit cognoscere* (Buc., IV, 27, *al.*).

2. Cf. notes, *ad loc.*, pour les références précises.

3. N. Daigl, *op. cit.*, p. 25 sqq. Citons : Avien., 25 *iste colorem* (Met., IV, 203) ; 28 *rerum opifex hic* (Met., I, 79) ; 259 *similisque minanti* (Met., XIII, 442) ; 290 *aethere ab alto* (Met., X, 720) ; 335 *rauco... ore* (Met., V, 600) ; 574 *pondera molis* (Met., XV, 1) ; 624 sqq. ∾ *F.*, V, 104 sqq. ; 1207 *fata nouissima* (Met., XIII, 478) ; 1352, 1872 *crepuscula noctis/mensis* (Met., XI, 596) ; 1393 *ab aequore classem* (Met., XIII, 627) ; 1543 *tibi cura uidendi* (Met., XIV, 835).

4. Souvenirs possibles de Properce : Avien., 3 sq. ∾ Prop., IV, 6.23 ; 469 ∾ II, 20.9 ; 491 ∾ III, 3.27 sq. ; 1386 sq. ∾ II, 16.45 (cf.

avait derrière lui tant de prédécesseurs, qui s'étaient souvent inspirés les uns des autres, qui avaient repris les mêmes thèmes et remployé la même phraséologie, qu'il est à peu près impossible de démêler ce qu'il doit proprement à chacun.

De fait, la langue d'Aviénus[1] constitue, comme celle d'Ausone (on songe à la *Moselle*) ou de Claudien, l'aboutissement de six siècles de tradition hexamétrique et d'enrichissement continu. Sur un fonds de vocabulaire qui est celui de la grande poésie, de Virgile à Stace, et dont Aviénus n'a négligé aucun apport[2], se détachent quelques singularités qui confèrent à notre poète sa saveur propre : des archaïsmes cautionnés par Virgile[3] et dont le plus voyant est l'emploi répété[4] de *olli*(*s*) pour *illi*(*s*), ou au contraire des néologismes[5] dont il semble parfois être lui-même le créateur[6]. A côté de ces éléments, de couleur poétique, les abstraits en *-tio* jettent une note prosaïque[7], insolite dans l'hexamètre noble. Une étude systématique du vocabulaire, qui mériterait

D. R. Shackleton Bailey, *Echoes of Propertius*, Mnem., 4ª Ser., V, 1952, p. 323).

1. Cf. N. Daigl, *op. cit.*, p. 6-21 ; H. Kuehne, *De arte grammatica Rufi Festi Auieni*, diss. in. Münster (Essen), 1905.

2. Ainsi la préposition rare *abusque* (169, 214, 714 = Virg., *Aen.*, VII, 289).

3. Infinitifs en *-ier* (345 *mentirier*, 1479 *inclinarier*), virgiliens et sporadiques ensuite jusqu'aux temps carolingiens ; dat. abl. plur. *quis* = *quibus* (844), banal aussi ; *perpes* = *perpetuus* (8) ; *protelare* = *expellere* (1125). La forme *ast*, virgilienne, est banale.

4. Dix-huit exemples dans les *Aratea* ; cf. *C. I. L.*, VI, 537, note au v. 7. On sait que Virgile y recourt aussi (imitation d'Ennius).

5. Adjectifs comme *Camenalis* (496), *cetosus* (100, 1299), *clunalis* (362), *crepulus* (325, 991), *floricomus* (1000, 1763), *notialis* (551) ; substantifs comme *incentor* (1), *medicator* (216).

6. Ainsi *aurigator* (405), et les adjectifs *congradus* (1240), *fluctigenus* (1158), *frugiparus* (1054), *insaturatus* (183, 1838), *immadidus* (1409), *insubiectus* (1412), *latipes* (1684), *luciparens* (854), *sagittiger* (842, 1226, 1245), *serenifer* (989, 1739).

7. Sur leur prosodie, cf. *infra*, p. 72 et n. 3 ; ce sont : *concretio* (10), *discretio* (31, 300), *functio* (664), *impressio* (192), *inclinatio* (30, 85, 1302), *indignatio* (1390), *inlisio* (1430), *metatio* (250), *miseratio* (868) ; cf. *contagio* (262).

d'être faite, montrerait sans nul doute une certaine constance des emplois et des valeurs sémantiques, des exclusives et des préférences. Ainsi Aviénus affectionne *prolixus* (90, 678, 769, etc.) et multiplie *celsus*, alors qu'*excelsus* lui est presque inconnu (2?, 1736). Surtout, il prodigue dans la description du ciel des adverbes-chevilles : *procul* (près de 60 ex. !) et *late* (30 ex.), véritables tics, visent au grandissement cosmique.

La syntaxe appelle peu de remarques. C'est celle de la poésie dactylique classique, avec toutes les libertés qu'on lui reconnaît par rapport à l'usage cicéronien. Aviénus recourt particulièrement à l'adverbe relatif *qua* au sens de *ubi* (près de 70 ex.), aux accusatifs de relation, soit avec des verbes intransitifs ou passifs[1], soit avec des participes ou des adjectifs[2]. Il multiplie les adjectifs adverbiaux ou substantivés[3], risquant même des tours comme 1115 *astrorum numerosa* (nt. plur.) = *astra multa*[4]. Très peu de traits appartiennent spécialement à la langue tardive : développement de l'emploi de *iste*[5], *in* + abl. pour exprimer la date (36, 178, 618, 1498, 1588, 1620), *-que* rattaché à *hic*[6], *ceu* introducteur d'interrogation indirecte (196, 1137), *ut* au sens local de *ubi*[7] semblent les plus nets.

C'est la couleur du style qui frappe le plus. On a noté[8], à juste titre, qu'Aviénus ne dédaigne pas les figures de rhétorique, anaphores et allitérations notamment. Mais

1. Cf. H. Kuehne, *op. cit.*, p. 38 sqq. ; ainsi 395 *ardet Leo uiscera*, 553 *nectuntur caudas*, 982 *artus conditur extremos*, etc.

2. Ainsi 242 *certa gradum*, 287 *integer artus* ; 240 *lacerata genas*, 330 *cincta caput*, 1100 sq. *rutilans... cingula et flagrans umeros...*

3. Cf. H. Kuehne, *op. cit.*, p. 18-22.

4. Id., *op. cit.*, p. 45 sq. ; ainsi 146 *sublime uerticis*, 195 *sublime umerorum*, 899 *spirarum medio* ; 23 *rerum fluitantia*, 72 *multa operum*, 79 *cuncta signorum*, etc.

5. Id., *op. cit.*, p. 25 ; ainsi, dans le procemium (5-45), alternance de *hic* et de *iste*, sans distinction de sens.

6. V. 1009, 1591 *hicque*, 1478 *hocque*.

7. Sur le modèle probable du gr. ἵνα = οὗ : v. 141, 650, 803, 1067.

8. Ainsi H. Kuehne, *op. cit.*, p. 7 ; C. Ihlemann, *op. cit.*, p. 52 sqq.

l'essentiel est la prolixité. Elle se traduit d'abord par une synonymie d'une extrême richesse : pour des notions comme la lumière ou l'éclat (qui jouent un si grand rôle dans le poème), la mer, les levers et couchers stellaires, les points cardinaux[1], Aviénus dispose d'une palette extraordinairement riche, dont il se plaît à juxtaposer toutes les ressources. Un seul exemple : en dix vers (1390-1399) se succèdent *pontus*, *profundum*, *aequor*, *salum*, *pelagus*, *Amphitrite*, et peut-être *mare* (1400, cf. note *ad loc.*). D'autre part, il n'est guère de substantif qui ne soit accompagné — avec tous les types de disjonction chers à la poésie dactylique — d'un adjectif descriptif ou pittoresque, souvent composé, de couleur poétique. Ainsi, pour reprendre l'exemple précédent :

Vt stata raucisoni redit indignatio ponti.
Saepe etenim, quamquam tranquillae noctis amictu
mitia protenti requiescant terga profundi,
doctus securam subducit ab aequore classem
nauita et actaea retinet statione phaselum
cum matutinae praesensit signa procellae.

D'où un foisonnement vertigineux de notations.

Ces six vers illustrent un autre caractère majeur : la tendance à répéter la même idée sous des formes différentes[2]. Aux v. 1391 sq., le calme est exprimé trois fois : *tranquillae*, *mitia*, *requiescant*[3]. Aux v. 1393 sq., la prudence du marin est également évoquée en deux propositions coordonnées, d'ailleurs peu cohérentes[4], alors qu'Aratos (766) la résumait en deux mots, νῆα

1. Cf. C. Ihlemann, *op. cit.*, p. 56 sqq., qui donne d'excellents exemples.

2. Cf. C. Ihlemann, *op. cit.*, p. 54 sq., qui donne d'autres exemples.

3. Aratos (765) πολλάκι γὰρ καί τίς τε γαληναίῃ ὑπὸ νυκτί donnait au contraire l'exemple de la sobriété.

4. Avec le même sujet, *nauita*, on passe d'une imposante *classis* à un modeste *phaselus* !

περιστέλλει ; et il faut tout le v. 1395 pour rendre le dernier hémistiche d'Aratos, 766, πεφοβημένος ἦρι θαλάσσης.

Cette surabondance constante rend difficile le déchiffrement du poème[1]. L'éditeur se demande, plus d'une fois, où ponctuer ce torrent de mots, dont les solutions de continuité sont estompées ou ambiguës (cf. *infra*, p. 89). Aviénus donne l'impression d'écrire, si l'on ose dire, des vers « au kilomètre », inlassablement ; mais dans cette coulée rien ne ressort, aucun hexamètre ne frappe, ne s'impose à l'esprit et à la mémoire. Tant de ressources lexicales et rhétoriques n'engendrent au bout du compte que monotonie et satiété.

Pourtant, la métrique d'Aviénus n'est pas non plus de médiocre qualité[2]. Sans doute, certains détails de prosodie attestent la date tardive : abrègement du *-o* des désinences de nomin. sg. et de 1re pers. des verbes[3], scansions dissyllabique de *huic* et de *cui*[4], iambique de *quasi*[5] ; erreur isolée sur *lătrare*,[6] quelques libertés dans les noms propres[7] — mais c'est très peu de chose, si l'on compare avec d'autres contemporains[8], d'autant

1. « Le style d'Aviénus se sent un peu trop du siècle où il écrivait ; j'avouerai ingénument que je ne l'entends pas en beaucoup d'endroits, que je ne devine même pas ce qu'il a voulu dire. » (A. G. Pingré, cité par V. Buescu, *R. É. L.*, XVI, p. 110, n. 1).

2. N. Daigl, *op. cit.*, p. 27-41 ; surtout, E. Reuter, *De Avieni hexametrorum re metrica*, diss. in. Bonn, 1909.

3. E. Reuter, *op. cit.*, p. 9-16. Ainsi 2 *linquŏ*, 10 *concretiŏ*, 30 *inclinatiŏ*, 31 *discretiŏ*, 140 *dracŏ*, 157 *ordŏ*, 424 *estŏ*, etc. ; seul exemple de scansion longue, 1669 *aquilō*. Ces abrègements sont monnaie courante depuis la poésie néronienne (R. Hartenberger, *De -o finali apud poetas Latinos...*, diss. in. Bonn, 1911).

4. *Huic* = ⏑ – (734) ; *cui* = ⏑ ⏑ (206, possible ailleurs) — scansions attestées depuis Sénèque, Stace et Martial (L. Mueller, *De re metrica*, 2e éd., p. 318).

5. V. 555, 567, 1467, 1569, 1656.

6. V. 283 (autres réf., *supra*, p. 27, n. 1), alors que *lătr-* est seul correct.

7. V. 598 *Sīsypheia*, 251 et 1136 *Chīus* (adj.) ; 1025 *Tīthoneus* est douteux (cf. app. crit., *ad loc.*).

8. Cf. E. Reuter, *op. cit.*, passim et p. 31.

plus qu'Aviénus s'interdit hiatus, allongements et, peut-être, sigmatismes[1] : bref, un puriste.

L'usage de l'élision[2] est dans l'ensemble raisonnable : le pourcentage de 21,8 %, très inférieur à celui de Virgile, rappelle l'usage ovidien (*Met.*). Comme il convient, l'élision des brèves (14 %) l'emporte de loin sur celle des finales en *-m* (3,8 %) et des longues (4,1 %) ; l'élision des mots iambiques est rare[3], celle des monosyllabes presque absente[4]. Ne sont guère correctes dans la grande poésie, en revanche, les élisions de longues et de finales en *-m* au dactyle 5e, sur la seconde brève (214 *intimo abusque*, 705 *ultimo ab orbe*, 1165 *uerticem et ulnas*)[5] comme sur la première (28 *rerum opifex hic*, 1619 *partem in utramque*)[6].

Cette liberté relative caractérise aussi la constitution verbale des deux derniers pieds[7]. Plus que les grands classiques, Aviénus admet les clausules de type *si bona norint*[8], les monosyllabes finaux précédés de polysyllabes[9] et surtout les mots longs — souvent des noms propres

1. Trois exceptions seulement possibles (texte incertain) : 582 *carmine Sminthes*, 1367 *luna spatium*, 1877 *perquire studio*. Soigneusement évité par les poètes classiques, le sigmatisme se développe à basse époque et dans la poésie médiévale (L. Mueller, *op. cit.*, p. 386-391).

2. E. Reuter, *op. cit.*, p. 44-51.

3. V. 940 *deā ac*, 1463 *Noti aut*, 1496 *tene ac* (sur monosyll. grammaticaux).

4. V. 630 *pecudes qui et flumina* (conjecturale, mais correcte vu la position faible du relatif : cf. J. Soubiran, *L'élision dans la poésie latine*, Paris, 1966, p. 409 sqq.).

5. Cf. J. Soubiran, *L'élision...*, p. 207-238 ; Avien., 1165 ∾ Ovide, *Met.*, VI, 524.

6. Cf. J. Soubiran, *op. cit.*, p. 540 sq. (cf. Virgile, *Aen.*, VI, 11).

7. E. Reuter, *op. cit.*, p. 80-86.

8. 65 exemples dans les *Aratea* ; cf. J. Soubiran, *Intremere omnem et si bona norint*, Pallas, VIII, 1959, p. 23-56.

9. V. 28 *rerum opifex hic*, 93 *Oceano pars* (cf. Virg., *Aen.*, II, 250), 457 *inque umeros uix*, 231 *ex umeris lux*, 357 *fulgore micat lux*, 710 *ignipotens lux*, 854 *luciparens Nox*, 1550 *umbriferum uis*, 1605 *igniferum sol*, 1788 *erigitur flos* — avec intentions expressives, à la manière de Virgile.

ou des mots grecs, il est vrai — de quatre[1] ou cinq[2] syllabes. Enfin, lointain disciple de Catulle, il goûte immodérément les hexamètres spondaïques[3]. Aviénus est donc ici beaucoup moins puriste qu'un Ovide, un Lucain ou un Stace.

La structure générale du vers, en revanche, est d'excellent aloi. La proportion des dactyles et des spondées, la fréquence et la variété des différents schémas sont conformes aux habitudes classiques. L'hexamètre d'Aviénus, léger et varié[4], n'est pas sans analogies avec celui d'Ovide (fréquence du dactyle au pied IV), dont il tient peut-être aussi sa très forte proportion d'homodynes (coïncidence accent/ictus) au pied IV.

Les césures, normales dans leur nature et leur fréquence[5], n'appellent qu'une remarque : Aviénus fait de la ponctuation bucolique un usage exceptionnellement fréquent[6] — un vers sur dix environ, ce qui dépasse de loin les pourcentages classiques (Horace seul excepté) et doit s'expliquer par l'influence d'Aratos.

Avec sa maîtrise technique, Aviénus ne ressemble complètement à aucun de ses devanciers ou de ses contemporains. Réunissant des traits de nature et d'origine diverses, il s'est créé une facture personnelle qui, jointe

1. Trente-neuf dans les *Aratea*, dont 11 formes de *Capricornus*, 10 de *Aquilones*, 6 de *Ophiuchus*, 4 exemples de *umerorum*, 2 de *Geminorum*.

2. Neuf exemples : 450, 565, 1202 *Cassiepia* ; 583 *Taygeteque* ; 1183 *Oenopioni* ; 533 *flammigerarum*, 795 *omniparentis*, 1112, 1413 *ignicomantis (-tum)*.

3. Vingt-neuf exemples, tous précédés de dactyle au pied IV et formés (sauf 477) d'un quadrisyllabe : 17 noms propres (ainsi 71, 249, 496...) et 12 d'autre nature (ainsi 110, 323, 348...).

4. E. Reuter, *op. cit.*, p. 52 sqq. ; G. E. Duckworth, *Five Centuries of Latin hexameter poetry : Silver age and Late empire*, T. A. Ph. A., XCVIII (1967), p. 118-126, 148 ; *Vergil and classical hexameter poetry*, Ann Arbor, 1969, p. 121 sq.

5. E. Reuter, *op. cit.*, p. 65-80. Aviénus est aussi puriste que Claudien et Rutilius Namatianus, bien plus que les poètes chrétiens.

6. E. Reuter, *op. cit.*, p. 58-65.

à ses goûts stylistiques, très nets également, donne à ses œuvres un accent impossible à méconnaître.

Aviénus n'est à aucun titre un ποιητής. Traducteur, il cherche le support de la pensée d'autrui. Il n'a ni idées originales, ni dons d'expression ferme et énergique. Il n'est même pas un créateur d'images, de métaphores, comme le furent un Manilius, un Valerius Flaccus ou un Stace : sa phraséologie, toujours sage et conventionnelle, n'offre rien d'abrupt, d'inattendu, de hardi.

Aviénus est seulement un homme de tradition, un aristocrate de grande culture. Il connaît parfaitement le grec ; il n'a cessé de lire les poètes latins et de s'assimiler leur substance. Dans cet immense patrimoine, il jouit jusqu'à l'ivresse de puiser à pleines mains.

Poeta minor, certes ; mais poète qui, malgré ses faiblesses, attire notre sympathie, parce que nous savons — le pressentait-il, lui ? — qu'il défend une cause perdue. Gardien d'un trésor culturel que vont ruiner le triomphe du christianisme, puis les coups des barbares, il s'efforce de transmettre une dernière fois le savoir d'une civilisation séculaire. Mais nous, latinistes de cette fin du xxe siècle, que dominent les sciences humaines et la technologie, nous, philologues fervents et menacés, ne sommes-nous pas aussi des Aviénus ?

III. Manuscrits et éditions

Est-ce la fin du monde romain qui fit très vite oublier Aviénus ? Est-ce la difficulté du texte qui découragea les copistes ? Est-ce l'étendue d'une œuvre qui se prêtait mal, à l'inverse des traductions de Cicéron et de Germanicus, à fournir sous forme de *membra disiecta* de brèves légendes aux manuscrits illustrés[1] ? Toujours est-il que la tradition manuscrite d'Aviénus est fort pauvre.

1. Cf. *L'astronomie dans l'Antiquité classique*, Actes du Colloque de Toulouse (oct. 1977), Paris, 1979, p. 250.

Les manuscrits. Deux manuscrits seulement, à notre connaissance, conservent une partie de l'œuvre.

1) Le *Vindobonensis Palatinus*, 107 (*Philol.*, 128), *V*, conservé à la Bibliothèque Palatine de Vienne[1], est un codex de 22 folios de parchemin, daté du xe siècle, qui réunit des cahiers d'origines et de mains diverses :

a) Un quaternion (fol. 1-8) contient les *Aratea* d'Aviénus, v. 1-1581 ;

b) Un ternion (fol. 9-14) contient divers extraits de Lucrèce (livres II et III), de même origine que le fragment de Copenhague (*Schedae Haunienses*) ;

c) Un quaternion (fol. 15-22) réunit encore des extraits de Lucrèce (fol. 15-18 r°), puis, d'une autre main, le début des *Satires* de Juvénal (I, 1-V, 96).

Les parties b) et c) sont connues des éditeurs de Lucrèce sous le nom de *Schedae Vindobonenses A* et *B*[2]. Le quaternion d'Aviénus, seul vestige d'un manuscrit plus complet, est resté ignoré jusqu'à la fin du xixe siècle. C'est Moritz Haupt qui l'utilisa le premier, et la collation qu'il en possédait passa après sa mort aux mains de A. Breysig[3].

Ce quaternion en minuscule caroline est écrit sur deux colonnes serrées, à raison de 50 vers environ par colonne (à peine moins de 200 vers par folio). Des sous-titres (noms de constellations) jalonnent le texte, qui est par endroits (cf. app. crit.) effacé et quasi-illisible (cf. *infra*).

1. *Tabulae codicum manu scriptorum praeter Graecos et Orientales in Bibliotheca Palatina Vindobonensi asseruatorum*, vol. I-II, Vienne, 1864-1868 (= Graz, 1965), p. 15. Sur ce manuscrit, cf. encore A. Holder, *R. Festi Avieni carmina*, p. xi.

2. = *V* et *U* des apparats critiques de Lucrèce. Cf. E. Göbel, *Die Schedae Vindobonenses und der Codex Victorianus des Lukrez*, Rh. M., N. F., XII (1857), p 449-456 ; A. Ernout, éd. de la C. U. F., p. xiv sq.

3. P. von Winterfeld, *De R. F. Avieni metaphrasi Arateorum recensenda et emendanda*, diss. in. Berlin, 1895, p. 1.

Max Manitius[1] lui assigne comme origine le scriptorium de Fulda[2], et la confusion *p/s/f*, très fréquente dans ce manuscrit, surtout au début — ensuite le copiste s'habitue[3] — donne à penser[4] que son modèle était en écriture anglo-saxonne[5]. Malgré ces bévues, et bien d'autres (mécoupures, mélectures, barbarismes...), ce manuscrit *V* apporte, vu son âge, un témoignage capital.

2) L'*Ambrosianus D* 52 *inf.*, *A*, manuscrit italien sur papier de la seconde moitié du xve siècle, contient les *Aratea* et la *D. O. T.* d'Aviénus, suivis des *Aratea* de Germanicus et de Cicéron[6]. En écriture humanistique bien lisible, il est disposé sur une seule colonne et compte de 27 à 30 vers par page.

Les rapports qui unissent ces deux manuscrits, longtemps discutés, ne devraient plus faire de doute. J'ai montré récemment[7] que *A* est une copie directe de *V*, mais d'un *V* plus copieux que le premier quaternion qui seul nous en reste. De fait, *A* présente une perturbation de foliotage après le vers 1581[8], laisse en blanc les parties

1. *Geschichte der röm. Literatur des Mittelalters*, München, 1911 = 1965, t. I, p. 251.

2. Cf. G. Battelli, *Lezioni di Paleografia*, 3e éd., Citta del Vaticano, 1949, p. 205.

3. P. von Winterfeld, *op. cit.*, p. 9-12. Ainsi v. 1 *aussice* (*ausp-*), 2 *Iussiter*, 4 *imserio*, *sando*, 5 *sat(er)ni*, 20 *fatrator*, etc.

4. P. Van de Woestijne, *La Descriptio Orbis Terrae d'Aviénus*, Bruges, 1961, p. 13, n. 1.

5. Cf. G. Battelli, *op. cit.*, p. 178-181.

6. Descriptions dans A. Breysig, *Zu Avienus*, Hermes, XV (1880), p. 180 ; A. Holder, *op. cit.*, p. xi sq. ; V. Buescu, *Cicéron. Les Aratea*, Bucarest, 1941 (= Hildesheim, 1966), p. 77 sq. ; P. Van de Woestijne, *op. cit.*, p. 10-15 (qui reproduit à peu près *L'Ambrosianus de la D. O. T. d'Aviénus*, L'Ant. Class., XXVII, 1958, p. 375-382) ; J. Soubiran, *Cicéron, Aratea et fragments poétiques*, C. U. F., 1972, p. 118 sq.

7. J. Soubiran, *Sur les deux manuscrits d'Aviénus*, R. Ph., XLIX (1975), p. 217-226. Ce qui suit en résume l'argumentation.

8. Il saute de 1581 à 1750, va jusqu'à 1878, puis copie presque toute la *D. O. T.* (v. 1-1381 — manquent donc 1382-1393) et revient, sans avertissement ni séparation, à *Ar.*, 1582-1749. La « borne » du v. 1581 (fin du quaternion de *V*) est révélatrice. Sur la genèse possible de l'accident, cf. J. Soubiran, *op. cit.*, p. 219 sq., n. 24.

illisibles de V^1 et insère mal dans son texte le vers 1373 que *V* avait omis, puis maladroitement rajouté en marge. Surtout, *A* reprend après 1048 le vers 999 et s'autocorrige aussitôt : or, dans *V*, 999 et 1049 se font vis-à-vis sur les deux colonnes, en haut d'une page. Enfin, le copiste de *A* se permet de discrètes retouches sur son modèle, décelables même sur photographie par les ductus et la couleur de l'encre.

On ne s'étonnera pas, dès lors, que *V* et *A* présentent de nombreuses lacunes et fautes communes[2]; mais moins toutefois qu'on ne le croirait. Car le copiste de *A*, qui n'est pas un ignorant, qui scande tout en lisant, qui marque d'un blanc ou d'une croix les passages visiblement corrompus ou amétriques[3], se permet aussi, dès la première main, nombre d'émendations de son cru — parfois heureuses[4], parfois moins[5] —

1. Voir liste complète, *op. cit.*, p. 220 sq. L'omission des douze vers 1323-1334 est particulièrement frappante. Des omissions semblables s'observent aussi dans la *D. O. T.* (P. Van de Woestijne, *op. cit.*, p. 11 sq.).

2. Ainsi : omission des vers 324, 713, 1013-1014, 1409 ; omission de mots isolés : 77 *aethram*, 140 *ambas*, 178 *iuuentae*, 467 *in*, 668 *hiantis*, 851 *(sibi)met contraria tendit*, 1121 *ardua ceruix*, 1369 *prolixa* ; fautes évidentes : 48 *uigilia* (*uilia*), 60 *quas arte* (*qua parte*), 88 *sagra* (*sacra*), 139 *cis cum* (*circum*), 176 *arca* (*arcana*), 183 *infaturat eo diis* (*insaturatae odiis*), 202 *nixis ars* (*nixi pars*), 236 *elabit* (*-bitur*), 315 *insanos enderet* (*-no pende-*), 440 *tantum* (*tacitum*), 450 *importunatam* (*infortu-*), 456 *tenaua* (*tenacia*), 467 *uinas* (*ulnas*), 513 *spectator* (*-tur*), 563 *fabri* (*flabris*), etc.

3. Ainsi aux v. 266, 268, 398, 911, 1369, 1607, 1805 (blancs) ; 323, 799, 868, 1099, 1184, 1288, 1379, 1434, 1509, 1521, 1533, 1545, 1567, 1587, 1605, 1643, 1663, 1681, 1686, etc. (croix).

4. Ainsi : 116, 483, 510 *haud* (*aut*), 161 *caudae* (*-da*), 223 *deiicit* (*deiecit*), 257 *ueteres* (*-rem*), 271 *amictus* (*amici*), 272 *rubore* (*ro-*), 277 *summus* (*sumus*), 298 *tenebas* (*-bras*), 300 *secabantur* (*-bant*), 305 *iusta* (*iuxta*), 337 *sequentum* (*-tium*), 354 *facem* (*faciem*), 356 *-uoluuntur* (*-uoluunt*), 374 *superstitis* (*-titit*), 425 *figens* (*fing-*), 438 *feruntur* (*fer̄*), etc.

5. Ainsi : 141 *spissarum* (*spisa-* pour *spira-*), 145 *uisanda* (*uixanda* pour *uix cauda*), 195 *mersusque* (*-suque* pour *-sumque*), 228 *uibrantis in ignes* (*-brantis ignes* pour *-brantibus ignes*), 244 *terra* (*terca* pour *terga*), 273 *Et qua protendunt* (*Qua prot-* pour *Qua protenduntur*), 429 *aut ibi* (*auditibi* pour *haud tibi*), 532 *sublime tetendit* (*sublimi*

et met l'orthographe à la mode du xve siècle[1]. Nous récusons donc toute autorité à ce manuscrit pour les vers 1-1581, et nous ne mentionnerons pas, dans l'apparat critique, ses leçons fautives lorsque *V* et le troisième témoin (cf. *infra*) s'accordent sur un texte satisfaisant. A partir du vers 1582, il tient lieu de *V* et mérite pleine considération, sinon pleine créance. Car la désinvolture dont il est coutumier envers son modèle ne sera pas sans nous inquiéter — inquiétude, hélas ! sans remède.

Ajoutons que ce manuscrit, connu au xviie siècle[2], retomba dans l'oubli malgré une mention de Wernsdorf[3], et ne fut collationné pour la première fois qu'en 1878, par G. Loewe, à l'intention de A. Breysig[4].

L'édition princeps. Pendant quatre siècles (fin xve-fin xixe siècle), le seul témoin connu pour les œuvres d'Aviénus fut l'édition princeps, procurée par G. Valla et V. Pisani, et imprimée à Venise par A. de Strata en novembre 1488[5]. Après une lettre-préface de V. Pisani à P. Pisani, sénateur vénitien[6], se lit l'avertissement :

Hic codex auienii cōtinet epigrāma. eiusdē arati phaenomena geographiā carmine heroico : & oras maritimas trimetro iambico : germanici quoqz & marci tulii arati fragmenta : & Sereni uersus de uariis curandis morbis.

tetendit pour *sub limite tendit*), 616 *exegere* (*exergere* pour *exercere*), 1120 *effluat hinnit* (*effluat inguit* pour *efflua tinguit*), etc.

1. Il écrit toujours *atque* (*adque* V), *nanque*, *utranque*, *succus*. Il multiplie les *y* et les *h* : *sydera*, *prolyxa*, *inclytus*, *Cnydius*, *Sydoniis* ; *proh*, *Callistho*, *Lychaon*, *Sparthanam*, *lachrymis*...

2. Il porte sur le premier feuillet la mention : *Olgiatus uidit anno 1603*, et N. Heinsius y fait allusion dans son édition d'Ovide, en 1652 (cf. P. Van de Woestijne, *op. cit.*, p. 17, n. 3).

3. *Poet. Lat. Minores*, V, 2, p. 691.

4. A. Breysig, *Zu Avienus*, Hermes, XVI (1881), p. 136.

5. Descriptions par A. Holder, *op. cit.*, p. v-x ; V. Buescu, *op. cit.*, p. 84 et 141 sq. ; P. Van de Woestijne, *op. cit.*, p. 15 sqq.

6. Intégralement reproduite par A. Holder, *op. cit.*, p. v-ix.

De fait, le volume[1] — petit in-4° de 121 feuillets, dont 3 blancs — contient successivement, à raison de 38 vers par page : d'Aviénus, l'épître à Flavianus Myrmeicus (cf. *supra*, p. 9 et 29), les *Aratea*, la *Descriptio Orbis Terrae* et le début (713 v.) de l'*Ora Maritima* ; puis les *Aratea* de Germanicus et de Cicéron ; enfin, le *Liber Medicinalis* de Q. Serenus (seconde moitié du IVe siècle).

Personne ne doute, vu la suscription ci-dessus, et le texte très souvent fautif, totalement dépourvu de ponctuation, que les éditeurs de 1488 n'aient simplement reproduit sans retouche un manuscrit aujourd'hui perdu, que P. Van de Woestijne (*op. cit.*, p. 9, n. 2) a vainement cherché, et qui devait être en minuscule caroline[2].

Ce qui importe au premier chef pour l'établissement du texte, c'est de savoir quels rapports existent entre le

1. La Bibliothèque nationale en possède deux exemplaires. Nous nous sommes procuré une photocopie (de la première page à l'*explicit* des *Aratea*) de celui (Res. V, 984) qui porte la signature de *Claudii Puteanj* (Claude Dupuy).

2. P. Van de Woestijne, *op. cit.*, p. 16 sq. Sa démonstration, fondée sur la *D. O. T.*, peut être complétée par une foule de passages tirés des *Aratea*. Fautes propres de *E* qui attestent des confusions caractéristiques de la minuscule caroline :

c/t : 109 *tauris* (*cau-*), 250 *mecatio* (*meta-*), 414 *ac* (*ut*), 474 *abstisso* (*abscisso*), 512 *partior* (*-cior*), 1080 *parce* (*parte*), 1166, 1396 *tum* (*cum*), 1174 *caetus* (*caecus*), 1188 *thelas* (*che-*), 1464 *ceta* (*caeca*), 1664 *crucis* (*tru-*), 1790 *sit* (*sic*) ;

f/s : 375 *exofus* (*-osus*), 736 *fuci* (*suci*), 1555 *referat* (*reserat*) ;

r/s : 149 *uestitur* (*uerti-*), 934 *inconcursa* (*-cussa*), 969 *recludens* (*se-*), 1461 *percursi* (*-cussi*), 1712 *reditus* (*sedibus*) ; et, en finale, 246 *funditus* (*-tur*), 457 *formatus* (*-tur*), 459 *notatus* (*-tur*), 686 *abditus* (*-tur*), 704 *genitos* (*-tor*) ;

ni/in/m : 170 *oculos quem* (*-losque in*), 473 *comuice* (*coni uice*), 528 *similem* (*-le in*) ;

d/cl : 207 *seclis* (*sedis*) ;

n/u : 866 *nolunt* (*uo-*), 1682 *nil* (*uis*), 1837 *onis* (*ouis*) ;

c/e : 1129 *elara* (*cla-*), 1560 *eum* (*cum*) ;

rr/rt : 1536 *uertet* (*uerret*) ; *ii/u* : 1014 *aluuia* (*alii uia*).

Particulièrement révélatrices sont les bévues 159 *citius* (*cuius*), 961 *renduit* (*reuoluit*), 1476 *armat* (*annuat*), 1480 *noctis* (*notus*).

modèle de *E*[1] et *V*[2]. L'opinion commune[3] en fait deux descendants indépendants d'un même archétype, du IXe-Xe siècle selon Breysig, un peu plus ancien pour Van de Woestijne. Seul V. Buescu a soutenu, sans démonstration, que *E* était « une copie directe de *V*, dont elle ne s'écarte que là où l'imprimeur Valla a cru nécessaire de corriger ou même, parfois, de compléter le manuscrit[4] ».

Il est exact que les rencontres *VE* sur un texte fautif sont nombreuses :

— omission de vers entiers : peut-être après 127 (von Winterfeld), sûrement après 256 (Soubiran), sans doute après 1059 (Soubiran), peut-être après 1494 (Soubiran)[5] ;

— omissions de mots (vers amétriques par défaut) : 268, 270, 284, 398, 411, 570, 911, 981, 1045, 1079, 1367 (?) ;

— fautes évidentes : 67 *uersum* (*-su*), 76 *Circ(h)a* (*Cirrha*), 88 *luce* (*iuge*), *tenusque* (*tenuisque*?), 104 *ursa* (*-sas*), 107 *raptor* (*-to*), 125 *nulla* (*ulla*), 133 *conuertitur* (*cum uer-*), 136 *ducet* (*duce te*), 140 *agne(n)s* (*agens*), 166 *reparatur* (*-tor*), 187 *ac tum* (*at cum*), 189 *acerua* (*acerba*), 196 *auspice* (*aspice*), 266 *insta* (*infra*?), 288 *uestis* (*uertis*), 298 *media* (*-dias*), 302 *t(h)ura* (*iura*), 303 *praestiterant* (*-rat*), 323 *sedabat*, *sedebat* (*sese dabat*), 374 *superstitit* (*-titis*), 393 *quia semete* (*quae semet tramite*), 398 *Cere statio* (*Ceres stabilito*?), 425 *fingens* (*fig-*),

1. Nous désignerons par ce sigle, comme P. Van de Woestijne, l'édition princeps. Breysig et Buescu l'appelaient *e*, Holder *v* (qui désigne chez Breysig la vulgate des XVIe-XVIIe s.).

2. Nous ne parlons plus de *A*, dont l'origine est élucidée.

3. Ainsi : A. Breysig, *Avieni Aratea*, p. X ; A. Holder (*op. cit.*), qui oppose β (= *VA*) à *v* (= *E*) ; A. E. Housman, *Emendations in the Aratea of Cicero and Avienus*, Class. Review, XVI (1902), p. 103 ; P. Van de Woestijne, *op. cit.*, p. 9 sqq. (il parle de *A*, non de *V*, mais cela revient au même).

4. *Notes critiques aux Aratea d'Aviénus*, R. É. L., XVI (1938), p. 111.

5. Formules nécessairement dubitatives, car seules la critique interne et la comparaison avec Aratos peuvent faire soupçonner ces disparitions.

453 sq. *adsunt lucida* (*absunt lucida*?), 459 *notatur* (*rota-*), 462 *hanelanti* (*anhe-*), 480 *Sed et non* (*Sed non et*), 550 *fundit quo Phoebus* (*fundit ephebus*), 598 *sypheia* (*Sisypheia*), 591 *destitutam* (*distet ut a ui*?), 684 *libera tardus* (*liberat artus*), 719 *australe sederat* (*-trales deserat*), 819 *Nec expectanda* (*Nec spect-*), ... 981 *brenis* (*breuis*), 1005 *tenacia* (*et edacia*), 1017 *Scire* (*Cire*), 1043 *Ex* (*Sex*), etc.

Il en faudrait beaucoup moins pour garantir la parenté étroite de ces deux témoins. Mais est-ce filiation ou commune origine?

Que, dans l'hypothèse d'une filiation *V*→*E* (Buescu), toutes les fautes de *V* ne se retrouvent pas dans *E*[1] pourrait à la rigueur s'expliquer : *A* non plus, nous l'avons vu, ne les reproduit pas toutes. La longueur de la liste esquissée note 1, toutefois, attesterait une activité de révision considérable, donc sujette à caution. D'autre part, *E* présente très normalement son lot, copieux, de fautes propres[2].

Mais il reste un obstacle majeur : *V* présente des omissions propres, alors que *E* a le texte complet, indubitablement correct. Rappelons ces omissions de *V*(*A*) énumérées p. 78, note 2 : vers 324, 713, 1013-1014, 1409 entiers ;

1. Ainsi (fautes propres de *V*) : 5 *prunis atris* (*primi patris*), *sat(ur)ni* (*paterni*), 8 *uigori* (*uigor*), 19 *se* (*sese*), 27 *lustrarum* (*lustrans*), 48 *uigilia* (*uilia*), 56 *legido* (*gelido*), 60 *quas arte* (*qua parte*), 68 *tempera* (*tempora*), 69 *ueni uolo* (*ueliuolo*), 71 *additi* (*adyti*), 73 *sustollore* (*-tollere*), 74 *siderara* (*sidera*), 86 *adsix* (*axis*), 88 *sagra* (*sacra*), 90 *frolixa* (*prolixa*), *incubentis* (*incumb-*), 91 *uel* (*ue*), etc. On voit que la liste serait très longue.

2. Omissions propres à *E* : avant 391, sous-titre *LEO* ; 576 *has*, 668 *in*, 694 *nam*, 841 *est*, 971 *se*, 1018 *medius*, 1211 *(re)liquae se*, 1216 *arcu*. Fautes propres sûres : 19 *unum* (*unus*), 29 *aliter* (*altor*), 37 *tepescat* (*hebescat*), 70 *uicti como* (*uiticomo*), 89 *mollem* (*molem*), 109 *tauris* (*Cauris*), 126 *edixerit* (*edux-*), 148 *ab ora* (*ob ora*), 149 *uestitur* (*uert-*), 159 *citius* (*cuius*), 205 *clarus* (*-rum*), 227 *anguitentatis* (*-tenentis*), 223 *resplendeat* (*-dent*), 246 *funditus* (*-tur*), 250 *mecatio uelis* (*metatio Chelis*), 288 *fluxat* (*fluxa*), 289 *ob res at* (*obrepat*), *factum* (*fatum*), 293 *nulli* (*-llis*), 321 *concedente* (*cum ce-*), 336 *alter* (*alite*), 344 *in medicus ueda* (*immodicus uada*), etc. La liste serait également fort longue.

mots isolés aux v. 77, 140, 178, 467, 668, 851, 1121, 1369. Si l'on peut admettre, à la rigueur, la restitution d'un mot unique par un réviseur ou un éditeur (c'est ce que suppose V. Buescu), il est beaucoup moins croyable que quelqu'un ait détecté dans *V* l'absence de vers entiers et les ait reconstitués de son cru. Sans doute ces vers étaient-ils (sauf 1013) nécessaires à la construction syntaxique, et un lecteur très attentif pouvait chercher à les rétablir. Encore fallait-il qu'il consultât l'original grec — lequel ne sera imprimé qu'en 1499[1] — ou, à défaut, Cicéron et Germanicus. Mais seuls les v. 1013 sq. ont chez eux des correspondants précis. Pour 324 et 713, les deux manquent ou n'offrent pas de contexte équivalent. Enfin, le v. 1409 est le premier d'un développement adventice d'Aviénus, de source inconnue (cf. *supra*, p. 64), et il contient de surcroît un hapax, l'adjectif *immadidus*, qui ne peut raisonnablement être attribué à un réviseur moderne. Comment expliquer, du reste, que ce réviseur ait si intelligemment comblé ces lacunes, mais laissé subsister une foule de fautes grossières et nombre de vers faux (cf. *supra*, p. 82, n. 2)?

L'hypothèse d'une filiation *V*→*E* se heurte à des difficultés qui nous paraissent insurmontables[2]. Nous reviendrons donc à l'*opinio communis* : *V* et le manuscrit modèle de *E* remontent tous deux à un même ancêtre — peut-être le manuscrit en écriture anglo-saxonne sur lequel *V* fut copié ; et l'on devine, au-delà, un archétype en capitales ou en onciales[3] qui dut être très proche d'Aviénus lui-même.

1. J. Martin, *Hist. du texte des Phén. d'Aratos*, p. 300.

2. Une filiation *A*→*E* est plus insoutenable encore. Outre que *A* est affecté des mêmes omissions que *V*, il a aussi les siennes propres, fort étendues (cf. *supra*, p. 77 sq.). De surcroît, il lui manque les derniers vers de la *D. O. T.* et l'*O. M.* entier, que possède *E*. Il est assuré, d'autre part, que *A* n'a pas été contaminé par le modèle de *E*, qui lui aurait permis de combler ses lacunes. Les quelques accords *AE* contre *V* sont fortuits.

3. Confusions caractéristiques *C*/*G* : dans *VE*, 88 *Luce* (*Iuge*),

Notre stemma sera donc :

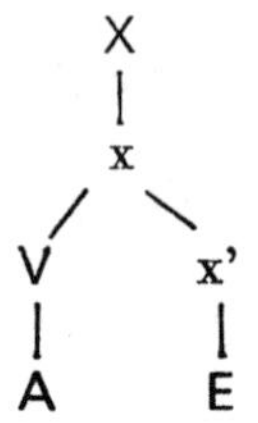

Il accorde une autorité égale à *V* et *E*, dont l'origine commune est attestée par les fautes énumérées ci-dessus, et qui, si l'on excepte les mélectures et mécoupures élémentaires de *V* pour se limiter aux leçons autres que les barbarismes grossiers, présentent finalement un nombre comparable de fautes propres (cf. p. 82, notes 1 et 2).

Les « excerpta ». En dehors de ces trois témoins, les quatre manuscrits illustrés qui composent la famille *Z* des *Aratea* de Germanicus[1],

Leidensis Vossianus Q 79, Leyde, IXe s. (*l*)
Einsidlensis 338, Einsiedeln, Xe s. (*e*)
Bononiensis 188, Boulogne-sur-Mer, Xe s. (*g*)
Bernensis 88, Berne, Xe s. (*n*)[2],

présentent, mêlés au texte de Germanicus, quelques vers d'Aviénus, à savoir :

Avien., 370 fin-374 (373-374 *om. l*) 376-378	après Germ., 146 ;
383 fin-384 388-390	après Germ., 147 ;
747-750 combinés en désordre à	Germ., 341-344 ;

460 } *incenti* (*ingenti*), 710 *mitigat* (*micat*), 1135 *indica* (*indiga*), 1459 *grassior* (*crassior*) ; dans *V* seul, 88 *sagra* (*sacra*), 244 *terca* (*terga*), 265 *migat* (*micat*), 616 *exergere* (*-cere*), 1154 *agri sequi* (*acris equi*).

1. Cf. J. Martin, *op. cit.*, p. 40 ; A. Le Boeuffle, éd. C. U. F. de Germanicus, p. XLI-XLIII ; D. B. Gain, *The Aratea ascribed to German.*, p. 2, 4-7.

2. Sigles respectifs : 2, 3, 1 de Holder (*op. cit.*, p. XIII sq.) qui connaît, mais ne collationne pas le *Bernensis* ; *L (l) E G N* de Le Boeuffle ; *L E C Bern* de Gain. Nous adoptons ici les minuscules, pour éviter

1741-1762, 1769-1770, 1773, 1870, 1877-1878 } après Germ., *frg.* II, 16

L'origine de ce mélange reste obscure. J. Martin (*loc. cit.*) et D. B. Gain (*loc. cit.*) pensent qu'il s'agissait de pourvoir de légendes suffisantes une sorte d'atlas des constellations — mais cela ne vaut pas pour les derniers extraits. A. Le Boeuffle me fait observer (lettre personnelle) qu'il y a, après le v. 146, une sorte de tournant dans la tradition de Germanicus[1]. On saisit sur le vif, de toute façon, les remaniements médiévaux auxquels ont donné lieu ces textes d'astronomie scolaire.

La comparaison, pour les passages cités, de ces quatre témoins[2] et de (*V*)*AE* suggère les remarques suivantes :

— *l e g n* présentent avec (*V*)*AE* deux fautes caractéristiques : 374 *superstitit* (*-titis* A, de son cru) ; 1877 *sibi* (pour *tibi*), qui attestent une lointaine origine commune.

— *l e g n* donnent, contre (*V*)*AE* fautifs, quelques bonnes leçons : 388 *coruscat*, 1741 *proprio*, 1743 *ouantes*, 1753 *retundit*, 1757 *suspexeris*, 1769 *audacibus*, 1770 *longos*.

— *l e g n* apportent plusieurs variantes dignes d'attention : 372 *cum Mars* / *Mars cum* VAE, 378 *ambos* (avec *A*^sl) / *-bo* VAE, 750 *uoluitur* / *effugit* VAE, *igneō* / *autem* VAE, 1752 *ignis* / *-nes* AE, 1755 *signa* / *dura* AE, 1877 *perquire* l gn / *-res* e AE.

— dans l'ensemble, cependant, le texte de *l e g n* paraît plus altéré que celui de *VAE* : cf. app. crit. aux v. 373, 376, 749, 750, 1751, 1760, 1769, 1770.

— enfin, les rapports observables entre ces quatre manuscrits confirment le stemma posé par A. Le Boeuffle

une confusion avec l'éd. princeps *E* et pour marquer le caractère accessoire de ces témoins.

1. Trois manuscrits, de la famille *O*, il est vrai, s'arrêtent là : *Berolinensis* 130, *Argentoratensis* 326, *Parisinus* 5239.

2. Que nous avons collationnés aussi et dont les leçons figurent, pour la première fois, dans l'apparat critique.

(*op. cit.*, p. XLVI sq.) et D. B. Gain (*op. cit.*, p. 1)[1]. D'une part, *e* se distingue fréquemment de *l g n*[2]; on note d'autre part quelques accords *g n* et surtout g^2n[3] contre *e l*.

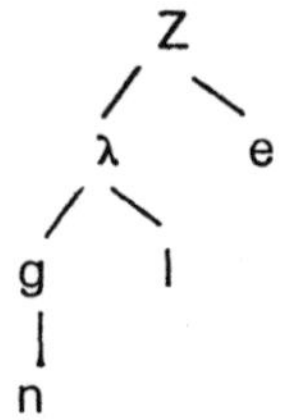

On signalera pour finir que le manuscrit *Gudianus* 132 (Wolfenbuttel, xe s.), qui contient notamment le *De Architectura* de Vitruve, dont il est un témoin important (*E*)[4], présente au fol. 61 v° l'incipit *Rufi Festi Auieni uiri clari Arati Phenomena*, suivi de la liste des sous-titres qui jalonnent le texte de *VAE*[5]. Mais le poème lui-même est absent.

Les éditions. Après l'édition princeps de 1488, sur laquelle nous ne reviendrons pas, les *Aratea* d'Aviénus ont figuré, soit dans les *opera omnia* du poète, soit dans des recueils réunissant les *Phénomènes* d'Aratos et leurs trois traductions latines[6].

Œuvres complètes d'Aviénus	*Aratos et « Aratea » latins*
	Alde Manuce, *Astronomici ueteres*, Venise, 1499.
	J. Périon, Paris, 1540.
	G. Morel, Paris, 1559 (rééd. à Cologne, en 1569, par Th. Graminaeus).

1. J. Martin (*loc. cit.*) proposait au contraire *l*→*g*→*n*.
2. Ainsi : 388 *sedet* (*solet, solis*), 1747 *per aperta* (*per arta*), 1748 *aerea* (*aera*), 1749 *habes* (*hebes*), 1750 *-duxere* (*-ducere*), 1751 *obuiam* (*-uia*), 1753 *nec nec* (*nec*), 1759 om. de *aethra* rajouté après 1756, 1758 *gramina* (*tramina*), *anser* (*anfer*), 1762 *raptim* (*-ti*), etc.
3. 384 *geminus* gn / *-nas* le, 390 *succedit* gn / *-cendit* le, 388 *solet* (VAE) lg^1 / *solis* g^2n / *sedet* e.
4. Cf. P. Ruffel-J. Soubiran, *Recherches sur la tradition manuscrite de Vitruve*, Pallas, IX (1959), p. 5-82 ; J.-P. Chausserie-Laprée, *Un nouveau stemma vitruvien*, R. É. L., XLVII (1969), p. 347-377.
5. Cf. A. Holder, *op. cit.*, p. XII.
6. Pour cette bibliographie, cf. A. Holder, *op. cit.*, p. XXI-XXIV ; V. Buescu, *Cicéron. Les Aratea*, p. 141-156.

	Io. Commelinus (?), *ed. Sanctandreana*, Heidelberg, 1589.
	H. Grotius, *Syntagma Arateorum*, Leyde, 1600.
P. Mélian, Madrid, 1634.	
M. Maittaire, Londres, 1713 (repr. 1721), vol. II.	
Collectio Pisaurensis, Pesaro, 1766, vol. IV.	
	I. Th. Buhle, Leipzig, 1801, vol. II.
	I. C. Schaubach, 1811 (éd. manuscrite, Bibl. Univ. Leipzig).
	F. C. Matthiae, Francfort-sur-Main, 1817.
N. E. Lemaire, *Poetae Latini minores*, t. V, Paris, 1825.	
E. Despois-E. Saviot, coll. Panckoucke, Paris, 1842.	
J. A. Giles, Londres, 1848.	
	« *Aratea* » *d'Aviénus seuls*
	A. Breysig, Leipzig, Teubner, 1882.
A. Holder, Innsbrück, 1887 (repr. Hildesheim, 1965).	

Jusqu'en 1880, ces éditions ont eu pour unique source *E*. Malgré des corrections quelquefois ingénieuses d'Alde, Morel et Grotius, cette vulgate offre un texte des plus défectueux, dont l'intérêt n'est aujourd'hui qu'historique. C'est la découverte de *V* et de *A* qui a permis la première édition scientifique, celle de A. Breysig. Le travail critique de ce savant (cf. *infra*, p. 91) demeure à la base des études modernes. Mais il n'avait collationné lui-même ni *V* ni *A* ; ses correspondants l'ont-ils fait avec toute la rigueur nécessaire? En tout cas l'apparat de Breysig fourmille d'erreurs et d'omissions. Celui de A. Holder, au contraire, fondé sur des collations personnelles, recueille jusqu'aux plus menues variantes orthographiques. Mais, celtisant, historien et linguiste plus qu'astronome, Holder s'est presque toujours borné à reproduire le texte de Breysig.

Parues à cinq ans d'intervalle, ces deux éditions attirèrent l'attention sur Aviénus et suscitèrent dissertations ou articles (cf. *infra*, p. 91 sq.) dans lesquels dorment encore maintes observations critiques.

La présente édition tient compte de tout cet apport. Fondée sur la collation de tous les témoins connus et sur un stemma rectifié, sur un travail critique aussi minutieux que possible, elle offre un texte qui diffère en deux cents passages[1] de celui de Breysig et Holder. Tantôt nous sommes revenu à la leçon des manuscrits, oblitérée par des conjectures inopportunes ; tantôt nous avons remplacé de vieilles émendations par d'autres plus satisfaisantes ; tantôt enfin nous avons retouché un texte que nos devanciers acceptaient, mais qui nous a paru intenable. Assez souvent, en outre, nous avons signalé des difficultés et suggéré, dans l'apparat critique ou les notes, des corrections que nous n'avons pas osé

1. V. 2, 13, 15, 21, 36, 38, 44, 59, 67, 76, 88, 127, 128, 133, 136, 157, 182, 186, 187, 189, 195, 206, 240, 242, 254, 257, 259, 266, 267, 269, 270, 288, 313, 331, 335, 357, 358, 393, 398, 406, 407, 428, 445, 447, 453, 454, 468, 469, 472, 475, 501, 510, 533, 534, 540, 541, 542, 546, 547, 550, 554, 563, 568, 582, 591, 592, 595, 598, 631, 639, 642, 659, 664, 696, 702, 713, 719, 720, 741, 758, 761, 762, 766, 772, 776, 777, 780, 781, 793, 805, 837, 842, 851, 896, 909, 911, 921, 922, 923, 963, 968, 981, 1001, 1005, 1013, 1025, 1037, 1045, 1056, 1059, 1068, 1071, 1095, 1099, 1105, 1107, 1120, 1128, 1139, 1146, 1147, 1153, 1154, 1201, 1202, 1215, 1221, 1252, 1254, 1259, 1260, 1261, 1282, 1313, 1314, 1320, 1352, 1366, 1367, 1377, 1378, 1382, 1424, 1426, 1431, 1440, 1460, 1461, 1465, 1479, 1482, 1494, 1499, 1501, 1518, 1521, 1522, 1532, 1564, 1567, 1570, 1573, 1574, 1578, 1597, 1604, 1605, 1607, 1609, 1623, 1627, 1643, 1680, 1681, 1682, 1685, 1696, 1702, 1708, 1709, 1722, 1723, 1725, 1731, 1734, 1735, 1741, 1777, 1785, 1800, 1802, 1822, 1826, 1829, 1834, 1838, 1839, 1859, 1868, 1876, 1877.

insérer dans le texte. Il nous est apparu également que la ponctuation de Breysig et Holder n'était pas toujours heureuse : en 70 passages environ, nous l'avons modifiée d'une manière qui engage la construction et le sens[1], et qui, plus d'une fois, économise une correction. Nous souhaitons que tout ce travail critique ne paraisse pas trop téméraire et restitue un Aviénus plus proche de l'original.

Notre traduction est la seule en français depuis celle de Despois et Saviot (coll. Panckoucke), qui se fondait sur un texte déplorable et souffrait de plusieurs contresens (parfois grossiers) et faux-sens par page. Nous croyons sincèrement avoir fait mieux[2].

Les notes, enfin, absentes chez Breysig et Holder, sont un apport entièrement neuf. Qu'on veuille bien, à ce titre, leur pardonner erreurs et lacunes.

* * *

M. Jean Beaujeu, professeur à la Sorbonne, a bien voulu cette fois encore être mon réviseur. Sa rigueur, son érudition m'ont procuré de précieux avis pour l'interprétation des passages difficiles, et ma traduction a bénéficié de nombreux amendements. Je le remercie d'avoir assumé cette tâche ingrate avec tant d'attention et de dévouement.

1. V. 18, 44 sq., 56, 158, 161, 162, 172 sq., 236, 254 sq., 372, 387 sq., 408, 455, 458, 472, 519, 538, 554, 577 sq., 598, 625 sq., 664, 665 sq., 758-766, 781 sq., 803 sq., 816, 830, 904-907, 918-922, 956 sqq., 968, 981, 987 sq., 997, 1035-1039, 1041, 1094, 1124 sq., 1135 sq., 1146 sq., 1153 sq., 1173, 1225, 1245, 1253, 1259, 1281, 1316, 1319 sq., 1355 sq., 1367 sq., 1392, 1412 sq., 1426, 1447, 1450, 1452, 1460, 1501 sqq., 1508, 1551 sq., 1574 sq., 1592, 1628, 1709-1712, 1717, 1723-1729, 1740 sq., 1745, 1796 sq., 1809.

2. Nous n'avons pas vu la traduction allemande de G. Fischer-F. Köppner, *Der gestirnte Himmel. Versuch einer Uebersetzung der Phaenomena des R. Festus Avienus*, Progr. Gymn. Komotau, 1893 et 1896.

CONSPECTVS SIGLORVM

Auieni ipsius codex est praecipuus

V *Vindobonensis Palatinus* 107 (*Philol.*, 128), Vienne, xe s.

qui nunc post u. 1581 *desinit. Ex eo nondum mutilo pendet*

A *Ambrosianus D* 52 *inf.*, Milan, xv[e] s.

Praeterea codicis deperditi apographon est

E *Editio princeps*, G. Valla, V. Pisani et A. de Strata, Venise, 1488.

Germanici autem Arateis mixtos uersus nonnullos Auieni seruant codices hi familiae Z :

l *Leidensis Vossianus Q* 79, Leyde, ɪx[e] s.

e *Einsidlensis* 338, Einsiedeln, xe s.

g *Bononiensis* 188, Boulogne-sur-Mer, xe s.

n *Bernensis* 88, Berne, xe s.

INDEX PHILOLOGORVM

(praeter editores supra, p. 86 sq., memoratos)

QVI CARMEN EMENDARE CONATI SVNT

Bitschofsky (R.), c. r. de l'éd. A. Breysig, Philologische Rundschau, II, 1882, Nr. 37, col. 1170-1173.

Brakman (C.), *Ad Auienum*, Mnem., LIX, 1931-1932, p. 317-327.

Breysig (A.), *Zu Avienus*, Hermes, XI (1876), p. 247-254 ; XII (1877), p. 152-160 ; XIII (1878), p. 357-365 ; XV (1880), p. 180-188 ; XVI (1881), p. 122-136.

— *Zu Avienus*, Philol. Abhandl. M. Hertz zum 70. Geburtstage von ehemaligen Schülern dargebracht, Berlin, 1888, p. 44-57.

— c. r. de P. von Winterfeld, *De R. F. Auieni metaphrasi Arateorum*... (cf. *infra*), Berliner Philol. Wochenschr., XV (1895), col. 1196-1199.

Buescu (V.), *Notes critiques aux Aratea d'Aviénus*, R. É. L., XVI (1938), p. 110-120.

— *Autour d'Aviénus, Arat.* 1094 *et* 1607, Rivista Clasica, XIII-XIV (1941-1942), p. 111-114.

Daigl (N.), *Avienus, Studien über seine Sprache, seine Metrik und sein Verhältnis zu Vergil*, diss. in. Erlangen (München), 1903.

Ellis (R.), *Aduersaria*, The Journ. of Philology, XV (1886), n° 29, p. 1-11.

Haupt (M.), *Varia*, Hermes, IV (1870), p. 330-332 (= *Opuscula*, III, 2, p. 475 sq.) ; Hermes, V (1871), p. 188 (= *Opusc.*, III, 2, p. 533).

— *Coniectanea*, Hermes, VII (1873), p. 13 (= *Opusc.*, III, 2, p. 573).

Heinsius (N.), *Aduersariorum libri IV*, Harlingae, 1742.

— *Adnotationes ad Auieni D. O. T., cum coniecturis nonnullis clari Schraderi*, Amsterdam, 1786.

Hilberg (I.), *Vorläufige Mitteilungen über die Tektonik des lat. Hexameters*, Verhandl. der 39. Philologen-Versammlung in Zürich 1887, Leipzig, 1888, p. 231-247.

Housman (A. E.), *Emendations in the Aratea of Cicero and Avienus*, Class. Review, XVI (1902), p. 102-107.

— *M. Manilii Astronomicon libri*, Londres, 1903-1930 (= Hildesheim, 1972).

Martin (J.), *Arati Phaenomena*, Florence, 1956.

Mueller (L.), *Kritische Beiträge zu einigen röm. Autoren*, Rh. M., N. F., XVII (1862), p. 184.

Olivieri (A.), *Sulla traduzione di R. Festo Avieno dei v. 1-732 di Arato*, Riv. di Storia Antica, III, 2-3 (1898), p. 132-135.

Reuter (E.), *De Auieni hexametrorum re metrica*, diss. in. Bonn, 1909.

Robert (C.), *Eratosthenis Catasterismorum reliquiae*, Berlin, 1878 (repr. 1963).

Schaubach (I. C.), *Comment. de Arati Solensis interpretibus Romanis, Cicerone, Caes. Germanico et R. F. Auieno*, Meiningen, 1817.

— *Nouae editionis Arateorum, Ciceronis, Germanici Caes. et R. F. Auieni specimen II*, Meiningen, 1818-1820.

— *Ueber die Aratea Ciceronis, Germanici Caesaris et R. F. Auieni*, Jahns Archiv, XII (1846), p. 197-210.

Schrader (I.), *Ad Auienum. Obseruationum liber*, Franeker, 1741.

— *Ad Auienum. Liber emendationum*, Leeuwarden, 1776.

Sieg (G.), *De Cicerone Germanico Auieno Arati interpretibus*, diss. in. Halle, 1886.

Soubiran (J.), *Notes critiques aux Aratea d'Aviénus*, Pallas, XXIV (1977), p. 81-108.

— *Une mention antique de la nébuleuse d'Andromède (Aviénus, Arat. 469)*, R. Ph., LI (1977), p. 207-216.

— *Solon, Harpale et l'octaétéride (Aviénus, Arat. 1363-1370)*, Pallas, XXV (1978), p. 9-20.

— *Les Aratea d'Aviénus : critique des textes et histoire des sciences*, in *L'astronomie dans l'antiquité classique*, Colloque de Toulouse (oct. 1977), Paris, 1979, p. 225-244.

Traglia (A.), *Aratea*, I, Studi Class. e Orientali, XV (1966), p. 250-258.

Unger (R.), *Subsiciuorum capita III*, Progr. Friedland, 1854.

Walter (F.), *Zu lat. Schriftstellern*, Philologus, 1928, p. 316-330.

Winterfeld (P. von), *De R. F. Auieni metaphrasi Arateorum recensenda et emendanda*, diss. in. Berlin, 1895.

— *Beiträge zur Quellen- und Textkritik der Wetterzeichen Aviens*, Berlin, 1896.

— *Obseruationes criticae*, Philologus, LVIII (1899), p. 281-285.

RUFIUS FESTUS AVIENUS

LES PHÉNOMÈNES D'ARATOS[1]

***Procemium*[2].**

Jupiter va donner le ton à mon poème : protégé par Jupiter je quitte la terre[3], Jupiter est le guide qui m'ouvre les hauteurs de l'empyrée, nous gagnons les astres sur l'avis de Jupiter, sous les auspices de Jupiter c'est le ciel et sur l'ordre de Jupiter c'est l'éther que je révèle aux mortels[4].

Là[5] est le séjour, là est la demeure[6] du Créateur premier. Et lui, il est le principe du mouvement créateur[7], il est la puissance de la foudre étincelante[8], la vie des éléments[9], la chaleur de l'univers[10], le feu de l'éther, l'énergie des astres, l'essence immuable de la lumière, le nombre de la sublime harmonie[11]. Il est l'air subtil, le pesant agrégat de matière, le suc que les corps reçoivent des hauteurs célestes, l'aliment de toutes choses[12] ; fleur et flamme de vie[13], il a ouvert mille ramifications dans les profondeurs compactes de la masse[14] primitive, dont il a travaillé à emplir les veines des flots de son amour[15], afin de lui donner la cohérence[16] de son organisation spéci-

Voir notes 1 à 16 page 175.

RVFI FESTI AVIENI

ARATI PHAENOMENA

Carminis incentor mihi Iuppiter : auspice terras (1)
linquo Ioue, excelsam reserat dux Iuppiter aethram,
imus in astra Iouis monitu, Iouis omine caelum
et Iouis imperio mortalibus aethera pando.
Hic statio, hic sedes primi patris. Iste paterni
principium motus, uis fulminis iste corusci,
uita elementorum, mundi calor, aetheris ignis
astrorumque uigor, perpes substantia lucis
et numerus celsi modulaminis. Hic tener aer
materiaeque grauis concretio, sucus ab alto
corporibus caelo, cunctarum alimonia rerum,
flos et flamma animae : qui discurrente meatu
m*ol*is primigenae penetralia dura resoluens
impleuit largo uenas operatus amore,
ordinis ut proprii foedus daret. Iste calorem

TITVLI : RVFI FESTI AVIENI VIRI CLARI ARATI PHENOMENA *Gudianus 132* Rufi festi auienii. VC. arati phaenomenon Liber Incipit *E* Rufi. festi. Arati. incipit liber primus de positione syderum *V* Ruffi Festi Arati liber primus de positione syderum *A*.

1 iuppiter *V* : iupi- *AE* || auspice terras V^{pc}*AE* : aussic& erras V^{ac} || 2 excelsam *E* : et cel- *VA* *(at in hoc initio asyndeton nusquam non esse malo)* || reserat V^{pc}*AE* : rexe- V^{ac} || Iuppiter V^{pc} : iupi- *AE* iussi- V^{ac} || 4 imperio V^{pc}*AE* : imse- V^{ac} || aethera *AE* : a&era *V* || pando *E* : sando V^{ac} scando V^{pc}*A* || 5 primi patris *E* : prunis atris *V*A^{ac} primus sacris A^{pc} || paterni *E* : satni *V* saturni *A* aeterni *Beaujeu* || 8 uigor *AE* : -gori *V* || perpes *VE* : praepes *A* || substantia *AE* : (-pes)ubst- *V* || 11 alimonia rerum *AE* : alicmoni arerū *V* || 12 discurrente meatu *AE* : -current oemeatu V^{ac} -currentoe mea- V^{pc} || 13 molis *Buhle*, *Lemaire* : mentis *VAE* *(uide adn.)* || 15 foedus *VAE* : fetus *Breysig*, *Holder* *(uide adn.)*.

fique. Et pour que l'univers agglomérât dans son volume les particules éparses, il lui a insufflé la chaleur[1]. Au début, au milieu, à la suite[2] il est juste que l'invoque une voix secrète : car il est mêlé à lui-même ici et là, il prend appui sur lui-même des deux côtés[3], il est aussi, tout à la fois[4], l'instigateur[5] des actes à accomplir, l'agent de l'amour qu'il se porte[6] et, en vérité, l'auguste père de l'univers[7]. Il a, de sa lumière, fait éclater les profondeurs du chaos, il a, le premier, défait les liens de ténèbres et, père authentique de la nature, fixé les éléments flottants. Aux molécules éparses il a assigné la place qui leur revenait, il a donné forme aux masses ainsi isolées et déterminé la couleur des objets[8]. Mêlé aux deux sexes[9], participant d'une double durée[10], il est partout répandu à la fois et entretient la création[11] en fournissant tour à tour des germes de chaque sexe. Artisan et nourricier de la création[12], roi de l'univers, sublime puissance de l'éther et de l'Érèbe[13], nonchalante inclinaison du nœud[14], juste séparation de divinités inconciliables[15], de lui aussi est la terre, sa dernière œuvre, et ces feux sont de lui, qui illuminent l'espace : le soleil et sa sœur[16] — l'un chargé de déployer l'ardent éclat dont le jour est baigné, l'autre de déchirer, des flammes de son flambeau, les voiles ténébreux de la nuit[17]. Mais le créateur n'abandonne à aucun moment sa création : il assure cette belle ronde annuelle, qui fige en profondeur la terre gelée, qui fait sourire le printemps aux campagnes séduisantes[18], qui assoiffe la terre brûlée par l'été poussiéreux et ramène les fruits pesants de l'automne fécond[19]. Il est le guide de nos navigations

Voir notes 1 à 19 page 177.

quo digesta capax solidaret semina mundus
inseruit. Rite hunc primum, medium atque secundum (14)
uox secreta canit : sibi nam permixtus utrimque
et fultus sese geminum latus, unus et idem est
auctor agendorum propriique patrator amoris
et mundi uere *san*ctus pater. Hic chaos altum
lumine perrupit, tenebrarum hic uincula primus
soluit et ipse parens rerum fluitantia fixit ;
hic dispersa locis statuit primordia iustis,
hic digestorum speciem dedit ; iste colorem
imposuit rebus, sexuque immixtus utroque
atque aeui pariter gemini simul omnia lustrans,
sufficit alterno res semine. Rerum opifex hic,
hic altor rerum, rex mundi, celsa potestas
aetheris atque Erebi, pigra inclinatio nodi,
insociabilium discretio iusta deorum,
cuius et extremum tellus opus, ignea cuius
lumina sunt late, sol et soror, ille diei
tendat ut infusi rutilum iubar, altera noctis
ut face flammanti tenebrosos rumpat amictus.
Nec defit genitis pater ullo in tempore rebus : (5)
istius ille anni pulcher chorus, alta ut hebescat (11)
terra gelu, uer ut blandis adrideat aruis,
puluerulenta siti tellurem ut torreat aestas
et grauis autumni redeat fetura parentis.

16 quo *VA* : quum *E* || 17 secundum *VAE* : supremum *Grotius, ft. recte (uide adn.)* || 18 *Post* canit *interp. Reuter* : *post* sibi *edd.* || utrimque *V* : -trinque *E* -trumque *A* || 19 sese *AE* : se *V* || unus *VA* : unum *E* || 20 auctor *VA* : autor *E* actor *Grotius* || propriique $V^{pc}AE$: & pr. V^{ac} || patrator $V^{pc}AE$: fa- V^{ac} || 21 sanctus pater *ego (uide adn.)* : factus sacer V^{ac} factus pacer V^{pc} factus pater *A, edd.* pastor sacer *E* || 22 perrupit *VA* : -rumpit *E* || 27 lustrans *AE* : -trarum *V* || 28 semine *VA* : saemina *E* || opifex $V^{pc}AE$: os.ifex V^{ac} || 29 altor *V* : alter *A* aliter *E* || Erebi *A* : he- $V^{pc}E$ hereui V^{ac} || pigra $V^{pc}AE$: prigra V^{ac} rapida *Grotius* bigrada *Barth* || nodi *VAE* : mundi *Grotius* caeli *Buhle (uide adn.)* || 33 sunt late *E* : sī $\overset{p}{\text{s}}$. late *V* sunt p. late *A* || 36 Nec defit *E* : Nec desit *VA* ne desit *Breysig* || 37 ut hebescat *A* : ut ebes- *V* tepes- *E* || 38 aruis *VAE* : auris *Schrader, Haupt, ft. recte (uide adn.)*.

sur les flots de l'abîme qui s'enfle, il est notre conseiller quand, de nos lourdes charrues, nous retournons le sol[1]. Il a fixé aux constellations leurs limites[2], il a inondé de beauté la nature; malgré les ténèbres, il s'insinue dans les entrailles de l'empyrée et son pouvoir fécondant donne vie aux membres éternels[3].

Enfin, pour épargner aux cœurs la déchéance d'une longue torpeur, pour que l'intelligence, oublieuse des origines de l'univers, n'en vînt pas à ne concevoir que des pensers vils, sans jamais s'élever aux principes de la source éternelle, dont, à la manière d'un fleuve aux flots rapides que presse l'impatiente nature, l'écoulement continu fait jaillir les âmes qui vont descendre dans nos corps et sont liées dans l'éther en série continue[4], c'est lui qui, pour la première fois, a pointé vers les astres la baguette du vieillard de Cnide[5] et instruit un mortel à parler de la voûte céleste, apanage des dieux : pourquoi le Crustacé[6] fait-il faire demi-tour aux feux d'Hypérion en vue du retour de l'automne[7]? pourquoi, sous le Capricorne glacé, le solstice d'hiver délie-t-il le sombre joug de l'année givrée? pourquoi la Balance et le Bélier rapide[8], à l'exacte moitié de la masse céleste[9], égalent-ils la longueur du jour et la durée de la nuit humide? de quel côté le pôle le plus élevé, grâce à la hauteur de son pivot, ne touche-t-il jamais les eaux azurées de Thétis? quel est le pôle qui reste caché sur la pente de l'axe ténébreux[10], et pourquoi des astres[11] vagabonds s'égarent-ils en courses errantes? Cette science, Jupiter encore a chargé le génie et les rythmes du poète de Soles[12] de la divulguer une seconde fois, et mieux, en sorte que du Taurus, sa patrie[13], la Muse s'élançât vers les terroirs cécropien et aonien[14].

Voir notes 1 à 14 page 181.

Hoc duce per tumidi ferimur freta gurgitis, isto (7)
praeceptore solum grauibus uersamu*s* aratris. (8)
Iste modum statuit signis, hic rebus honorem (10)
infudit; tenebris hic interlabitur aethrae
uiscera et aeternos animat genitabilis artus.
Denique ne longum marcentia corda iacerent
mundanique ortus mens immemor omnia sensi*m*
uilia conciperet neque se subduceret umquam
fontis in aeterni primordia, quo, uelut amnis
quem festina citis urget natura fluentis,
lapsu continuo ruiturae in corpora nostra
prorumpunt animae seriemque per aethera nectunt,
hic primum Cnidii radium senis intulit astris
mortalemque loqui docuit conuexa deorum :
cur Hyperionios Nepa circumflecteret ignes
autumni reditu, cur sub gelido Capricorno
bruma pruinosi iuga tristia solueret anni,
cur spatium lucis, madidae cur tempora noctis
Libra celerque Aries d*i*menso pondere Olympi
aequarent, qua parte polus sublimior alto
cardine caeruleas Thetidis non tangeret undas,
quis polus umbrifero lateat decliuis in axe
et uaga pal*a*nti cur signa errore ferantur.
Quae rursum ingenio numerisque Solensibus idem
Iuppiter efferri melius dedit, incola Tauri

41 isto $A^{pc}E$: et quo A^{ac} *om. V* ‖ 42 uersamus *Aldus* : -mur *E* -tur *A* -mi *V* ‖ aratris *A* : -tri *E* -trī *(ut uid.) V* ‖ 44 infudit *AE, prob. Winterfeld* : -fundit *V tribuunt Breysig & Holder, nil ego legere possum* ‖ 45 aeternos *VAE* : aethereos *Grotius* ‖ animat *VAE* : -mans *Grotius* ‖ 47 sensim *Aldus* : sensi *E* setis *VA* ‖ 48 uilia *E* : uigilia *VA* ‖ 51 nostra *VE* : -trae *A* ‖ 52 seriem- *E* : -rie- *A V non legitur* ‖ 53 Cnidii *Aldus* : cinidii *E* cundii *V* cum du(ra diu) *A* ‖ 56 autumni *Aldus* : auct- *A* autuni *V* aut tunc *E* ‖ gelido *E* : legido VA^{ac} frigido A^{pc} ‖ 57 pruinosi *AE* : prumo- *V* ‖ 58 cur tempora *VAE* : cum tempore *Grotius (cf. Manil. I 267)* ‖ 59 dimenso pondere *Grotius* : de- p- *E* de--sos ondere *V* de--sos cudere *A* ‖ 60 qua parte *E* : quas arte *VA* ‖ 62 umbrifero *AE* : -pero *V* ‖ 63 palanti *Grotius* : palenti *V (ut uid.)* pallenti *AE* ‖ signa *VAE* : astra *malim (uide adn.)* ‖ 65 efferri *A* : efferi *E* eferi *V*.

Eh bien, moi aussi[1] une faveur semblable me presse aujourd'hui d'exposer en vers les saisons où il convient de retourner les champs avec les solides hoyaux, de livrer les toiles de lin à la mer où volent les voiles, et de tailler la chevelure de Lyaeus coiffé de pampres[2]. O divinités, qui me sont déjà familières, du sanctuaire parnassien ! O Camènes, mon souci de toujours dans mes tâches multiples[3] ! Je veux désormais lever mes regards vers les hauteurs du ciel, et ouvrir à mes yeux une route à travers les astres. Plus fort, oui, plus fort que d'habitude est le dieu qui mène ma pensée ; toute grande Cirrha[4] s'ouvre à moi, et l'Hélicon m'inspire du plein volume de ses grottes.

Ciel, axe, pôles.

Tous les corps dont les flammes rayonnantes colorent l'empyrée sont menés par la Nuit et entraînés, sortes de points fixes, dans la rotation du ciel. Mais ne croyons pas pour autant que tous ont leur place dans le code des constellations : une part d'entre eux est laissée sans décompte et sans prestige. Ils ont bien tous un feu qui scintille, une chevelure de flamme embrasée de rayons ardents, mais comme ils ne sont pas tous repérés dans l'éclat d'une forme précise, le surplus n'est que multitude en marge des constellations[5]. Voici encore que la machine universelle, mobile, tourne sur elle-même, et que l'impulsion de sa propre masse entraîne le ciel[6]. Mais l'axe, lui, ne suit pas la révolution de la sphère céleste, comme le ferait une tige accompagnant la rotation d'un disque mobile[7] : constamment fixe, très fin[8], il perfore là-bas les entrailles sacrées du ciel, et maintient au centre de l'ensemble la masse de la terre. Ni la longueur du jour, ni le cours du ciel déclinant ne l'en-

Voir notes 1 à 8 page 183.

Musa ut Cecropios raperetur et Aonas agros.
Me quoque nunc similis stimulat fauor edere uersu
tempora cum duris uersare ligonibus arua
conueniat, cum ueliuolo dare carbasa ponto
et cum uiticomo crinem tondere Lyaeo.
O mihi nota adyti iam numina Parnasei !
O per multa operum mea semper cura, Camenae !
Iam placet in superum uisus sustollere caelum
atque oculis reserare uiam per sidera. Maior,
maior agit mentem solito deus, ampla patescit
Cirrha mihi et totis Helicon inspirat ab antris.
Omnia quae flammis pingunt radiantibus aethram *(19)*
Nox agit et uerso ceu fixa trahuntur Olympo.
At non cuncta tamen signorum in lege putanda :
pars numeris et honore caret. Micat omnibus ignis
et rutilo cunctis flagrat coma flammea crine,
sed quia non certa formarum in luce notantur
omnia, sideribus cassum fit cetera uolgus.
Mobilis en etiam mundi se machina uersat,
ponderis et proprii trahit inclinatio caelum.
Sed non axis item curui uertigine fertur *(21)*
aetheris, ut stilus instabili conuoluitur orbi :
iuge manet, tenu*i*sque procul sacra uiscera caeli
perforat et mediae molem terrae tenet. Illum

66 Musa ut *uett.* : Mus aut *E* Mus aut aut *V* Musa aut *A* || cecropios *VA* : cecio-*E* || raperetur *VAE* : superaret *Grotius* repararet *R. Unger cur non etiam* sequeretur *(cf. Virg. Aen. IV 361)*? || agros *AE* : agrus *V* || 67 fauor *VAE* : furor *Aldus, edd.* || uersu *Aldus* : -sum *VAE* || 68 tempora *AE* : -pera *V* || ligonibus *AE* : -nib *V* || 69 ueliuolo *AE* : ueni uolo *V* || 70 uiticomo *VA* : uicti como *E* || 71 adyti *AE* : additi *V* || 72 operum mea *AE* : -rumea *V* || 73 sustollere *AE* : -tollore *V* || 74 sidera *AE* : siderara *V* || 76 Cirrha *uett.* : Cy- *A* Circha *E* Circa *V* || totis *VA* : totis se *E* || helicon inspirat *E* : el- insp- *V* heliconis spirat *A* || *ante u. 77* ARCTOE *V* ARCTOS *AE* || 77 aethram *E* : *om. VA* || 80 pars *Schrader* : Nam *VAE* || 82 in *VAE* : *damn. Grotius, ft. recte* || 86 axis *E* : ad six *VA* || 87 ut stilus *Aldus* : aut st- *VAE* ; *an* aut citus *(cf. Ou. Met. II 74)*? || 88 iuge *ego (cf. u. 1307)* : Luce *VAE* Vsque *post Heinsium edd.* || tenuisque *Grotius* : tenusque *VAE* || sacra *(A s.l.) E* : sagra *VA* || 89 molem *VA* : mollem *E.*

traînent, nul effort ne lui fait quitter la place où il s'est fixé une fois pour toutes[1], en laissant l'univers graviter autour de lui.

A ses extrémités, deux pôles dissemblables : l'un domine de haut l'Océan, l'autre, plongé sous les eaux, descend jusqu'à l'Érèbe et sert de confident caché au noir Pluton. Ici règne le Notus, là-haut les Aquilons effrayants congèlent tout[2] ; et les pivots arrondis sifflent dans leur double rotation[3]. L'un s'offre complaisamment à la vue, l'autre est caché, enfoui dans les profondeurs de l'abîme.

Ourses[4].

Mais au point où la partie la plus haute de l'axe fuit les vagues de la houleuse Téthys, peuplées d'animaux marins, regarde comme l'univers élève les Ourses (*Arctoe*) sacrées. Tel est le nom que le savant de Cnide[5] a donné à la constellation ; mais en langue ausonienne nous appelons d'ordinaire ces bêtes à la fois Ourses et Chariots[6] : la légende fait voir là des ourses, et leur forme des chariots. Le tout-puissant père des dieux[7], trouvant jadis dans la vallée du Lycée boisé ces fauves accoutumés aux rigueurs de la chasse, les éleva jusqu'à l'empyrée : la virginité qu'il ravit à la mère leur valut cette consécration. Ou bien encore — ainsi l'enseigne l'autre tradition[8] — là où, battue des flots, la Crète retentit des souffles déments du Caurus, le même Jupiter, en souvenir des bienfaits reçus et afin de récompenser d'une juste faveur la protection qui lui sauva la vie tandis que, tout enfant, il demeurait caché parmi les rustiques Curètes, au milieu des crécelles du Dicté rocailleux[9], permit aux Ourses, après sa victoire, de monter au ciel chargé de feux : constellations ignorantes de l'eau salée[10], ignorantes du coucher nocturne, elles abritent les Aqui-

Voir notes 1 à 10 page 184.

non prolixa dies, non incumbentis Olympi
cursus agit motatue loco labor, ut semel haerens
constitit et ferri se circum cuncta remisit.
Nec minus extremo dispar polus : Oceano pars (24)
sublime erigitur, subit altera, mersa sub undas,
pars Erebum et nigri iacet haec ut conscia Ditis.
Hic Notus, horriferis Aquilonibus illa rigescunt,
ac teres in gemina stridit uertigine cardo.
Alter in obtutum facilis, latet alter et alto
deprimitur barathro.

Sed qua sublimior axis (26)
Tethyos undosae linquit cetosa fluenta,
contemplare sacras ut mundus sub*r*igat Arctos.
Sic astrum dici *C*nidius dedit, Ausone easdem
uoce feras Vrsasque et Plaustra uocare solemus :
fabula namque ursa*s*, species dat plaustra uideri.
Has pater omnipotens, nemorosi in ualle Lycaei
adsuetas duris quondam uenatibus, aethrae
intulit et rapto genetricis flore sacrauit.
Vel, ceu fama dehinc docet altera, Creta ubi fluctu (30)
tunditur insanis late circumsona Cauris,
Iuppiter has idem, rerum memor indultarum
et custoditae referens pia dona salutis,
cum puer agrestis inter Curetas et inter
Dictaeae longum latuit crepitacula rupis,
scandere flam*m*igerum uictor permisit Olympum, (35)
nescia signa salis nocturnique inscia casus,

90 proli(-ly-)xa *AE* : fro lix a *V* || incumbentis *AE* : -cubentis *V* || 91 motatue *AE* : -tat uel *V* || 93 Nec minus extremo *VAE* : Terminus extr- *Grotius* Terminus est recto *malim (cf. Schol. Arat. 24 p. 69 sq. Martin* εὐθεῖα γραμμή*)* || 95 ditis *AE* : clitis *V* || 100 linquit *E* : liquit *VA* || 101 subrigat *Breysig* : subigat *E* subiṭat *V* subitat *A* || 102 Cnidius *uulg.* : gni- *VE* Gny- *A* || 103 plaustra *AE* : plastra *V* || solemus *AE* : solem *V* || 104 ursas *Aldus* : -sa *VAE* || 106 aethrae *AE* : aetnrae *V* || 107 rapto *Morel* : -tor *VAE* || 108 Creta *AE* : creca *V* || 109 cauris *V* : chau- *A* tau- *E* || 110 has idem *AE* : hassidem *V* || 113 Dictaeae longum *A* : Dictee l- *E* Dicte aelogum V^{ac} Dicte aelongum V^{pc} || 114 flammigerum *Aldus* : flami- *VAE*.

lons déments. Pourtant leur tête ni leur poitrail ne s'affrontent dans un mouvement de sens contraire ; les silhouettes de ces Ourses Lycaoniennes apparaissent là-haut inversées[1] ; leurs pas sont symétriques, de part et d'autre du pôle[2], couchées qu'elles sont sur l'échine et sur le dos embrasé de feux. C'est ainsi que les nourrices de Jupiter, Hélicé et Cynosure[3], renversées sur la tête et les épaules près de l'axe arrondi du pivot, donnent toujours des signes avant-coureurs de tempêtes à venir[4]. Car en haute mer c'est Hélicé qui guide les Grecs, et la petite Cynosure les Tyriens. Nulle étoile jamais ne saurait allumer son flambeau, ni quelque autre élever ses feux à l'horizon quand, à l'immersion de son disque, le fils du Titan[5] ⟨...⟩ et colore d'un rouge palpitant l'échine liquide de Tartessos[6], avant que la grande Crétoise ne produise ses flammes au sein du crépuscule et ne montre au ciel son auguste figure. L'autre n'allonge, certes, qu'un court timon à travers l'empyrée, mais elle est pourtant plus exacte pour qui sillonne la mer perfide[7]. Car en pivotant d'un tour complet, elle ne s'attarde pas en longues girations paresseuses, elle ne donne pas l'impression de se laisser ébranler un instant pour dévier de sa route, ni pour freiner les lenteurs d'un déplacement qui se traîne : bref, les carènes de Sidon qui te prennent pour guide, Cynosure, coupent les flots houleux d'un sillage plus droit.

Voir notes 1 à 7 page 185.

hospita et insanis Aquilonibus. Haud tamen ollis *(28)*
ora uel aduerso sunt obuia pectora motu,
uersa Lycaoniis sed suspectatur in Vrsis
forma super, pariterque polo uestigia librant,
in spinam et flammis ardentia dorsa iacentes.
Sic Iouis altrices teretem prope cardinis axem
in caput inque umeros Helice Cynosuraque uersae *(30)*
praescia uenturis dant semper signa procellis.
Namque Helice Graios, Tyrios Cynosura per altum *(37)*
parua regit. Non ulla facem succenderit umquam
stella prior neque flammigeros eduxerit ortus *(40)*
ante alia, immerso cum iam Titanius orbe
⟨...................................⟩
imbuit et tremulo Tartesia terga rubore,
Cresia quam flammas inter primordia noctis
maior agat uultusque sacros ostendat Olympo.
Illa licet paruo iaceat temone per aethram, *(42)*
uerior infidum tamen est currentibus aequor.
Cardine nam toto *cum* uertitur, haud mora longos
pigra tenet gyros, neque, ceu molita parumper,
flectitur aut tardo cohibet cunctamina lapsu :
denique Sidoniis duce t*e*, Cynosura, carinis
rectior undoso cursus sulcatur in aestu.

116 haud *A* : aut *VE* || 117 pectora *AE* : -tura *V* || 118 lyc(h)aoniis *A* : -caonii *VE* || 121 Sic *AE* : Soc *V* || axem *AE* : axaem *V* || 124 helice *AE* : -cae *V* || tyrios *AE* : ti- *V* || cynosura *AE* : cyro- *V* || 125 ulla *Aldus* : nulla *VAE* || 126 eduxerit *VA* : edixerit *E* || 127 immerso *VAE* : emenso *L. Mueller (coll. Sil., Il. lat. 106 sq.)* || *Post u. 127 lac. unius uersus suspicatus est Winterfeld, quam hoc fere modo explendam putauit* ⟨Primis sub tenebris subiit uada Calpetana⟩ || 128 imbuit et *VAE* : imbuerit *post Grotium edd.* || 129 flammas *E* : flamas *A* ylamas *V* || 132 infidum *E* : -du V^{ac} -do $V^{pc}A$ || currentibus *VA* : curen- *E* || 133 cum uertitur *ego (cf. u. 1067, 1136, 1261)* : conuertitur *VAE* || longos $V^{pc}AE$: -gus V^{ac} || 134 gyros *E* : gi- *VA* || 136 duce te *Housman* : ducet $V^{ac}E$ lucet $V^{pc}A$ dux est *post Aldum edd.*

Dragon.

Puis, entre les deux Ourses au nom prestigieux, comme un fleuve qui glisse en sinueux méandres, s'enroule le Dragon écailleux, entraînant sa traînée d'étoiles qui enveloppe les deux bêtes dans les creux arrondis de ses spires. Mais comme ces vastes replis étirent son corps sur une notable longueur, il est lui-même prisonnier des Chariots que forme la ronde Lycaonienne[1]. Près de la tête d'Hélicé s'allonge le dernier tronçon du monstre, dont la queue se calme à peine[2] dans cette partie du ciel. L'autre Ourse, dans le creux d'un anneau, engage le sommet de son crâne ; enclose en quelque sorte dans l'arrondi du Dragon, elle a le dos couché au-dessus du dos de la première. Devant son museau, le Reptile se retourne et, après avoir longé l'Ourse jusqu'à son extrémité[3], il regagne le voisinage de la constellation principale. L'étoile qui rehausse sa tête de flammes orgueilleuses n'est pas seule à scintiller[4], pas seule la crête à rougeoyer d'incendies : un double éclair embrase les deux tempes velues, et les deux yeux brûlent sous forme d'éclairs jumeaux. Un feu unique, en plus, porte le menton à l'incandescence[5], et le contour même du crâne, qui, dirait-on, s'incurve un moment pour un signe de tête, s'infléchit et semble regarder la queue d'Hélicé, du bout de laquelle se rapproche à travers l'empyrée la gueule sifflante du Dragon au cou tendu qui monte vers elle. Mais encore au-delà de cette gueule, qui avoisine le bout de la queue, dans le prolongement de la ligne ainsi jalon-

Voir notes 1 à 5 page 186.

Inter utramque dehinc praeclari nominis Arcton, *(45)*
ceu circumflexo sinuantur flumina lapsu,
squameus agmen agens Draco uoluitur, atque obit [ambas
spirarum curuis anfractibus. Hunc quoque, ut artus
longius effusum spatiosa uolumina tendunt,
compta Lycaoniis includunt Plaustra choreis.
Qua caput est Helices, fundunt sese ultima monstri *(50)*
agmina, et hac caeli uix cauda in parte quiescit.
Altera, qua spirae sinus est, sublime reponit
uerticis et, curuo ceu circumclusa Dracone,
in dorsum alterius dorso iacet. Anguis ob ora
uertitur ac, longe postremam lapsus in Arcton,
rursum maioris repetit confinia signi.
Nec quae stella caput flammarum insignit honore *(54)*
sola micat, solaue rubent incendia crista,
sed saetosa duplex adolet duo tempora fulgor,
et duo sub geminis oculi fulgoribus ardent.
Vnicus ignis item mento aestuat, ipsaque forma
uerticis, in nutum ueluti curuata parumper,
flectitur atque Helices caudam spectare uidetur. 158
Cuius in extremum spatio propiore per aethram
sibila protenti succedunt ora Draconis.
Quin super illa etiam, summae confinia caudae,
qua per dimensos demittitur ordo meatus, 157

138 praeclari *VA* : pro clari *E* ‖ arcton *A* : arcto *E* arecto *V* ‖ 139 circumflexo *E* : cis cum- *VA* ‖ 140 agens *A* : agnes *E* agnens *V* ‖ ambas *E* : *om.* *VA* ‖ 141 spirarum *E* : spisarum *V* spissarum *A* ‖ 142 effusum V^{pc}*AE* : off- V^{ac} ‖ 143 compta *AE* : conpta *V* ‖ 144 helices *AE* : -cer *V* ‖ 145 hac *AE* : ac *V* ‖ uix cauda *E* : uixanda *V* uisanda *A* ‖ 148 ob *VA* : ab *E* ‖ 149 uertitur *VA* : uestitur *E* ‖ lapsus *AE* : la bsus *V* ‖ 151 Nec quae *AE* : Necq ; *V* ‖ 155 aestuat ipsaque *AE* : aestuatis saque *V* ‖ 157 *post* 161 *transposui (u. adnot.)* ‖ demittitur *edd. uett.* : di- *E* dunit titur *V* dum tentur *A* ‖ 158 atque *AE* : adque *V* ‖ helices *AE* : eli- *V* ‖ 159 Cuius *VA* : Citius *E* ‖ extremum V^{pc}*AE* : -mo V^{ac} ‖ propiore *A* : propriore *VE* ‖ 160 ora *E* : ara *VA* ‖ draconis V^{pc}*AE* : dranis V^{ac} ‖ 161 summ(a)e *VA* : -ma *E* ‖ caudae *A* : -da *VE*.

née, vient l'étoile dont le feu scintille sur la tempe droite et qui rivalise d'éclat avec les flammes voisines[1]. Mais la tête inclinée, le crâne oblique de la figure astrale, on les voit pencher dans la partie du ciel sacré où l'Océan vénérable, qui recrée chaque jour la rougeur de l'aurore, réunit couchers et levers que règle l'étendue salée et confond les points extrêmes des deux bornes tour à tour franchies[2].

Agenouillé.

Si du Dragon givré on porte son regard sur la sphère céleste en abaissant les yeux vers la région toute proche où, sur un globe, s'arrondit le cercle supérieur[3], on verra aussitôt s'élever à sa suite une silhouette qui semble prendre peine[4] et qu'Aratos jadis déclara dépourvue de nom, sans qu'on sût non plus la cause de cette peine[5] : mais Panyasis[6] la connaissait, car sa longévité lui a permis d'exhumer, après recherches approfondies, les mystères des origines[7]. Il raconte que sous la dure loi d'un tyran[8] sans mesure le fils d'Amphitryon, dans la fleur de sa prime jeunesse, s'était rendu au pays des Hespérides, où se dérobent les secrets du grand Sud[9] ; il y avait cueilli les pommes d'or, que gardait une sentinelle toujours inaccessible à l'engourdissement du sommeil, une fois que ce dragon, (serviteur) d'une marâtre insatiable de haine[10], fut tombé sous les coups de son vainqueur, relâchant les replis de ses anneaux et la vigueur de son étreinte ; c'est ainsi qu'Hercule, dit-on, arc-bouta tout

Voir notes 1 à 10 page 187.

stella subit dextri quae temporis igne coruscans
aemula uicinis accendit lumina flammis.
At decliue caput uertexque obliquior astri *(61)*
hac in parte sacri procumbere cernitur axis
qua pater Oceanus, rutili reparat*o*r Eoi,
occasus ortusque sal*o* moderante coercet
et gemina alternae miscet diuortia metae.

Inde pruinoso si lumen abusque Dracone *(63)*
in conuexa feras, oculosque in proxima mundi
declines, qua parte globo tumet altior orbis,
illa laboranti similis succedet imago
protinus, expertem quam quondam dixit Aratus
nominis, et cuius latuit quoque causa laboris : *(65)*
Panyasi sed nota tamen, *cui* longior aetas
eruit excussis arcana exordia rebus.
Nam dura immodici memorat sub lege tyranni
Amphitryoniaden primaeuo in flore iuuentae,
qua cedunt medii longe secreta diei,
Hesperidum uenisse locos atque aurea mala,
inscia quae lenti semper custodia somni
seruabat, carpsisse manu, postquam illa nouercae
insaturat*ae* odiis serpens uictoris ab ictu
spirarumque sinus et fortia uincula laxans
occubuit ; sic membra genu subnixa sinistro

162 temporis V^{pc}*AE* : -re V^{ac} ‖ 163 uicinis *E* : uti inis *V (ut uid.)* ut aeternis *A* ‖ 164 decliue *VAE* : -ne *Housman (coll. German. 61)* ‖ astri *VA* : -tris *E* ‖ 166 oceanus *AE* : -annus *V* ‖ rutili *AE* : rutuli *V* ‖ reparator *Grotius* : -tur *VAE* ‖ 167 salo *Grotius* : sale *VE* salum *A* ‖ 168 alternae *AE* : alter ne *V* ‖ *ante u.* 169 ENGONASIN *AE* ENGOSIN *V* ‖ 169 lumen abusque *E* : lumtiabusque *VA* ‖ 170 oculosque in *VA* : -los quem *E* ‖ 175 Panyasi *edd.* : Pannyasi *E* Paniasi *A* Panniassi *V* ‖ cui *Grotius* : ceu *VAE* ‖ longior *AE* : logior *V* ‖ 176 arcana *E* : arca *VA* ‖ 178 Amphitryoniaden *VA (uar. script.)* : -dem *E* ‖ iuuentae *E* : *om.* *VA* ‖ 179 diei *AE* : de ei *V* ‖ 181 inscia quae *AE* : -sciaq. *V* ‖ 182 carpsisse *AE* : -sise *V* ‖ illa *VAE (cf. O. M. 156)* : ille *Morel, edd.* ‖ 183 insaturatae odiis *edd.* : -rate odiis *E* infaturat eo diis *VA*.

son corps sur l'appui de son genou gauche, c'est ainsi qu'il resta affaissé, vaincu par l'effort : telle est la tradition[1]. Et quand le héros de Tirynthe[2] fut mis au firmament et vint s'appuyer, là-haut, au trône de son père, Jupiter, prenant pitié de ses pénibles travaux, lui restitua cet aspect et l'offrit dans cette attitude à la vue de l'Olympe. Voici que s'élève la main même du dieu, prête à s'abattre en coups violents[3], et que la pesée de son pied droit écrase la tempe oblique du Dragon moucheté.

Couronne.

Puis, à l'endroit où s'élargit le vaste dos[4] de la constellation affaissée sur le jarret et où gît renversé le haut de ses épaules[5], vois comme palpite d'ardentes flammes la lumière de Cnossos. Elle est l'éclatant souvenir d'un ancien amour de Bacchus, elle représente la parure dont s'ornait la tête d'Ariane[6]. Trois fois trois étoiles l'illuminent[7] ; de cette Couronne, une partie[8] vient se placer auprès et au-dessous du Reptile, dans la région où le Dragon, qui infléchit vers l'Ourse sa gueule stridente, siffle aux rafales de l'Aquilon ; une autre gravite derrière le dos de l'Agenouillé, auquel elle semble fixée, faisant ainsi, en retour, clairement reconnaître la figure épuisée.

Ophiuchus.

Sous le haut de sa tête — la tête de la constellation agenouillée, s'entend — tu reconnaîtras le brillant Ophiuchus. C'est, en pied, la constellation du dieu de Tricca[9], celui aussi pour qui fument d'encens poisseux, à Épidaure, les autels de son temple. Une fois dévidés de bout en bout les fuseaux des Parques, sa dernière heure[10] avait plongé Hippolyte dans le Styx ; et déjà, par les profondes ténèbres du Cocyte et les noirs étangs

Voir notes 1 à 10 page 189.

sustentasse ferunt, sic insedisse labore
deuictum fama est. A*t* *c*um Tirynthius aethrae
inditus et solio fultus sublime paterno est,
Iuppiter hanc speciem, miseratus acer*b*a laborum,
reddidit et talem cerni permisit Olympo.
En manus ipsa dei, uiolenta in uerbera pendens, *(68)*
erigitur, dextraeque dehinc impressio plantae
tempora deculcat maculosi prona Draconis.

Poplite succidui qua sideris ampla patescunt *(71)*
terga dehinc, *u*ersumque iacet sublime umerorum,
aspice ceu rutilis uibret lux Gnosia flammis.
Haec quondam Bacchi monumentum fulget amoris,
haec Ariadnaei capitis testatur honorem.
Trina ter illustrant hanc lumina, parsque Coronae
Serpentem uicina subit, qua sibila in Arcton
ora Draco inclinans stridit flabris Aquilonis;
post tergum Nixi pars uoluitur, ac uelut haerens *(73)*
rursum defessi reseratur nuntia signi.

Istius extremo sub uertice, uertice quippe *(75)*
sideris innixi clarum nosces Ophiuchum.
Triccaei sidus stat n*u*minis, et cui pingui
ture Epidaureae fumant altaria sedis.
In Styga decursis Parcarum ab origine fusis
merserat Hippolytum sors ultima, iamque per imas

186 insedisse *AE* : -sidisse *V* || 187 deuictum *E* : -tu *V* -tus *A* || at cum *Housman* : ac tum *VAE* || 188 inditus *V* : inclytus *AE* || 189 miseratus *VAE (cf. 212, 224, 629, 791)* : miratus *Robert (coll. Hyg. II, 6)* || acerba *Aldus* : acerua *VAE* || 192 impressio *AE* : -presio *V* || *ante u.* 194 CORONA *VAE* || 195 uersumque *ego (u. adnot.)* : mersumque *E* mersuq. *V* mersusque *A* || 196 aspice *A* : auspice *VE* adspice *Breysig* || 197 quondam *AE* : con- *V* || fulget *AE* : fluget *V* || 198 ariadnaei *AE* : -nei *V* || 202 post *AE* : pos *V* || nixi pars *E* : nixis ars *VA* || 203 reseratur V^{pc}*A* : res iratur V^{ac} *(ut uid.)* reparatur *E* || *ante u.* 204 OPHIUCHUS *VAE* || 205 clarum *VA* : -rus *E* || 206 numinis *ego* : nominis *VAE* || 207 epidaureae *VA* : -raee *E* || sedis *VA* : seclis *E* || 208 styga *AE* : striga *V*, *unde* Stuga *Housman* || 209 hippolytum *AE* : hipolitutum *V*.

de Dis, le fameux nocher Charon emportait les destins du fils de Thésée. Mais notre héros, pris de pitié devant le cruel supplice de ce trépas prématuré et les ordres rigoureux de Neptune[1], tire des lointaines profondeurs de l'Érèbe ces membres déjà refroidis, insuffle de nouveau à ces entrailles la chaleur de la vie et les rappelle, dieu médecin, aux bords de notre univers. Mais le Tout-Puissant jugea sacrilège qu'un être issu de Deucalion[2] pût vaincre l'ultime arrêt du destin et vît se dérouler en vain la laine des (trois) Sœurs. Bientôt des hauteurs du ciel lançant le trident de sa foudre et brandissant sur lui l'embrasement de sa flamme éthérée, il précipite chez les ombres, le tuant net, l'inventeur de cette présomptueuse médecine[3]. Mais pour ménager une consolation à son fils Phébus[4], et pris lui-même de pitié pour le cruel destin de son petit-fils disparu, il le fait, d'un mouvement nocturne, s'élever parmi les constellations. Voici donc Ophiuchus, dont brûlent les veines bien reconnaissables et les membres tendus, fièrement campé dans l'attitude du Serpentaire[5], le voici : ses épaules scintillantes déversent de tels feux que, lorsque la lune atteint le plein éclat de son disque et, de son majestueux lever, divise en deux la durée du mois, la lumière ne faiblit ni ne se fane sur ses épaules nullement assombries[6]. Ses mains, elles, n'ont pas de flammes aussi ardentes — leur extrémité ne renvoie que l'éclat diffus d'une douce lumière — mais on les aperçoit quand même au premier coup d'œil, car au bout des doigts scintille un feu discret. Le personnage se dresse, les deux mains enlacées par le Serpent qui s'en échappe ensuite, souple reptile, pour entourer de ses anneaux la ceinture

Voir notes 1 à 6 page 190.

Cocyti tenebras et stagna nigrantia Ditis
portitor ille Charon Thesidae fata uehebat.
Hic immaturi sed enim miseratus acerbum
leti supplicium Neptunique aspera iussa,
algentis artus Erebo procul intimo abusque
suscitat, atque animae rursum tepefacta calore
uiscera mundanas reuocat medicator in oras.
Non tulit omnipotens ortu cuiquam generato
Deucalioneo fas esse nouissima fata
uincere et incassum decurrere pensa sororum,
moxque trisulca polo iaculatus fulmina celso
et super aeriae uibrans incendia flammae,
morte repertorem medicinae audacis in umbras
deicit; a*t* nato reparans solacia Phoebo
asperaque extincti miseratus fata nepotis,
surgere nocturno iubet inter sidera motu.
Hic ergo insignis ardens uenas Ophiuchus,
hic rigidos artus, formae Anguitenentis honore
arduus, hic tantos umeris uibrantibus ignes (77)
euomit ut, pleno cum luna nitesc*it* in orbe
menstruaque *i*ngenti iam tempora diuidit ortu,
nequaquam lentis obscurior ex umeris lux
marceat. At manibus non compar flamma rubescit
(nam suffusa leui resplendent ultima luce),
sed cerni sunt prompta tamen, postremaque parco (81)
igne micant. Ille Angue manum consertus utramque
erigitur, serpensque dehinc elabitur ambas
flexilis et medium cingit spiris Ophiuchum;

211 portitor *AE* : -ter *V* || thesidae *AE* : te sidae *V* || 223 deicit *Breysig* : deijcit *A* deiecit *V* deiecta *E* || at nato *ego (cf. Hyg. II, 14* autem, *Schol. Germ. p. 121.18* uero*)* : a gnato *VAE* at gnato *Breysig* ac nato *Winterfeld* at gnati *Grotius* || 226 insignis *VA* : in signis *E* || 227 anguitenentis *VA* : -tentatis *E* || 228 uibrantibus *E* : -brantis *V* -brantis in *A* || 229 nitescit *Morel* : -cet *VAE* || 230 menstruaque *VA* : -trua uae *E*, *unde* -trua quae *conicias, sed elidenda monosyllabi diphtongus displicet (cf. u. 1501)* || ingenti *Aldus* : angenti *VA* agenti *E* || 233 resplendent *V* : resplendeat *E* respondent *A* || 234 prompta *E* : prōta *V* prota *A* || 236 elabitur *E* : -bit *VA*.

d'Ophiuchus. Et lui, pesamment campé sur ses deux pieds[1], domine le Scorpion dont les organes s'étendent de part et d'autre et qui, les yeux écrasés, le thorax comprimé avec ses taches, lui sert de support. Le Serpent se déroule dans les airs avoisinants, mais en deux segments inégaux, en replis d'extension différente. Du côté où la main droite serre le Serpent sinueux, l'échine de celui-ci ne se déploie pas trop loin de son maître ; de l'autre côté, en revanche, il est immense[2] : pesamment, il glisse et s'étend sur la gauche ; par son menton ardent, qui porte une lumière de feu[3], la bête visqueuse s'infléchit jusqu'aux confins de la Couronne d'Ariane. Après la spire[4], tu apercevras les pédipalpes jadis redoutés du farouche Orion[5] : c'est là en effet l'emplacement imparti aux Pinces recourbées, c'est là que se sont glissés les appendices en faucille du monstre de Chios — bien dépourvus cependant d'étoiles flamboyantes : leur feu n'est guère vif et leur brasier se fane en rayons émoussés[6].

Bouvier.

De quelles étoiles resplendit Callisto[7], comment se penche sa silhouette de bête, sur quel pivot elle fait tourner le ciel en élevant la torche de flammes qui jamais ne se couchent ? *⟨Si tu veux le savoir, tu verras apparaître derrière elle⟩*[8] le Gardien de l'Ourse ou, du nom dont les Anciens l'ont chanté, le Bouvier[9], qui atteste les fourberies notoires du tyran d'Arcadie[10]. Mais si proche, si menaçant qu'il paraisse être[11] en serrant de tout près le dos d'Hélicé, avec sa haute taille, jamais pourtant

Voir notes 1 à 11 page 191.

quem super haerentem plantarum mole duarum
Scorpios, in geminas effusus uiscera partis
efflictusque oculos maculosaque pectora pressus,
sustinet. Attiguas euoluitur Anguis in auras *(86)*
agmine non aequo neque tenta uolumina compar.
Nam qua dextra manus sinuoso adfigitur Angui,
parcius ab domino terga explicat ; altera porro
plurimus ac multo per laeuum pondere lapsus
funditur et rutilo, qua lux sedet ignea, mento
usque Ariadnaeae sese uicina Coronae
lubricus inclinat. Post spiram bracchia quondam *(89)*
formidata truci suspexeris Orioni :
haec concessa etenim curuis metatio Chelis,
huc falcata Chii repserunt cornua monstri,
sidereae nimium facis indiga ; namque hebes ollis *(90)*
ignis et optunso marcent incendia crine.

Callisto rutilet stellis quibus, utque ferinam
prona sit effigiem, quo cardine torqueat axem
semper inocciduis attollens lampada flammis
⟨.................................⟩
Arctophylax siue, ut ueteres cecinere, Bootes, *(92)*
famosa Arcadici testans commenta tyranni.
At licet instanti similis similisque minanti
terga Helices iuxta premat arduus, haud tamen
[umquam

238 mole *VA* : molle *E* ‖ 240 efflictusque *VAE* : aff- *Aldus, edd.* ‖ 241 attiguas *AE* : attinguas *V* ‖ 242 tenta *VAE* : tanta *Morel, edd.* ‖ 244 terga *E* : terca *V* terra *A* ‖ 245 multo *E* : -tos *VA* ‖ lapsus *AE* : labsus *V* ‖ 246 funditur *VA* : -tus *E* ‖ mento *AE* : menco *V* ‖ 248 spiram *VA* : spreta *E* ‖ 250 metatio chelis *VA* : mecatio uelis *E* ‖ 252 sidereae nimium *E* : sidere enī uī *V* sydere enim ui *A* ‖ 253 optunso *V* : obtuso *AE* ‖ *ante u.* 254 BOOTES *VAE* ‖ 254 quibus, utque *sic interpunxi (u. adnot.)* ‖ *ante u.* 257 *lac. suspicor unius uersus quam hoc fere modo explendam puto* ⟨Si modo quaesieris, tibi pone uidebitur ingens⟩ *uel* ⟨Quaerenti tibi pone sequens ostendet in aethra⟩ *(u. adnot.)* ‖ 257 ueteres *AE* : -rem *V* ‖ cecinere *AE* : -rem *V* ‖ bootes *AE* : botes *V* ‖ 258 tyranni *AE* : tirranni *V* ‖ 259 At *ego (cf. u. 79)* : et *VAE* ‖ 260 helices *E* : -cet *V (ut uid.)* -ce *A*.

il n'obtient le droit de s'élancer jusqu'au chariot[1] de sa mère diaprée d'étoiles, car il porte en lui la souillure d'un vieux crime, et l'on tient à distance le responsable d'anciens malheurs[2]. Une intense lumière n'en palpite pas moins sur tous ses membres[3] : une aigrette brille sur sa tête, sa main droite, toute de feu, resplendit à l'entour, ses épaules, son sein lancent des flammes; mais plus bas[4], entre les deux cuisses[5] qui, encore serrées, s'allongent vers les pieds brillants[6], une torche de lumière frappe plus fort les airs, un astre rutilant donne plus d'effervescence à la constellation. C'est là l'emplacement sacré qui est assigné à Arcturus, c'est là que, sur la ceinture d'or qui serre le vêtement de dessus[7], s'élève cette étoile ivre de flammes rougeoyantes[8].

Vierge.

Au point extrême qu'atteignent les pieds du Bouvier et à l'endroit où, de sa large[9] circonférence d'astres brûlants, le cercle porte-signes ceinture obliquement l'immensité, contemple les membres sacrés de la Vierge, qui s'étend un peu plus bas. Comment, oui comment te nommer[10]? Peut-être l'auteur de tes jours est-il le grand Jupiter qui t'a, fille de Thémis, fait descendre sur terre, à moins que le père de qui tu es l'illustre descendante ne soit cet Astrée[11] dont les étoiles d'or sont la

Voir notes 1 à 11 page 192.

in picturatae plaustrum procurrere matris
fas datur, antiqui quoniam contagio in illo
criminis et ueterum prohibetur culpa malorum.
Nec minus in membris lux olli maxima uibrat (94)
omnibus, ardet apex capiti, micat ignea late
dextera, flammam umeri, flammam mouet ⟨uber, at⟩ in*fra*
inter utrumque femur, qua se confinia *cla*ris
deducunt pedibus, maior ⟨fax⟩ luminis auras
uerberat et rutilo sidus magis aestuat astro.
Nam locus Arcturo sacer ⟨ille⟩ adscribitur, illinc,
aurea qua summos adstringunt cingula amictus,
ebria flammanti consurgit stella rubore.

Qua protenduntur uestigia summa Bootis (96)
quaque per immensum circumflagrantibus astris
circulus obliquo late iacet astriger orbe,
contemplare sacros subiectae Virginis artus.
Quam te, quam memorem? Siue est genitor tibi summus
Iuppiter et Themide in terras d*e*missa parente's,
seu patris Astraei clarum es genus, aurea cuius (98)
sidera sunt proles et qui pro munere morum

261 in picturatae *VA* : impic- *E* || 264 olli *A* : oli *V* olim *E* || 265 micat *AE* : migat *V* || 266 flammam *(pr.) E* : flammāt *V* flama *A* flammantur *Breysig (repugnante metro)* || umeri *VE* : tamen *A (lac. unius uerbi post hoc uerbum sign.)* || uber, at *ego* : *om. VAE* ulna, sed *Robert, alii alia (uide adn.)* || infra *Robert* : insta *VE* instar *A, edd.* || 267 claris *ego (uide adn.)* : locis *V (ut uid.* ; *an* lucis?*) E* lucis *A* lori *Breysig* latis *Schrader* longis *Housman* || 268 deducunt *VAE* : diuett., *Housman, fort. recte* || fax *Heinsius (cf. u. 1401 sq.)* : *om. VE lac. sign. A* (maior)is *Housman* || 269 rutilo *VAE* : reliquo *Breysig (ex Arat. 95* ἐξ ἄλλων*)* || 270 ille *ego (ut anaphora fiat)* : *om. VAE* hic *Schaubach* hinc *Heinsius* || 271 *secludendum censet Olivieri (uide adn.)* || amictus *AE* : amici *V* || 272 rubore *A* : ro- *VE* || *ante u.* 273 VIRGO *VAE* || 273 Qua protenduntur *E* : qua protendunt *V* et qua protendunt *A* || 274 flagrantibus *VA* : -gratibus *E* || 277 summus *AE* : sumus *V* || 278 terras *E* : -ra *VA* || demissa *Aldus* : di- *VAE* || parente's *Haupt* : -tes *VE* -te *A* || 279 es *E* : est *VA*.

progéniture et qui, en récompense de ses mœurs irréprochables[1], donna son nom à tous les astres ; mais n'es-tu pas plutôt la déesse du rivage de Péluse[2], Isis, digne du ciel, compagne et souci d'Anubis l'aboyeur[3], ou encore la divine Cérès, puisque tu tiens un épi ardent, et que cet Épi, que présente ta main[4], semble brûlé par la chaleur de Sirius ; à moins que, déesse aux ailes rapides mais à la démarche incertaine[5], et en haut dépourvue de tête, tu n'imprimes à ton globe qui roule des déplacements hésitants pour laisser l'insaisissable hasard conduire le temps et le destin changeant intervenir soudain en toutes circonstances — des lointaines hauteurs de l'éther tourne, je t'en prie, tes regards vers la terre et prête, je t'en supplie, déesse vénérable, une oreille sereine à mon adoration.

Au temps où la vie des premiers hommes se déroulait sans corruption ni lois, où ces siècles d'or conservaient d'eux-mêmes des mœurs pures et où nulle voie ne menait grande ouverte aux crimes, tu hantais volontiers[6], en toute liberté, les groupes inorganisés de ces peuples et, maîtresse de cœurs inaccessibles à la faute, tu assurais partout, au grand jour, le règne de la pureté. Pas de sentier pour morceler la terre, pas de repère pour découper les cultures ; l'arpentage n'avait point encore enseigné à diviser la plaine entre propriétaires ; partout jouissance valait possession, et dans les campagnes les droits étaient indistincts : mieux valait que le tout apparût bien commun de tous. Enfin, en ces temps où la déesse rendait aux villes paisibles de fréquentes visites et pénétrait, au hasard de ses pas, dans les demeures des hommes où régnait la justice, l'élément marin et ses amples

Voir notes 1 à 6 page 193.

inculpabilium nomen dedit omnibus astris;
aut Pelusiaci magis es dea litoris Isis,
digna poli, consors et cura latrantis Anubis,
seu ⟨tu⟩ diua Ceres — sic nam tibi flagrat arista
et ceu Siriaco torretur Spica calore
protentata manu — se*u* quae pernicibus alis *(97)*
nec sat certa gradum uiduataque uertice summo
fluxa pilae ue*r*tis uestigia, lubrica ut aeuum
sors agat et subitis obrepat mobile fatum
temporibus, precor, in terras procul aethere ab alto
flecte oculos placidamque meis, uenerabilis, oro,
pande sacris aurem.
Tu, cum sincera priorum *(100)*
uita hominum nullis ageret sub legibus aeuum
aureaque innocuo*s* seruarent saecula mores
sponte sua, nec criminibus uia prompta pateret,
inter confusos populorum libera coetus
uersabare libens, nullique obnoxia culpae *(104)*
corda inhibens media*s* casto res more tenebas.
Nullus telluri limes datus, indice nullo
culta secabantur, neque iam discretio campum
metiri in dominos monstrauerat; omnia rerum
usurpantis erant, promiscaque *i*ura per agros:
praestiterat cunctis communia cuncta uideri.
Denique cum placidas crebro dea uiseret urbes
tectaque iusta uirum passim succederet, illa
feruentis late pelagi natura salumque *(110)*

282 pelusiaci *V* : pellu- *A* peleu- *E* || 283 poli *VAE* : coli *Schrader* || 284 tu *Aldus* : *om.* *VE* sis V^2*A* || 286 manu seu *uett.* : manus en *V* manus ea *AE* || quae *AE* : que *V* || 288 fluxa *V* : -xat *E* -xi *A* || uertis *Grotius* : uestis *VAE* || lubrica *VA*, *probante Reuter* : -cum *E*, *Breysig*, *Holder* || 289 obrepat *VA* : ob res at *E* || fatum *VA* : factum *E* || 293 nullis *VA* : -li *E* || 294 innocuos *Aldus* : -cuo *VAE* || 297 obnoxia *AE* : -nixia *V* || 298 medias *Grotius* : -dia *VAE* || tenebas *AE* : -bras *V* || 300 secabantur *AE* : -bant *V* || 302 promiscaque *VA* : -miscua *E* || iura *Heinsius* : tura *V* thura *E* cura *A* rura *Grotius* || 303 praestiterat *Buhle* : -rant *VAE* || 305 iusta *AE* : iuxta *V* || *utrum ante an post* illa *interpungendum sit dubium.*

remous, les vagues qui en agitent l'étendue, les flots enflés de la mer glauque, au sein desquels le vieux Nérée nourrit dans l'abîme écumant dauphins verdâtres et souffleurs aux puissants évents[1], tout cela dormait ignoré, isolé par ses propres limites. On ne se confiait point aux ondes ; on n'allait point, sur les vagues gonflées, faire trafic de marchandises ; nul marin n'était de force[2] à faufiler un vaisseau vers des terres lointaines pour ramener de son exil, par ces étendues inhospitalières, des trésors étrangers pris à tous les rivages, et demeurer souvent suspendu au-dessus de l'abîme furieux. Non, la Justice d'or accordait à tous pays de produire toutes choses, et n'avait créé entre les royaumes aucune différence de climat.

Mais quand fut venue, avec l'âge d'argent, une ère avilie et défigurée, la déesse déjà penchait moins souvent vers la terre son beau visage ; enfin, n'atteignant plus qu'à peine la cime des montagnes[3], quand au déclin du jour, aux approches de la nuit Phébus à l'Occident pressait son char penché vers la plaine liquide, elle s'offrait aux yeux de la foule accourue, non pour rendre, par sa physionomie, la joie aux cœurs las des hommes, mais pour se répandre en invectives proférées d'une voix tonnante : « Arrêtez, race vile », disait-elle en versant des larmes[4] ; « la cause de mes plaintes, c'est votre crime. Jadis, avec moi pour juge, vos pères ont vécu des siècles d'or ; mais vos cœurs sont dégénérés, votre ingéniosité toujours en éveil ; vous avez pour règle d'employer votre vie à des techniques nouvelles ; avec ces recherches, vous forgez toute sorte de maux[5]. Il en sortira derechef — ô honte, ô douleur ! — une ère plus vile encore. Les joues lacérées, Bellone parcourra

Voir notes 1 à 5 page 194.

fluctibus instabile et glauci uada turgida ponti,
qua senior cano nutrit sub gurgite Nereus
delphinos uirides et physeteras anhelos,
ignorata suo seclusaque fine iacebant.
Nulla fides undis, tumido commercia fluctu
nulla petebantur, neque longis nauita terris
insinuare ratem *suf*fecerat, exul ut oris
omnibus externas ueheret per inhospita gazas
aequora et insano penderet saepe profundo.
Omnia sed cunctis nasci dabat aurea terris (*113*)
Iustitia et nullo discreuerat aere regna.
At postquam argento deformis uiluit aetas, (*115*)
rarius in terras os inclinabat honestum
iam dea ; uix summos adlabens denique montis,
cum cedente die Phoebus sub nocte propinqua
occiduus pronos urgeret in aequora currus,
usurpandam oculis *se*se dabat adcurrentum,
non ut fessa uirum repararet gaudia uultu,
sed crepula ut late uomeret conuicia uoce.
« Parcite, uile genus ! » lacrimis aiebat obortis, (*121*)
« causa querelarum uestrum est scelus. Aurea quondam
iudice me uestri uixerunt saecla parentes ;
degener in uobis animus, sollertia uobis (*124*)
peruigil, arte noua uitam traducere mos est,
omne *mal*um studiis excuditis. Hinc quoque rursum
(pro pudor atque dolor !) nascetur uilior aetas
et lacerata genas ibit Bellona per urbes

309 delphinos *AE* : -pinios *V* ‖ physeteras *VA* : -setras *E* ‖ 313 suffecerat *ego (cf. Vg. Aen. V 21 sq.)* : ius fecerat *VE* uis fecerat *A* susceperat *post Heinsium edd.* consueuerat *Grotius* ‖ ut oris *VA* : littoris *E* ‖ 314 inhospita *AE* : inos- *V* ‖ 315 aequora *VA* : -re *E* ‖ insano penderet *E* : -nos ende- *VA* ‖ 316 sed $V^{pc}AE$: se V^{ac} ‖ 318 uiluit $V^{pc}A^{pc}E$: uiuiluit V^{ac} tuluit A^{ac} ‖ 321 cum cedente *VA* : conce- *E* ‖ 322 pronos urgeret $V^{pc}A^{pc}$: -no sur- $V^{ac}A^{ac}E$ ‖ 323 sese dabat *Grotius* : sedabat *E* sedebat *VA* ‖ 324 *habet E* : *om. VA* ‖ 327 scelus *AE* : celus *V* ‖ 331 malum *ego (uide adn.)* : (a)euum *VAE* ‖ 333 bellona $V^{pc}AE$: -nas V^{ac}.

les villes pour déchaîner ses conflits sanglants[1] dans les esprits perfides. » Après ces griefs accumulés d'une voix rauque, dans la consternation générale[2], elle s'élançait aussitôt, d'un bond ailé, vers la voûte des cieux ; fuyant avec horreur les regards de ces hommes qui la poursuivaient, elle quittait leurs attroupements.

Mais cette lignée de vivants disparut à son tour pour faire place à l'ignominie des siècles d'airain[3]. C'en fut fait : perfidie, passion brûlante, goût sanglant de l'acier, débauche énervée, rage de s'enrichir — mauvaise conseillère — s'installent ; partout règnent une basse terreur et le masque d'un effroi sinistre. Les plus lointaines passes de l'abîme inexploré, Tiphys sans retenue en agite les eaux ; la pourpre des fils d'Agénor[4] rend désormais la couleur mensongère, les toisons neuves boivent la teinture assyrienne et la laine resplendit, enivrée de cette drogue exotique. Ainsi s'exaspéra bientôt, contre l'humanité, l'aversion légitime de la Vierge irréprochable ; de ses ailes agiles la déesse gagne le ciel ; emportée dans les airs, elle se plaît à choisir, pour ne distinguer qu'à peine la terre des lointaines hauteurs de l'empyrée, un vaste emplacement proche des astres haletants du Bouvier.

Au point extrême de ses épaules une étoile appuie son flambeau[5] : tel rougeoie le brasier ardent qui là-bas, sous la queue de la Grande Ourse[6], gravite autour du pôle de l'Olympe hivernal[7], telle est doublement, pour l'importance comme pour l'éclat, cette lumière qui

Voir notes 1 à 6 page 195.

saucia ut infidas agitent certamina me*n*tis. »
Haec ubi per maesto*s* rauco congesserat ore,
alite procursu sese in conuexa ferebat (127)
protinus, atque oculos fugiens exosa sequentum
linquebat coetus hominum.
Ruit haec quoque rursum (129)
uiuendi series ac successere pudendo
aerea saecla habitu. Fraus ilicet et furor ardens
atque cruentus amor chalybis segnisque libido
et malesuada lucri rabies subit, omnia terror
degener ac maestae facies formidinis implet.
Secreti immodicus uada gurgitis ultima uersat
Tiphys ; Agenoreo color hinc mentirier ostro
incipit Assyriumque bibunt noua uellera fucum,
ebria ut externo splendescat lana ueneno.
Sic iusta in populos mox Virginis inculpatae (133)
exarsere odia et caelum pernicibus intrat
diua alis spatiumque sibi, subuecta per auras,
unde procul terras summa uix cerneret aethra,
propter anhela libens late capit astra Bootis.
Istius extremis umerorum partibus urget (137)
stella facem, qualique rubent incendia flamma
quae subiecta procul caudam maioris ad Vrsae
uertice brumalis circumuoluuntur Olympi,
talis utri*m*que modo simul et fulgore micat lux.

334 saucia *utrum ad* Bellona *an ad* certamina *referendum sit incertum* || infidas *VE* : -dis *A* || mentis *Breysig* : metis *VA* metas *E* mentes *Aldus* gentis *malim (cf. Vg. Aen. X 71)* || 335 per maestos *ego* : perm(a)esto *VAE* || 336 alite *VA* : alter *E* || 337 sequentum *AE* : -tium *V* || 339 series *AE* : -ens *V* || 340 aerea *VA* : aera *E* || 341 chalybis *E* : chali- *V* caly- *A* || 342 malesuada V^{pc}*AE* : -dat V^{ac} || 343 degener *AE* : degner *V* || 344 immodicus uada *VA* : in medicus ueda *E* || 345 agenoreo *AE* : -oseo *V* || 346 uellera *AE* : uellara *V* || fucum *V* : fuccum *A* succum *E* || 347 externo *VA* : extremo *E* || 348 iusta *E* : iuxta *VA* || 354 facem *AE* : faciem *V* || 356 circumuoluuntur *AE* : -uunt *V* || 357 utrimque *Heinsius* : utrique *VAE*.

scintille. C'est que l'Ourse brillante compte maints flambeaux qui rayonnent au loin, et pour les observer nul effort ni souci : tous ces astres palpitent, en quelque sorte, et s'imposent au premier coup d'œil. L'un de ces feux, face à la tête, se signale près des pieds antérieurs du fauve[1] ; une autre étoile également flamboie aux alentours des pattes qui descendent de la croupe, et c'est aux genoux que se montre la troisième, rivale des précédentes, dans le voisinage de la queue resplendissante[2]. Ces astres n'ont pourtant ni configuration, ni dénomination précises : ils gravitent tous ensemble confondus, comme une foule.

Gémeaux.

Rattachée à la partie haute du ciel, l'Ourse remonte sans jamais connaître la mer poissonneuse. Mais sous sa tête tu peux apercevoir les Gémeaux[3], lignée de Sparte, les Gémeaux, prestigieuse descendance du dieu Tonnant[4], divinités rendues plus tard au ciel qui leur était dû. Car à Aphidna, où Mars avait fait rage, les Lacédémoniens perdirent Castor, emporté par la rigueur du combat livré au peuple de Cécrops[5]. Son frère, prenant en haine la lumière et son destin de survivant, réclame en pleurs un sort pareil[6]. Jupiter aussitôt les dote l'un et l'autre d'une vie alternée[7] et les accueille dans les hauteurs célestes, où il les fait brûler tous deux des feux d'un flambeau éternel[8].

Voir notes 1 à 8 page 196.

Plurima quippe procul clara fax ardet in Arcto, *(141)*
nec contemplandi labor anxius : omnia primis
obuia ceu uibrant obtutibus. Vnus ob ora,
qu*a* sunt prima ferae uestigia, praeminet ignis, *(143)*
altera, qua pedibus regio est clunalibus, ardet
stella itidem, genibusque dehinc se tertia promit
aemula, qua rutilae flagrant confinia caudae.
Non tamen his species, non sunt cognomina certa,
sed permixta simul uulgi uice conuoluuntur.

Illa quidem supero conserta relabitur axe,
inscia piscosi semper salis ; ipsius autem
subiectos capiti Geminos tibi cernere fas est, *(147)*
Spartanam, Geminos, subolem prolemque Tonantis
egregiam et proprio post reddita numina caelo.
Nam Lacedaemoniis, Mars cum caluisset Aphidnis,
Castora Cecropii tulit inclementia belli.
At frater, lucemque et fata superstitis aeui
exosus, sortem lacrimis efflagitat aequam.
Protinus alternae germanos tempore uitae
Iuppiter attollit, caelique in celsa receptans
aeternae flagrare facis iubet ignibus ambo.

358 clara *VAE* : -ram *Breysig* -re *Grotius* || Arcto *Grotius* : -ton *VAE* || 359 nec contemplandi *VA* : ne comt- *E* || 360 ceu uibrant *VAE* : conui- *Grotius* || 361 qua *Matthiae* : quae *AE* que *V* || ferae *A* : -re *VE* || 363 itidem *VA* : uti- *E* || *Ante u.* 367 GEMINI *VAE* || *Hos uersus habent Germanici codd.* : 370 (prolemque tonantis)-372 *legn*, 373-374 *egn*, 376-378, 383 (duro concaua dorso)-384, 388-390 *legn* || 371 proprio *VAE legn* : patrio *Grotius, Wilamowitz* || 372 lacedaemoniis *(uar. script.) VAE legn* : -nius *Robert (uide adn.)* || mars cum *VAE* : cum mars *legn* || 373 cecropii *VAE e* : -opi *gn* || inclementia *VAE e* : incre- *gn* || 374 superstitis *A* : -stitit *VE egn* || 375 exosus *VA* : -ofus *E* || 376 tempore *VAE* : -ra *legn* || 377 attollit *AE legn* : -tolit *V* || 378 flagrare *VA egn* : -gare *E* -glare *l* || ambo *VAE* : ambos *A*^{sl} *legn*.

Cancer.

Sous le ventre d'Hélicé gravite le Cancer — le Cancer que Junon dota de ses étoiles pour afficher toujours ses fureurs de marâtre[1]. Car tandis qu'Alcide, la torche au poing, brûlait l'hydre des eaux de Lerne[2], cette bête rampante osa s'attaquer au vainqueur[3]. Sur son dos solide dont s'arrondit la carapace bombée[4], un double feu rayonne dans les airs[5]. Ce sont — ainsi les nomme-t-on — les Anes, nés du pays thesprote, et ces astres, dieu du pressoir, t'appartiennent[6]. Une vapeur nébuleuse les sépare, affectant l'aspect ordinaire d'une mangeoire[7]. Dissymétriques sont les feux qui scintillent aux pinces : trois étoiles brûlent à la pince droite du Cancer; la gauche ne nourrit, et encore faiblement, que deux flammes[8].

Lion.

Sur les traces ardentes des pattes postérieures de l'Ourse, le ciel entraîne la gueule énorme du Lion flamboyant[9]. Puis ses membres, qui s'étirent immensément sur une longue étendue de ciel[10], sont nourris chacun de feux perçants, et des flammes ininterrompues embrasent les entrailles du Lion. C'est ici que brûle la route du Soleil fils d'Hypérion, et qu'amenée par le Lion revient l'emprise de l'azur torride[11]. Alors Cérès fauchée s'entasse en gerbes de chaume bien étayées[12], de tous les blés[13] on coupe les cheveux blonds, et sur l'aire qui les a reçues les moissons cuisent étalées. Alors aussi les Aquilons thraces

Voir notes 1 à 13 page 198.

Aluo Helices Cancer subuoluitur, astraque Cancro (147)
Iuno, nouercales ut semper proderet iras,
praestitit. Hic etenim, Lernaei gurgitis hydram
ureret Alcides cum flammiger, ausus in ipsum
repere uictorem. Qua duro concaua dorso
tegmina curuantur, geminus micat ardor in auras.
Hos dixere Asinos, ortos Thesprotide terra
et sidus, Lenaee, tuum ; disterminat aer
crassior hos itidem qualis praesepibus esse
forma solet. Dispar chelarum flamma coruscat :
namque tribus stellis adoletur dextera Cancro,
laeua duas pigro succendit fomite flammas.

Qua postrema pedum rutilant uestigia in Arcto, (148)
maxima flammigeri mundus trahit ora Leonis.
Membra dehinc, longi qua*e* semet *tramit*e caeli
plurima protendunt, torrentur fomite acuto
singula et adsiduis ardet Leo uiscera flammis.
Hic Hyperionii flagrat uia Solis, et isto (149)
se duce caerulei referunt momenta caloris.
Tum succisa Cere*s* sta*bil*ito mergite culmi
construitur, flauos tondentur semina crines
omnia, et aduectas late coquit area messes.
Tunc et Threicii repetunt animosa Aquilones (152)

Ante u. 379 CANCER *VE uix legi potest A* || 379 subuoluitur *AE* : sob- *V* || 384 curuantur *AE legn* : curban- *V* || geminus *VAE gn* : -nas *le* || 385 ortos *V*pc*AE* : orthos *V*ac || 387 itidem *VA* : idem *E* || 388 coruscat *legn* : -ca *VAE* || 389 dextera *VA legn* : dexrera *E* || 390 l(a)eua duas *legn* : lac uaduas *V* lacuadnas *A* laeua duos *E* lerneas *A*s' || *Ante u.* 391 LEO *VA om. E* || 391 postrema *VA* : portenta *E* || uestigia in *E* : -tigiā *V* -gia *A* || 393 longi quae *ego (cf. u. 769, 964)* : longi quia *VAE* longi *(sc. Leonis)*, quia *Winterfeld* longi qua *post Ald. edd.* || semet tramite *Winterfeld* : semete *VAE* sese semita *post Ald. edd. (qui* 394 protendit *scribunt)* || 395 singula *VA* : -li *E. Vtrum ad* membra *an ad* uiscera *uox referatur dubium* || 396 hyperionii *AE* : yper- *V* || 398 tum *VA* : tunc *E* || Ceres *Aldus* : cere *VAE* || stabilito *ego dubitanter* : statio *VAE (post uerb. lac. sign. A)* statim cum *Aldus*, *Breysig* strati cum *N. Heinsius*, *Holder* alti cum *Buescu* aestiuo *idem dubitanter. Nescioquod epitheton ornans hic latet* || 399 crines *AE* : ori- *V* || 401 threicii *VA* : -ci *E*.

reprennent du pôle leurs violentes rafales, alors ces vents périodiques agitent les eaux sombres de la mer[1] : à cette époque de l'année les longues rames sont au repos, la mer se charge de pousser les carènes.

Cocher. Mets autant de soin à voir le Cocher, car l'ingénieuse légende de la bête crétoise a rempli tes oreilles : oui, on raconte qu'elle allaita Jupiter enfant ; la Chèvre, appelée nourrice du dieu Tonnant, fut élevée au ciel étoilé[2]. Quant à l'infatigable aurige, le bel Erichthonius, aux chars il attela jadis quatre chevaux[3] ; penché pas très loin, sur la gauche des Gémeaux, il étend au-dessus d'eux son corps allongé, immense, et sa tête s'incline vers la gueule de l'Ourse[4]. Il déploie ses membres dans l'espace, comme la Chèvre qui, fixée sur son épaule gauche, s'élève avec éclat[5] ; mais à la limite de sa main[6] regarde aussi les flammes discrètes des Chevreaux[7]. Dès qu'ils se sont dégagés de l'Océan mugissant, ils lancent de furieux coups de vent sur les flots orageux, au point que les vagues menaçantes battent les rivages blancs d'écume et que la mer désordonnée enveloppe les poupes sombres[8].

Taureau. En outre, aux pieds du Cocher courbé s'étend largement le poitrail du Taureau haut en cornes. N'oublie pas de chercher là le frontal velu de la bête : elle est là, abattue sur sa patte repliée[9], ses yeux menaçants braqués vers la terre[10]. Aucun autre signe n'est capable de montrer là-haut, parmi les constellations, les flammes d'une

Voir notes 1 à 10 page 199.

flabra polo, tunc coeaneum stata flamina caeli
propellunt pelagus : longis hoc tempore in anni
otia sunt remis, pontus uehit ipse carinas.

Aurigatorem par sit quoque cura uidere :
namque tuas aures imple*ui*t fabula sollers *(157)*
Cretaei pecoris, *s*ic lac memoratur alumno
infudisse Ioui ; Capra, nutrix dicta Tonantis,
stelligero subuecta polo est. Ille impiger autem
pulcher Erichthonius currus et quattuor olim
iunxit equos, pronus ⟨qui non⟩ procul in Geminorum
laeua iacet fusoque super se corpore tendit *(160)*
plurimus, atque Helices caput inclinatur ab ore.
Ille quidem in spatium membra explicat, ut Capra laeuo
fixa umero clare sustollitur, ipsius autem
fine manus paruas Haedorum suspice flammas.
Qui postquam Oceano sese expediere sonoro, *(158)*
saeua procellosis immittunt flabra fluentis,
ut spumosa truci pulsentur litora fluctu
et uaga caeruleas inuoluant aequora puppes.

Nec minus Aurigae qua sunt uestigia curui, *(167)*
cornigeri late tenduntur pectora Tauri.
Illic s*a*etosam pecoris perquirere frontem
esto memor, flexo iacet illic crure, minaces
in terram figens oculos. *Non* cetera signa
flammarum similem procul inter sidera formam

402 tunc *VAE* : tum *Haupt* || coeaneum *VE* : cya- *A* || flamina *A* : flāmi- *VE* || *Ante u.* 404 AVRIGA *VAE* || 405 cura *VA* : cara *E* || 406 impleuit *ego (cf. Arat. 157* φάτις ἤλυθεν*)* : -bit *VAE* || 407 Cretaei *(immo* Craetei*)* pecoris *E* : Crete ipse coris *V* -tae ipse choris *A* || sic *ego* : hic *VAE* haec *post Ald. edd.* || 409 est *VE* : *om. A* || 410 erichthonius *AE* : ericto- *V* || 411 qui non *add. Morel* : *u. mancum praebent VAE, qui uariis modis expleri potest, ut* qui ingens *(Reuter) uel* latera haud || 413 atque *AE* : adque *V, ut solet (hic tamen* ad + que *intellegi potest)* || ab ore *VAE* : *an* ob ora *(cf. u. 148, 360)*? || 414 ut *VA* : ac *E* at *Reuter (coll. Cic. Ph. fr. XXV 3, German. 169)* || 420 puppes *E* : ppupes *V* pupes *A* || *Ante u.* 421 TAVRVS *VAE* || 423 saetosam *edd.* : se- *VAE* -tonsam *V* || 425 figens *A* : fingens *VE* || non *Breysig* : tum *VAE* num *Walter* || 426 flam(m)arum *VA* : -morum *E.*

semblable forme, tant le double tracé des cornes dresse la raideur de son feu éthéré, tant ce feu, des deux côtés, embrase leur ligne recourbée[1]. Inutile de chercher d'autres repères pour voir le frontal de la bête émerger de l'étendue océanique : tu reconnaîtras le Taureau à sa tête caractéristique, tant l'arrondi des cornes divergentes en donne une image exacte, tant sont serrés les feux qui hérissent au centre le frontal de la bête, tant les Hyades scintillent là-haut sur toute la tête du Taureau[2]. Mais du côté où le Taureau frappe Borée de sa pointe gauche, le pied droit du Cocher surmonte cet astre : une même étoile réunit le pied droit du Cocher et la corne gauche de la bête[3]. Tous deux avancent ensemble sur la voûte céleste, mais le Taureau plonge le premier sous les eaux de la mer occidentale[4].

Céphée.

Ma Muse ne laissera pas non plus sans mention le vieux Céphée : descendant d'Iasos[5], Céphée lui aussi gravite dans les hauteurs du ciel, auguste séjour à qui ne manque pas ce grand nom. Oui, oui le père des dieux l'a élevé à l'ardent empyrée et lui a accordé l'honneur du ciel. Il se tient derrière le dos de l'Ourse Cynosure[6] et tend ses deux mains devant sa poitrine[7]. Quant à l'écart qui sépare les pieds du vieillard, il a même mesure que celui qui s'étend entre un pied et l'extrémité de l'Ourse[8].

Cassiopée.

Si, derechef, tu infléchis vers le bas la direction de ton regard, de manière à laisser la première spire du sinueux Dragon, tu contempleras la malheureuse Cassiopée[9]. Elle n'est pourtant pas bien considérable, quand

Voir notes 1 à 9 page 200.

ostentare ualent, gemino sic cornua ductu
erigit aetherii rigor ignis, et ignis utrimque
sic camuris ardet protractibus. Haud tibi signis *(169)*
perquirenda aliis pecoris frons aequore surget
Oceani : proprio Taurum deprenderis ore,
cornua sic uera sub imagine curua dehiscunt,
sic media*m* creber pecori frontem asperat ignis,
sic Hyades Tauri toto procul ore coruscant. *(173)*
At Borean laeuo qua Taurus acumine pulsat,
desuper Aurigae dexter pes imminet astro :
una pedem Aurigae dextrum cornumque sinistrum *(175)*
stella tenet pecoris. Simul in conuexa feruntur,
sed prior occidui Taurus subit aequoris undas.

Nec mea Musa senem tacitum Cephea relinquet :
Iasiden quoque summa poli Cephea reuoluunt, *(179)*
non eget huius enim sedes sacra nominis. Illum,
illum quin etiam rutilae pater intulit aethrae
donauitque polo. Tergo Cynosuridos Vrsae
post habitat, geminasque manus a pectore tendit.
A*t* diducta pedes tantum mensura seniles
diuidit, extrema quantum pede distat ab Vrsa. *(185)*

Rursum decliui si uisum tramite uergas
prima tibi ut flexi linquatur spira Draconis,
infortunatam spectabis Cassiepiam.
Sed nec multa tamen, cum caelum lumine toto *(190)*

427 ductu *VA* : -to *E* ‖ 428 aetherii *VA* : -ri *E* ‖ rigor *VAE* : uigor *Grotius, edd.* ‖ 429 sic VA^{ac} : si EA^{pc} ‖ protractibus *AE* : -tacti- *V* ‖ haud tibi *E* : auditibi *V* aut ibi *A* ‖ 431 deprenderis *Morel* : -p̄deris *V* -prehenderis *A* -praehenderis *E* ‖ 433 mediam *Grotius* : -dia *VAE* ‖ 434 hyades *AE* : hrades *V* ‖ 435 borean *VA* : -am *E* ‖ 436 pes $V^{pc}AE$: pess V^{ac} ‖ 437 cornumque *VAE* : -nuque *Aldus, uett.* ‖ 438 feruntur *AE* : fer̄ *V* ‖ *Ante u.* 440 CEPHEVS *VA* CFPHEVS *E* ‖ 440 tacitum *E* : tantum *V* t̄m *A* ‖ 441 Iasiden *A* : Lasiden *V* Iasidem *E* ‖ *V.* 447 *post u.* 441 *transp. Winterfeld et sic interpunxit, probante Reuter* ‖ 443 tergo *VAE* : -gum *uett.* ‖ 445 At *uett., Breysig* : ad *VAE, Holder* ‖ tantum *VA* : tamen *E* ‖ *Ante u.* 448 CASSIEPIA *VE* Casiopea *A* ‖ 448 tramite *AE* : -mitte *V* ‖ 450 infortunatam *E* : inpor- *V* impor- *A*.

l'éclat de la pleine lune remplit le ciel et que sa torche d'or triomphe de l'affreuse nuit, cette mère qui va s'offrir aux yeux des observateurs : point d'éclat pour son chagrin ; seul rougeoie un feu chétif ; à sa souffrance maternelle sied une pâle lumière[1]. C'est tout juste si, pareille à la clef engagée dans une solide fermeture[2] que connaissait jadis la Carie[3], elle se dessine en étoiles espacées, tout juste si elle étend les bras à la hauteur de ses épaules étroites : le cruel destin de sa fille l'accable.

Andromède.

Celle-ci se trouve en effet au-dessous d'elle : entraînée aussi par la rotation du pôle arrondi, Andromède, dont toujours scintille l'énorme éclat[4], attire naturellement les regards sur ses membres. Pour tout dire, sa tête s'embrase d'un flambeau haletant[5], ses épaules diffusent dans les airs une double lumière[6] et une lueur ignée bouillonne au bout de ses pieds[7]. Ignées aussi, de surcroît, la ceinture d'Andromède qui brûle au ciel[8], et les flammes scintillantes de son corps entier[9]. Même ici, cependant, se poursuit le châtiment de la malheureuse : dans le vaste empyrée elle étend ses bras écartés, que jusque dans le ciel maintiennent des liens[10], car des nuées légères[11] serrent ses bras de nœuds compliqués.

Cheval.

Pour revenir aux cheveux parfumés qui se gonflent sur sa tête, sous le chef d'Andromède est fixé[12] le ventre du Cheval[13], qui n'a pas sa figure complète. Le flambeau palpitant que porte la jeune fille au sommet de sa tête et qui se dresse dans les airs comme la pointe d'un casque[14], c'est celui même dont l'or scintillant se diffuse sous le

Voir notes 1 à 14 page 201.

Luna replet t*a*etram ut superet fax aurea noctem,
occurret genetrix oculis quaerentibus : a*b*sunt
lucida maerenti, tenuis rubet ignis, et aegrae
lux hebes est matri. Vix, qualem Caria quondam
nouerat intrantem per claustra tenacia clauem,
formatur stellis distantibus, inque umeros uix *(194)*
tenditur angustos : natae fera fata retundunt.

Namque subest teretisque poli simul orbe *r*otatur
Andromeda, ingenti quae semper luce coruscans
sponte oculos in membra rapit. Face denique uertex
ardet anhelanti, geminamque per aera fundunt *(200)*
lucem umeri et summis lux aestuat ignea plantis.
Ignea quin etiam per caelum cingula flagrant
Andromedae et toto uibrant in corpore flammae.
Sed tamen hic etiam uiuax est poena dolenti : *(202)*
nam diducta ulnas magna distendit in aethra
uinculaque in caelo retinent quoque, tenuia quippe
bracchia contortis adstringunt nubila nodis.

Rursus odorato qua uertex crine tumescit,
Andromedae capiti suppingitur indiga pleni
aluus Equi. Summo quae fax in uertice uibrat *(206)*
uirginis inque auras coni uice surgit acuti,
ipsa sub absciso late micat aurea uentre

452 tetram *V* : terram *AE* || 453 genetrix *V* : geni- *AE* || quaerentibus *A* : que- *VE* || absunt *uett.* : adsunt *VAE* adstat *Haupt* || 454 lucida *VAE* : lurida *Schrader* || maerenti *AE* : me- *V* || aegrae *V* : -gre *AE* || 456 claustra *AE* : clautra *V* || tenacia *E* : tenaua *VA* || 457 formatur *VA* : -tus *E* || *Ante u.* 459 ANDROMEDA *VAE* || 459 rotatur *Grotius (cf. u. 562, 771; Arat. 197* κυλίνδεται*)* : notatur *VA* notatus *E* || 460 ingenti *Grotius* : incenti *VAE* || quae *AE* : que *V* || 461 rapit *VA* : -pi *E* || 462 anhaelanti *A* : hane- *VE* || geminamque *AE* : -nanque *V* || 463 summis *AE* : sumis *V* || 467 ulnas *E* : uinas *VA* || distendit in *E* : -tendit *VA an* distenditur? || 468 uinculaque *V* : -la quae *AE* || retinent *VAE (scil. ulnas)* : -net *post Grotium edd.* || 469 nubila *VAE* : uincula *post Grotium edd. (uide adn.)* || *Ante u.* 470 EQVVS *VAE* || 470 qua *Grotius* : quae *AE* que *V* || 472 Equi *Aldus* : equis *E* aequis *V* equus *A* || summo *AE* : sumo *V* || quae *A*, *Housman (qui totum locum recte interpunxit)* : que *VE* qua *post Grotium edd.* || uibrat *E* : -brant *VA* || 473 coni uice *V* : comuice *AE* || 474 absciso *V* : -scisso *A* -stisso *E* || uentre *AE* : -trae *V*.

ventre amputé du coursier : une lumière indivise les retient ensemble, et les deux constellations gardent en commun le rougeoiement de cette flamme[1]. Trois autres étoiles dessinent le flanc et les épaules de la bête — flambeaux régulièrement espacés qui rivalisent d'éclat[2] : il y a là un feu intense, un globe incandescent ceint d'un large halo[3]. Mais la tête n'a point de rougeoiement pareil[4], et l'encolure même, quoique du cou allongé s'élève une immense crinière[5], est bien pâle, à peine signalée par un feu languissant[6]. La dernière étoile, qui s'épanouit au menton, n'est pas inférieure aux quatre premières[7] qui, de leur brillante lumière, dessinent la silhouette du coursier. Ce Cheval-ci n'a pas ses membres au complet, ce n'est pas un quadrupède qui s'élève dans le ciel ; il ne se dresse que jusqu'au milieu du ventre ; toute la partie arrière lui fait défaut, et seules ses pattes de devant[8] battent l'air céleste. C'est lui, dit-on, lui qui jadis, au retour des guerres fameuses menées contre la Chimère de Lycie[9], à l'endroit où, sur l'Hélicon d'Aonie, la roche aux mystères murmure face aux doctes cavernes[10], a brouté l'herbe chevelue et assouvi sa faim de gazon parfumé ; mais comme une soif ardente desséchait son gosier et qu'aucune crevasse ne laissait sourdre d'eau vive, il frappa le sol du pied : jaillie soudain sous son sabot, l'onde répandit au loin l'Hippocrène chère aux Camènes[11] — tel est le nom que les bergers d'Aonie donnèrent à cette eau « chevaline »[12]. Son paisible murmure bruit entre les rochers ; puis dévalant l'Hélicon le ruisseau pénètre dans les herbages assoiffés jusqu'à arroser[13] de ses eaux vagabondes les vallées

Voir notes 1 à 13 page 203.

cornipedis : simul hos lux indiscreta retentat,
communique rubent duo semper sidera flamma.
Tris latus atque armos aliae pecori pinxere, *(208)*
et spatio disiuncta pari fax aemula flagrat :
plurimus ignis inest, uasto globus aestuat orbe.
Sed *non* et capiti similis rubor, ipsaque ceruix
— quamuis procero surgat iuba maxima collo —
languida marcenti uix est spectabilis igne.
Vltima quae mento sese explicat, haud minor illa *(211)*
quattuor est primis quae formam lumine claro
cornipedis simulant. Non hic Equus integer artus,
non quadrupes caelo sustollitur, at tenus aluo
erigitur media : nam cetera pone negantur,
et quatit aetherias primis modo cruribus auras.
Hunc, hunc Aonio quondam memorant Helicone *(216)*
inclita post Lyciae redeuntem bella Chimaerae,
mystica qua rupes doctis obmurmurat antris,
herbarum carpsisse comas et gramine odoro
expleuisse famem ; sed cum sitis arida fauces
ureret ac nullo manaret gurges hiatu,
illisisse pedem : cornuque excita repente
lympha Camenalem fudit procul Hippocrenen *(220)*
(Aones hoc latici posuerunt nomen equino
pastores). Strepit haec placido inter saxa susurro,
atque Helicone cadens sese sitientibus herbis
inserit, Ascraeas donec uaga gurgite ualles

475 hos *Housman* : hoc *VAE* hunc *post Aldum edd.* ‖ 477 armos *Aldus* : armus *VE* harmus *A* ‖ pecori *E* : -re *VA* -ris *Aldus, edd.* ‖ 480 Sed non et *Aldus* : S. e. n. *VE* Sedet non *A* ‖ 481 surgat *A* : -get *VE* ‖ 483 haud *A* : aut *V* (-cata) ut *E* ‖ 486 at *Aldus* : et *VAE* ‖ 487 nam *Grotius (cf. Arat. 214* γάρ*)* : iam *VAE* ‖ 488 aetherias *VA* : -reas *E* ‖ 489 Hunc *(pr.) VA* : Nunc *E* ‖ 490 inclita *V* : -clyta *AE* ‖ lyciae re- *AE* : licia e, re- *V* ‖ 491 mystica *AE* : mis- *V* musica *Winterfeld (uide adn.)* ‖ doctis V^2*AE* : -ti V^{ac} ‖ obmurmurat *E* : oumur -V^{ac} īmur- V^2*A* ‖ 492 carpsisse *AE* : carpspisse *V* ‖ odoro *Aldus (iam* V^{ac}*?)* : -re *VAE* ‖ 496 lympha *AE* : -mfa *V* ‖ hippocrenen *A* : -nem *E* hipp(ro)creuen *V* Hippucrenen *Reuter (coll. u. 1010)* ‖ 498 susurro *VA* : -suro *E* ‖ 500 inserit *AE* : -ritur *V* ‖ ascraeas *AE* : -crais *V (ut uid.)*.

d'Ascra[1]. La jeunesse de Thespies aussi ne manque pas d'y abreuver son ardeur, ainsi que le peuple altéré, avide des eaux de la source bienfaisante. Quant au Cheval[2], son mouvement périodique le ramène parmi les constellations et lui fait dresser la tête au-dessus des flots océaniques. Tu n'auras pas grand effort à déployer pour observer le coursier par ciel dégagé : ses étoiles brûlantes scintillent là-bas, et son poitrail ruisselant sort tout juste de la mer[3].

Bélier.

Puis le Bélier rapide, qui parcourt dans l'éther un long chemin circulaire sans jamais tourner moins vite que ne glisse[4] l'Ourse Cynosure[5], est visible non loin des étoiles du Cheval : il fend d'un ample mouvement les hauteurs du ciel. Mais il apparaît toujours avare de flambeaux ardents et dépourvu d'éclat normal[6]. Pareille à la lueur des étoiles dont la lune d'or émousse les rayons, falote est la silhouette du Porte-laine qui s'élève dans les airs, même si le début de ses phases ne laisse à Phébé qu'un mince croissant et si la déesse n'offre qu'un visage dénué de splendeur. Mais pour toi qui le cherches en vain des yeux dans l'empyrée — car il est toujours privé de feux caractéristiques — voici tout près, dans a brillante constellation d'Andromède, la ceinture flamboyante[7] qui, un peu plus haut, frappe les regards : l'écharpe immense[8] attire d'elle-même l'observateur. Le Bélier n'en est guère éloigné quand il revient sur la voûte céleste : il se tient par-dessous, à petite distance, et précipite sa course dans le ciel en suivant une ligne médiane, celle du cercle[9] qui, courant sur une zone étincelante du ciel, coupe ici l'extrême avancée des Pinces, là l'ardent Orion.

Voir notes 1 à 9 page 204.

uuificet ; rigat hac animas et Thespia pubes
semper et in latices inhiat gens fontis alumni.
Ast Equus alterno redit inter sidera motu, *(223)*
Oceanique salo caput exserit. Haud tibi magni
cura laboris erit caelo spectare sereno
cornipedem : micat ille procul flagrantibus astris,
et perfusa recens educit pectora ponto.

Tum celer ille Aries, longi qui limitis orbe *(225)*
aethera percurrens numquam Cynosuridos Vrsae
segnior ablapsu conuertitur, haud procul astro
uisus Equi, magno celsum secat aera motu.
Parcior hic rutilae semper facis, indigus ignis
spectatur iusti : nam quanti luminis astra *(228)*
esse solent aciem quibus aurea luna retundit,
marcida Lanigeri tantum se forma sub auras
exserit, in tenui quamquam primordia Phoeben
orbe habeant nulloque decus dea proferat ore.
Sed licet hunc oculis frustra sectere per aethram
(nam semper propriis caret ignibus), en tibi propter
Andromedae claro rutilantia cingula in astro
suspectanda patent : uocat ingens balteus ultro
quaerentem. Non longa Aries statione locatus *(230)*
in conuexa redit, paruo se tramite subter
distinet et medio caelum citus ordine currit,
ultima Chelarum qua bracchia, quaque corusco
circulus axe means rutilum secat Oriona.

501 uuificet *VE* : uiui- *A*, *edd.* ; *an* umi- *(uide adn.)*? ‖ 503 equus V^2*AE* : ecus V^{ac} ‖ 504 Oceanique *AE* : ocia- *V (in quo rel. uersus pars legi nequit)* ‖ salo *A* : sale *E* ‖ *Ante u.* 508 ARIES *VAE* ‖ 508 Tum *VA* : t Vnc *E* ‖ limitis *E* : luminis *A* ; *V legi nequit* ‖ 509 aethera *VA* : -rea *E* ‖ 510 ablapsu *Grotius (uide adn.)* : ab lapsu *VAE* ‖ haud *A* : aut *VE* ‖ 512 parcior *V* : -tior *AE* ‖ 513 spectatur *E* : -tor *VA* ‖ 517 nulloque *VAE* : nullum- *Grotius* ‖ 519 en *VA* : & *E* ‖ 522 quaerentem *AE* : que- *V* ‖ 523 conuexa *VA* : couexa *E* ‖ 525 qua *A* : quae *V* que *E*.

Triangle.

Il est encore une constellation à qui nos compatriotes gardent toujours son nom grec de *Deltoton* (Triangle). Elle s'étire d'une longueur égale sur deux de ses côtés; le sommet de la constellation[1] est resserré en un angle aigu et mordu par la jonction terminale des deux branches. Le troisième côté, qui supporte les droites dressées, est moins généreux et ne tend pas à leur base un segment aussi long; mais malgré ses dimensions réduites il surpasse les deux autres par l'éclat de ses étoiles flamboyantes[2]. De surcroît, les faibles lueurs que porte plus bas la bête laineuse et qui tiédissent déjà aux confins du pluvieux Notus sont devancées par la lumière et l'éclat fulgurant de ce petit côté[3]. Mais c'est derrière le dos d'Andromède qu'il a (tel est l'ordre établi) son emplacement réservé[4].

Poissons.

De là, si tu infléchis l'éclat de ton regard vers la région voisine et si, détournant les yeux du pôle boréal, tu sais les abaisser graduellement vers le Notus, tu verras monter la descendance, à la troisième génération, du Poisson Bambycien[5]. Oui, l'emplacement qui a été assigné à deux Poissons se trouve à l'endroit[6] où le cercle immense de l'équateur coupe les hauteurs de l'empyrée, où le Cheval volant tend le bout de son aile[7] gauche, où le Porte-laine pousse son poitrail en avant dans les hauteurs du ciel et se retourne pour voir monter le Taureau qui lui tourne le dos[8]. Ces repères signalent, en leur milieu, la constellation des Poissons, dont l'un

Voir notes 1 à 8 page 205.

Est etiam Graio quod semper nomine nostri (233)
Deltoton memorant. Simile in latus istud utrumque
porrigitur, summum signo caput angulus artat
et gemini suprema iugi uicinia mordet.
Tertia quae stantes sustentat linea ductus
parcior *h*au*d* simili sese sub limite tendit ;
*a*t contracta modum geminas face flammigerarum (237)
stellarum superat. Quin et, quae subter in astro
lanati marcent pecoris pluuioque tepescunt
iam uicina Noto, minor istaec linea luce
et fulgore facis praeuertitur ; at locus olli
post tergum Andromedae (sic se tulit ordo) dicatus.

Hinc si uicino flectaris lumina uisu
inque Notum sensim Boreali ab cardine doctus
inclinere oculos, proles tibi tertia Piscis
surget B*a*mb*y*cii : sedes data quippe duobus
Piscibus, ingenti qua celsam circulus aethram (240)
orbe secat, tendit qua pinna*e* extrema sinistrae
ales E*qu*us, mundo qua pectora Laniger alto
urget et auerso surgentem corpore Taurum
respicit. Hinc medio signantur sidere Pisces,

Ante u. 527 DELTOTON *VAE* ‖ 527 etiam *VA* : iam *E* ‖ 528 simile in latus *VA* : -lem latet *E* ‖ 529 summum *V*^{pc}*E* : -mo *V*^{ac}*A* ‖ 530 uicinia *VAE* : confinia *malim, ut angulus confinia mordere intellegatur (cf. u. 935)* ‖ 532 haud *Aldus* : aut *VAE* ‖ sub limite tendit *E (tmesin agn. Housman)* : sublimi tetendit *V* sublime tetendit *A* ‖ 533 at *ego* : et *VAE an* sed? ‖ 533 geminas *E, probat Housman* : -nij *VA*^{ac} -nis *A*^{pc} -na *post Ald. edd.* ‖ 534 quae *A* : que *VE* qua *Buhle* ‖ 536 istaec linea *E* : iste cli- *V* istec li- *A (ut uid.) an* ista haec li- *(cf. u. 595)*? ‖ 538 post *AE* : pos *V* ‖ se tulit *E* : retulit *V (ut uid.)* rettulit *A* ‖ sic-ordo *uncinis incl. Housman* ‖ dicatus *E* : dicat *V (ut uid.) om. A* dicatur *Housman dubitanter* ‖ *Ante u.* 539 PISCES *VAE* ‖ 539 uisu *V*^{pc}*AE* : -so *V*^{ac} ‖ 540 sensim *Aldus* : -si *VA* -sum *E* ‖ boreali *VA* : borre- *E* ‖ doctus *V (ut uid.) E* : duc- *A* ductos *Heinsius* ‖ 542 Bambycii *Grotius* : bombi- *VAE* ‖ 543 ingenti *Aldus* : incenti *VA* incerti *E* ‖ celsam *VA* : -sum *E* ‖ 544 pinnae *Grotius* : pinna *VE* pirina *A* ‖ 545 Equus *uett.* : ecus *VAE* ‖ qua *E* : qui *A V legi nequit* ‖ 546 auerso *Housman* : aduerso *VAE* ‖ 547 respicit *AE* : ros- *V* ‖ hinc *VAE* : hic *post Grotium edd.*

élève plus haut dans l'air sa silhouette raidie et monte davantage vers Borée, l'autre, avide des eaux qu'avec son urne d'or répand l'éphèbe troyen[1], s'allonge derrière lui et penche vers les nuages du Notus. Les deux Poissons ont cependant leurs queues reliées par une longue série d'étoiles, liens souples qui s'étirent ici et là dans le ciel, sangles qui tout de même se rejoignent et semblent se fixer solidement l'une sur l'autre en un foyer ardent que la Grèce ingénieuse appelle le Nœud Céleste[2]. L'épaule gauche d'Andromède, elle aussi, permet un très facile repérage du Poisson qui regarde la calotte glacée du pôle élevé et qui dresse, en effet, son corps verdâtre tout près du bras gauche de la princesse[3].

Persée.

De plus, aux pieds de celle-ci, tu peux chercher la silhouette aérienne de Persée ; contre sa tête et ses épaules[4] le mécanisme de l'univers fait tourner la dolente Andromède. Car son défenseur aux pieds ailés[5] s'arc-boute sous les rafales de l'Aquilon thrace ; imposante, sa main droite se tend près du trône de la triste Cassiopée[6], et l'on dirait qu'à grandes enjambées il s'en va, hâtant le pas dans la poussière dont là-bas l'air est blanchi[7].

Pléiades.

De même, vers l'extrémité de sa cuisse gauche[8], Persée projette en avant les Pléiades. Un espace fort exigu les maintient toutes groupées ; toutes, malgré leur terne

Voir notes 1 à 8 page 206.

quorum alius rigida consurgit in aera forma (241)
celsior et Borea*n* propior *sub*it, alter aquarum
Troicus aurata quas fundit *e*phebus ab urna
pone auidus iacet in Notialia nubila pronus.
Sed tamen hi late stellis ex ordine fusis (242)
nectuntur caudas et lenta trahuntur utraque
uincula per caelum, coeunt quae cingula rursum
et rutilo confixa quasi super igne tenentur,
Caelestem memorat quem sollers Graecia Nodum.
Ex umero Andromedae laeuo quoque noscere Piscem (246)
qui rigidum celsi suspectat cardinis axem
perfacile est : ulnae nam proximus iste sinistrae
caerulus erigitur.
                    Quin et uestigia propter
Persea sub uolucri par est tibi quaerere forma :
in caput inque umeros rotat aegra*m* machina mundi (249)
Andromedam. Thraci nam sub flabris Aquilonis
nititur alato uindex pede, maxima cuius
dextera maerentis solium prope Cassiepiae
tenditur, ingentique dehinc uestigia passu
puluerulenta quasi cano procul aere pandit.

Pleiad*a*s femoris pariter sub fine sinistri (254)
Perseus protollit. Locus has habet artior omnis

549 Borean *uett.* : -am *VAE* || propior *VA* : -prior *E* || subit *Grotius* : sapit *VAE* || alter aquarum *uett.* : -tera quarum *VAE* || 550 aurata quas *ego (cf. u. 1049)* : auriat aquas *V* haurit quas *E* haurit aquas *A*, *edd.* || ephebus *Grotius (cf. u. 647, 832, 838)* : quo ph(o)ebus *VAE* (fundit)que ubi eph. *Grotius* (fundit)que ut eph. *Marx. Totum uers. secludendum censent, sed falso, Heinsius, Schaubach.* || 553 nectuntur *VA* : -tantur *E* || 554 quae *AE* : que *V* || cingula *VAE (cf. u. 806)* : sin- *Buhle, fort. recte (cf. German. 245)* || rursum *E* : -su *V* -sus *A* || 555 tenentur *A* : -neut' *V* -neantur *E* || 556 nodum *V(ut uid.) A* : mundum *E* || *Ante u.* 557 PERSEVS *VAE (at uu. 557-560 etiam ad Pisces pertinent)* || 561 par *Aldus* : pars *VAE* || 562 aegram *Aldus* -gra *VAE* || 563 Thraci *ego (ex 'Thracius' uel 'Thracus')* : thraici *E* threicii *VA* Threci *Heinsius* Thraeci *Breysig* || Thr- nam *VE* : nam Thr- *A* tum Threicii *Housman, qui dubitanter* fera Threicii *quoque coni.* || flabris *E* : fabri *VA* flabra *Housman* || 566 tenditur $V^{pc}AE$: ton- V^{ac} || dehinc *E* : dabant *A* ; *V legi nequit* || *Ante u.* 568 PLEIADES *VAE* || 568 Pleiadas *ego (cf. u. 1806, & Neue-Wagener, I, p. 487)* : -des *VAE (scil. e titulo).*

flambeau[1], sont signalées par la lumière proche d'une constellation ardente[2] : car dolent est l'éclat de ces sœurs, astres trop peu brillants pour rayonner de flammes d'or. Leur père — si le mythe remonte à bonne source[3] — est Atlas[4] le Punique qui prit sur lui, socle du ciel, le poids de cette haute charge et sur son épaule fait tourner le vaste éther[5]. Une vieille tradition attribue sept filles à ce père chargé d'ans (mais six seulement s'élèvent parmi les constellations ardentes), une antique légende donne le nom de sept sœurs (mais six se manifestent par une faible lueur)[6] : Électre, Alcyoné, Célaeno, Taygète, Stéropé, Mérope et avec elles Maia, fameuse par le dieu qu'elle enfanta[7]. Sminthès, dans son poème[8], soutient qu'on en distingue six seulement, et rapporte qu'Électre disparut des profondeurs du ciel à la suite de l'effroi qu'Orion lui avait inspiré[9]. D'autres disent que déplorant l'incendie de Troie l'Idéenne et endeuillée par les nombreux morts de sa race[10], Électre voile d'affreux nuages son disque désolé, si bien que sa tête est le plus souvent enveloppée d'obscures ténèbres[11]. Quelquefois, cependant, elle sort des eaux de l'Océan pour s'élever sur la voûte céleste, mais elle ne paraît pas à l'emplacement de ses sœurs : c'est à l'écart, là-bas, qu'elle montre son visage, pour prendre ses distances[12] avec la violence[13] et avec la ronde de ses sœurs, déchirée qu'elle est par la ruine de sa descendance ; on aperçoit sa silhouette, la chevelure

Voir notes 1 à 13 page 207.

conexas, ⟨omnis⟩ lentae facis haud procul istas
ostentat rutili lux sideris : aegra sororum
lumina, nec claro flagrat rubor aureus astro.
His genitor, uero si fluxit fabula fonte,
Poenus Atlas, subiit celsae qui pondera molis
caelifer atque umero magnum super aethera torquet.
Fama uetus septem has memorat genitore creatas *(257)*
longaeuo (sex se rutila inter sidera tantum
sustollunt), septem fert fabula prisca sororum
nomina (sex sese tenui sub lumine reddunt) :
Electra Alcyoneque Cel*a*eno Taygeteque
et Sterope Meropeque simul famosaque Ma*i*a *(263)*
prole dei. Cerni sex solas carmine *S*minthes
adserit, Electram caelo abscessisse profundo
ob formidatum memorat prius Oriona.
Pars ait Idaeae deflentem incendia Troiae
et numerosa suae lugentem funera gentis
Electram taetris maestum dare nubibus orbem,
saepius obscuris caput ut sit cincta tenebris.
Non numquam Oceani tamen istam surgere ab undis
in conuexa poli, sed sede carere sororum
atque os discretim procul edere, d*i*st*e*t ut a *ui*
germanoque choro subolis lacerata ruinis,
diffusamque comas cerni crinisque soluti

570 omnis *(-nes iam Schaubach) Breysig* : *om. VAE* || istas *VA* : -tis *E* || 571 ostentat rutili *V* : o- rutuli *E* ostentata truci *A* || 574 atlas *A* : atlans *V* athlas *E* || pondera *A* : -re *VE* || 576 has *VA* : *om. E* || 577 se rutila *E* : haec turba *A* ; *V legi nequit* || 579 tenui *E* : *om. A in lac. V legi nequit* || 580 Electra $V^{pc}E$: He- *A (ut u. 583, 587)* erecta V^{ac} || alcyoneque *VA* : alycone- *E* || Celaeno *uett.* : celeno *VAE* || taygeteque *A* : tarigite- *V* targete- *E* || 581 Maia *Aldus* : mala *E* malam *VA* || 582 Sminthes *ego (duce Robert)* : minthes *VE* manthes *A (uide adn.)* || 587 taetris *V (ut uid.)* : taerris *E* aetheriis *A* || maestum *A* : mesta *E* ; *V legi nequit* || 589 tamen *VA* : t- inde *E* || 591 discretim *VE* : -ti *A* -tum *Aldus* || distet ut a ui *ego (potius quam* desit ut amplo*)* : destitutam *VAE* detestatam *post Grotium edd.* desolatam *Winterfeld. Totum locum alii aliter sanare conati sunt* || 592 subolis *V* : so- *AE*.

en désordre, on la montre avec ses cheveux dénoués[1]. La tradition populaire rappelle que les sinistres comètes surgissent là-bas avec cette figure tragique[2] : leur visage longtemps flamboie, leur chevelure se répand dans l'empyrée, elles sont toutes rougies du sang vermeil qui les colore[3]. Mais on croit plutôt que Mérope, une fois unie à Sisyphe[4] par les liens d'un mariage que lui imposa la malédiction divine, cessa de mériter une si haute demeure. Ainsi la tradition hésite sur le nombre, et l'usage est toujours de ne distinguer, dans l'empyrée, que six Pléiades, qui toutes se sont groupées en amas serré. Trois angles pointent leurs flammes dans les airs[5], et les filles d'Atlas confondent leurs feux ardents. Ils n'ont cependant pas une puissance égale à leur célébrité : importante est la légende qui illustre ces sœurs, mais restreintes leurs dimensions, et le feu de leur pâle flambeau n'est qu'à peine visible dans le lointain. Quand reviennent tour à tour les deux pénombres dans le ciel — que la nuit bleutée allume les flammes astrales ou que l'aube au matin dissipe les constellations — le père des hauteurs éthérées consent qu'elles gravitent dans le ciel[6]. De plus, quand monte l'été avec sa crinière torride ou quand, les cheveux givrés, le solstice d'hiver revient figer l'année dans le gel, elles en précisent le moment. Si les Pléiades émergent des profondeurs, c'est que le jour est venu de manier les faucilles courbes dans les blondes moissons[7] ; si elles cachent leurs flammes sous l'étendue marine, il est temps de labourer la terre en pesant sur la charrue[8].

Voir notes 1 à 8 page 209.

monstrari effigiem. Diros hos fama cometas
commemorat tristi procul ist*a* surgere forma,
uultum ardere diu, perfundere crinibus aethram,
sanguine suppingi rutiloque rubere cruore.
Quin Meropen, adiit postquam *Si*sypheia uincla
et thalamos saeuo sortita est omine diuum,
indignam aeria credunt mage sede fuisse.
Sic anceps numeri fit fabula, sexque per aethram
Vergilias cerni tenet usus, sed simul omnis
artauere globum. Ter in auras angulus exit
flammiger, et mixtis Atlantides ignibus ardent.
Nec tamen est famae similis uigor : ampla sorores
fabula nobilitat, modus ollis parcus, et ignis *(264)*
uix tenui longe face fit spectabilis. Istas,
alterno redeunt cum bina crepuscula mundo,
seu nox astrales adolet cum *ca*erula flammas,
seu matutinus cum sidera dissicit ortus,
conuolui caelo summae pater adnuit aethrae.
Nec minus, arenti cum crine attollitur aestas
et cum cana comas redit anno bruma rigenti,
tempora dissignant. Nam si se gurgite tollunt *(266)*
Vergiliae, curuas in flaua noualia falces
exercere dies ; si condunt aequore flammas,
tellurem presso proscindere tempus aratro.

595 ista *ego* : -tos *VAE* -tac *Breysig (cf. u. 536)* || 597 suppingi *A* : suppingui *V* sub pingui *E* || 598 quin meropen *VE* : pura mero p *A* || adiit *VE* : *om. A in lac.* alii, *Grotius*, *edd.*, *ft. recte* || Sisypheia *Aldus (sed displicet prosodia)* : sypheia *VE om. A in lac.* tua, Sisyphe, *Grotius* || uincla *E* : -cula *V om. A in lac.* || 599 saeuo *VAE* : scaeuo *Buhle* || 601-607 *priora hemistichia in V uix leguntur* || 601 sic anceps *AE* : siccanceps *V (ut uid.)* || 602 cerni *A* : -nit *E* ; *V legi nequit* || 609 nox *VA* : mox *E* || astrales *Grotius* : austra- *VAE* || caerula *uett.* : ce- *VAE* || 612 arenti *AE* : ha- *V* || aestas *VA (cf. u. 39, 999)* : -tus *E* || 614 dissignant *VE* : desi- *A* || 615 in flaua noualia *E* : in fla//oualia *V* in flare noua- *A* || 616 exercere *E* : exergere *V* exegere *A* || aequore *VA* : -ra *E*.

Lyre.

Vient ensuite la Lyre fameuse que Mercure par jeu fabriqua dans sa tendre enfance[1] en attachant des cordes à une carapace arrondie, pour confectionner avec quelques boyaux, artisan divin, un présent mémorable au dieu du Parnasse, Phébus[2]. Et quand à son tour le bel Apollon eut empli l'instrument de célestes accords[3], il en apprit le maniement à Orphée, dans une grotte du Pangée[4]. Alors ce dernier, en savantes harmonies, sut en toucher les cordes — neuf désormais, symboles des Muses chers au fils d'une Muse[5] (l'inventeur, lui, avait brodé ses airs sur le nombre des Pléiades)[6]. Mais une fois le poète déchiré par les mains impies des Bassarides[7], une fois le héros défunt dévotement[8] enseveli par Libethra[9], Jupiter fit monter au ciel l'instrument, apitoyé par le talent de ce jeune prodige dont l'inspiration attirait bêtes et fleuves. Or bien, à l'endroit où s'élève la constellation de l'Agenouillé[10], c'est là, le long de la cuisse gauche[11], que se tient cette Lyre. De l'autre côté, elle est effleurée par le vol de l'Oiseau qui tend le bec vers ses cordes sonores : à la Lyre est consacré cet emplacement médian, au voisinage de la tête du Cygne et de la figure voûtée[12].

Cygne.

Car le Cygne aussi fend l'éther de ses ailes étoilées : il a reçu le privilège du ciel, mais non l'éclat d'astres brillants[13] ; sa tête pourtant est de feu, et son long cou étincelle ; ce ne sont certes pas des étoiles considérables, mais ni sombres non plus, ou obscures, qui y scintillent. A tire d'aile, le Cygne s'élance avec facilité sur la voûte céleste ; les rémiges de son aile droite, déployée, frôlent

Voir notes 1 à 13 page 210.

Est Chelys illa dehinc, tenero quam lusit in aeuo *(268)*
Mercurius curua religans testudine chordas
ut Parnaseo munus memorabile Phoebo
formaret neruis opifex deus. Hanc ubi rursum
concentus superi compleuit pulcher Apollo,
Orphea Pangaeo docuit gestare sub antro.
Hic iam fila nouem docta in modulamina mouit
Musarum ad speciem Musa satus (ille repertor
carmina Pleiadum numero deduxerat). At cum
impia Bassaridum carpsisset dextera uatem
et deuota uirum tegerent Libethra peremptum,
intulit hanc caelo miseratus Iuppiter artem
praestantis iuuenis, pecudes qu*i* et flumina uates
flexerat. Adnixi qua semet sidera porro *(270)*
sustollunt, laeuum propter Chelys haec femur adstat.
Aduolat ast aliud latus Ales et ora canoros
tenditur ad neruos : media est Lyra sede dicata,
Cygneo capiti et curuo contermina signo.

Namque et sidereis Cycnus secat aethera pinnis, *(275)*
donatus caelo, non claro lucidus astro,
sed tamen os flagrans et guttura longa coruscans ;
grandibus haud equidem stellis, non hic tamen atris
obscurisue micat. Trahit in conuexa uolatum
perfacilem, et dextro late Cepheida dextram

Ante u. 618 LYRA *VAE* || 618 quam *VAE* : qua *uett.* || 623 pangaeo *V*ac: pangato *E* pegaseo *V*²*A* || 624-626 *in V legi nequeunt ; priores duos om. A in lac., tertium sic restituit* : Carmina Apollo diu memorandum duxerit arcum *(!)* || 625 *post* satus *interp. edd.* : satus ipse ; repertor *Wilamowitz* || 627 impia bassaridum *VE* : in quibus saridum *A* || 628 tegerent *E* : teger / / *V* -ret *A* || libethra *AE* : libera. hi. a *V* || 629 miseratus *E (cf. u. 189, 212, 224)* : mi / /ratus *V* miratus *A* || pecudes qui *Morel* : -desq(ue) *VAE* -des qua *uett.* || 631 adnixi *VAE (uide adn.)* : at Nixi *Grotius* ac Nixi *Breysig* || porr(h)o *VAE* : ponto *Haupt ; an* parte *(cf. u. 171, 881) ?* || 632 chelys *AE* : -lis *V* || 633 ast *E* : *V non legitur, om. A in lac.* || aliud latus *VE* : laudatus *A* || 634 tenditur *E* : tun- *V (ut uid.) A* || lyra sede *E* : *V uix legitur* haud aede *A* || *Ante u.* 636 CYCNUS *V* CYGNUS *AE* || 636 si *(immo* sy-*)* dereis *E* : sideriis *V* sydoniis *A* || secat *VA* : sae- *E* || 638 flagrans *VA* : -grat *E* || 640 obscurisue *V*ac*AE* : -risbe *V*pc || 641-644 *uersuum initia in V non leguntur.*

la main droite de Céphée[1], et son aile gauche s'abaisse jusqu'au bout des sabots du Cheval[2]. Ainsi d'un vol heureux il monte dans l'étendue du ciel, ainsi il plonge sous le marbre des eaux crépusculaires.

Verseau.

Si, derrière le coursier, brille la double constellation des Poissons[3], des Poissons Bambyciens[4], sous la tête du Cheval[5] se tend le bras droit de l'éphèbe fils de Laomédon[6]; mais le corps même du Verseau, reconnaissable à ses membres longilignes, se tient plus loin, dans toute sa beauté, à la queue du Capricorne hirsute[7].

Capricorne.

Au point le plus bas qu'atteigne le Zodiaque dans le ciel austral, et où l'orbite du soleil ardent penche vers le Notus[8], s'engourdit la silhouette hérissée du Capricorne velu[9]. C'est ici que, venant du pôle thrace, Phébus rebrousse chemin et que la poussée du solstice d'hiver — ô merveille ! — met le dieu sur la voie du retour[10]. Ce n'est pas le moment, pour moi, de s'aventurer en barque sur de longues routes marines, pas le moment pour quiconque de lancer une coque de pin sur les flots agités. Couvrant au galop son chemin rétréci, le jour en effet est court, et le marin surpris ensuite dans l'immensité du large appellera en vain l'astre[11] dont la lumière se fait attendre. Cependant l'âpre Notus se déchaînera sur toute l'étendue des eaux, le Notus balaiera la mer démontée. Quand la roue d'or du Soleil a heurté la constellation cornue du Capricorne, alors revient du ciel un froid terrible, et rude est le service[12] pour les marins coureurs de vagues. Insoucieux pourtant de ces

Voir notes 1 à 12 page 211.

radens remigio, summa ad uestigia laeu*o*
declinatur Equi. Sic magno praepes Olympo (281)
subuehitur, subit occidui sic marmoris undas.

Nam post cornipedem flagrant duo sidera Pisces,
Pisces B*a*mbycii, caput autem subter equinum
Laomedontiadae se dextera tendit ephebi; (284)
ipse dehinc longos insignis Aquarius artus
adstat ad hirsuti caudam pulcher Capricorni.

Imus ut australi descendit circulus axe
signifer, inque Notum rutili cadit orbita Solis,
hispida saetosi marcet species Capricorni.
Hic iam Threicio ueniens a cardine Phoebus
uertit iter, pulsusque deum (mirabile dictu!) (286)
brumalis redigit. Non tum mihi longa phaselis
aequora temptentur, non tum freta turbida pinu
quis petat! Angusto decurrit tramite namque
parua dies, uastoque dehinc deprensus in alto
nequ*ic*quam pigrae clama*b*it sidera lucis. (291)
Interea totis Notus acer saeuiet undis,
excitumque salum uerret Notus. Aurea Solis
cum rota cornigeri sidus pepulit Capricorni,
tum dirum caelo frigus redit, aspera nautis (293)
*f*unctio fluctiuagis. Tamen isti saepe malorum

642 laeuo *Winterfeld*: -uam *VAE (e fine prioris uers.)*; *an* -uum *(acc. rel.)?* || *Ante u.* 645 AQVARIVS *VAE* || 646 Bambycii *Grotius (cf. u. 542)*: bomby- *VE* Bombi- *A* || autem *VA* : aut *E* || 647 Laomedontiadae *AE* : -dant ia dae *V* || dextera *VA* : -tra *E* || 649 capricorni *AE* : -nu *V* || *Ante u.* 650 CAPRICORNVS *VAE* || 650 ut *VA* : aut *E* || australi *A* : astr- *VE* || descendit *AE* : -di *V* || axe *AE* : axae *V* || 652 saetosi *VA* : -sa *E* || 653 Hic *E* : Hiic *V* Hunc *A* || ueniens *AE* : ueni*e*ris *V* || phoebus *A* : phoeb. *V* -bis *E* || 656 temp*(uel* ten-*)*tentur *AE* : tenip*(an* terup-?*)*tentur *V* || non tum *E* : intum *in ras.* *V* incum V^2 uictum *A* || 657 angusto *VA* : -tu *E* || tramite *E* : tr///ine *V*, *om.* *A in lac.* || 658 dep(rae)nsus *V* : -praehensus *E* -p(rae)ssus V^2A || 659 nequicquam *Aldus* : nequaquam *VAE* || clamabit *Winterfeld* : -auit *VAE* -arit *Morel, edd.* || 660 totis *VAE* : motis *malim (cf. Vg. Aen. I 135)* || notus acer *AE* : noti s, acer *V* || 661 solis *VA* : sa- *E* || 662 sidus *E* : fudus *V* foedus *A* || 664 functio *ego* : Tunci^{t}o *V* Tunc cito *A* Tunc sunt *E (uide adn.)* || fluctiuagis *AE* : f//////agis *V*; *cf. Stat. S. III*, *1, 84.*

maux, bien souvent, ils passent à la mer des années entières ; pareils aux plongeons et aux phoques, l'eau les emmène, épouvantés, puis les ramène, ils cherchent des yeux les lointains rivages et toujours l'appât des gains qu'ils convoitent les lance sur la mer[1].

Sagittaire.

Que la mer t'inspire une égale crainte, quand l'haleine du Soleil touche la flèche légère, quand l'éclat de l'universel foyer en embrase la hampe, quand le bout du trait est calciné, et quand les rayons d'or brûlent l'arc du Sagittaire[2]. A cette époque également, si tu vois monter une nuit de poix dont les horribles ailes enveloppent la terre méconnaissable, éprends-toi du rivage, arrange-toi pour fuir le sombre couvert de la nuit, préviens un fatal naufrage et les périls d'une mer en furie : pense à détacher du mât la toile qui fasseye, à amener les longues vergues rigides[3]. Ce mois défavorable, cette rude constellation, au Scorpion de te les indiquer[4] par son lever, tard dans la nuit : à l'horizon matinal, le voici là-bas qui retire la flèche de la mer, cette flèche qu'entraîne l'extrémité de sa queue[5] ; avec une lenteur paresseuse, le Sagittaire vient juste derrière lui et dégage de l'abîme ses membres nonchalants. Alors, de surcroît, dans la nuit déjà avancée[6], Cynosure s'élève plus haut vers le Borée, tandis qu'Orion se cache quand revient le jour[7], alors Céphée plonge, bras et mains tendues, jusqu'à mi-ventre[8].

Flèche[9].

Mais la voûte des cieux[10] connaît encore une autre Flèche ; dépourvue, celle-ci, d'arc arrondi, elle ignore

Voir notes 1 à 10 page 213.

immemores agitant totos in fluctibus annos;
mergorum et phoci*s* similes trahit unda pauentis
ac retrahit, quaerunt oculis distantia longe
litora, et in pontum cogunt lucra semper hiantis.

Par metus ex pelago tibi sit quoque, Sole sagitta (300)
cum leuis adflatur, cum lux in arundine flagrat
ignis mundani, cum tela extrema coquuntur,
cumque Sagittiferi torret uapor aureus arcus.
Tum quoque si piceam spectaris surgere noctem,
informem taetris tellurem ut uestiat alis,
litus ama, sollers fuge caerula tegmina noctis,
exitiumque sali rabidique pericula ponti
anteueni : iam solue memor uaga carbasa malo,
iam prolixarum iaceat rigor antemnarum.
Mensis at infausti uel duri sideris index (303)
Scorpius exoriens sit tempore noctis adultae :
hic matutino ueniens procul aequore telum
exigit e pelago, telum trahit ultima cauda;
cunctatur pigro post tergum sider*e* iuxta
Arquitenens, tardos et gurgite liberat ar*t*us.
Tum Cynosura etiam maturae in tempore noctis
altius in Borea*n* sustollitur, abditur autem
Orion redeunte die, tum bracchia Cepheus
protentasque manus mediamque immergitur aluum. (310)

Quin norunt aliam superum conuexa Sagittam;
sed tamen haec arcu tereti caret : inscia nerui,

666 phocis *ego duce Breysig (*focis*)* : foci *VE* phoci *A* || 668 in V^{pc}*A* : ins V^{ac} *om. E* || hiantis *E* : *om. VA (A, hexametri clausulam* cogunt lucra semper *esse ratus, lac. unius uerbi indicat ante* cogunt*)* || *Ante u.* 669 SAGITTARIVS *VAE* || 672 arcus V^2*A* : artus V^{ac}*E* || 675 sollers fuge A^{pc} *(metri causa probat Reuter)* : f- s- $VA^{ac}E$ || 678 antemnarum *E* : antenna- *A* amtemna- *V* || 683 post *AE* : pos *V* || sidere *Buhle* : -ra *VAE* || 684 Arquitenens V^{ac} : Arci- V^2*AE* || liberat artus *Aldus* : libera tardus *VAE* || 686 Borean *Breysig* : -am *VAE* || abditur *VA* : -tus *E* || 688 manus *AE* : man *V* || mediamque *VA* : meliam- *E* || immergitur *AE* : //mergit *V* //mergitur V^2 || *Ante u.* 689 SAGITTA *VAE* || 689 aliam *VA* : alia. *E* || 690 nerui *Morel* : neruis *VAE.*

corde autant que maître. Au-dessus du trait vole l'Oiseau, l'Oiseau-Cygne ; mais, voisin du ciel thrace, il tend son cou blanc sous les Ourses givrées[1].

Aigle.

Près de cette Flèche vole aussi celui qui porte les armes de Jupiter et qui dispose du feu de l'éther[2] ; mais son corps est plus petit[3]. Pourtant, quand il revient, là-bas, des profondeurs et de la mer[4] gagne à tire d'aile la voûte céleste, au terme des ténèbres, au bord de la nuit finissante[5], il provoque de larges remous sur la mer écumante : tout dans le ciel, tout sur la terre est bientôt balayé de furieuses rafales.

Dauphin.

Puis, la queue arrondie[6], voici que monte parmi les constellations le Dauphin qui jadis, Neptune[7], servit de guide à ton amour sur la plaine liquide. Car c'est lui qui avait forcé la retraite où s'était enfoncée Amphitrite, dans ces lointains où, silhouette abrupte, le père des Pléiades[8] porte sur ses épaules le ciel occidental. Parcourant, non sans détours, l'étendue de l'abîme, il ramena des confins du monde, sur son dos souple, sa bien-aimée au maître de la mer. Cette constellation n'a parmi les étoiles qu'un volume exigu ; elle émerge au-dessus du Capricorne[9] qui dresse les oreilles[10]. Le milieu de son corps n'est qu'un vilain trou noir, mais le reste est illuminé par l'éclat d'or de quatre flambeaux ; séparées par deux fois deux plages sombres scintillent leurs ardentes lumières[11].

Toutes les constellations qui se répartissent entre le Soleil et l'Aquilon glacé[12], mues circulairement par la masse de l'éther sphérique et soumises à la succession

Voir notes 1 à 12 page 214.

inscia nam domini est. Telum super aduolat Ales,
Ales Olor; sed Threicio conterminus axi
cana pruinosas extendit colla sub Arctos. *(313)*

Armiger hanc etiam Iouis aduolat, arbiter ignis
aetherii, sed membra minor. Procul hic tamen alto
cum redit ac pelago mouet in conuexa uolatum
fine tenebrarum summaeque in margine noctis,
spumosum late mare subruit : omnia caeli,
omnia terrarum mox flabra procacia uerrunt. *(315)*

Tum curuus caudam subit inter sidera Delphis,
dux, Neptune, tui quondam super aequor amoris.
Hic nam detrusae latebras procul Amphitrites,
arduus occiduos umeris ubi sustinet axes
Pleiadum genitor, perruperat. Hic uagus omni
gurgite dilectam domino maris ultimo ab orbe
mollis dorsa tulit. Breue signo corpus in astris *(316)*
et super auritum ponto surgit Capricornum.
Hic medios artus taeter stupet, altera porro
quattuor illustrat facibus rubor aureus, atque
bis gemino discreta situ micat ignipotens lux.

Omnia quae soli et rigido interfusa Aquiloni *(319)*
aetheris incurui moles rotat, inque frequentes

691 telum *V (ut uid.) A* : coelum *E* ‖ 692 conterminus axi *AE* : -terminix; *V*ac *(ut uid.)* -terminux ax; *V*pc ‖ 693 cana *AE* : cana *an* caua *V?* ‖ *Ante u.* 694 AQVILA *VAE* ‖ 694 etiam *VA* : & *E* ‖ arbiter *VAE* : armiger *Grotius* ‖ 695 aetherii *VA* : -rei *E* ‖ 696 redit ac pelago *VAE* : redit a pelago et *post Aldum edd.* redit a pelago ac *Reuter* pelago redit ac *Winterfeld* ‖ uolatum *AE* : uolutum *V* ‖ 697 -q(ue) *AE* : quae *V* ‖ 699 procacia *A* : - catia *VE* ‖ uerrunt *AE* : uer̄ *V* ‖ *Ante u.* 700 DELPHIS *VE* Delphin *A* ‖ 701 aequor amoris *uett.* : -ra moris *VE* -ra amoris *A* ‖ 702 nam *VA* : tam *E* ‖ detrusae *VE* : -sas *A. Post* -sae *add.* in *Aldus & edd.* ‖ 703 arduus *V*pc*AE* : -duos *V*ac ‖ (h)umeris *A* : -ri *VE* ‖ ubi *VA* : tibi *E* ‖ 704 genitor *VA* : -tos *E* ‖ perruperat *E* : persupe- *VA* ‖ 705 ultimo *Aldus (de dura elisione cf. u. 214 et Reuter, p. 44 sq.)* : -ma *VA* ultro *E* ‖ ab *AE* : ob *V* ‖ 707 auritum *VAE* : hirsutum *Grotius (coll. u. 649, 1244)* austrinum *malim (uide adn.)* ‖ capricornum *AE* : -nu. *V* ‖ 710 micat *Aldus* : mitigat *VE post* miti *lac. indic. A* ‖ 711 quae *AE* : que *V* ‖ 712 moles *VA* : molles *E.*

rapide des levers et couchers par l'Olympe régulateur[1], j'en ai précisé l'ordonnance. Quant à celles qui, depuis la route d'Hypérion, descendent vers les profondeurs de l'Auster pluvieux jusqu'aux ténèbres de l'empyrée qu'enveloppe le Notus[2], je vais m'efforcer, dans ce poème en langue romuléenne, de les présenter avec adresse.

Orion.

Dans la zone où l'oblique circonférence du cercle zodiacal s'élève vers le Borée pour quitter les ombres australes qui pèsent dès lors sur la moitié du ciel[3], Orion regarde au-dessus de lui le farouche poitrail du Taureau[4]. Nul, par nuit claire, ne saurait le manquer : dans les hauteurs du ciel il étale sa large carrure, et son baudrier rutilant laisse pendre une épée d'or[5].

Grand Chien.

Tel est aussi[6] le gardien qui marche sur les doubles traces[7] de l'homme, tant un astre flamboyant fait reconnaître ce Chien de l'étendue céleste ; c'est à son menton surtout que bouillonne le feu, c'est sa gueule qu'imprègne une vive incandescence. Astre calamiteux dont siffle le flambeau haletant, il brûle l'air dans son déplacement, et les feux de cette étoile monstrueuse recuisent la terre[8]. Les membres diaprés de la bête brillent d'étoiles éclatantes, mais qui n'ont pas toutes la même intensité : en toutes ses parties, en effet, le ventre est sombre ; c'est au menton qu'est la source de ce feu terrible, ce Sirius au nom redouté qui brûle l'empyrée. Quand le Soleil a infléchi vers lui son essieu ardent[9], quelle épreuve se prépare pour les êtres, quelle épreuve pour les champs ! Toutes les plantes resteront longtemps flétries : car celles qui s'affaissent faute de sève succombent à la forte chaleur qui les pénètre, et les boutons des fleurs roussies

Voir notes 1 à 9 page 215.

occasus ortusque trahit moderator Olympus,
sunt digesta mihi. Quae rursum limite ab usque
sese Hyperionio pluuialis concaua in Austri
d*e*mittunt, taetram donec Notus ambiat aethram,
dicere Romuleo conitor carmine sollers.

Subtrahit obliquo qua sese circulus orbe *(322)*
signifer in Borean, australes *de*serat umbras
ut medii iam mole poli, fera pectora Tauri
suspicit Orion; neque quisquam nocte serena
transierit : celso late se cardine pandit,
auratumque rubens d*e*mittit balteus ensem.

Talis et ipse uirum gemina ad uestigia custos *(326)*
insequitur, sic flammigero distinguitur astro
aetheriae Canis ille plagae, cui plurimus ardor
aestuat in mento, multus rubor imbuit ora.
Stridit anhelanti face pestifer, aera motu
torret, et immodici terras coquit ignibus astri.
Hic uarios ardet stellis rutilantibus artus,
sed non est similis cunctis uigor, undique quippe *(328)*
aluus c*oe*anea est, mento grauis effluit ardor,
qui formidato sub nomine Sirius aethram
urit. Huic rutilos si Sol adflexerit axes, *(332)*
quantus corporibus, quantus labor imminet agris !
Marcebunt sata cuncta diu; namque indiga suci
siqua iacent, cedunt ualido penetrata calori,
ac decoctorum languebunt germina florum.

713 *seruat sola E* : *om. VA* || olympus *E (cf. u. 78, 90)* : -pi *post Aldum edd. (cf. German. 32)* || 714 mihi. Quae *A*, *uett.* : mihi que *E* mihiq. *V* || 715 hyperionio *VA* : hypironio *E* || pluuialis *AE* : pluia- *V* || 716 demittunt *Lemaire* : di- *VAE* || sollers *A* : solers $V^{pc}E$ sorers V^{ac} || *Ante u.* 718 ORION *VAE* || 719 australes deserat *Housman* : -ale sederat $V^{pc}AE$ -ale soderat V^{ac} || 722 late *AE* : -tae *V* || 723 demittit *Schrader* : di- *VAE* || *Ante u.* 724 SYRIVS *VAE* || 727 ora *VA* : ore *E* || 728 face pestifer *VAE* : fauce aestifer *Buescu* || 732 aluus *Grotius* : alueus *VAE* || coeanea *Grotius* : ocanaea *VE* ocanea *A* || mento *VA* : e mento *E* || 735 agris *VA* : aegris *E* || 736 indiga *AE* : -dica *V* || su(c)ci *VA* : fuci *E* || 737 penetrata *AE* : pentra- *V*.

se faneront. Mais les végétaux qu'anime une vigueur interne, Sirius les fait pousser ; son souffle caressant[1] pénètre les plantes et les nourrit de tiédeur, avec la douceur du beau temps. C'est lui, lui que, dès l'éclair de son lever flamboyant[2], nous saisissons de loin par l'ouïe et le cœur. Si par ailleurs certaines de ses parties offrent l'éclat d'étoiles fauves — celles que la bête porte en grand nombre le long de son flanc — elles n'ont guère de lumière qui scintille et ne sont fixées aux parties du corps que pour souligner le contour des membres[3].

Lièvre.

Bien petit, parmi les étoiles, se trouve aussi le Lièvre ; là où brille le grand Orion, sous les deux pieds de celui-ci, il est serré de près par la course du Chien ardent. A travers l'empyrée il échappe à son poursuivant, mais du museau Sirius le harcèle. L'abîme fait tout juste sortir de ses eaux la bête aux longues oreilles que l'autre émerge aussi[4], menaçant, au-dessus de sa proie affolée, et là-bas encore, quand le Lièvre a décliné dans la mer occidentale, pour chercher au sein des flots une sorte de cachette, c'est Sirius qui, glissant des hauteurs du ciel[5], cherche dans l'élément humide sa victime engloutie.

Navire.

Le Grand Chien traîne au bout de sa queue l'Argo de Jason, dont la poupe resplendit. Car le navire thessalien, à l'encontre du profil habituel[6], ne se meut pas l'éperon en avant : c'est l'extrémité de sa poupe qui sort de l'Océan. De même[7] qu'arrivant de la haute mer les marins qui touchent au port s'empressent de tourner brusquement les huniers qui fasseyent[8] et chargent sur leur dos, en rivalisant d'efforts vers l'anse du rivage, le câble de

Voir notes 1 à 8 page 216.

Illa autem interno quae sunt animata uigore
Sirius attollit, blandusque illabitur herbas
spiritus et dulci nutrit tepefacta sereno. *(335)*
Hunc, hunc, flammanti cum primum uibrat ab ortu,
auribus atque animo capimus procul. Altera siquae
stellarum fuluo rutilant, quae plurima longi
belua fert lateris, neque multa luce coruscant
et designandis tantum sunt addita membris.

Paruulus in stellis Lepus est quoque; namque [ubi magnus *(338)*
emicat Orion, gemina ad uestigia subter
urgetur cursu rutili Canis. Ille per aethram
effugit instantem, premit autem Sirius ore.
Auritum primis emittit gurges ab undis,
ille minax pauidum super editur, et procul idem,
cum Lepus occiduum sese inclinauit in aequor
more latebrarum repetens freta, Sirius alto
defluit ab caelo, mersumque per umida quaerit.

Magnus Iasoniam cauda Canis extrahit Argo *(342)*
puppe refulgentem; neque enim se Thessala cumba
sollemne*m* in faciem *r*ostro mouet : extima puppis
surgunt Oceano. Velut alto a gurgite nautae
cum portum tenuere, auidi uolitantia raptim
sipara conuertunt, tergumque in curua remulco
litora certatim sub*d*unt — simul illa, marinas

739 uigore *E* : uitore *V* nitore *A* || 740 Sirius *Grotius* : si prius *VAE* || 741 spiritus *Housman (uide adn.)* : Sirius *VAE* || nutrit tepefacta *AE* : nutrite pe- *V* || 744 stellarum *VA* : sell- *E* || 745 coruscant *E* : -can *V (ut uid.)* -cans *A* || *Ante u.* 747 LEPVS *VAE* || *Vu.* 747-750 *turbato ordine habent legn, German. uu. 341-344 mixtos* || 749 urgetur $A^{pc}ge^{pc}$: urgue- Ve^{ac} uerge- $A^{ac}El$ || 750 effugit *VAE* : uoluitur *legn* || autem *VAE (cf. u. 646, 1418, D. O. T. 104, 161, 780)* : igneo *legn (sed cf. L. Mueller, R. M.² p. 325 sq.)* || sirius *AE* : -rios *V* || 751 Auritum--- undis *VAE* : *deesse coniunctionem miror, at neque* auritum ⟨ut⟩ *neque* ⟨cum⟩ emittit *(uel* cum mittit*) neque* gurges ubi undis *omni uitio carent* || *Ante u.* 756 ARGO *VAE* || 758 sollemnem *ego (cf. Vg. G. II 85)* : -ne *VAE* || rostro *Heinsius* : ostro *VA* monstro *E* || 759-766 *sic interpunxi* || 762 subdunt *ego (uide adn.)* : subeunt *VA* subeuut *E*.

remorque[1] — tandis qu'au terme maintenant de sa route marine, le navire là-bas, au plus creux de la côte[2], s'engage à reculons dans les algues pour toucher le sol ferme où il va reposer tranquillement — ainsi l'Argo ne fait route parmi les constellations qu'avec sa poupe éclatante, et cache le reste, à partir du mât rigide[3]. D'elle-même, la poupe plonge de haut le gouvernail dans l'eau et descend au-dessous de la surface jusqu'à en immerger la barre[4].

Baleine. Quoique l'en sépare un long chemin céleste[5], Andromède est terrifiée par la Baleine[6] : Andromède en effet, proche des rafales du Borée thrace, suit dans les hauteurs de l'éther la rotation du pivot céleste, tandis que l'affreuse bête est le jouet du Notus, et que l'Auster amène sa gueule menaçante dans la mer assombrie[7]. Car c'est à l'endroit[8] où le Bélier laineux s'élève dans les hauteurs du ciel, où les deux Poissons grossissent le nombre des constellations, c'est là, par-dessous, que resplendit la Baleine chère à Nérée, qui devance[9] de peu le cours stellaire du Fleuve. Mais la jeune fille n'oublie pas sa longue frayeur : toujours en proie à ses affres, au milieu des constellations, elle frémit en voyant là-bas le dos hérissé du monstre, et, au-dessus de lui, elle plonge dans les eaux sa tête épouvantée[10].

Fleuve. Au surplus, le Fleuve[11] aussi qui roule ses glauques remous parmi les astres et les demeures des dieux, certains l'ont rattaché à la mer d'Ausonie. Car nos devanciers l'ont nommé l'Éridan[12], ce large cours qui se déverse dans les campagnes vénètes pour refouler, de ses eaux nées des Alpes, les flots de l'Adriatique[13]. C'est lui qui, dieu chenu, reçut jadis au sein de ses eaux Phaéton précipité

Voir notes 1 à 13 page 217.

iam defuncta uias, procul imi litoris algas
pone subit terramque tenens secura quiescit —, (347)
sic Argo rutilam tantum inter sidera puppim
ducitur; occultat rigido tenus altera malo.
Sponte gubernaclum puppis d*e*mittit in undas
celsior ac merso descendit in aequora clauo.

Distantem Andromedam prolixi tramite mundi (353)
perterret Cetos : nam Threicii prope flabra
Andromedam Boreae celso rotat aethere cardo,
belua dira Noto uehitur, trahit Auster in *a*tro
ora inimica salo. Nam qua se laniger alto
caelo Aries tollit, qua Piscibus astra duobus
augentur, rutilat subter Nereia Pistrix,
efflua pr*ae*currens non multum Fluminis astra. (358)
Illa memor longae formidinis, illa d*ol*orum
inter signa tenax horret squalentia monstri
terga procul, pauidumque super caput inserit undis.

Quin et caeruleo Flumen quoque gurgite manans
astra inter sedesque deum pars aequoris esse
credidit Ausonii. Namque hunc dixere priores
Eridanum, Venetos late qui lapsus in agros
Alpino Hadriacos impellit gurgite fluctus.
Hic fusum caelo quondam Phaethonta sub undas
excepit senior, leue cum sensere iugales

763 procul imi *VAE* : procliui *mallem (sed cf. u. 1542 & O. M. 449 sqq.)* || 765 tantum (tm̄) *E* : -tam *VA* || 766 ducitur *VAE* : ducit et *Buhle* || 767 gubernaclum *A* : -culum *VE* || demittit *Heinsius* : di- *VAE* || 768 merso *VA* : mor- *E* || *Ante u.* 769 CETOS *VE* Cetus *A* || 770 cetos *A (ut uid.)*, *Aldus* : ectos *VE* || 771 cardo *E* : -da *VA* || 772 atro *ego (uide adn.)* : orto *VAE* arcton *Grotius, edd.* || 775 nereia *VA* : me- *E* || 776 praecurrens *Housman (cf. German. 362)* : per- *VAE* || 777 longae *A* : -ge *VE* || dolorum *Schrader*, *Sieg* : duorum *VAE* suorum *Grotius* priorum *Housman* || *Ante u.* 780 FLVMEN *VAE* || 780 manans *A* : -nas *VE* -nat *Schrader* || 783 Eridanum *AE* : He- *V (id. u. 795)* || 784 hadriacos *VA* : adriatus *E* || *Vu.* 785-788 *clausulae in V uix leguntur* || 786 iugales *AE* : -lens *V*.

du ciel[1], le jour où le céleste attelage trouva trop léger le poids de son conducteur, et où l'essieu de feu, sur son chemin céleste, n'eut que mépris pour les rênes d'un mortel. Alors se développèrent de vastes incendies qui couvrirent la terre ; le feu dévorant, les flammes rôtissaient partout astres et contrées, jusqu'à ce qu'apitoyé par le destin de son univers Jupiter rendît à Phébus la conduite de son trajet céleste. Quant à l'imprudent, les Phaéthontides, avec leurs longs bras raidis[2], le pleurèrent ; le monde d'en haut recouvra sa paix d'or[3], et le vieil Éridan, sur un signe de Jupiter l'universel créateur, trouva sa place parmi les astres. D'autres songent au Nil de Pharos[4], dont le large cours fait, disent-ils, pousser les moissons, dont l'eau nourricière féconde les déserts, ou qui, simplement, descend des régions méridionales[5] pour se jeter, lui-même immense, dans l'étendue des flots marins. Le Fleuve se glisse sous le pied gauche de l'ardent Orion, et les liens flottants qui maintiennent les Poissons jumeaux se joignent aux méandres de l'Éridan[6] ; dans les lointains où se prolonge le déchaînement puissant de ses eaux vient aussi la pointe de la crinière dont l'éclat scintille sur le dos de la Baleine et qui y cloue de sa flamme les sangles des deux queues[7].

Étoiles anonymes. Entre le gouvernail que plonge là-bas, dans les eaux azurées, la Poupe de Jason, entre l'arrière coloré de la carène et la Baleine amie des eaux, à l'endroit où s'étend le ventre du Lièvre[8], un groupe d'étoiles jette des feux rougeoyants. Mais leur lumière scintillante n'est pas

Voir notes 1 à 8 page 220.

aetherii rectoris onus, cumque ignifer axis
tramite sub mundi mortales spreuit habenas.
Didita tum late texere incendia terras,
astra uorax ignis, flammae sola cuncta coquebant,
donec fata sui miseratus Iuppiter orbis
redderet aetherii Phoebo moderamina cursus.
Illum prolixis durae Phaethontides ulnis
planxerunt, rediit supero pax aurea mundo,
Eridanumque senem nutu Iouis omniparentis
astra receperunt. Pharium pars altera Nilum
commemorat, largo segetes quod nutriat amni
arentisque locos unda fecundet alumna,
uel quod de medii prolapsus parte diei
uastus in aequoreas pelagi sese inferat undas.
Iste pedem laeuum rutili subit Orionis, *(361)*
fusaque quae geminos adstringunt uincula Pisces
Eridani coeunt anfractibus. Vt procul ille
tenditur effusi ui gurgitis, huc quoque cristae
cedit apex, summa qua lux Pistrice coruscat
desuper et flamma caudarum cingula figit. *(366)*

Inter demissum procul in uada caerula clauum
Puppis Iasoniae depictaque terga carinae
et Pistrim undicolam, Leporis qua tenditur aluus,
stellarum creber rutilat rubor. Haud tamen istis
uel lux multa micat uel fit memorabile nomen.

787 cumque ignifer *V (ut uid.) E* : cum signifer *A* || 789 didita *A(ut uid.; an* dedita*?) Grotius* : didata *VE* || 792 cursus *VAE (cf. u. 1354)* : currus *malim (cf. Ou. M. II 47 sq.)* || 793 prolixis *VA* : -xi *E* || phaethontides *E* : phae//hodides *V* phaetontides *A* || ulnis *VAE (cf. Ou. M. II 352, German. 366)* : alnis *Heinsius (cf. Vg. B. VI 63)* || 794 planxerunt *AE* : plaxe- *V* || pax *V (ut uid.) AE (cf. u. 1730)* : fax *(scil. sol) Winterfeld (cf. Ou. M. II 330 sq., 381-400)* || 795 nutu *E* : nuntii *V* nam tum *A* || 797 amni *VA* : anni *E* || 798 arentisque *A* : haren- *V* aran- *E* || fecundet *Grotius* : -dat *VAE* || 799 parte *E* : parente *VA* || 800 pelagi *E* : -go *VA* || 803 (H)eridani *VA* : -nei *E* || 804 gurgitis *AE* : ur- *V* || 805 summa *AE* : suma *V* || pistrice *E* : pristice *V* pristina *A* || *Ante u.* 807 PISCIS MAIOR *AE* P. MAIORIS *V*.

bien forte, et on ne leur connaît pas de nom. Jupiter en effet n'a formé aucune figure[1] en disposant ces feux flamboyants, qui ne reproduisent pas les membres d'un corps, comme tous ceux que l'univers sacré fait tourner dans une disposition concertée, en les ramenant constamment sur leur antique trajectoire dans la succession des siècles. Ces flambeaux enfin sont isolés par de longs intervalles ; en tous aussi règne une lumière semblable ; ils ont une égale intensité, sont également ramenés par le jeu des couchers et levers, indignes d'être observés même s'ils étaient seuls sans contact avec la mer[2]. Si les autres étoiles s'ajustent chacune aux membres bien dessinés des silhouettes célestes, celles-ci, proches de l'ardent Sirius acharné contre le Lièvre[3], passent toutes sans vigueur et sans nom précis.

Poisson Austral. Plus loin, d'autre part, que la figure du Capricorne hirsute[4], près du pivot englouti où soufflent les Austers, remonte le corps d'un Poisson, tourné vers l'effroyable Baleine : celui-ci[5], la Grèce l'appelle le Poisson Austral.

Eau. D'autres étoiles au ciel occupent l'espace intermédiaire entre le beau Verseau qui les domine et le monstre dont s'élève l'échine crêtée[6], s'insinuant jusque sous l'ardente constellation du Poisson céleste : flammes stériles et pauvres de lumière, elles s'étendent çà et là, dans l'empyrée, à l'image d'une foule anonyme[7]. Seul pourtant, près de la main droite de l'éphèbe qui sert, dit-on, les coupes à la table des dieux[8], se répand un semblant de courant d'eau limpide qui se divise en deux. Deux flambeaux seulement y ont un vif éclat[9] ; ils ne sont ni séparés par une grande étendue de ciel, ni rapprochés au point de heurter leurs lumières dérivées de

Voir notes 1 à 9 page 221.

Nulli etenim formae flammarum Iuppiter ignes (370)
discreuit, nullos simulant haec corporis artus,
qualia digesto mundus sacer ordine uoluit,
semper in antiquum retrahens iter omnia secum
saeclorum serie. Longa istas denique signant (377)
interualla faces, similis quoque lux habet omnis,
par modus; occasu pariter referuntur et ortu,
nec *s*pectanda forent ponto quod sola carerent.
Cetera descriptis aptantur singula membris
formarum; flagrans Leporem qua Sirius urget,
languida nec certo sub nomine cuncta feruntur. (385)

Vltra saetosi rursum speciem Capricorni,
cardinis immersi qua sunt australia flabra,
in Pistrim horrificam conuersus uiscera Piscis
subuehitur : Notium uocat istum Graecia Piscem.

Stellae aliae mundo, qua pulcher Aquarius instat (389)
et qua cristato consurgit belua dorso
usque sub aerii rutilantia sidera Piscis,
sunt mediae, flammae steriles ac lucis egenae :
nam passim ignoti uice uulgi semet in aethram
protollunt. Dextram sed tantum propter ephebi
pocula quem diuum mensis gestare loquuntur,
efflua se species liquidarum fundit aquarum (393)
partis in geminas. Lux illic clara duabus
est solum facibus; non haec spatiosa per aethram
interualla tenent neque lum*ina de*uia fonte

813 haec *VAE* : hae *uett., Hilberg* || 816 serie *AE* : -riae *V. Post hoc uerbum, non post* longa, *interp. Hilberg.* || 817 habet omnis *VAE (cf. u. 569)* : *an* hebet ollis *(cf. u. 252, 455, 1749)?* || 819 spectanda *Grotius* : expec- *VAE. Totum uersum alii aliter sine causa correx.* || 822 feruntur *AE (Arat. 385* φέρονται*)* : fer̄ *V* || 826 piscem *V*pc*AE* : -cis *V*ac || 828 dorso *V*pc*AE* : deorsum *V*ac || 830 steriles *E* : -lis *VA* || egenae *VA* : aeg- *E* || 833 pocula *VA* : proc- *E* || 835 illic *V (an* -lac?*) A* : -luc *E* || 836 haec *VAE* : hae *uett.* || 837 tenent *V* : tene *AE* || lumina deuia *ego (uide adn.)* : lumen ubiuia *V* lumen obuia *A* lumen uotiua *E* lumen lumine *post Aldum edd. (qui forte scribunt).*

la source[1] : l'une d'elles en effet fait briller son aigrette sous l'éphèbe phrygien ; l'autre, dans la région où se termine la queue recourbée du monstre, attire l'œil par la masse de feu qu'elle vomit alentour. Cet ensemble porte le nom de l'Eau. De plus, et pour finir, près des jambes du Sagittaire[2], là où se dessinent les pattes antérieures de l'être aux pieds de corne[3], des étoiles roulent en cercle dans le ciel[4], pour laisser sous leur chétif flambeau languir un feu obscur.

Autel.

Voici qu'à l'endroit où[5] l'énorme Scorpion dresse l'alignement de sa queue venimeuse et domine de son éclat le tiède Auster, un tout petit espace laisse sortir l'Autel[6], un fort bref laps de temps va offrir son retour à tes regards, dans l'univers illuminé. Car autant la calotte céleste qui s'élève dans la région du Bouvier, opposée à l'Autel, laisse à distance les flots agités — tel est l'équilibre du ciel — autant elle plonge dans l'Océan les astres qui lui sont symétriques[7] : l'abrupte culmination élève Arcturus, le ténébreux[8] pivot austral enfonce l'Autel. Court est son chemin céleste et rapide son coucher ; c'est là pourtant que la Nuit, mère de la lumière, prenant jadis en pitié les destins, en pitié les épreuves des hommes, décida de présenter des indices certains de tempêtes[9]. Je ne te souhaite pas, quand se fige l'air épais du ciel, de voir émerger parmi les nuages lourds de pluie l'Autel céleste, tandis qu'autour et au-dessus de lui s'amoncelle une couverture laineuse grosse de frimas, pareille aux nuées qu'assemble un vent sinistre et qui, montées du

Voir notes 1 à 9 page 222.

collidunt : alii Phrygium nam subter ephebum
ardet apex, alii, qua curuam belua caudam
terminat, insigni*s* late uomitur globus ignis.
Cuncti*s* nomen Aqua est. Quin stellae denique [propter (399)
*cr*ura Sagittigeri, qua se uestigia prima
cornipedis simulant, circumuoluuntur Olympo,
quis face sub tenui tenebrosus marceat ignis.

Ecce uenenatae qua Scorpius agmine caudae
plurimus erigitur tepidumque super micat Austrum,
paruulus hic Aram locus exprimit, h*anc* satis arto (404)
tempore suspicies mundo rutilante referri.
Nam polus aduerso qui tollitur axe Bootis,
quantum suspenso uada linquit turbida caelo,
Oceano tantum sibimet contraria *co*ndit :
Arcturum uertex leuat arduus, umbrifer Austri (407)
Aram cardo premit. Breuis olli semita caeli
occasusque celer ; tamen isto luciparens Nox,
fata hominum miserata prius, miserata labores,
certa procellarum statuit procedere signa.
Ne tibi, cum denso conducitur aere caelum, (413)
inter nimbiferas nubes spectabilis exstet
Ara poli, longa ut glomerent circumque supraque
feta pruinarum se uellera, qualia tristi
coguntur uento terraque excita per aethram

838 ephebum *AE* : -elium *V* || 840 insignis *Aldus (mirum uers. leoninum efficiens)* : -gni *VAE*, *fort. recte* || late *VA* : -to *E* || ignis *VA* : -gni *E* || 841 cunctis *Aldus* : -ti *V (ut uid.) AE* || aqua e(st) *V* : aqu(a)e *A* aqua *E* || quin *Schrader* : qui in *VA* qui *E* || 842 crura *Sieg (uide adn.)* : ora *VAE* || qua se----simulant *secludendum censet Sieg* || 844 tenebrosus *VA* : -sas *E* || marceat *VAE ob subiunctiuum modum displicet* || *Ante u.* 845 ARA *VAE* || 845 ecce *AE* : ece *V* || 846 micat *AE* : -cata *V* || 847 hanc *Grotius* : hoc *VAE an* hac*?* || 851 sibimet *E* : sibi *VA* || contraria condit *ego (uide adn.)* : contraria tendit *E om. VA* || 852 umbrifer *Breysig* : umbrifera *V (init. in ras.* : um- *an* im-*?)* imbrifer *AE* || 854 luciparens *V* : luci parens *A* lucis parens *E* || nox *V (in ras.) E* : *om. A* || 855 labores *AE* : -re *V* || 859 supraque *AE* : supra *V*.

sol à travers l'atmosphère, déversent de là-haut leur contenu de pluies. Non, que le sommet de l'Autel, en un pareil moment, n'ait point trop vif éclat ! Car c'est un signe fréquent de Notus, que la Nuit nous a appris à reconnaître. Quand on suit les conseils de la Nuit, c'est en vain que les zéphyrs rendent la mer houleuse. Mais si on les repousse, les rafales s'abattront sur les carènes imprudentes[1]. Tout au plus, si Jupiter se laissait gagner par une compassion tardive, les marins ballottés en haute mer trouveraient-ils un salut bien lent à venir. Mais leur espoir sera plus assuré[2] si au sommet de la calotte boréale la chevelure ardente de l'éclair raye l'air. Selon ces indices, les rafales de l'Auster soulèveront le flot, jusqu'à ce qu'éclate sur la calotte boréale l'ardente fulguration.

Centaure.

Mais si tu vois le Centaure vers le milieu de son chemin céleste, aussi éloigné des flots de l'Orient que des abords du couchant, et s'il a sur l'épaule une couverture de nuages tandis que le ciel montre tous les indices précédents, il y aura de l'Eurus[3], l'Eurus balaiera les eaux du gouffre salé.

Considère en effet cette double figure[4] dont resplendit le corps, et dont les membres s'étendent sous deux signes[5]. Ici, où le quadrupède dresse un buste humain qui surmonte un ventre de cheval, se trouve la masse du Scorpion. Mais quand, dès le milieu du ventre, l'homme s'élargit en coursier, il n'y a plus que les Pinces arrondies du signe venimeux. Le Centaure semble tendre la main droite vers l'Autel des dieux célestes ; pour s'acquitter de l'offrande qui convient à sa vie de juste[6], il tient au poing une proie rustique[7]. Sur le Pélion qui dresse sa haute croupe et perce de ses larges crêtes boisées les

Voir notes 1 à 7 page 224.

nubila conceptos effundunt desuper imbres !
Non Arae, non sit tali sub tempore uertex
clarior ! Hoc nam saepe Notum pr*ae*noscere signo
Nox docuit. Noctis siquis praecepta sequatur,
incassum Zephyri uoluunt mare ; siquis at ista *(422)*
respuat, incautas percellent flabra carinas.
Vix, si sera Iouem subeat miseratio rerum,
pigra salus nautis redeat fluitantibus alto.
Certior ast ollis ueniet spes, axe supremo
si Boreae stringat rutil*i* coma fulgoris auras.
His signis Austri raptabunt flabra fluentum,
donec de Boreae rutilum iubar emicet axe.

At si Centaurum medio sub tramite caeli *(431)*
uideris, ut fluctu tantum discedat Eoo
quantum adit occasum, sit tectus desuper autem
nube umerum et caelo sint omnia signa priora,
Eurus erit, uerret salsi uada gurgitis Eurus.
Contemplator enim geminae rutilantia formae *(436)*
uiscera, qu*ae* signis subtexit membra duobus.
Nam qua parte hominem quadrupes sustollit equino
uentre superstantem, uersatur Scorpius ingens ;
at qua cornipedem media uir fundit ab aluo,
curua uenenati sunt tantum bracchia signi.
Ille autem, dextram protendere uisus ad Aram
caelicolum, iustae persoluit munera uitae
agrestemque manu praedam gerit. Hic, ubi celso *(441)*
Pelius adsurgit dorso nemorosaque late

862 conceptos effundunt *E* : -to fefun- *V* -to se fun- *A* || 863 Non arae *VA* : Nonarie *E* || 864 saepe *AE* : sepae *V* || notum *VA* : -to *E* || praenoscere *Aldus* : pronos- *VAE* || 866 incassum *VA* : in casum *E* || uoluunt *A* : uolunt *V* nolunt *E an* uoluent*?* || 868 si *Grotius* : sis *VAE* || 870 ast ollis *uett.* : as tollis *V* attollis *AE* || 871 rutili *Morel* : -lo *VAE* || coma fulgoris auras *uix legitur in V*, *om. A* || 876 sit *VE* : si *A* || *Ante u.* 879 CENTAVRVS *VAE* || 879 contemplator V^{pc}*AE* : -tur V^{ac} || 880 quae *Morel* : quod *VAE.*

nuages aériens, il avait vécu en arbitre d'équité[1] et enseigné, après ses luttes, les lois à Alcide[2].

Hydre.

Au-dessus s'étire l'immense corps[3] de l'Hydre : s'élevant de l'horizon marin, elle déploie dans l'empyrée son flanc allongé, la tête tendue vers le Cancer, la queue infléchie vers le fougueux Centaure ; elle longe le vaste corps du Lion et finit par s'apaiser sous l'immense Vierge[4]. Vraiment, on lui croirait le souffle de la vie[5], à la voir au ciel rouler son long corps visqueux, tordre ses anneaux en restant suspendue dans les airs et, de sa gueule flamboyante, darder une langue trifide[6]. La partie médiane des spires porte la Coupe étincelante, et l'ultime série d'étoiles soutient le sombre Corbeau[7] : l'oiseau, d'un bec énergique, fouille les entrailles flottantes du reptile.

Procyon.

Vient enfin Procyon[8], que domine l'astérisme des Gémeaux. Sa gueule ardente étincelle, trois flambeaux illuminent son corps[9].

Voilà donc l'ensemble des constellations qu'on aperçoit durant le cycle des années : toutes sont amenées par l'Océan auguste, l'Océan qui les engloutira derechef sous ses eaux[10]. Toutes sont entraînées là-haut par l'énorme machinerie céleste ; à la nuit, leur maîtresse, ces astres donnent éclat et couleurs[11].

Planètes.

On ne saurait décrire pareillement ni repérer avec la seule connaissance des figures fixes les cinq étoiles qui courent encore au ciel à travers douze signes écla-

Voir notes 1 à 11 page 224.

inserit aeriis iuga nubibus, arbiter aequi
egerat, Alcidae legum post bella magister.

Desuper ingenti sese agmine porrigit Hydra, *(443)*
quae prolata salo longe latus explicat aethra
in Cancrum protenta caput, caudamque feroci
Centauro inclinat, transit spatiosa Leonis
uiscera et ingenti sub Virgine summa quiescit.
Quin uitam sp*i*rare putes, sic agmina caelo
lubrica conuoluit, sic spiras pendula torquet,
sic et flammigero linguam iacit ore trisulcam.
Spirarum medio gestat Cratera coruscum, *(448)*
ultima caeruleum sustentant agmina Coruum,
ales ut intento fodiat uaga uiscera rostro.

Vltimus est Procyon, Geminorum subditus astro, *(450)*
ore micans rutilo, trina face uiscera lucens.

Ista uolutatos cernuntur cuncta per annos : *(451)*
ha*e*c uehit Oceanus pater omnia, mersaque rursus
hauriet Oceanus. Trahit ingens machina caeli
cuncta super, pingunt rutilam sua sidera noctem.

Quinque itidem stellae, simil*is* quibus haud sit imago] *(454)*
ne*c* quas formarum doctus notet adfixarum,
per bis sena poli uolitant rutilantia signa.

890 legum *VAE* : Lelegum *Winterfeld (uide adn.)* || magister A^{pc}*E* : magist *V* magistri A^{ac} || *Ante u.* 891 HYDRA *VAE* || 892 longe *E* : -ga *VA* || 895 ingenti *VA* : ingentri *E* || summa *AE* : suma *V* || 896 uitam *VAE* : etiam *Morel, uett.* et eam *Breysig* uiuam *prop. Winterfeld* || spirare *Morel* : sperare *VAE* || putes *AE* : pute *V* || 898 trisulcam *AE* : trisculam *V* || 901 uaga *VAE* : caua *Haupt* || *Ante u.* 902 PROCYON *VAE* || 905 Haec uehit *Aldus* : Hac uehit *VA* Hac uebit *E* Euehit *Housman* || 907 super, pingunt *Grotius* : superpingunt *AE in V nil certi* || sidera *VA* : -re *E* || noctem *AE* : notem *V* || *Ante u.* 908 PLANETAE *VAE* || 908 similis *Morel* : -les *VAE* || 909 nec *Morel* : ne *VAE* || doctus *VAE* : duc- *Grotius, edd. (cf. u. 540)* || 910 sena *AE* : senna *V*.

tants[1]. Qu'on n'essaie pas de les saisir à partir d'une autre constellation[2] : toutes ont une course vagabonde qui glisse à travers l'empyrée entier, et elles se déplacent sans cesse au rebours du mouvement céleste[3]. La sphère des fixes, inlassablement entraînée, monte des profondeurs orientales pour décliner là-bas dans les flots azurés de l'Océan Atlantique ; ces étoiles, en revanche, se forcent un passage contre la rotation de l'éther qui les domine[4] ; elles montent avec effort[5] vers les hauteurs du ciel et se meuvent dans un sens opposé aux rayons du soleil[6]. Quand un bateau descend au fil de l'eau, le passager qui part de la proue élevée pour gagner pas à pas la poupe effectue un déplacement contraire à sa course initiale[7] : de même ces étoiles ont en elles une force qui s'élève sans relâche contre le glissement de l'empyrée[8]. De leurs flammes isolées elles allument même des brasiers sans pareils[9] ; mais leurs révolutions s'étendent sur de longues années, et elles sont lentes à revenir toutes aux places qu'elles occupaient précédemment[10]. A ces planètes, nous n'aurons ni la témérité, ni l'aveuglement poétique de nous attaquer : qu'il suffise à ma Muse, qu'il suffise à cet effort de longue haleine de débrouiller les déplacements et les configurations des étoiles fixes.

Cercles célestes.

Quatre cercles ceinturent les chemins célestes, quatre cercles qu'il suffit de connaître si l'on veut être informé des mouvements et des durées. Aussi bien ces quatre cercles ont-ils une foule de constellations qui sont fixées sur eux et tournent avec eux[11]. Mais eux-mêmes gardent au fil des ans une position inébranlable ; emboîtés comme ils sont, ils mordent par leurs points communs les uns

Voir notes 1 à 11 page 227.

Nullus eas alio deprendere ⟨sidere⟩ certet :
nam uaga per totam cunctis uia defluit aethram
semper et aduerso referuntur tramite mundi.
Mundus ab Eoo trahitur reparabilis alto,
pronus Atlantei procul in uada caerula ponti ;
illae in subrecti cogunt iter aetheris orbem
nitentes in summa poli, motuque feruntur
aduerso Solis radiis. Ceu, cum uada cumbam
prona uehunt, siquis prora nitatur ab alta
in puppim proferre pedem, uia carpitur olli
cursibus inceptis contraria, uis ita in istis
obuia labenti semper sustollitur aethrae.
Vnica quin solis adolent incendia flammis ;
longa uolutandis tamen ollis tempora currunt *(458)*
pigraque se referunt sedes sortita priores
omnia. Non illas animis audacibus ergo,
carmine non caeco temptabimus : hoc satis unum
Musa mihi, satis hoc longi labor egerit aeui
si defixarum cursus et signa retexam.

Quattuor aerios zonae cinxere meatus,
quattuor has cursus et tempora nosse uolentem *(463)*
scire sat est. Quin signa etiam sunt quattuor istis
plurima quae zonis haerentia conuoluuntur.
Ipsae inconcussa retinentur sede per annos,
mutuaque implexae sibimet consortia mordent ;

911 deprendere *Aldus* : -praehendere *AE* -p(rae)endere V^{pc} -deret V^{ac} || sidere *add. Housman* : *om. VAE (A post* alio *lac. sign., unde* alio ⟨signo⟩ de- *Winterfeld, coll. German. 440)* || 912 nam *VA* : tam *E* || 914 eoo *VA* : ero *E* || 915 in uada *E, uix legitur V* : *om. A in lac.* || caerula *E* : -lula *VA* || 916 illae *VA* : -le *E* || subrecti *Breysig* : -reti *VE* -iecti *A* || 918-923 *sic interpunxi* || 921 ita in *A* : .istain. *V* tamen *E* || 923 unica quin solis *ego (uide adn.)* : -ca que in s- *V (ubi* in so- *uix leguntur), edd.* -ca quae in s- *AE* -caque insolitis *mihi non displiceat* || 924 uolutandis *E* : uoluntandis *V in ras. (ut uid.)* collu andis *A* || 925 sedes *AE* : -de *V* || 927 temptabimus *Grotius* : -tauimus *VAE, fort. recte* || *Vu.* 928-946 *priora hemistichia in V parum leguntur* || 928 egerit *VA* : aege- *E* || 929 retexam *AE* : -taxam *V* || *Ante u.* 930 CIRCVLI *VAE* || 934 ipsae *VA* : -se *E* || inconcussa *VA* : -cursa *E* || 935 implexae *A* : ni plexe *V* implexa *E*.

sur les autres[1] ; mais deux d'entre eux ont une dimension supérieure[2].

Voie lactée.[3] S'il te plaît de lever les yeux vers les astres d'or du manteau de la nuit, non pas quand la lumière de Phébé coupe le mois en son milieu[4] — car alors s'efface l'éclat émoussé des étoiles, tant la déesse illumine toutes les parties du ciel et domine les flammes moins vives[5] — mais quand son disque incomplet laisse aux constellations l'ardeur perçante de leurs feux, vois là-haut s'allonger dans le ciel l'éclatante blancheur du Lait. Sa couleur lui a valu ce nom dès les origines du monde ; c'est ainsi que la Grèce ingénieuse appelle cette ceinture, ainsi qu'en notre langue nous qualifions cette écharpe[6]. Semblable par la forme, semblable par la couleur il n'existe pas d'autre cercle ; pour les dimensions et la mesure, celui-ci n'est égal qu'à deux autres[7] : les deux derniers sont réduits à un tracé raccourci, et leur circonférence ne les étire pas sur une grande étendue de ciel[8].

Tropique du Cancer. L'un des deux, dans la région où les rudes Aquilons déchaînent leurs rafales et où s'abattent les souffles de Borée, se présente dans la zone qui porte la fille de Lycaon[9]. Là sont[10] les têtes des Gémeaux, là reposent, bien fixés, les genoux du Cocher. Ce même cercle retient Persée par le pied gauche[11] et l'épaule senestre ; il supporte également, jusqu'au coude, le bras droit d'Andromède (l'extrémité de la main est plus haut, levée vers l'âpre Borée, et du coude, la dolente Andromède penche vers l'Auster)[12]. Le tropique effleure le haut des sabots du Cheval rapide, effleure le Cygne juste au sommet de la

Voir notes 1 à 12 page 230.

at modus in binis protenditur.
Aurea pepli (469)
sidera nocturni si suspectare libebit
nec scindunt medium Phoebeia lumina mensem
langu*e*at ut [in] stellis species hebes, omnia caeli
illustrante dea ac flammas superante minores,
orbe sed haud pleno sinit igni feruere acuto
sidera, candentis speciem super inspice Lactis
protendi caelo. Color olli nomen ab ortu
primigeno statuit; s*ic* zonam Graecia sollers
concelebrat, nostro sic balteus ore notatur.
Non isti forma similis similisue colore (477)
circulus est alius; modus et mensura duobus
est compar solis, alios duo parcior artat
linea nec multa trahit istos ambitus aethra.

Horum alius, duri *qua* soluunt flabra Aquilones
et *qua* praecipitant Borealia flamina sese, (480)
axe Lycaonio iacet obuius. Hic Geminorum
sunt capita, h*ic* genua Aurigae defixa quiescunt.
Circulus hic idem retinet pede Persea laeuo
atque sinistro umero; cubito tenus hic quoque [dextram
sustinet Andromedae (manus extima desuper acri
subrigitur Boreae, cubito inclinatur in Austrum (486)
maere*ns* Andromeda). H*ic* celeris uestigia summa
praestringuntur Equi, praestringitur Ales ab ipso

936 aurea *VA* : area *E* ‖ **938** scindunt *E* : ////dunt *V* condunt *A* ‖ phoebeia *E* : phob- *V* pleb- *A* ‖ **939** langueat *Grotius* : -guat *AE* //////at *V* ‖ in *secl. Grotius : habent VAE* ‖ hebes *AE* : ebes *V* ‖ **941** haud *AE* : aut *V* ‖ igni *Aldus* : -nis *VAE* ‖ **942** inspice *VA* : -cae *E* ‖ **944** primigeno *E* : pri////// *V* pinigeno *A* ‖ sic *Buhle* : so *V* se *AE* ‖ **948** parcior *E* : par uor *V*^{pc} sar uor *V*^{ac} ..auior *A* ‖ **950** qua soluunt *Grotius* : cum sol- *VE* conuol- *A* ‖ **951** qua *Grotius* : cum *VAE* ‖ **952** axe *E* : a// *V* a.. *A* ‖ **953** hic *Aldus* : hoc *VAE* ‖ aurigae defixa *A*^{pc} *edd.* : -ga ede- *VA*^{ac}*E* ‖ **958** maerens *Aldus* : -res *VAE* ‖ andromeda *V*^{pc}*E* : -dea *V*^{ac} -d(a)e *A* -de *Hilberg, Reuter* ‖ hic *Aldus* : hoc *VAE secludendum censent Hilberg, Reuter* ‖ uestigia *AE* : uerti- *V (ut uid.)* ‖ **959** praestringitur *VA* : perstr- *E*.

tête[1]. Il coupe les épaules d'Ophiuchus dont il entraîne, dans sa rotation, le dos embrasé[2]. Érigone[3] se retire en dessous, vers le tiède Auster : sa pudeur refuse là-haut à une ceinture ses membres virginaux[4]. Mais le Lion, mais le Cancer étendent leur corps sur cette route du ciel boréal[5] : le tropique passe au bas du poitrail et traverse tout du long le ventre du Lion brûlant jusqu'à son arrière-train[6] ; de l'autre animal, il coupe le corps plat[7] et le partage par le milieu sous la carapace creuse, rejetant les yeux de part et d'autre du cercle[8]. Au surplus, si l'on divise en huit cette circonférence céleste, cinq des parties gravitent au-dessus de l'horizon, trois sont engagées sous l'étendue de la mer profonde[9]. C'est à partir de ce tropique que le Soleil flamboyant revient sur ses pas dans l'empyrée, que le dieu, suivant l'ordre établi une fois pour toutes, tourne bride sous l'impulsion de l'été et que le chemin de l'astre cesse de monter dans les hauteurs du ciel : une route familière accueille à nouveau l'attelage[10], et l'ornière du Soleil ardent revient vers le Notus.

Tropique du Capricorne. Ce cercle, à la limite du Cancer[11], est voisin de la zone qui jamais ne se couche[12]. Mais là-bas, sur la calotte australe[13], le second partage en son milieu le pluvieux[14] Capricorne, les pieds du jeune Idéen[15] et l'extrémité d'une queue verdâtre[16]. Là ⟨brille⟩ le Lièvre menu, là le Chien installe l'extrémité de ses membres, là se voit l'Argo de Thessalie, là est coupée la croupe sauvage du massif Centaure. Ce cercle tranche la spirale tronçonnée[17] de

Voir notes 1 à 17 page 231.

uerticis extrem*o*. Secat hic umeros Ophiuchi
circulus et secum flagrantia dorsa reuoluit.
Erigone tepidum sese submittit in Austrum, *(490)*
uirgineosque pudens zonae super inuidet artus.
Sed Leo, sed Cancer Borealis tramite caeli
uiscera protendunt ; at circulus ima calentis
pectora perque aluum procul in postrema Leonis
succedit ; secat ast alium per uiscera plana
et medi*um* subter caua tegmina diuidit, orbe
lumina secludens altrinsecus. Orbita porro *(496)*
ista poli partis si discernatur in octo,
quinque super uoluit se partibus, at tribus alti
intrat [in] stagna sali. Sol istinc flammifer aethram
iam relegit, pulsuque deus semel ordine facto
flectitur aestiuo, neque celsum semita in axem
sideris erigitur : uia rursum nota iugales
suscipit, inque Notum rutili redit orbita Solis.

Circulus iste quidem Cancro tenus adiacet axe*m* *(500)*
semper inocciduum. Procul alter cardine in Austri
diuidit imbriferi corpus medium Capricorni,
Idaeique pedes pueri postremaque caudae
caeruleae. ⟨Lucet⟩ breuis hic Lepus, hic Canis artus
conditur extrem*o*s, hic Thessala cernitur Argo,
hic Centaureae fera molis terga secantur. *(505)*
Iste uenenatae disiecta uolumina caudae

960 extremo *Aldus* : -mum *VAE* || 961 flagrantia dorsa *E* : -grant[1] adorsare *V* -gramen adorsa *A* || reuoluit *A* : (-re) uoluit *V* renduit *E* || 962 Erigone *VA* : -nem *E* || 963 uirgineosque *A* : -neusque *VE* || 964 borealis tramite *E* : -alis tramitte *V* -alia tramite *A* || 967 succedit *E* : S ccedit *V* Secedit *A* || 968 medium *ego (uide adn.)* : -dio *VAE* || orbe *Schrader* : orbem *VAE; ante* orbe *interpunxi* || 969 secludens *VA* : re- *E* || 971 se *VA* : *om.* *E* || 972 in *secl. Aldus* : *habent VAE* || flammifer *VA* : -ger *E* || 976 suscipit *VA* : -cepit *E* || rutili *VA* : rutuli *E* || redit *AE* : credit *V* || 977 cancro *E* : canore *VA* || axem *Breysig* : axe *VAE* || 981 *Vers. mancum ita suppleui exempli gratia; nil certi (uide adn.)* || breuis *A* : brenis *VE* || 982 extremos *Morel* : -mus *VAE* || 984 iste *VA* : ista *E* || disiecta *VAE* : dissecta *Housman.*

la queue venimeuse ; sur lui l'arc bandé porte une longue flèche[1]. C'est le point extrême qu'atteint Phébus, au moment d'être refoulé dans sa descente vers l'Auster : quand la saison d'hiver blanchit sous les frimas, là sont les bornes[2] de l'astre ; jusqu'à ces lointains arrive, sur son char céleste, le Soleil descendu de la zone dont l'Aquilon balaie les nuages. De ce tropique ne se montrent que les trois huitièmes ; les cinq autres se cachent sous l'étendue de l'abîme qui gronde[3].

Équateur.

Mais entre les deux tropiques, avec une circonférence égale à celle de la ceinture dont l'aspect blanc laiteux se distingue dans l'empyrée[4], s'étire une ligne d'immense portée qui sépare les profondeurs du Notus et isole les hauteurs de l'Aquilon. Ici, les durées de la lumière et des ténèbres, soumises à une loi impérative, s'équilibrent : au jour succède une nuit égale, avec laquelle rivalise la lumière que Phébus lui substitue, et des heures invariables jalonnent sa révolution[5], soit que l'été finissant cuise les entrailles du sol crevassé, soit que la terre s'émeuve au printemps couronné de fleurs. Ce cercle, qui s'étend bien haut sur les chemins de l'empyrée, a pour repère le Bélier, tout entier en effet supporté par sa ligne. Ici se ploient les pattes du Taureau menaçant et brille d'étoiles le baudrier[6] d'Orion. Ici encore un repli de l'Hydre, avec la Coupe légère[7] et le bec vorace du Corbeau, grand ouvert ; ici enfin se trouvent les flammes des Pinces recourbées[8], ici scintillent les genoux d'Ophiuchus à la raide stature. A l'équateur ne manque pas non plus l'écuyer ailé de Jupiter[9], puisque l'Aigle fauve est sur son tracé. Ici s'élève la tête du Cheval, ici se dresse l'encolure à crinière du dispensateur de l'illustre Hippocrène[10].

Voir notes 1 à 10 page 234.

amputat, hic arcu protenditur ampla sagitta.
Vltimus hic Phoebo locus est, ubi lapsus in Austrum
pellitur : albenti cum canent tempora bruma,
sideris hic metae ; procul istuc caelite curru
axe sereniferi descendit Sol Aquilonis.
Partibus iste tribus tantum se circulus effert,
quinque latet, crepuli succedens stagna profundi.

Inter utrumque dehinc, quantus iacet ambitus illi *(511)*
zonarum cani specie quae lactis in aethra
cernitur, ingenti se tramite linea tendens
diuidit ima Noti discernit et alta Aquilonis.
Hic luci modus et tenebris sub lege magistra
pensatur : nox aequa diem subit, aemula Phoebus
lumina substituit paribusque reuoluitur horis,
uel cum summa aestas coquit agri uiscera hiantis,
uel cum floricomo iam tellus uere mouetur.
Ast isti, celsae qua*e* tramite panditur aethra*e*, *(515)*
indicium est Aries : hunc totum linea quippe
sustinet. Hic Tauri curuantur crura minacis
et rutilat stellis hic balteus Orionis.
Spira Anguis, leuis hic Crater et *ed*acia Corui
ora inhiant, hic sunt flexarum denique flammae
Chelarum, genua hic rigidi uibrant Ophiuchi. *(521)*
Nec Iouis armigero caret alite : namque per ipsum
fulua Aquila est. Caput hic Equus eminet, hicque [comanti
ceruice erigitur clarae dator Hippucrenae.

988 curru *VA* : cursu *E* || 991 succedens $A^{pc}E$: succendens A^{ac} succindens *V (ut uid.)* || 992 ambitus illi *E* : abit(us) illi *V* arbiter olli *A* || *Vu.* 993-996 *in V euanidi sunt* || 993 specie quae *A* : -ciae que *V* speieque *E* || 995 noti *VA* : -to *E* || 996 luci modus *E* : ....dus *A V non legitur* || 997 pensatur $V^{pc}AE$: pessa- V^{ac} || nox aequa *E* : noxae qua *V* noxae que *A* || *ante* aemula *interp. Housman : post edd.* || phoebus *E* : phoeb. *V* phoebo *A* || 998 paribusque *AE* : fari- *V* || 1001 quae *Beaujeu* : qua *VAE* || aethrae *Aldus* : -thra *VAE* || 1005 crater *VA* : -terque *E* || edacia *Hilberg* : tenacia *VAE* || 1010 clarae *VA* : -re *E* || hippucrenae *V* : hippocrenae *E* hippocrenes *A*.

Ces trois cercles, parallèlement tendus dans le ciel et séparés par des intervalles égaux, sont traversés par l'axe, le même qu'à eux tous ils entourent trois fois[1] à angle droit[2].

Zodiaque.

Sur cet ensemble un autre élément jette sa route oblique : ce quatrième cercle est serré au contact des deux ceintures massives[3] qui se font pendant de part et d'autre du ciel et qui, rejetant en arrière l'astre du jour, lui donnent, nous l'avons dit, une impulsion nouvelle[4]. Ce cercle-ci et celui du milieu[5] se coupent par le milieu. Non, la déesse Pallas, si supérieure soit-elle aux autres dieux par l'intelligence, ne saurait assembler un pareil mécanisme de roues mobiles[6], ni en emboîter les circonférences à leurs distances respectives, sur le modèle de l'ensemble obliquement ajusté qui poursuit jour et nuit un trajet identique, du levant aux lointaines eaux de Calpé[7]. Car une fois monté des profondeurs de Tithon[8], chaque corps céleste revient plonger dans les flots du couchant, suivant l'ordre qui lui est assigné : semblable essor au lever, loi unique pour susciter la montée ; enfin déclin égal pour tous, et chute identique qui engloutit les astres[9]. Mais le Zodiaque s'enfonce dans l'étendue océanique sur un secteur égal à celui qui sépare du glauque Cancer le Capricorne, et l'espace qu'il couvre du côté où il émerge de l'abîme répond exactement à celui que remplit en face son déclin sous les eaux[10]. Dans l'espace, dont les confins s'étirent en une immense circonférence, il faut prendre la terre comme un point, d'où

Voir notes 1 à 10 page 235.

Tris omnis rect*o* contentos tramite caeli
distantisque pari spatio sibi transigit axis,
omnibus et mediis t*er* circumfunditur idem. *(526)*

Desuper obliqua est al*ii* uia, quartus et iste
stringitur artatus zonarum mole duarum,
quas ab diuersa mundi regione locatas
cire repercussi momentum diximus astri;
hunc alius medium medius secat. Haud dea Pallas, *(529)*
uel licet haec cunctos praecellat acumine diuos,
compingat parili sic lubrica plaustra meatu,
implicet ut spatiis sibimet distantibus orbes,
qualia deuexo nectuntur ab ordine cuncta
urgenturque uiam similem noctesque diesque
lucis ab exortu procul in uada Calpetana. *(533)*
Nam[que] Tithoneo cum sunt elata profundo,
rursus in occiduos merguntur singula fluctus
ordine partito : similis nascentibus ortus,
scandendi lex una mouet; par denique lapsus
omnibus, et simili conduntur sidera casu.
Ille autem Oceani tantum descendit in aequor
quantum ab caeruleo distat Cancro Capricornus,
et quam multus item est, ubi gurgite protulit ortum,
tantus in aduersas itidem est cum labitur undas *(540)*
signifer. In spatio, quantum deducitur orae
ambitus extremae, puncti uice terra locanda est,

1011 recto *Grotius* : -te *VAE* || tramite *AE* : -tae *V* || *Vu.* 1013-1014 *seruat sola E : om. VA* || ter *ego (uide adn.)* : ut *E* || 1014 alii uia *Breysig* : aluuia *E* || 1015 artatus *Breysig* : arctatus *E*, *uett.* attractus *A*; *V legi nequit* || mole *VA* : molle *E* || 1016 locatas *VA* : -tus *E* || 1017 cire *Grotius* : scire *VAE* || 1018 medius *VA* : *om. E* || 1019 diuos *AE* : -uus *V* || 1020 parili *A* : -lis *VE* || meatu *AE* : metatu *V* || 1022 nectuntur *A* : -tunitur *V* -tantur *E* || 1023 noctesque *AE* : -teque *V* || 1024 calpetana *A*pc *(cf. u. 1622)* : calpetitana *VA*ac*E* || 1025 nam *Grotius metri causa (cf.* Tīthoneo *D. O. T. 368)* : namque *VAE* || tithoneo *A* : thitho- *V* tithonieo *E* || sunt *VA* : summe *E* || elata *V*pc*A (ut uid.)* : electa *E* || 1032 quam *VA* : quantum *E* || 1034 signifer *VAE* : -feri *malim, interpunctione in fine u.* 1033 *posita* || 1035-1045 *meo modo interpunxi* || 1034 spatio *VA* : -cium *E* || orae *Aldus* : horae *VAE*.

le rayon visuel — qui n'a lui aussi qu'une origine ponctuelle minuscule — part en droite ligne pour filer dans les airs[1]. Si, du centre de la route zodiacale, on jette vers ses hauteurs des regards prompts à gagner les lointains — regards qu'épuise la longueur du trajet et que l'air, si ténu soit-il, finit par intercepter[2] — et si l'on s'avise de reporter le segment du rayon visuel ainsi dardé sur le vaste cercle du Zodiaque, la circonférence, limite de ces confins immenses, nous le donnera six fois[3]; ces parties, une loi géométrique les dispose de manière qu'à leur tour partagées elles renferment chacune deux signes[4].

Sur le Zodiaque se trouvent le Cancer, le Lion flamboyant, la Vierge d'Attique[5]; il y a aussi les bras des Pinces[6] et le Scorpion lui-même, le Sagittaire, puis gravite la figure velue du Capricorne, et le Verseau présente son urne d'or. Viennent ensuite les deux Poissons, le Bélier, le Taureau et les Gémeaux. Ces douze signes, le soleil les aborde successivement et dans sa course les retrouve tous, achevant d'un mouvement inlassable la durée complète des années. Quand le soleil d'or parcourt ce cercle du Zodiaque, l'une après l'autre les saisons montrent le visage de leur fécondité. La partie du Zodiaque immergée dans l'Océan profond est égale à celle qui s'élève au-dessus de la terre[7]. Toutes les nuits son déplacement plonge dans la mer six constellations et en retire six. La nuit humide se prolonge toujours tout le temps nécessaire au ⟨demi-⟩cercle pour s'élever hors des eaux ⟨et, dès les premières ombres, surplomber la terre.⟩[8]

Voir notes 1 à 8 page 236.

unde acies, oculis cum tenditur (haec quoque puncti
sedem habet *exiguo*), procurrit missa per auras.
Signiferi in summum medio de tramite si quis
dirigat obtutus agilis procul, hosque locorum
defessos longo spatio tener amputet aer,
id quod contenti uisus absciditur ultro
siqui in signiferi patulum circumferat orbem,
*s*ex olli partis magnae dabit ambitus orae; *(542)*
ast h*a*e dimensa spatii sic lege locantur
bina u*t* decisis includant partibus astra.

Olli Cancer inest, Leo flammifer, Attica Virgo,
bracchia sunt itidem Chelarum et Scorpius ipse,
Arquitenens, saetosa dehinc species Capricorni
uoluitur, auratam protendit Aquarius urnam,
tum duo sunt Pisces, Aries, Taurus Geminique.
His se bis senis sol admouet, hisque recurrens *(550)*
omnibus absoluit totos reparabilis annos.
Que*m* cum signiferi graditur sol aureus orbem,
singula frugiparos attollunt tempora uultus.
Illius Oceano quantum submergitur alto,
tantum tellur*em* supereminet. Omnibus iste *(554)*
noctibus illabens pelago sex inserit astra,
sex reparat. Tanto nox umida tempore semper
tenditur, extulerit quantum se circulus undis
⟨....................................⟩ *(558)*

1036 oculis *VAE* : -li *Scaliger* || 1037 exiguo *ego* : signo *VE* in signo *A* || 1039 dirigat *A* : de- *VE* || 1040 defessos *E* : -fensos *V (ut uid.) A* || 1041 absciditur *VA* : abscond- *E* abscind- *Aldus, edd.* || 1043 sex *Aldus* : ex *VAE* || orae *Aldus* : horae *VAE* || 1044 hae dimensa *Morel* : hedi mensa $V^{pc}E$ hoedi mensa *A* hodi mensa V^{ac} || 1045 bina ut *Winterfeld* : bina *VE* binaque *A* || 1046 flammifer *E* : flami- *A* fami- *V* || 1048 Arquitenens *V* : arci- *AE* || 1050 aries *VA* : acies *E* || 1051 se bis *A (in ras.) E* : saebis *V* || 1053 Quem *Grotius* : Que *V* Quae *AE* || sol aureus $V^{pc}AE$: solus eus V^{ac} || 1054 frugiparos *VE (cf. Lucr. VI, 1)* : frugiferos *A, prob. Winterfeld* || 1056 tellurem *Housman* : -ris *VAE* -ri *quoque Housman* || supereminet *AE* : superemm& *V* super eminet *Breysig* || 1059 extulerit *AE* : -tulle- *V* || *Post u.* 1059 *lac. statuo unius uersus, ut* ⟨dimidius, primis qui terram impendet ab umbris⟩ *(uide adn.)*.

Synchronismes des levers et couchers[1].

Or donc si tu veux savoir combien de temps encore le jour va se faire attendre et la nuit noire prolonger le cours de sa tranquillité, note les signes qui là-bas émergent de l'Océan : car toujours le Titanide[2] est le compagnon de l'un d'eux. De ces signes pense à chercher des yeux le point d'apparition, le berceau[3] ; tâche de les saisir eux-mêmes par la quête de ton regard mobile — oui, eux-mêmes, et de les repérer au ciel. Mais s'ils se dissimulent dans les nuages, ou si leur apparition, vu les nombreux renflements de l'horizon terrestre, est masquée par l'obstacle d'une crête ou l'écran d'une falaise, il existe un moyen facile de reconnaître à d'autres indices le moment de leur arrivée : pour le saisir, tu auras toujours un indicateur, l'Océan lui-même, qui embrasse de ses eaux la périphérie de la terre immense au point d'arrondir ses rivages pour cacher le ciel plus largement et d'engloutir les astres au sein de l'étendue salée[4]. Les révélations qu'il donne s'offriront toujours sur ses deux ailes, tant du côté où ses vagues matinales mettent l'air en rumeur que du côté où il déchaîne furieusement ses marées sur l'étendue atlantique[5].

Lever du Cancer.

Loin d'être obscures, quand le Cancer monte à l'horizon, des étoiles décriront leurs cercles aux deux bords de l'Océan, qu'elles glissent dans ses eaux ou reparaissent dans la partie orientale du ciel. La brillante torsade de la Couronne minoënne descendra ; descendra aussi, par le dos, le Poisson habitant de l'Auster ; mais lui, tu l'apercevras toujours à moitié suspendu en l'air, à moitié disparu sous l'eau par son arête dorsale, tant que décline l'ardente Couronne[6]. Quant à celui qui tourne son vaste dos[7], tu le distingueras toujours, parmi les étoiles visibles, jusqu'au haut de son ventre[8] ; mais au-delà, son visage, son cou, son large torse disparaissent

Voir notes 1 à 8 page 237.

At si scire uelis mora lucem quanta retentet
et quanto nox atra sibi trah*at* otia lapsu,
quae procul Oceano consurgunt signa notato :
horum semper enim comes est Titanius uni.
Horum prima oculis memor incunabula quaere,
luminis ipsa uagi captans uenatibus, ipsa,
ipsa notans mundo. Quae si se nubibus abdent, *(563)*
aut si, *cum* surgunt, ut tellus saepe tumescit,
occultata iugo praetentaque rupe latebunt,
prompta uia est alii*s* uenientum tempora signis
noscere : namque ipso deprenderis indice cuncta
Oceano, magnam qu*i* circum amplectitur undis
tellurem, curuet celando ut litora mundo
latius atque sinu patuli salis hauriat astra.
Istius indicium praebebunt cornua semper, *(566)*
uel matutino qua perstrepit aera fluctu,
acer Atlantei uel qua furit aequoris aestu.

Nam non obscurae, cum Cancer commouet ortum, *(569)*
Oceano stellae circumuoluentur utroque,
in freta labentes aut quae ⟨se⟩ rursus Eoi
parte ferunt mundi. Minoae clara Coronae
serta cadent, Austri *t*ergo cadet incola Piscis ;
hunc medium pendere tamen mediumque sub undas *(573)*
cedere per spinam, rutila labente Corona,
semper suspicies. At tergi plurima uersum
uentre tenus summo supera inter sidera cernes :
os et colla dehinc et pectora uasta per aequor
mersantur. Premit ab genibus celsos Ophiuchum *(577)*

1061 trahat *Morel* : trahit *VAE* || 1065 uenatibus *AE* : uenena- *V* || 1066 mundo quae *AE* : -doq. *V* || si *Grotius* : sic *VAE* || 1067 cum surgunt *Breysig* : consurgunt *VAE* || 1068 praetentaque *VAE* *(cf. D. O. T. 209)* : -textaque *Breysig, Holder* || 1069 aliis *Aldus* : alii *VAE* || 1070 deprenderis *V* : -praehend- *AE* || 1071 qui *uett.* : qua *VAE* || 1075 perstrepit *AE* : -stepit *V* || 1079 aut quae *AE* : autq. *V* || se *Grotius* : *om.* *VAE* || 1080 parte *VA* : parce *E* || minoae *A* : minoezi ae *V* manoeziae *E* || 1081 tergo *Morel* : ergo *VAE* || cadet *AE* : cade *V* || 1082 undas *VA* : -des *E* || 1085 cernes *AE* : car- *V*.

dans l'étendue marine. Le Cancer enfonce Ophiuchus des genoux aux hautes épaules, le Cancer à son lever enfonce aussi le Serpent, par le côté où la tête oscille sur une longue série d'étoiles, où s'enfle le cou dressé et se dilatent les premiers replis de la poitrine[1]. Arcturus[2] va cesser de s'étendre largement de part et d'autre de l'horizon : déjà on le voit moins dans les régions supérieures, déjà la majeure partie de son corps s'enfonce dans les profondeurs ; aussi bien partage-t-il le sort de quatre signes, tandis que l'Océan l'accueille. A peine rassasié de lumière, il se retire tout entier[3] et sur un dernier regard[4] quitte le firmament. La nuit déclinante verra passer déjà plus de la moitié de ses heures quand, à la tombée du jour, il accompagnera la descente de Phébus sous les eaux[5]. Telles sont les constellations qui s'enfoncent dans les profondeurs de l'abîme immense ; mais en face, avec l'éclat de tout son corps pour rehausser son visage[6], Orion, dont l'ardent baudrier jette au loin ses feux, dont brûlent les épaules et resplendit l'épée scintillante, Orion entraînant l'Éridan[7] émerge sur un autre rivage[8].

Lever du Lion.

Lorsqu'arrive ensuite le Lion, avec son encolure à crinière[9], toutes les constellations qui à l'émersion du Cancer étaient au bout de leur course céleste[10] s'en vont. L'oiseau de Jupiter[11], lui aussi, s'enfonce dans les flots et gagne à tire d'aile la surface marine. Quant à l'Agenouillé, toujours campé sur son jarret fléchi, il dissimule déjà la partie supérieure de son corps ; mais ni son genou, ni son pied gauche ne sont cachés dans l'abîme :

Voir notes 1 à 11 page 239.

usque umeros Cancer, Cancer premit ortus et [Anguem,
agmine qua uasto *f*luita*t* caput, aspera ceruix
qua tumet et spiris qua turgent pectora primis.
Parte nec Arcturus distabit multus utraque : *(579)*
iam minor in superis, iam uiscera plurimus alto
conditur ; hu*n*c etenim consortem quattuor astris
Oceanus recipit. Satur hic uix luminis, *o*mnis
cedit et inspiciens tandem conuexa relinquit.
Tum iam plus mediis nox inclinabitur horis
cum labente die Phoeb*o* comes ibit in undas.
Ista quidem uasti conduntur gurgitis alto ; *(586)*
contra autem, nullo non uultum uiscere *hon*orans
Orion, rutilans ardentia cingula late,
et flagrans umeros et splendens ense corusco
Eridanumque trahens, alio se litore promit.

Adueniente dehinc uilloso colla Leone, *(590)*
omnia quae Cancro sese emergente per aethram
ext*ima* erant abeunt. Quin et Iouis ales in undas
conditur et totis raptim petit aequora pinnis.
Sed Nixus genibus, replicato *i*uge residens
poplite, iam superi celatur corporis artus ;
non tamen ist*e* genu, non laeuam gurgite plantam

1089 fluitat *Grotius* : pluit ad *VAE* || 1090 qua tumet et *E* : quantum et *VA* || 1091 multus *A (cf. Arat. 579* πολύς*)* : inultus *VE* || 1092 iam minor *AE* : iaminor *V* || 1093-1094 *in V euanidi sunt* || 1093 conditur *A* : -tor *E*; *V non legitur* || hunc *Aldus* : huc *V (ut uid.) E* hic *A* || consortem *E* : c(en)sor e(st) *A* ; *V non legitur* || 1094 Oceanus *A* : Oeuanus *V (ut uid.)* Oceaons *E* || satur hic uix luminis *E* : *V non legitur, om. A* || omnis *Breysig (qui sic interp.)* : amnis *AE, prob. Buescu* a//nis *V* almi *Grotius (uide adn.)* || 1095 inspiciens *AE* : -spaciens *V* -cipiens *Grotius, edd. (uide adn.)* || 1097 labente *AE* : -nde *V* || Phoebo *Aldus* : -be *VAE* || 1099 honorans *ego (uide adn.)* : uorans *VAE. Locum paene desperatum alii aliter corr.* || 1101 corusco V^{pc}*AE* : orus- V^{ac} || 1102 (H)eridanumque *E* : -dianum- *VA* || alio se *uett.* : alios e *VAE* || 1103 leone *AE* : -nae *V* || 1105 extima erant *ego* : extulerant *VAE* exsuperant *Sieg, prob. Breysig* || 1107 iuge *ego (cf. u. 88)* : luce *E* lucre *VA alii alia* || 1108 iam V^{pc}*AE* : am V^{ac} || 1109 iste *Morel* : -to *V* -ta *AE.*

l'Océan n'engloutit pas la totalité de la constellation. L'Hydre montre sa tête ; brillant à son lever[1] le Lièvre s'élance, avec Procyon et les pattes antérieures du Chien au pelage de feu[2].

Lever de la Vierge.

Dès qu'Érigone[3] a levé son visage hors des flots salés pour trouver enfin l'air libre et traverser l'empyrée, elle fait décliner nombre d'astres. Quand la Vierge monte sur la mer orientale, voici partir la Lyre cyllénienne[4], voici partir le Dauphin dans la mer, voici partir la Flèche, et le bout de ses ailes fait plonger le Cygne argenté : c'est tout juste déjà si sa queue reste au-dessus de l'horizon marin, tout juste si une maigre lueur signale ce qui dépasse de l'Éridan : son cours là-bas est noyé par la mer[5]. L'infatigable coursier cache sa tête[6], sa fière encolure gagne les profondeurs de Téthys, sa crinière se mouille de rosée saline. De l'autre côté l'Hydre là-bas progresse jusqu'à la Coupe qu'elle supporte, et Sirius[7], qui a libéré ses pattes de derrière, jette ses feux[8] en tirant la Poupe de la mer bleutée. Elle scintille, et l'Argo émerge jusqu'au mât, tandis que l'éther entraîne déjà plus haut les membres de la Vierge[9].

Lever des Pinces.

Non, quand l'étendue marmoréenne rejette les Pinces[10] recourbées, si dénuées d'étoiles et pauvres d'éclat qu'elles soient, le jour du phénomène n'est pas inconnu[11], ce lever ne passe pas inaperçu. Car il est signalé par la physionomie caractéristique du Bouvier, qui se lève dans toute son ampleur[12] et qui, aux lointaines hauteurs du ciel[13], allume les feux d'Arcturus. Déjà la Poupe thessalienne remonte l'éther élevé, déjà sur le ciel l'Hydre s'étale plus au long — mais dans cette ascension il lui manque encore le bout de la queue. Quand montent

Voir notes 1 à 13 page 241.

occulitur, non Oceanus uorat omnia signi.
Proserit Hydra caput, claro Lepus exsilit ortu (594)
et Procyon primique pedes Canis ignicomantis.

Erigone salsis cum uultum exegerit undis
aeris ut patuli iam conscia permeet aethram,
astrorum numerosa premit. Nam Virgine Eoo
consurgente freto cedit Lyra Cyllenaea, (597)
cedit Delphinus pelago ceditque Sagitta,
primaque pinnarum pars canum condit Olorem :
uix iam cauda salum superat ; uix lumine parco
eminet Eridanus : ponto procul efflua tinguit.
Celatur sonipes caput impiger, ardua ceruix (601)
Tethyos ima petit, salso iuba rore madescit.
Hydra superpositum procul in Cratera mouetur
parte alia et liber uestigia Sirius ardet
ultima, caeruleo protelans aequore Puppim.
Illa micat maloque tenus sese exserit Argo,
cum iam uirgineos aether uehit altior artus.

Nec, cum falcatas emittunt marmora Chelas (607)
sideris expertis et clara luce carentis,
non est nota dies aut est ignobilis ortus.
Namque his indicium proprio fert ore Bootes
plurimus exoriens, Arcturumque eminus alto
cardine succendit. Iam celso Thessala Puppis
aethere subuehitur, iam mundo funditur Hydra (611)
longior, extremaeque polum subit indiga caudae.

1111 exsilit *V* : exilit *A* esilit *E* ‖ **1112** procyon *AE* : -tion *V* ‖ **1115** nam *VE* : iam *A* ‖ eoo *VA* : eoa *E* ‖ **1116** lyra cyllen(a)ea *AE* : lura cyllenaee *V* ‖ **1120** efflua tinguit *E* : -fluat inguit *V* -fluat hinnit *A* ‖ **1121** ardua ceruix *E* : *om.* *VA* ‖ **1122** Tethyos *AE* : Thethios *V* ‖ iuba rore *Heinsius* : iubar ore *A* iubar ora *VE* ‖ **1123** Hydra *AE* : -dras *V* ‖ cratera *AE* : gra- *V* ‖ **1125** protelans *VA* : -cellans *E* ‖ **1128** falcatas *Winterfeld (coll. 251, 1187)* : flagratas *A* -grata *VE* flagrantes *Grotius (quod cum u. sequenti repugnat)* ‖ marmora *AE* : marmo *V* ‖ **1129** clara *VA* : elara *E* ‖ **1130** aut *VE* : haud *A* ‖ **1135** extremaeque *AE* : -meq. *V* ‖ indiga *Aldus* : indica *VAE.*

au firmament les pinces arrondies du signe de Chios[1], regarde comme émerge de l'étendue marine, avec son talon droit, l'Agenouillé dont le pied seul manifeste le lever[2]. Brillant voisin de la Lyre, il peut la même nuit gagner les eaux azurées de la mer occidentale et reparaître bientôt dans tout son éclat sur l'Océan oriental. Avec les Pinces, donc, il ne laisse émerger qu'un pied; quant à lui, la tête en bas, très loin, il attend qu'ait fini de sortir le dos du monstre[3], il attend que le Sagittaire montre au ciel ses flèches et, en bon guerrier, les darde là-haut dans l'empyrée. Voilà donc ce qui ramène cette constellation : les Pinces en font sortir la jambe, le Scorpion proprement dit tout le reste, y compris le milieu du corps; la main gauche, la tête et le visage, c'est au tour de l'Arc de les amener. Bref, l'Agenouillé élève en trois temps ses membres paresseux; il a besoin de trois signes pour se dégager entièrement de la mer. Puis la moitié des torsades de la Couronne et le bout de la queue déployée du Centaure sortent de l'Océan dès que s'insinuent au ciel les Pinces du monstre venimeux. Déjà sous l'horizon marin l'abîme enfonce à la fois l'extrémité du Cygne et la tête du Cheval fougueux[4]; déjà ces constellations ont gagné là-bas les abysses de la mer occidentale, dont le flot les a englouties[5]. La tête d'Andromède est reçue au sein de l'étendue marine, et par la rotation descendante du ciel l'Auster amène sur elle[6] la silhouette redoutée du monstre né des vagues. Mais du côté du farouche Borée[7], Céphée semble contempler la scène du haut d'un talus, sur l'axe qui s'élève vers le pôle

Voir notes 1 à 7 page 242.

Curua Chii caelo *cum* surgunt bracchia signi,
inspice ceu dextra referatur ab aequore planta
inque genu tantum Nixus pede proferat ortum.
Iste Lyrae rutilat conterminus, atque sub unis *(615)*
hic tenebris petit occidui ua*d*a caerula ponti
et mox Oceano reparatur clarus Eoo.
Cum Chelis igitur pede tantum promitur uno ;
ipse dehinc, uersus procul in caput, ultima monstri
terga manet, manet Arquitenens dum spicula caelo
exserat et supera uibret bellator in aethra.
Haec sidus reuehunt : Chelae crus, Scorpius ipse *(622)*
cetera cum medio, laeuam et caput oraque rursum
Arcus agit. Tribus hic tandem remorantia membra
partibus erigitur, tria totum denique signa
absoluunt pelago. Mediae tum serta Coronae
et quae Centauro diffunditur extima cauda,
prima uenenati cum repunt bracchia monstri, *(626)*
surgunt Oceano. Iam gurges et ultima Cygni
et caput acris Equi premit aequor*e*, iam procul ista
marmoris occidui penitus petiere profundum
hausta salo. Caput Andromedae freta uasta re-
[ceptant,
ac formidatam deuexi cardine mundi
fluctigeni specie*m* monstri superinuehit Auster. *(630)*
Sed Boreae de parte trucis uelut aggere ab alto
prospiciens superi subrecto uerticis axe

1136 cum surgunt *Grotius* : consur- *VAE (cf. 133, 1067)* || brac(c)hia *VA* : bya- *E* || signi *A* : -gna *VE* || 1139 iste *AE* : istae *V (a in ras.)* || unis *Housman, Reuter (cf. Arat. 618* αὐτονυχεί, *Cic. 401* nocte... una, *German. 629* una... nocte*)* : undis *VAE* || 1140 uada *Schrader* : uaga *VE* iuga *A* || 1144 arquitenens *uett.* : arquitenes *V* arcitenens *AE* || 1146-1148 *sic interp. Winterfeld, prob. Reuter* || 1147 rursum *VAE (cf. 331, 338, 621, etc.)* : sursum *Grotius, edd.* || 1150 absoluunt *VA* : -uuntur *E* || 1151 et quae *Grotius* : exque *VA* ex qua *E* || 1152 uenenati *AE* : -nena *V* || 1154 acris equi *E* : agri sequi *V* agri, sequi *A* || aequore *Hilberg, Housman* : -ra *VAE* || 1156 receptant *E* : -tan *V (ut uid.)* -tans *A* || 1158 speciem *Aldus* : -cie *VAE* || -inuehit *AE* : -inhueit *V* || 1160 subrecto *Grotius* : subuec- *VA* subiec- *E* || axe *VA* : axis *E*.

supérieur ; tendu là-bas vers l'apparition, il lève ses bras incertains et prévient sa fille que le cruel fléau de la mer approche[1]. Mais la bête, tournée vers le Fleuve[2], mouille dans l'eau profonde la partie postérieure de son corps, depuis la partie de l'épine dorsale la plus proche du sommet de la tête. Céphée la suit dans les flots, où il plonge la tête et les bras ouverts[3].

Lever du Scorpion.

Mais quand l'agressif[4] Scorpion naît de l'Océan, toute apparence d'eau que l'Éridan vénérable déverse parmi les constellations se dérobe dans les profondeurs de Téthys : le Pô[5] se cache sous la surface de la mer occidentale. Le Scorpion épouvante le géant Orion en grimpant lentement hors des flots. C'est une vieille histoire, chaste fille de Latone[6], et non point mensonges échafaudés par nos vers. C'est l'ère primitive à la trempe farouche[7] qui a forgé cette abomination, qui l'a transmise à l'humanité. L'aveuglement d'un esprit cruel, la démesure de la passion avaient plongé l'aiguillon du crime dans le cœur impie du personnage. Aussitôt brûla, au plus profond de ses moelles, un terrible brasier, un grand feu flamba dans sa poitrine[8]. C'est donc toi que ce misérable impudent, toi, déesse, toi qu'il put toucher de sa main grossière, de cette main impie qui abattait les bosquets vénérés de Chios, les bras immensément feuillus des bois, les cous et les chevelures de la forêt qui t'était consacrée[9] — téméraire forfait pour une offrande destinée à Oenopion[10]? Mais cet excès d'audace trouva sur-le-champ sa digne récompense. Faisant éclater les entrailles de la montagne chargée de nuées[11], la déesse

Voir notes 1 à 11 page 242.

intentusque procul specie, uaga bracchia Cephe*us*
exserit et saeuam pelagi monet adfore pestem.
Illa tamen, uersa in Fluuium, postrema profundo *(632)*
tinguitur ab spina capiti quae proxima summo est.
Vnda*s* succedens Cepheus et uerticem et ulnas
mersatur patulas.

Quin et cum Scorpius acer
nascitur Oceano, quidquid per sidera aquarum
ad speciem Eridanus pater exspuit, abditur alta
Teth*y*e et occidui tegitur Padus aequore ponti. *(635)*
Scorpius ingentem perterritat Oriona
proserpens pelago. Vetus, o Latonia uirgo,
fabula, nec nostro struimus mendacia uersu :
prima nefas duri compegi*t* germinis aetas,
prima dedit populis. Caecus mos mentis acerbae
immodicusque furor sceleris penetrauer*at* oestro
impia corda uiri. Caluerunt dira medullis
protinus in mediis incendia, plurimus ardor
pectore flagrauit. Tene improbus ille procaxque,
te, dea, te dura ualuit contingere dextra, *(638)*
cum sacrata Chii nemora et frondentia late
bracchia lucorum, cum siluae colla comasque
deuotae tibimet manus impia demolita est
audax ut facinus donum daret Oenopioni?
Digna sed immodico merces stetit ilicet ausu :
nam dea, nubiferi perrumpens uiscera montis,

1161 Cepheus *Aldus* : cepheos *E* epheos *VA* || 1163 fluuium *AE* : fluiũ *V (num ex* flum̄? *Vide adn.)* || 1165 undas *Breysig* : -da *VA* -de *E* -dae *Holder* -dis *uett.* || succedens *E* : succend- *VA* || cepheus *AE* : chepeus *V* || uerticem *VE* : -ce *A* || 1166 patulas *V* : -la *A* -lus *E* || cum *VA* : tum *E* || 1169 Tethye *Aldus* : Tethre *VE* Tetre *A* || 1171 o *VE* : e(st) *A, prob. Breysig, Brakman* || 1173 compegit *Breysig* : compegi *VE* cum pegi *A. Versum totum olim alii aliter corr.* || aetas *VA* : aestas *E* || 1174 caecus *VA* : caetus *E* || 1175 immodicusque *AE* : -cus quae *V* || penetrauerat *Morel* : -rit *VAE* || caluerunt *VA* : tabue- *E* || medullis *AE* : -llus *V* || 1178 tene *V* : tener *A* tenet *E* || 1181 bra(c)chia *V*pc*AE* : bla- *V*ac || lucorum *VA* : lucro- *E* || 1182 demolita *AE* : -molli- *V* || 1183 ut *Grotius* : aut *VAE* || 1184 ausu *E* : asu *V* astr āsu *A* || 1185 perrumpens *AE* : ferrum pens *V*.

lance le terrible animal sorti de sa caverne sur les membres cruels de son ennemi. Quand donc le monstre, attaquant Orion, lui eut infligé les morsures de ses appendices recourbés et eut frappé de toutes ses pinces les membres du téméraire[1], celui-ci expia son forfait. Telle est la récompense que mérite la passion, tels sont toujours les rapports avec les dieux outragés[2]. Cette peur, cette peur terrible habite encore la constellation : dès que le Scorpion se montre à son lever, Orion épouvanté prend sa course jusqu'aux confins de la terre. De même, tout ce qui restait d'Andromède à planer dans l'empyrée, tout ce que le firmament entraînait encore de la Baleine disparaît au lever du Scorpion. Tous, à la ronde, l'épouvante les précipite dans les flots, ensemble le même effroi les chasse au sein des eaux[3]. Même Céphée voit sa tête et ses bras tendus recouverts par l'étendue marine, le bord de sa ceinture rase l'horizon terrestre, et l'Océan grondant engloutit la poitrine du vieillard — mais pas davantage : le reste gravite plus haut au ciel, dans une zone qui jamais ne disparaît[4]. Cassiopée aussi, la mère (d'Andromède), suit les étoiles déclinantes de sa fille qui plonge vers l'horizon, et elle précipite là-bas, dans les flots obscurs, sa chute sans gloire, tête en avant sur son trône, sur ce trône altier d'où s'élèvent là-haut les jambes de la malheureuse[5] : après ses dernières infortunes[6], cette mère est persécutée par la furieuse colère de Doris et de Panopé, dont la rancune exige ce châtiment[7]. Toutes ces constellations descendent en même temps sous les flots d'occident[8]; mais le ciel en fournit

Voir notes 1 à 8 page 244.

dirum antris animal saeuos uomit hostis in artus. *(642)*
Ergo ut falcatis monstrum petit Oriona
morsibus et totas in membra ferocia chelas
intulit, ille mal*i* poenas luit. Ista furori
praemia debentur, sunt haec commercia laesis
semper numinibus. Metus hic, metus acer in astro
permanet et, primo cum Scorpius editur ortu,
Orion trepido terrae petit extima cursu. *(646)*
Nec minus Andromeda*e* quidquid uolitabat in aethra
et siquid Pistri*s* reliquum conuexa uehebant
hoc oriente ruunt. Omnis procul in uada terror
inserit et cunctos pauor unus in aequora cogit.
Cepheus ipse caput distentaque bracchia uasto
induitur ponto, tellurem cingula radunt *(650)*
extima, et Oceano mersantur pectora rauco
sola senis ; reliquum polus altior aere uersat
semper inocciduo. Genetrix quoque Cassiepia *(653)*
sidera praecipitis sequitur labentia natae,
deformemque trahit procul in uada caeca ruinam.
Prona caput sol*i*o, solio uestigia ab alto
sustollit miseranda super : quatit ira furorque
Doridos et Panopes post fata nouissima matrem, *(658)*
ac memor has poenas dolor exigit. Omnia fluctus
haec simul occiduos subeunt ; tamen altera mund*us*

1186 hostis *VA* : hastis *E* || 1187 Ergo *AE* : Eergo *V (num ex* Tergo? *Sed cf.* 1193*)* || 1188 chelas *VA* : the- *E* || 1189 mali *Grotius* : -lo *VA* -le *E* || 1190 laesis *E* : laenis *VA*pc laeuis *A*ac || 1193 Orion *AE* : Oor- *V* || 1194 Andromedae *Morel* : -da ē *VA* -da est *E* || aethra *Grotius* : -thram *VAE* || 1195 Pistris *Grotius* : -trix *VAE* || uehebant *E* : -bat *VA* || 1198 uasto *V*pc*AE* : uastro *V*ac || 1199 tellurem *AE* : telu- *V* || 1201 altior aere *ego (duce* altior aethere *Housman)* : a litorae re(uersat) *V* a litore re(uersat) *A* a litore *E* ⟨ast⟩ a litore *post Aldum edd. (qui* 1202 inocciduo *in* -duum *corr.)* || 1202 *Ante* genetrix *lac. duor. fere uers. susp. Buescu, coll. Arat. 651 sq.* || cassiepia *E* : -piam *V* Cassiopea *A* || 1204 deformemque *AE* : -mem quem *V* || 1205 solio *(prius) Breysig* : sollo *V* solo *AE* || 1207 Doridos *E (cf. Arat. 658* Δωρίδι*)* : De- *VA* || 1209 mundus *Grotius* : -dis *VAE.*

d'autres, qu'à la place des disparues il ramène en grand nombre. C'est le moment, en effet, où la Couronne achève de dégager de la mer ses torsades, où, au bout d'un long corps, l'Hydre élève sa queue. La tête et les membres volumineux du Centaure émergent, sa main droite tend le butin pris aux forêts[1]. Quant aux pieds antérieurs du sauvage colosse, ils s'attardent en attendant l'Arc : c'est au retour de l'Arc dans l'empyrée qu'ils commencent à s'élever, c'est de même l'Arc, au sortir des flots, qui amène le reste du Serpent[2] et les membres du Serpentaire. Seules la tête de l'un et de l'autre, les deux mains d'Ophiuchus et la première spire du Serpent rutilant sortent de l'Océan oriental sous l'impulsion du Scorpion à son lever. Quant à l'Agenouillé[3], que là-bas les profondeurs salées ramènent toujours renversé, il élève maintenant, après le pied, la moitié de son corps, puis sa large poitrine, son épaule et son bras droit qui sortent ensemble des remous de l'abîme écumant.

Lever du Sagittaire.

La tête et l'autre main suivent le mouvement lorsque scintille toute la constellation[4] du Sagittaire. De même la Lyre de Mercure[5] entame sa révolution, et Céphée, qui élève ses pas dans les hauteurs du pôle, ne dégage pas encore sa poitrine de l'abîme, sa poitrine qui reste plongée dans les flots tandis que du pied il frappe au-dessus de lui le chariot de l'Ourse Lycaonienne[6]. C'est aussi à ce moment-là que s'en vont les étoiles flamboyantes du Grand Chien ; déjà les flots de la mer ont englouti là-bas le corps étendu d'Orion ; toute la constel-

Voir notes 1 à 6 page 245.

sufficit, inque uice*m* lapsorum multa reportat.
Tempore namque isto reliquae se serta Coronae
expediunt pelago, postremique agminis Hydra
erigitur caudam. Caput et turgentia membra (661)
Centauro exsuperant, manus effert dextera praedam
siluarum. Nam prima ferae uestigia molis
A*r*cum sera manent, Arcu redeunte per aethram
prot*ol*li incipiunt, reliquum Serpentis et artus
Anguitenentis item fert primis fluctibus Arcus. (665)
Amborum capita et p*al*mas geminas Ophiuchi
ac prima*m* rutili spiram Serpentis Eoo
Scorpius Oceano surgens agit. A pede Nixi,
quem procul auersum semper salis alt*a* remittunt,
tunc artus medii, tum pectora uasta umerusque (671)
dexteraque ulnarum spumosi gurgitis aestu
procedunt pariter.
                    Caput et manus altera porro,
tota Sagittigeri cu*m* uibrant astra, feruntur.
Mercurialis item Lyra uoluitur, altaque Cepheus (674)
cardine sustollens uestigia gurgite nondum
pectora liber agit, sed pectora mersus in undas
plaustra Lycaoniae pulsat pede desuper Vrsae.
Tempore non alio magni Canis ignea cedunt (676)
sidera, protentum freta iam procul Oriona
hauserunt pelago, toto Lepus occidit astro.

1210 uicem *Aldus* : -ce *VAE* || reportat *AE* : rep / / /at *V* || 1211 reliquae se *VA* : re *E* || 1215 nam *VA* : nē *E* || ferae *A* : -re *VE* || molis *Schrader, Sieg (coll. u. 983)* : mollis *VAE, frustra def. Housman (*ferae mollis = Centauri mansueti *!)* || 1216 Arcum *Morel* : at cum *VAE* || sera *AE* : -rat *V* || arcu *VA* : *om. E* || aethram *AE* : -ra *V* || 1217 protolli *Grotius* : -tulit *VAE* || 1219 palmas *Grotius (cf. Arat. 668* χεῖρας*)* : primas *VAE* || 1220 primam *Aldus* : -ma *VAE* || 1221 agit. A *ego* : agittat *V (ex* agitlat*)* agitat *AE, Breysig, Holder* agit. At *Grotius*; *uide adn.* || 1222 alta remittunt *Lemaire* : altera mittunt *AE* altera nutunt *V* aequora mittunt *Schrader* || 1225 *post* pariter *interpunxi (cf. u. 1745 & Arat. 672)* : *post* procedunt *edd.* || 1225 porro *VA* : porrho *E* ponto *Heinsius (cf. u. 631)* || 1226 sagittigeri *V* : -feri *E* -geni *A* || cum *Aldus* : cui *VAE* || 1227 cepheus *A* : cae- *V* zae- *E* || 1228 nondum *VA* : mundum *E*.

lation du Lièvre se couche. Et même alors, dans sa fuite vers l'Océan, Sirius la harcèle encore[1]. Mais tandis que le Cocher gagne les pieds en avant[2] le fond du gouffre abyssal, ni la Chèvre ni les Chevreaux ne se hâtent de le suivre : eux resplendissent au ciel, lui se cache dans les flots livides[3]. Bien distincts des autres membres, dominant de haut son épaule gauche et dressés jusqu'au bout de la main[4], on peut les voir jusqu'à ce qu'accompagnant le coucher du soleil, leurs étoiles déclinantes bouleversent l'étendue azurée des flots[5].

Lever du Capricorne.

Quant à la main du Cocher qui demeure[6], au sommet de sa tête scintillante et à la partie supérieure de sa longue épine dorsale, ils s'enfoncent quand surgit la constellation du Capricorne hirsute — ses membres inférieurs ont disparu au retour du Sagittaire[7]. Le corps ailé de Persée[8] ne s'attarde plus dans les espaces aériens, et Argo n'empêche plus son gouvernail de se mouiller dans la mer : Persée ne garde plus de libres, finalement, que son pied et son genou droits, tout le reste étant englouti ; Argo, par les bordages arrondis qui prolongent la poupe[9], baigne dans les flots bleutés que touche sa solide échine. Mais elle-même, ensuite, attend le lever du Capricorne glacé[10] pour descendre tout entière des hauteurs du ciel dans la mer, au moment où Procyon, attaché aux pas de son maître[11], entre dans les flots et passe ainsi des hauteurs célestes aux profondeurs océaniques. Voilà les constellations que tient l'abîme en sa partie occidentale, voilà celles qu'engloutit sous ses eaux la mer grondante[12]. Là-bas, en revanche, l'empyrée fait surgir le Cygne et l'Aigle de Jupiter ; voici monter

Voir notes 1 à 12 page 246.

Tum quoque et Oceano fugientem Sirius urget.
Sed non Aurigam, cum gurgitis ille profundi
ima petit pedibus, Capra mox Haediue sequuntur : *(679)*
ista polo rutilant, illum uada liuida condunt.
Haec membris discreta aliis exstantiaque alte
laeuum umerum et summae sese attollentia palmae
cernuntur, donec labenti congrada soli
sidere deuexo freta late caerula turbent.

Namque manum Aurigae reliquam celsumque corusci *(683)*
uerticis et dorso qua spina attollitur alto
deprimit hirsuti sidus surgens Capricorni
— membra Sagittigero cedunt postrema reuecto —.
Iam non alatus remoratur uiscera Perseus
aeris in spatiis, neque clauum uindicat Argo
alluuione sa*li* : Perseus, pede denique dextro *(687)*
atque genu liber, mersatur cetera ponto ;
Argo, quod curuis puppim super attrahit oris,
tinguitur et duro t*a*ngit uada caerula dorso.
Ipsa dehinc manet exortum *ge*lidi Capricorni,
totaque tum pelago caelo descendit ab alto
aequora cum Procyon, gressum sectatus erilem, *(690)*
intrat et Oceano permutat celsa profundo.
Haec habet occidui plaga gurgitis, ista sonor*o*
supprimit unda salo. Rursum procul erigit aethra
Cygnum Aquilamque Iouis, surgunt flammata Sagittae

1234 sirius *VA* : serius *E* || 1238 membris *VA* : -bra *E* || 1242 reliquam *VA* : -quum *E* || 1245 sagittigero *E* : -fero *A* sagittero *V* || postrema *AE* : posttrema *V* || 1246 alatus *VA* : allatus *E* || 1248 alluuione *A* : adlu- *V* ad lumine *E* || sali *Grotius* : sati *VA* satii *E* || 1249 liber *A* : libero *VE* || 1250 oris *E* : ores *VA* || 1251 tangit *Grotius* : tingit *VAE* || 1252 gelidi *Housman (coll. u. 56, German. 7, 289, etc.)* : cilidi *VA* cylidi *E* Cilicis *(scil. 'saetosi') Grotius, edd.* || 1254 cum *VAE (cf. Arat. 690* ἦμος*)* : tum *Grotius, edd.* || 1256 sonoro *Aldus* : -rum *VAE* || 1257 supprimit *AE* : supri- *V* || 1258 flammata *E* : flama- *VA*.

les étoiles flamboyantes[1] de la Flèche ; au sud resplendit alors l'Autel de la divinité ; voici le Dauphin[2], à qui le Capricorne rend au ciel sa petite place[3].

Lever du Verseau.

Quand, au levant, le Verseau[4] monte au-dessus de la terre, le Cheval, nouveau venu, dresse la tête et les pattes. Mais voici que du côté où le ciel décline, la nuit noire tire, sous la mer occidentale, le Centaure par la queue, mais sans accueillir en même temps la tête et la carrure des épaules : poitrine haute, la silhouette aux sabots de corne demeure, et sur son crâne le ciel prend appui[5]. La tête du Reptile[6], ensuite, et ses premiers anneaux seulement se cachent, tandis que toute la longueur de sa queue immense s'étire encore derrière eux.

Lever des Poissons.

L'Hydre s'enfonce dans les flots, s'enfonce derechef sous la surface, lorsque le Centaure tout entier s'est jeté dans les eaux de l'Océan et que les Poissons ont fait scintiller leurs étoiles neuves. Leur montée dans les hauteurs du ciel provoque aussi le retour, dans le sud, de l'autre Poisson[7], celui que presse le pied du beau Verseau[8]. Mais il ne montre pas son corps entier, attendant pour cela le moment où viendra le signe suivant. Partiellement caché, il se dégage partiellement, pour s'élever sur la voûte céleste, des vagues grondantes de la mer[9]. De même[10] les bras de la triste Andromède, de même ses jambes et puis ses belles épaules reviennent peu à peu de leur cachette marine, depuis que les Poissons allument au ciel leur brasier d'or. Enfin, quand brillent les Poissons au firmament, Andromède élève son bras droit, et le flanc gauche de son corps virginal[11] se montrera à son tour dès l'impétueux lever de l'animal cher à Phrixos[12].

Voir notes 1 à 12 page 247.

sidera perque Notum rutila*t* tum numinis Ara,
Delphinum paruas promit Capricornus in auras.

At matutino *cum* surgit Aquarius orbe, *(693)*
os Equus atque pedes nouus exserit. Ecce cadentis
parte poli trahit occiduum nox atra sub aequor
Centaurum cauda, sed non caput aut umerorum
uasta simul recipit : persistit pectore celso
cornipedis species et caelum uertice fulcit.
Ora dehinc Serpens et prima uolumina tantum *(697)*
conditur : ingentis late tamen agmina caudae
pone trahit.

Subit ista s*a*lum, subit aequora rursum,
integer Oceani cum se Centaurus in undas
iecerit atque nouo uibrarint sidere Pisce*s*.
His in summa poli surgentibus, ille per Austrum *(701)*
Piscis item, planta quem pulcher Aquarius urget,
redditur; haud toto tamen hic se corpore promit,
sed manet alterius uenientis tempora signi :
parte latet, partem supera in conuexa sonoris
fluctibus absoluit pelagi. Sic bracchia maestae *(704)*
Andromedae, sic crura dehinc umerique nitentes
paulatim recauo redeunt maris, aurea caelo
postquam adolent Pisces incendia. Denique Pisces
cum rutilant mundo, dextram haec attolli*tur* [ulnam,
laeuaque uirginei rursum se corporis edent
Phrixe*i* postquam pecoris proruperit ortus.

1259 rutilat tum *Winterfeld* : rutila tum *VAE* rutila cum *Grotius, edd.* ‖ numinis *E* : luminis *VA* ‖ 1260 paruas *VAE* : paruum *Winterfeld (coll. German. 691)* patulas *Grotius, edd.* superas *quoque conicias (uide adn.)* ‖ 1261 At *ego* : Et *VAE* Sed *uett. (cf. Arat. 693 δ')* ‖ cum surgit *Morel* : consurgit *VAE* ‖ 1262 ecce cadentis *E* : ae ceca dentis *V* exceca dentis *A* ‖ 1267 serpens *E* : spernens *VA* ‖ 1268 late *E* : -tae *VA* ‖ 1269 salum *Grotius* : solum *VAE, prob. Breysig* ‖ 1271 Pisces *Morel* : -ce *V (ut uid.)* -cem *AE* ‖ 1273 quem *E* : q *A* q. *V* ‖ 1281 *post* mundo *interpunxi (cf. u. 1066)* : *post* rutilant *edd.* ‖ attollitur *Grotius* : -lit in *VA* -let in *E* ‖ 1282 rursum *AE* : sursum *V (uocab. ap. Auien. inusitatum, cf. u. 1147)* ‖ edent *Breysig* : edeunt *V* edunt *AE* ‖ 1283 Phrixei *Breysig* : Phriss& *V* Phrix & *E* Phrisei et *A* ‖ pecoris *VA* : & pecoris *E*.

Lever du Bélier.

Ce Bélier, là-bas, rapproche l'Autel austral des eaux profondes d'occident. Du côté où revient la lumière, c'est lui aussi qui pousse Persée à élever les étoiles de sa tête superbe et à montrer l'éclat de ses brillantes épaules. Le reste, en revanche, n'a point encore émergé[1]; et même la Nature, avare de la vérité[2], a laissé dans l'ambiguïté tout le point de savoir si c'est le Bélier en fin d'émergence qui amène les autres membres de Persée, ou si ce dernier ne repousse les flots qu'au lever du Taureau.

Lever du Taureau.

Avec lui, Persée monte dans le ciel complètement. Bannissant de tout son corps une indolence qui abandonnerait les étoiles neuves du Taureau naissant, aux feux duquel en effet elle adhère, voici la constellation du Cocher[3], que pourtant le Taureau n'élève pas tout entière dans l'empyrée : le Cocher ne se dégage complètement des flots salés qu'au lever des Gémeaux. Avec le Taureau, la Chèvre, la plante du pied gauche[4] et les Chevreaux montent sur l'horizon, dès que, sortant à nouveau des eaux, le corps de la Baleine retrouve le ciel visible : c'est en effet le moment où sa queue et la raideur de sa crête dressée regagnent les hauteurs de l'air. Et dès que la rotation rapide de l'univers autour de son axe incliné a entraîné hors de l'abîme les étoiles du terrible monstre[5], l'immense Bouvier entame de loin la première phase de son coucher. C'est à peine, en effet, si le lever de quatre signes l'enfonce dans les profondeurs marines, et encore Arcturus[6] ne quitte-t-il pas tout entier les hauteurs de l'empyrée : sa main gauche demeure constamment[7], tendue au-dessus de lui vers les Ourses qui la dominent.

Voir notes 1 à 7 page 248.

Australem hic Aries Aram procul admouet undis (709)
gurgitis occidui. Qua lux redit, excitat idem
Persea proceri sustollere uerticis astra
et claros fulgere umeros ; at cetera nondum
sunt exempta salo. Quin totum hoc inuida ueri
Natura ambigua rerum ratione reliquit
extimus an reliquos Aries produceret artus
Perseos an Tauro freta pelleret adsurgente.

Hoc una caelum subit integer. Haud reses ullo (714)
uiscere nascentis noua Tauri deserit astra
quippe huius flammis Aurigae sidus inhaeret,
nec tamen hunc totum sustollit Taurus in aethram :
Aurigam salsis euoluunt fluctibus omnem
surgentes Gemini. Tauro Capra plantaque laeua
atque Haedi exsuperant, cum primum rursus ab (719)
[undis
cetosa in superum referuntur uiscera caelum :
nam cauda et cristae rigor arduus aera celsum
tunc repetunt. Diri cum sidera gurgite monstri
uoluit praecipitis teres inclinatio mundi,
eminus ingentem condit pars prima Booten.
Quattuor hic etenim signis surgentibus altum (722)
uix penetrat pelagus, neque summa totus ab aethra
labitur Arcturus : manus olli quippe sinistra
iuge manet, celsisque super subducitur Vrsis.

1284 Australem *Aldus* : -ale *VAE* || admouet *A* : -uit *VE* || **1287** nondum *VA* : nūdum *E* || **1288** exempta *AE* : eoepta V^{ac} exerpta V^{pc} || salo *VA* : solo *E* || quin *AE* : qum *V* || ueri *E* : uerit *VA* || **1291** freta *VA* : -ti *E* || **1292** reses *Schrader* : rese *VA* res *E* || **1293** uiscere *Haupt* : -ra *VAE* || *Vu.* **1296-1306** *in V euanidi sunt* || **1296** euoluunt *E* : *uix legitur V*, *om. A in lac.* || **1299** cetosa *AE* : cae- *V* || **1300** cauda *Breysig* : gauda *V* caude *E* *Vers. totum om. A* || **1301** diri --- monstri *om. A in lac.* || **1302** teres --- mundi *om. A in lac.* || **1303** ingentem --- pars *om. A in lac.* || **1305** uix *VE* : nec *A* || totus *AE* : tot. *V* || **1306** sinistra *AE* : -tram *V* ||

Lever des Gémeaux.

Mais quand les pieds d'Ophiuchus reprennent contact avec les vagues, entraînant là-bas l'immersion des genoux sous l'étendue océanique, ce sera le signe qu'au levant arrivent les Gémeaux. La Baleine n'apparaît plus au voisinage d'aucun secteur de l'horizon[1] : elle s'élève déjà tout entière là-haut ; déjà la mer a vomi cette sombre figure, mais ses lointains ne l'engloutissent pas encore[2]. De surcroît[3], le marin regarde, à l'émergence du Pô[4], cette première série d'étoiles qui brûlent alors dans le ciel dégagé, et il attend les flambeaux, tout proches, de l'ardent Orion[5] — moyen ingénieux de connaître bien vite, sur un indice qui ne trompe pas, le cours exact des ténèbres[6], moyen de guetter à coup sûr, grâce aux astres, les Notus et de confier sans danger ses voiles à la mer[7]. A moins d'être dépourvu de l'attention que méritent ces phénomènes grandioses[8], il y a un moyen facile de les reconnaître toujours : Jupiter en personne[9] se fait notre professeur, et du ciel, ton maître, tu tireras toutes les indications. Des hauteurs de l'empyrée, Jupiter nous les donne une à une ; souverain complaisant, il nous a livré une science exacte qui ne laissât point méconnaître l'amorce imperceptible des phénomènes météorologiques.

Phases de la lune[10].

Ne le vois-tu pas? Dès qu'apparaît Phébé en son mince croissant et qu'elle projette dans l'empyrée la lumière de son visage rétréci, à la tombée du jour, au déclin de la route solaire, elle te révèle adroitement

Voir notes 1 à 10 page 248.

At cum iam pedibus repetit fluctus Ophiuchus (724)
ut genua Oceanus uasto procul aequore condat,
signum erit Eoa Geminos procedere parte.
Nec lateri Pistrix cuiquam uicina uidetur,
sed iam tota super sustollitur, ex*s*puit atram
iam pelagus speciem nec adhuc tamen extima
[sorbent.
Quin *et* nascentis suspectat nauita ponto (728)
agmina prima Padi caelo tum feruere aperto,
uicinasque faces rutili manet Orionis,
curricula ut sol*l*ers uero mox indice discat
certa tenebrarum, possitque fideliter astro
explorare Notos et tuto carbasa ponto
crede*re*. Ni desit magnorum congrua cura,
prompta uia est ipso cognoscere talia semper
praeceptore Ioue, et caelo tibi signa magistro
omnia ducentur : monet alta Iuppiter aethra
singula nos, facilis ueram dedit arbiter artem
ne tempestatum primordia caeca laterent.

Nonne uides, primum cum Phoebe in cornua (733)
[surgit
tenuia et angusto lumen iacit ore per aethram
decedente die pronoque ab tramite solis,

1308 At cum *E* : Ac tum *VA (cf. u. 187)* || fluctus *A* : fluct : *V* fluxus *E* || 1309 ut genua *E* : ut genu. *V* urgens *A* || 1310 eoa *E* : //a *V*, *om. A in lac.* || 1312 sustollitur expuit *E* : *uix legitur V*, *om. A in lac.* || 1313 sorbent *V (ut uid.) E* : -bens *A* -bet *Grotius, edd.* || 1314 quin et *ego* : quid ne *VAE* quidni *Grotius* quid nunc *Schrader* quid? nunc *Reuter* quin e(nascentis) *non mihi displiceat (uide adn.)* || 1316 faces *VA* : feces *E* || 1319 et *E* : ut *VA* || 1320 credere *Reuter* : credo *VE* crede *A* || ni desit magnorum congrua cura *E* : *uix legitur V (quem tamen a. c.* congua *scripsisse constat)* ni desit *et* congrua *om. in lac.*, magnarum cura *scripsit A* || *Vv.* 1321-1337 *in V praeter pauca admodum euanidi sunt, unde vv.* 1323-1334 *om. A in lac.* || 1321 prompta uia est *E* : pror(*lac.*) et *A* || cognoscere talia *E* : -ret alia *VA* || 1322 praeceptore Ioue et caelo *E* : preci (*lac.*) de *A* || magistro *VA* : -tri *E* || 1328 pronoque ab *V (ut uid.)* : -no quae ab *E* || tramite *E* : ///mitte *V*.

le moment où commence le mois[1]. Elle-même avouera qu'elle en est au flambeau de son quatrième jour dès l'instant qu'inondant nos corps de sa lumière elle allongera une ombre légère à la surface du sol[2]. Mais si Cynthie[3] coupe par la moitié sa forme circulaire, elle indiquera son huitième lever et le huitième passage de son char. Enfin, quand la déesse élèvera sur l'horizon tout son visage et fera rayonner la complète rotondité de son large disque, elle attestera au ciel qu'elle a déjà vu s'écouler la moitié du mois[4]. En poursuivant sa course[5], elle perd à nouveau sa figure pleine et ne garde qu'une surface lumineuse égale à la partie ignée que la déesse cache dans des nuées aériennes[6], révélant ainsi les pertes que lui inflige le mois vieillissant ; de ce fait, pour se retrouver au voisinage de son frère resplendissant[7], il ne lui reste à peine, dans le ciel, qu'un tiers de sa course[8]. Mais quand elle ne projette plus guère d'ombres, la lune flétrie connaît quatre levers pareils aux quatre fantômes d'éclat affaibli[9] qui surgissent à la renaissance du mois, et qui complètent avec eux une série de huit jours[10]. Pour connaître aussi le nombre des jours intermédiaires, le moyen est facile : la déesse présentant toujours une physionomie caractéristique, révèle quelle est sa dimension quand elle monte dans le ciel, combien de fois elle a attaché ses taurillons au timon[11] et quel chemin elle a déjà parcouru depuis qu'elle a quitté les flots[12].

Voir notes 1 à 12 page 250.

promat ut ingressi sol*l*ers tibi tempora mensis?
Namque facem quarti sibimet profitebitur ignis
corpora cum primum perfundens lumine nostra
in subiecta soli tenuem porrexerit umbram.
Ast orbis medii si c*ae*dat Cynthia formam, *(737)*
octau*o*s ortus octauaque plaustra docebit.
Denique cum toto dea iam surrex*e*rit ore
integer ut magni resplendeat ambitus orbis,
effluxisse sibi medii iam tempora mensis
monstrabit caelo. Pleni cum rursus egena *(737)*
oris eat, tanto procedens lumine formae
inserit aeriis quantum dea nubibus ign*is*,
esse senescentis sibimet dispendia mensis
illa docet, quibus in rutili confinia fratris
tertia uix mundo superest uia. Cum minus autem
umbrarum excludit, sunt tales quattuor ortus
marcentis lunae quales sub mense renato
quattuor exsurgunt languentis luminis umbrae,
atque *h*is octonas includunt ordine luces.
Interiectorum numerum quoque nosse dierum
prompta uia est : proprio semper dea proditur ore,
scandat quanta polum, quotiens temone iuuencos
strinxerit et quanto iam tramite liquerit undas.

1329 ingressi *Grotius (cf. Arat. 734* ἀεξομένοιο... μηνός*)* : -sis *V (ut uid.) E* ‖ 1331 primum *E* : -mo *uett., fort. recte (cf. Arat. 735* πρώτη... αὐγή*)* ‖ lumine *V (ut uid.)* : -na *E* ‖ 1333 Ast *E* : Astat *V* ‖ caedat *Breysig (cf. u. 1402, 1491)* : cedat *E, Grotius (unde* forma*)* didat *Heinsius, Schaubach* ‖ 1334 octauos *Aldus* : -uus *VE* ‖ octauaque *E* : -ueque *V* ‖ 1335 dea --- ore *om. A in lac.* ‖ surrexerit *Aldus* : -rexrit *E* ; *V non legitur* ‖ 1336 integer *A* : //teger *V* iuteger *E* ‖ ut --- orbis *om. A in lac.* ‖ ut *E* : *om. V (ut uid.)* ‖ 1337 sq. (effluxis)se --- caelo *om. A in lac.* ‖ 1338-1359 *V multis locis euanidus est* ‖ 1338 caelo pleni *A* : -los pl- *E* -lo spl- *V* ‖ 1340 ignis *Lemaire* : -nes *VAE* -nem *Grotius* ‖ 1341 senescentis *E* : senes contis *A* ; *V non legitur* ‖ 1342 in rutili *E* : *V non legitur, om. A in lac.* ‖ 1343 cum minus *VA* : cominus *E* ‖ 1346 luminis $A^{pc}E$: -ne *V (ut uid.)* A^{ac} ‖ 1347 his *Aldus* : bis *VAE (uide adn.)* ‖ octonas *V* : acto- *E* ; *om. A in lac.* ‖ 1348 nosse *A* : nosce *E* ; *V non legitur.*

Cours du soleil. Quant aux limites crépusculaires de la nuit finissante[1], les douze signes que fait tourner le Zodiaque te les indiqueront[2] : dans sa course, Phébus passe toujours d'un signe à l'autre, et son déplacement l'amène successivement dans tous. Tandis qu'il accomplit son voyage céleste, tantôt ses feux embrasent tel astre de leurs flammes, tantôt c'est à un autre que Titan mêle son éclat d'or, soit que son déclin l'entraîne sous les eaux, dans une obscurité qui abolit les formes, soit qu'au matin il revienne, quittant son berceau marin, et, par sa lumière, rende au monde ses couleurs[3]. Ainsi des astres différents accompagnent chaque journée.

Calendrier. Mais je ne veux pas rappeler ici[4] les longues révolutions qui ramènent les astres à leur position primitive[5] : cet enseignement est consigné dans les écrits de mes prédécesseurs, dont les systèmes ainsi transmis ne vont pas sans incertitudes. Solon[6] estime à neuf hivers[7] le cycle céleste nécessaire pour que la lune retrouve son cours de jadis ; Harpale[8] la ramène plus vite à sa place, à son impulsion originelles, tandis qu'aux chiffres du premier c'est une longue décennie que vint ajouter, paraît-il, la science athénienne de Méton[9] : cette théorie, dont il pénétra les esprits, la Grèce ingénieuse l'adopta aussitôt, et la découverte se perpétua de longues années[10].

Voir notes 1 à 10 page 251.

At decedentis postrema crepuscula noctis (740)
bis sex signa tibi, quae uersat signifer orbis,
monstrabunt : cursu nam Phoebus singula mutat (748)
semper et alterno succedit in omnia lapsu.
Conficiens iter aetherium, nunc igneus istud
astrum adolet flammis, alii nunc aurea Titan
lumina miscetur, uel cum deuexus in undas
labitur et rebus formam absumpsere tenebrae,
uel matutino redit incunabula linquens
cum pelago et rebus suffudit luce colores.
Sic diuersa diem comitantur sidera semper. (751)

Non ego nunc longo redeuntia sidera motu
in priscas memore*m* sedes : habet ista priorum
pagina, et incerta rerum ratione feruntur.
Namque Solon hiberna nouem putat aethere uolui
ut luna ⟨in⟩ spatium redeat uetus, Harpalus ipsam
ocius in sedes momentaque prisca reducit,
illius ad numeros prolixa decennia rursum (753)
adiecisse Meton Cecropea dicitur arte
inse*u*itque animis ; tenuit rem Graecia sollers
protinus et longos inuentum misit in annos.

1352 At *uett.* : Ac *VAE* || 1353 quae *AE* : que *V* || 1355 succedit --- lapsu *E* : *V non legitur, om. A in lac. Post* lapsu *rythmi causa interpunxi, post* aetherium *edd.; dubitare licet* || 1356 iter --- igneus *&* 1357 (astr)um --- titan *E* : *V non legitur, om. A in lac.* || 1361 suffudit *E* : suffidit *V* infundit *A* || 1362 diuersa *AE* : -sia *V* || diem *E* : die *VA* || comitantur *AE* : committan- *V* || 1364 memorem sedes *Aldus* : niemore se- *V* memores edes *E* -ri sedes *A*^{ac} -ro se- *A*^{pc} || habet *AE* : ab & *V* || 1366 Namque solon *VA* (So-*A*) : Nam quae solem *E* Nam qui solem *Scaliger, edd. (uide adn.)* || aethere *E* : aethrae *V* aethera *A, prob. Reuter* || uolui *A* : uului *V* uultu *E* || 1367 luna in *ego* : luna *VAE* -nae *Scaliger* || *Post* uetus *interpunxi* : *post* redeat *et* Harpalus *edd. (uide adn.)* || ipsam *VA* : -sa *E* || 1368 momentaque *AE* : -ta quae *V* || 1369 prolixa *E* : *om. V, om. A in lac.* || 1370 meton *V* : metron *E* ueton *A (ut uid.)* || cecropea *E* : cecoprea *V*^{ac}*A* cecopea *V*^{pc} || 1371 inseuitque *Schrader (cf. Luc. IX 572)* : insedit- *VAE, def. Reuter* || animis *V* : aĩs *A* ais *E* || 1372 inuentum *VAE* : -tam *uett.*

Mais Méton avait pris pour point de départ dans l'année le moment où l'astre ardent de Phébus brûle le Cancer[1], où les lointains de la mer amènent le baudrier d'Orion et où flamboie l'étoile bleutée de Sirius. Telle est en somme la source d'où Méton déduisit les périodes lunaires[2], celle où le marin pouvait mener sur un bateau docile un voyage au long cours, celle où l'amateur de campagne pouvait confier ses grains de blé à la terre maternelle : que ce soit là, toujours, la préoccupation majeure de qui livre ses voiles au large et ses semences à la glèbe. L'apprentissage est vite fait : un peu de peine, un peu de temps y sont nécessaires, et cette application porte des fruits sans nombre.

Météorologie.

Un avantage assuré t'attend, si tu veux connaître par avance les troubles atmosphériques et révéler l'origine des intempéries. Tu te mettras le premier, par toi-même, à l'abri des violentes tempêtes, et à ton initiative d'autres éviteront les vagues à leur tour, si à des signes certains tu sais distinguer chaque période. Car la rotation du pivot céleste ramène, comme à point nommé, le déchaînement de la mer et son rauque vacarme[3]. Souvent, en effet, sous le manteau d'une nuit paisible a beau reposer doucement le dos de l'étendue

Voir notes 1 à 3 page 254.

Sed prim*ae*ua *Me*ton exordia sumpsit ab anno
torreret rutilo cum Phoebus sidere Cancrum,
cingula cum ueheret pelagus procul Orionis
et cum caeruleo flagraret Sirius astro. *(755)*
Hoc ut fonte Met*o*n deduxit tempora lunae,
nauita quo longum facili rate curreret aequor
et quo ruris amans telluri farra parenti
crederet : ingenti petat haec indagine semper
seu qui uela salo, seu qui dat semina terrae.
Nec mora discendi, breuis huc labor et breue tempus *(761)*
poscitur, innumeros habet autem industria fructus.

Vtilitas te certa manet, praenoscere motus
si libet aerios et tempestatibus ipsis
edere principium : te primum sponte procellis
arcebis rapidis, te rursum principe fluctus
uitabunt alii, si certis singula signis
tempora discernas. Nam mundi cardine uerso
ut stata raucisoni redit indignatio ponti :
saepe etenim, quamquam tranquillae noctis amictu *(765)*
mitia protenti requiescant terga profundi,

1373 *om. V, add.* V^{marg} *ubi admodum euanidus est, post* **1374** *habet A (cf. R. Ph. XLIX 220)* || Sed primaeua Meton *Aldus* : Sed primeuaton *E*; *V legi nequit, om. A in lac.* || exordia sumpsit ab anno *AE* : *V legi nequit* || **1374** torreret *E* : torret *VA* || **1376** caeruleo *AE* : -lea *V* || **1377** Hoc ut *VE* : Hoc et *A* Hoc ex *Grotius, Bitschofsky* Hic est *Breysig* Hoc petat ut *Winterfeld* || fonte Meton deduxit *Housman* : fontem undae et duxit *VA* fontem unde et duxit *E, Winterfeld* fonte uelut deduxit *Grotius* fonte udae deduxit *Bitschofsky* fons unde et deduxit *Breysig* || **1378** quo *VAE* : quom *Breysig* || **1379** et quo *V* : et quot *A* aequora *E* et quom *Breysig* || ruris *E* : raris *V* aris *A* || farra *E* : fama *A, V legi nequit* || **1380** crederet *A* : cra- *E, V legi nequit* || **1381** seu qui dat *E* : s(a)euo quid at *VA* || terrae *AE* : terne *V (ut uid.)* || **1382** huc *VAE* : hic *post Aldum edd.* || **1383-1392** *multa in V (praesertim uersuum clausulae) euanida sunt* || **1384** certa V^{pc}*AE* : -te *(an -to?)* V^{ac} || **1385** libet *VA* : labet *E* || **1387** rapidis *VAE* : rabidis *Morel, Buescu* || **1388** signis *AE* : ignis *V* || **1391** quamquam *E* : quaquam *VA*.

profonde, le marin avisé tire sa flotte à l'abri de la mer et laisse son esquif mouillé près du rivage, s'il a saisi les signes précurseurs d'une tempête pour le matin. A d'autres moments, c'est lorsqu'au ciel Phébus élève son éclat pour la troisième fois que se déchaîne l'implacable soulèvement des flots, phénomène marin associé à l'astre qui en avait dénoncé l'imminence. Fréquemment aussi c'est le cinquième jour qui soulève Amphitrite [1], et souvent le malheur de la catastrophe [2] s'abat à l'improviste. Tous ces éléments, la lune te les fournira [3] grâce à des indices sûrs, que son flambeau soit coupé par le milieu avant ou après son plein [4] ou qu'elle s'arrondisse dans sa phase croissante. Le soleil aussi te révèle souvent l'approche des tempêtes, qu'il présente son astre ou qu'il le cache dans l'onde amère [5]. Il y aura également d'autres moyens [6] de connaître les troubles de la mer et d'être au fait des grands bouleversements du ciel, de savoir ceux que produit tel jour donné, ceux qu'amènent, dans la durée d'un long mois, la périodicité astrale et le système du monde [7].

Une émanation d'air humide [8] naît de la terre, qui la rejette par ses pores. Quand la pression de ces veines [9] l'a répandue dans l'atmosphère, elle tapisse en secret, imperceptible aux regards [10], l'étendue des campagnes, et cette humidité flotte sur la terre entière [11] ; aspirée par la chaleur des étoiles aux cheveux de feu qui l'élève dans les hauteurs de l'air, elle s'agglomère pour former au ciel

Voir notes 1 à 11 page 254.

doctus securam subducit ab aequore classem
nauita et actaea retinet statione phaselum,
cum matutinae praesensit signa procellae.
Namque alia*s* caelo cum tertia lumina Phoebus *(767)*
exserit, ille sali furit implacabilis horror
adfore quem pelago comitem sibi dixerat astrum.
Crebro quinta dehinc lux commouet Amphitriten,
saepe inopina mali clades ruit. Omnia certis
indiciis tibi luna dabit, seu lucis utrimque *(773)*
caesa facem, seu cum teretem concrescit in orbem.
Sol quoque uenturas aperit tibi saepe procellas,
sidera producens et cum sale sidera condit.
Nec minus ex aliis aderit cognoscere motus
aequoris et magnos caeli callere tumultus, *(777)*
quos det certa dies, qui longi tempor*e* mensis
astrorumque uice et mundi ratione trahantur.
  Aeris immadidi quiddam tellure creatum
spiramenta uomunt. Vis hoc cum fudit in auras
uenarum, occulte patulo praetexitur agro
insubiectum oculis, terramque supern*a*tat omnem
uu*id*a materies; quam cum calor ignicomantum
hausit stellarum, superas subducit in auras
et concreta diu compingit nubila mundo.

1393-1404 *prima cuiusque uersus littera in V non legitur* ‖ **1393** aequore *AE* : -rē *V* ‖ **1394** actaea *VA* : -tea *E* ‖ retinet *AE* : -na& *V* ‖ **1395** cum matutinae *AE* : uminat utine *V* ‖ **1396** alias *Aldus (cf. Arat. 767 ἄλλοτε)* : alia *VAE* ‖ cum *VA* : tum *E* ‖ **1397** furit *VA* : fuerit *E* ‖ implacabilis *VA* : -plica- *E* ‖ **1399** amphitriten *A* : -tē *VE* ‖ **1400** mali *VAE (cf. Sen., Oed. 57)* : mari *tamen malim* ‖ **1402** caesa *AE* : essa *V* ‖ concrescit *AE* : -cressit *V* ‖ **1403** uenturas aperit *AE* : -ra rape- *V* ‖ **1407** quos *E* : quid *A, V non legitur* ‖ qui *Grotius* : quid *VAE* ‖ tempore *Grotius* : -ra *VAE, def. Winterfeld* ‖ **1408** trahantur *AE* : tractantur *V* ‖ **1409** *habet sola E* : *om. VA* ‖ **1410** fudit *V* : fundit *AE* ‖ **1412** supernatat *Aldus* : -notat *VAE* ‖ **1412-13** *sic interp. Reuter* ‖ **1413** uuida *N. Heinsius* : Vult a *V* Multa *A* Multaque *E* ‖ materies *VAE* : -ria est *Grotius.*

des nuages longtemps compacts[1]. Si cet élément humide monte du sous-sol en moindre quantité, des brouillards ténus développent au ciel une pénombre diffuse. Si sa nature est plus sèche[2], il se dissipe en coups de vent désordonnés, et ces rafales triomphantes refoulent du coup l'air ambiant. Si l'humidité montée du sol se fait plus intense, les nuages vont jusqu'à répandre des pluies — pluies que, sur un large espace, la chaleur engendre[3] : c'est elle qui là-haut fait naître les averses, et rejette pour ainsi dire de la barrière du ciel brûlant l'humidité qui y est montée. Si d'importantes masses de ces deux humidités[4] s'avancent en quelque sorte à la rencontre l'une de l'autre, il naît au contact, de cette collision atmosphérique, la sèche détonation du tonnerre, et des grondements profonds se répercutent au loin tandis que l'air crépite. Cet affrontement, ce choc furieux de contraires qui éclate souvent des hauteurs de l'empyrée fait aussi[5] jaillir[6] les feux rougeoyants de l'éclair, strie tout l'éther d'un vol de flammes[7] et répand dans le ciel une odeur de soufre[8]. Tous ces phénomènes ont pour mère la terre : le sous-sol est à l'origine de l'agitation supérieure. Mais ce sont les deux ardents flambeaux de l'univers, Phébus étincelant derrière son timon embrasé, la Lune, poussant ses taurillons[9] sur les routes montantes de la nuit, qui ont provoqué le déclenchement de ces maux. Car si d'aventure la chaleur de ces divinités

Voir notes 1 à 9 page 256.

Si minor haec madidi substantia caespite ab imo
subrigitur, tenues nebulae caligine fusa
tenduntur caelo. Vis autem siccior olli
cum fuit, in celeres dissoluitur undique uentos
uicinumque sibi flabris dominantibus ultro
aera propellit. Si maior protinus umor
consurrexit humo, pluuias quoque nubila fun- [dunt ;
et pluuiis late calor est pater : hic super imbres
exprimit et duct*um* feruentis ut obice mundi
respuit umorem. Si moles magna utriusque
occurset sibimet uelut obuia, comminus a*cer*
compulsu aerio fragor intonat amplaque late
murmura discurrunt pariter crepitantibus auris.
Hic inflictus item diuersorumque per aethram
saepe superne furens illisio fulguris ignes
excudit rutili, totamque uolantibus aethram
praestringit flammis et caelum sulpure odorat.
Omnibus his genetrix tellus, et caespite ab imo
ducuntur superi m*o*tus. Ipsa ignea mundi
lumina, flammigero Phoebus temone coruscans
et quae noctiuagos attollit Luna iuuencos,
his peperere malis exordia. Namque deorum

1416 c(a)espite ab imo *AE* : -tae ab imio *V* || 1417-1420 *uersuum initia in V euanida sunt* || 1417 nebulae *A* : nubulae *V* nubilae *E* || 1418 siccior *VA* : succ- *E* || 1419 dissoluitur *A* : -uit *VE* || 1422 consurrexit *VA* : cum surr- *E* || humo *AE* : umo *V* || pluuias *VA* : -uia *E* || 1423 et pluuiis late *VAE* : at pl- alte *malim* || 1424 ductum *Schaubach* : -ta *VAE* || ut *VAE* : ab *Schaubach, fort. recte* || 1425 moles *VA* : molles *E* || 1426 sibimet *AE* : sim& *V* || *Post* obuia *interpunxi* : *post uersus finem Breysig & Holder, post* comminus *uett.* || acer *ego (uide adn.)* : agri *VAE* agris *uett. Totum uers. sic restituit Housman* occursu sibimet uenit obuia comminus acri, || 1429-1440 *uersuum initia in V euanida sunt* || 1430 il(in-)lisio *VA* : -so *E* || fulguris *VA*ac : -goris *A*pc*E* || 1431 excudit *ego* : exclu- *AE* ; *V non legitur* || 1432 praestringit *A* : -stingit *VE* || sulpure *ego* : -pore *V* -fure *AE* || 1434 motus *Aldus* : metus *VAE* || 1435 lumina *VAE* : numina *Winterfeld dubitanter (coll.* 1437 deorum*)* || 1437 peperere *E* :)perere *V* perere *A*.

s'est fait sentir sur la terre, les pores du sol brusquement dilatés ouvrent partout les veines[1] et, jusqu'en profondeur, les entrailles terrestres ; la terre, au plus creux de son sein, absorbe cette chaleur venue d'en haut[2], et le sol réchauffé exhale son humidité. Ces troubles de l'air, la rage de l'eau tourbillonnante, les rafales des tempêtes, les fureurs de l'étendue[3] céleste, il convient de les prévoir. Garde habilement en tête chaque point, et ouvre ton cœur avide aux leçons des savants.

Présages tirés de la lune.

Dès que Cynthie[4] montre au ciel ses cornes nouvelles, aie soin de bien examiner la déesse à ses deux pointes. Quand elle revient, en effet, son lever est baigné d'un éclat qui n'est jamais pareil : elle amène des formes toujours différentes[5], elle se caractérise par la variété de ses aspects, quand, au premier jour, monte son éclat de feu[6], quand au troisième elle resplendit, quand l'astre élargi monte dans l'empyrée et qu'au quatrième jour son flambeau illumine les plages de l'atmosphère : la lune te donnera des indications complètes sur le début du mois[7].

Si au troisième jour elle se lève impeccablement, pure de tache et de souillure, elle annoncera une longue[8] période de beau temps clair. Mais si, quand elle élève son mince flambeau, son visage se colore d'une ardente rougeur, les Caurus batailleurs balaieront la mer agitée[9]. D'autre part, si son éclat est plus pâteux et ses cornes émoussées quand elle aborde son quatrième lever en allongeant, du corps frappé par ses rayons, une ombre légère[10], averses ou zéphyrs[11] seront cause de cet affaiblissement, et la lune accusera d'elle-même les rafales

Voir notes 1 à 11 page 259.

mouit humum cum forte calor, laxata repente
spiramenta soli uenas procul altaque pandunt
uiscera telluri*s*; bibit imum terra calorem
desuper et madidum tepefactus caespes anhelat.
Aeris hos motus rabiemque uolubilis undae,
flabra procellarum, mundani tramitis iras
praesentire decet. Cape sollers singula mente,
praeceptisque uirum sitientia pectora pande.

Cynthia cum primum caelo noua cornua promit, *(778)*
cautus utrimque deam circumspice. Namque [reuectae
nequaquam semper similis lux imbuit ortum,
sed species diuersa trahit uarioque notatur
formarum, primi cum surgit luminis igne,
tertia cum rutilat, cum maior sideris aethram
scandit et aerias quarta face luminat oras :
ingredientis erit plene tibi nuntia mensis.
Haec castigato si tertia fulserit ortu *(783)*
pura sit ut foedis ab sor*d*ibus, adfore dicet
clara serena diu; tenui surrexerit autem
si face et ignito suppinxerit ora rubore,
turbida certantes conuerrent aequora Cauri.
Luminis ista dehinc si crassior atque retunsis
cornibus ingreditur si*c* quarti sideris ortum
percussi ut tenuem protendat corporis umbram,
imbribus aut Zephyris hebetabitur, arguet ultro *(787)*

1439 altaque *VA* : atque *E* || 1440 telluris *Grotius, Winterfeld* : -ri *AE, V non legitur* || 1441 tepefactus *AE* : taepe factas V^{ac} tepe factas V^{pc} || caespes *Breysig* : caep/// *V* cespes *AE* || 1442 aeris hos *VAE* : aerios *Buescu (coll. 1384 sq.)*; *at cf. 1405 sq.* || 1445 sitientia *VA* : scientia *E* || 1447 utrimque *VA (cf. Arat. 778* ἑκάτερθε*)* : utrum- *E* || deam V^{pc}*AE* : dec *uel* dee V^{ac} || reuectae *VA* : -uertae *E* || 1450 *de interpunctione uide adn.* || 1452 aerias *VA* : -reas *E* || oras *VAE (cf. 216, 1547)* : auras *Buescu (coll. Lucr. V 501, Auien. Arat. 488)* || 1453 erit plene *E* : eritq. lene *VA* || 1455 sordibus *Aldus* : sortibus *VAE* || 1458 Cauri *uett.* : chau- *VAE* || 1459 crassior *A* : gra- *VE* || 1460 sic *Housman* : si *VAE alii alia (uide adn.)* || 1461 percussi *VA* : -cursi *E* || 1462 aut *AE* : au *V*.

du Notus ou les pluies. Car, des régions supérieures, l'air épais pèse sur le croissant et l'obscurcit ; l'humide Notus condense l'air[1]. Donc au troisième jour, si Cynthie élevant son char dresse droit son flambeau et darde ses pointes tendues sans pour ainsi dire pencher l'arrondi de ses cornes ni s'ouvrir, allongée sur le dos[2], pour diffuser dans les airs sa lumière, ce sera l'annonce que le zéphyr va surgir du ciel occidental ou le Notus des régions libyennes[3]. Mais si, pour la quatrième fois, Cynthie fait monter dans le ciel son char et produit les feux de cornes étincelantes, exagérément pointées[4], un long déchaînement agitera les flots, bien vite[5] les Caurus soulèveront toute l'étendue marbrée, et de violentes rafales balaieront la mer profonde[6]. Si la corne lunaire qui s'élève vers le Borée prend un aspect arrondi et paraît s'incliner, ce sera l'annonce que vont se déchaîner dans le ciel les rafales d'un aquilon soufflant en tempête : car elle se déclare pressée par lui, accablée par lui[7], et elle montre que sous un vent de la plus haute origine s'inclinent les sommets[8]. La même corne, inversement, sera l'annonciatrice d'un prochain Notus, si tu vois cette partie de la lune basculer en arrière et s'ouvrir d'elle-même à cette position renversée : c'est que l'Auster en soulève la pointe en montant de la zone inférieure. Si, au troisième lever de la lune, un halo teinté de rouge entoure les bords de la déesse, tu verras bientôt l'étendue marine blanchir d'écume dans le fracas de la tempête ;

Voir notes 1 à 8 page 260.

flabra Noti aut pluuias : nam crassus desuper aer
cornua caeca premit, Notus uuidus aera cogit.
Tertia si rursum protollat Cynthia currus
sic subrecta faces et acumina tenta coruscans
ut nec curua quasi declinet cornua nec se
fusa supinato diducat lumine in auras,
occiduo Zephyrum praedicet surgere mundo (791)
aut Libyae de parte Notum. Sin quattuor autem
Cynthia curriculis caelum subit atque coruscis
cornibus immodice prostantibus *ex*serit ignes,
ui*s* prolixa salum ciet, ocius omnia Cauri
marmora conuoluent, fera uerrent flabra profundum. (793)
Istius in Borean quod se sustollit acumen,
si curuum specie uelut adnuat, adfore caelo
saeua procellosi praedicet flabra Aquilonis :
namque hoc urgeri sese adserit hocque grauari,
summat*i* et uen*to* docet inclinarier alta.
Indice rursus eo ueniet Notus, hanc ubi partem
pone supinari conspexeris inque reclinem
sponte habitum pandi : nam subrig*i*t Auster acumen
inferiore plaga. Si lunam tertius ortus (796)
proferat atque deae conuoluat circulus oras
suffusus rutilo, mox tempestate sonora
spumosum late pelagus canescere cernes ;

1463 crassus *AE* : gra- *V* || 1464 caeca *VA* : ceta *E* || 1465 currus *E* : cursus *V*^{pc}*A* cussus *V*^{ac} *(ut uid.)* || 1466 subrecta *VA* : subiecta *E* || 1467 nec curua *V*^{pc}*AE* : necurua *V*^{ac} || 1468 lumine in *A* : luminenin *V* lumen in *E* || 1471 coruscis *VAE* : -cos *uett.* || 1472 prostantibus *Morel (cf. Lucr. II 428)* : prostran- *AE* pros stran- *V* || exserit *Grotius* : suserit *V* susserit *A*^{ac} usserit *A*^{pc}*E* || 1473 uis *Grotius* : uix *VAE* || *Post* ciet *interp. edd.* : *post* ocius *Reuter metri causa* || Cauri *uett.* : chau- *VAE* || 1474 fera *AE* : ferra *V* || uerrent *VE* : uertent *A* || 1475 borean *VA*^{ac} : -am *A*^{pc}*E* || 1476 adnuat *uett.* : annuat *A* anuat *V* armat *E* || adfore *AE* : afore *V* || 1479 summati et uento *ego (uide adn.)* : summa alte (-tae *V*) tuendo *VAE* si luna alta tuens *Breysig* sic maria et uento *Housman ; uersum totum om. uett.* || inclinarier *VA* : -narer *E* || 1480 rursus *VA* : -sum *E* || notus *VA* : noctis *E* || 1482 subrigit *uett.* : -gat *VAE*.

et elle sera plus forte encore, jusqu'à bouleverser les flots du gouffre grondant, si le visage de la lune elle-même rougit exagérément[1].

Fais aussi tes observations[2] quand Cynthie dilate jusqu'à la plénitude son disque lumineux, ou quand sa circonférence est coupée et qu'apparemment privée, d'un côté ou de l'autre, de la moitié de son éclat, elle subit une amputation de sa forme partiellement masquée[3], soit qu'elle remplisse ses cornes initiales, soit qu'elle creuse ses cornes fatiguées. Quant à la teinte qui colore son visage dès qu'elle se présente[4], apprécie-la d'un œil attentif ; annonciatrice des jours à venir, retiens-en les indications, et sache diviser en périodes l'ensemble du mois. Car les signes éloquents que tu as surpris ne concernent pas un jour unique, pas plus qu'il n'y a tous les jours de leçons données aux gens. Non : les indices fournis dès le début du cycle, par la troisième lune ou la quatrième, vaudront pour le ciel jusqu'à ce que Cynthie produise la moitié de son visage, et ceux que révélera la demi-lune vaudront jusqu'aux feux de la pleine lune. Dès lors se définit en sens opposé, pour la phase décroissante, une nouvelle période dans les prévisions lunaires ; et celle-ci à son tour caractérisera la fin du mois[5], jusqu'à ce que Phébé rejoigne les feux éclatants de son frère[6].

L'élément[7] que l'univers immense déplace dans l'étendue du vide porte le nom d'air[8] ; les exhalaisons issues du sol terrestre s'appellent les nuages[9]. Au-dessus, le ciel, cour des dieux[10], pivote sur son axe d'acier[11]. C'est là que les divinités possèdent en propre leur place particulière[12] : les hauteurs du pôle boréal sont le palais

Voir notes 1 à 12 page 261.

maior et haec rauci uersabit gurgitis undas,
ipsa quoque immodice si uultum luna rubescat.
  Contemplator item, seu plenum luminis orbem *(799)*
Cynthia distendit, seu cum teres ambitus olli
caeditur et mediae uelut indiga lucis utrimque
sustinet obductae sibimet dispendia formae,
cornua prima replens et cornua fessa dehiscens.
Induit et qualem procedens ore colorem, *(801)*
h*u*nc perpende oculis, ipso monitore dierum
signa tene ac totum discerne in tempora mensem.
Non unum deprensa diem tibi signa loquuntur
nec uulgo in cunctis adsunt praecepta diebus;
sed quae signa nouo dederit mox tertia motu *(806)*
quartaue, sustollat medios dum Cynthia uultus,
durabunt caelo, medio quae [e] dixerit ore
ignis in plenos. Hinc in dispendia rursus
altera prouisae signantur tempora lunae;
illa dehinc, donec germani luminis ignis
accedat Phoebe, mensis postrema notabunt. *(809)*
  Hoc quod protento uehit ingens mundus inani
aera nomen habet; quod spirat caespite tellus
nubila dicuntur. Caelum super, aula deorum,
axe ad*ama*nteo conuoluitur. Hic sua certis
sunt loca numinibus : Borealis uerticis altum

1487 uersabit *AE* : uessabit *V* || 1491 indiga *A* : -ca *VE (cf. u. 1135)* || 1494 induit et qualem *E* : induit ae et *(in ras.)* aequale *V* induit ac qualem *A* induerit qualem *Grotius* induat et qualem *malim* || 1495 hunc *Grotius* : hinc *V (ut uid.) AE*. *Grauiorem totius loci corruptelam suspicari licet (uide adn.)* || 1497 deprensa *Morel* : -pr(a)ehensa *VAE* || 1498 in *VAE (cf. Arat. 805* πᾶσιν ἐπ' ἤμασι*)* : *secl. J. Martin* || 1499 quae *AE* : que *V (idem u. 1501)* || nouo *AE* : nono *V (ut uid.)* || mox *VAE*, *def. Reuter* : nox *Aldus, edd.* || 1500 dum *AE* : du *V* || 1501 dixerit *Reuter (cf. u. 1398, 1455)* : edixerit *VAE cum durissima elisione* || 1504 illa *AE* : I illa *V* || 1505 postrema *AE* : post trema *V* || 1508 super *V*pc*AE* : du- *V*ac. *De interpunct., uide adn.* || 1509 axe adamanteo *Schrader* : axea denteo *VAE*.

de Saturne ; la zone où une saison plus sèche halète au brasier de l'été maintient Jupiter dans la chaleur de l'empyrée ; les hauteurs d'où un feu excessif descend brûler la terre offrent à Gradivus sa demeure[1] ; la zone où le soleil reçoit en hiver l'impulsion qui lui fait tourner bride[2] est l'apanage de Vénus au bel astre ; quant au cercle ténébreux dont la circonférence se cache sous l'horizon, il est l'emplacement obscur[3] échu à Mercure. Par dessus cet ensemble[4], la route brûlante du Soleil, solidaire des cinq vastes zones[5], déroule son tracé invariable ; vient ensuite la Lune[6] : à proximité des nuages où se condensent en gouttelettes les exhalaisons de la terre[7], elle circule dans les régions les plus basses du ciel. Tandis que, de l'éclatant flambeau lunaire, la lumière fréquemment brisée[8] descend au sein des nuages, la déesse s'alimente à cette humidité[9] et, la traversant de sa clarté, y produit des phénomènes variés : c'est ainsi, enfin, qu'on s'imagine souvent Phébé enveloppée de nuages, alors que ces nuées sont au-dessous de la lune[10]. Donc[11], chaque fois qu'on l'aperçoit, enfermée dans un halo, voici, en bon ordre, les indices qui s'en déduisent : tantôt ce halo enveloppe la lune d'une triple auréole ; son dessin est le plus souvent double ; mais il lui arrive aussi de former une couronne unique. Si c'est un halo simple qui entoure le disque, il sera l'indice infaillible de bourrasques, mais l'indice aussi de ciel clair ; brisé, il annonce les soudains levers de l'Eurus[12] ; pâlissant peu à peu en un voile ténu et se dissolvant dans l'espace

Voir notes 1 à 12 page 265.

regia Saturni ; qua siccior annus anhelat
aestatis rutilo, calida stat Iuppiter aethra ;
immodicus terra*m* qua desuper ignis adurit,
Gradiuo incolitur ; brumalis pulsus habenas
qua Solis redigit, pulchro Venus obtinet astro ;
ast ubi demerso latet ater circulus orbe,
cessit Mercurio locus umbrifer. His super amplas
quinque tenet zonas certo ⟨et⟩ uia feruida Soli*s*
limite decurrit ; *t*um Luna*m* nubila propter,
exhalantis humi qua spiramenta madescunt,
ima uehunt caeli. Lux it dum fr*ac*ta frequenter
desuper in nubes rutilantis lampade lunae,
pascitur umore et uarias dea lumine formas
exprimit inserto : sic crebro denique Phoebe
nubibus ambiri, cum subsint nubila lunae,
creditur. Hanc quotiens includere circulus ergo *(811)*
spectatur, proprio succedunt ordine signa :
ille alias trino conuoluit tramite lunam
et geminus plerumque meat, solet unicus idem
cingere. Si simplex circumuersabitur orbem,
signa procellarum certissima, signa sereni
praeferet ; abrupt*us* subito*s* praenuntiat Euros ;
marcescens tenui sensim caligine et aethra

1511 anhelat *AE* : hane- *V* || 1513 terram *Aldus* : -ra *VAE* || 1514 Gradiuo *AE* : Grand- *V* || incolitur *VA* : -coluitur *E* || 1515-1526 *Versuum initia in V euanida sunt* || 1515 obtinet *E* : opti- *V* opprimet *A* obnitet *uett.* || 1516 ast ubi demerso, 1516 ater, 1517 cessit mercurio *E* : *V non legitur, om. A in lac.* || 1517 locus umbrifer *VA* : lucus imbrifer *E* || 1518 quinque tenet *E* : qu- tenens *Aldus, edd.* ; *V non legitur, om. A in lac.* || zonas *AE* : *V non legitur* || certo et uia *ego* : certo uia *V (ut uid.) E, edd.* ; *om. A in lac.* || Solis *uett. (uide adn.)* : -li *VAE* || 1519 tum *Grotius* : cum *E* ; *V non legitur,* tum---propter *om. A in lac.* || Lunam *Grotius* : -na *VE* || nubila *E* : inubila *V* || 1521 lux it dum *Grotius* : luxit dum *E* lux cum *V* lux *A, qui* it dum *om. in lac.* || fracta *ego (uide adn.)* : frustra *VAE* fusa *Grotius, edd.* || 1523 lumine formas *V*pc*AE* : lumene foras *V*ac || 1524 phoebe *VA* : -bo *E* || 1526 hanc *AE* : han *V* || 1532 abruptus *Morel* : -ruptos *AE* -rutos *V* || subitos *ego* : -to *VAE* || 1533 marcescens *E* : marcens *VA* || tenui *Morel* : -uis *VAE*.

céleste, il révèle que sur les eaux le calme va venir. Si deux couronnes enveloppent la lune, brusquement le paroxysme de la violence balaiera la mer, balaiera les terres ; et des tempêtes plus fortes encore bouleverseront la surface des eaux, si un triple halo enserre le disque éclatant ; dans une épouvante sans mesure l'Auster[1] se déchaînera davantage si le tracé des cercles apparaît en sombre sur le fond du ciel. Enfin, si ces halos lunaires se brisent, la tempête à son comble soulèvera en raz-de-marée les profondeurs de l'abîme[2].

Présages tirés du soleil.

Mais c'est le soleil surtout[3], le soleil que tu dois avoir soin d'observer : les présages tirés du soleil sont suivis d'un meilleur effet, les indications que donne le chef des astres[4] sont plus solides et mieux fondées, soit qu'à son déclin il penche vers les eaux d'occident, soit que, renaissant, il émerge des bords où paraît la lumière. L'éclat de ses rayons immenses dissipe les profondeurs de l'obscurité et l'étendue, noire comme poix, des ténèbres nuageuses[5], quand sa force flamboyante s'est diffusée dans les ombres du chaos, quand dans les voiles de la nuit s'enfonce l'éclair de ce flambeau aérien. Sa chaleur anime la nature inerte[6], ses flammes ardentes réveillent le monde engourdi ; le Soleil rend vie aux corps endormis, le Soleil, générateur premier[7], brise les durs obstacles avec son char de diamant[8] ; le feu de Phébus fige les déliquescences, les rayons de Phébus détendent les condensations[9]. Mais lorsque la puissance illustre du soleil flamboyant se dérobe, privée de sa lumière, et que l'obstacle d'un nuage épais dissimule le dieu, c'est pour le ciel et la mer l'annonce de grands bouleversements[10].

Voir notes 1 à 10 page 267.

digestus patula, docet undis adfore pacem. *(814)*
Si duo se lunae circumfudere, repente
maxima uis pontum, uis uerret maxima terras;
maioresque dehinc agitabunt stagna procellae
si trinus rutilum constrinxerit ambitus orbem,
et magis immodica formidine saeuiet Auster,
zonarum taeter fuerit si tractus in aethra.
Denique disrumpant si sese cingula lunae,
ultima tempestas ruet imi gurgitis aestum. *(817)*

Solis quin etiam, solis tibi cura uidendi *(819)*
sit potior : solem melius praeuisa sequuntur
astrorumque duci monstrata tenacius haerent,
siue ille occiduas uergat decliuis in undas,
seu se luciferis reparabilis exserat oris. *(821)*
Istius ingentes radii caliginis atrum
et nebulosarum tractus piceos tenebrarum
lumine dissiciunt, cum per chaos umbriferum uis
flammea peruasit, cum se per noctis amictus
inserit aeriae fulgor facis. Ille calore
pigra mouet, *st*imulat rutilis torpentia flammis;
Sol sopita animat, Sol dura obstacula primus
curru adamanteo reserat pater; efflua Phoebus
igne inhibet, Phoebus radiis densata relaxat.
At cum flammigeri cedit uis inclita solis
lucis egens, crassaeque deus latet obice nubis,
et caelo et pelago magnos ait adfore motus.

1536 uerret *V (ut uid.) A* : uertet *E (cf. u. 661, 699, 878, 1474)* || 1539 immodica *VA* : in medica *E* || *Ante u.* 1543 SOL *VAE* || 1543 etiam *AE* : &ia *V* || 1544 praeuisa *AE* : -uissa *V* || 1545 astrorumque *E* : austr- *VA* || tenacius *E* : tenauus *V* te nauus *A* || haerent *E* : -ren *V (ut uid.)* -rens *A* || 1550 dissiciunt *Grotius* : dispiciunt *V* despiciunt *A* dissicuit *E* || 1550-53 *de interpunct. dubitare licet* || 1551 se per *Grotius* : semper *VAE* || 1552 calore *E* : -ri *V (?) A* || 1553 stimulat *Grotius* : simul at *VA* simulat *E* || 1554 sopita V^{pc}*AE* : posita V^{ac} || 1555 reserat *VA* : -ferat *E* || *Vtrum ante an post* pater *interpungendum sit incertum* || phoebus *A* : phoeb *V* faebum *E* || 1556 relaxat *AE* : -lixit *V (ut uid.)* || 1559 pelago *VA* : -ge *E*.

Que le soleil[1], dès que sa face émergera de l'abîme, ne présente pas toute une palette de couleurs sur un visage barbouillé ! Car la réapparition d'un soleil pareil t'interdit de plus attendre la douceur d'un ciel clair. Mais si l'astre a parcouru paisiblement la voûte céleste et si, plongeant son flambeau dans la mer, le dieu demeure intact, la face exempte de nuées, la chevelure nette et le disque éclatant, on a le droit de compter sur le calme[2] pour le lever du jour suivant. En revanche, avec une face qui semble concave, un disque qui ait l'air déprimé en son centre[3], ou si, perdant sa couronne de rayons, il se borne à les ficher, par une sorte d'allongement de l'astre, dans la région australe et[4] à atteindre Borée d'un brillant trait de feu rectiligne[5], il ne manquera pas d'amener vent et pluies dans la journée ainsi commencée.

Enfin, c'est là-bas, dans les flammes et le brasier mêmes du dieu, si la lumière adoucie du soleil le permet, qu'il faut avec sagacité fixer tes regards — de son enseignement se déduiront de sûrs indices — ; et pourvu qu'une rougeur de sang n'imprègne pas sa large face, comme ces traînées de nuages errants souvent colorés de rouge, pourvu qu'un noir de poix ne tire pas un voile blafard devant le flambeau du soleil ! Prends bien le temps d'examiner cela. Si le disque obscurci est parti-

Voir notes 1 à 5 page 269.

Non hic, cum primos educet gurgite uultus,
ceu picturato diuersos ore colores (822)
proferat ! Haud etenim tali tibi sole reuecto
mitia iam caeli fas exspectare serena.
At si tranquillo conuexa cucurrerit astro (825)
indideritque facem ponto deus integer, ora
nube carens purusque coma*s* et splendidus orbe,
conuenit Eoae *p*acem praesumere lucis.
Sed non ora cauo similis medioque recedens (828)
orbe quasi uel si radios discingitur ultro
figat ut australem porrecto sidere partem
a*c* Borean rigidi iaculetur luminis igne,
et uento et pluuiis reparata in luce carebit.
Denique per flammas procul atque incendia [sollers (832)
ipsa dei, cedunt blandi si lumina solis,
tende oculos — certa hoc ducentur signa *ma*g*is*tro —,
et ne sanguineus late rubor imbuat ora,
qualia protractu uaga nubila saepe rubescunt,
aut ne liuenti piceus color abdat amictu
lampada, quaere diu. Si taetro crassior orbe est, (836)

1560 cum *VA* : eum *E* || primos educet *Aldus* : -mo sed- *V*pc*E* -mo sod- *V*ac -mo subd- *A* || uultus *A* : -tūs *V* -tum *E* || 1562 sole reuecto *E* : solere uecto *V unde* sydere uecto *A* || 1564 At *ego (cf. Virg., G. I 458)* : Et *VAE* || astro *A*ac : austro *VA*pc*E* || 1565-1581 *uersuum fines in V euanidi sunt* || 1565 facem *AE* : -ce *V* || ora *A* : ara *E* atra *Aldus, uett.*; *V non legitur* || 1566 comas *Heinsius, Breysig* : -ma *VAE* -ma ⟨omni⟩ *Winterfeld, prob. Daigl* -mis *quoque Winterfeld* -marum *Unger, Holder (in add.)* || orbe *VAE* : -bem *Matthiae, fort. recte* || 1567 pacem *Winterfeld (uide adn.)* : facem *VAE* faciem *Aldus, edd., def. Daigl, Breysig* || 1571 ac *Grotius* : aut *VAE* ; *an* ut? || Borean *V*ac : -ream *A*pc -rea *E* || igne *E* : ( )nę *A* ; *V non legitur* || 1572 in *VAE* : *del. Grotius* || 1573 flam(m)as *VA* : -mma *E* || 1573 sol(l)ers 1574 solis *VAE, sic interp. Winterfeld* : 1573 solis 1574 sollers *Aldus, edd., qui post u. 1573 et post* lumina *interp.* || 1575 magistro *Aldus* : sinistro *AE* ; *V non legitur* || 1576 imbuat *A* : induat *E* ; *V non legitur* || 1577 protractu *E* : -tactu *VA* || saepe *E* : *V non legitur, om. A in lac.* || 1578 liuenti *A* : liben- *V* laben- *E* || 1579 taetro *E* : retro *VA*.

culièrement brouillé, les pluies détremperont la terre, les fleuves grossis, triomphant de leurs digues, déborderont les hautes berges ; si un intense embrasement envahit la face enflammée de l'astre, des bourrasques répétées agiteront les flots salés, des bourrasques balaieront tous les pays, les rafales de l'âpre Aquilon feront plier la chevelure des forêts et leurs hautes cimes[1] ; si les deux phénomènes, unissant leur action, s'étendent sur le visage du soleil, les Notus ébranleront tout[2], les pluies arroseront l'étendue des campagnes.

Voici que parfois, au prime lever du soleil naissant ou quand le dieu plonge dans la mer ses feux déclinants, ses rayons se soudent en un brouillard[3] — car le reste du flambeau d'Hypérion resplendit[4], et ici le puissant faisceau de sa chevelure prodigue à l'univers sa lumière étincelante, là se forme aussi un noir amoncellement de nuages blafards — ; d'autres fois[5], le soleil regagne la voûte céleste couvert d'un épais manteau de nuages ; ou encore, inversement, du ciel dégagé il descend en dérobant son visage derrière un rideau opaque : tous ces indices annoncent pour la terre des précipitations abondantes[6]. On voit quelquefois un nuage ténu précéder le dieu : si ce nuage s'est levé rapidement, avant le soleil, et si derrière lui l'astre se montre privé de ses rayons lumineux[7], des averses torrentielles détremperont les campagnes. Mais si le rivage de la côte matinale nous a présenté un Phébus plus grand que d'habitude[8], si le bord extérieur du disque a paru estompé, diffus[9] dans l'atmosphère, avant que, poursuivant sa

Voir notes 1 à 9 page 269.

uuescet pluuiis tellus, inflataque celsas
aggere deuicto superabunt flumina ripas;
ignea si fulgor percurrit plurimus ora,
flamina crebra salis quatient uada, fl*a*mina terras
conuerrent omnis et duri flabra Aquilonis
siluarumque comas et celsa cacumina flectent;
uis simul amborum si uultum solis oberret,
cuncta Noti quatient, imbres procul arua rigabunt.
Ecce alias, primo nascentis solis in ortu *(840)*
uel cum praecipites pelago deus inserit ignes,
ut coeunt radii nebuloso — cetera quippe
pars Hyperioniae rutilat facis, hicque comarum
uis confusa micans mundo sua lumina praestat,
hic globus ater item liuentia nubila cogit —;
nonnumquam crasso nebularum tectus amictu
in conuexa redit; tum caelo rursus aperto
cum ruit, opposita uultum caligine condit :
omnibus his signis in terram deflu*e*t imber *(844)*
plurimus. Interdum tenuis praeuertere nubes
uisa deum : haec celeri *si* praesurrexerit ortu
ipseque pone sequens radiorum luce carere
cer*n*atur, nimbis ingentibus arua madebunt.
At matutini si Phoebum [in] litoris acta
maiorem solito produxerit atque per aethram
marcenti similis d*if*fluxerit extimus orbis,

1580 inflataque celsas *E* : *V non legitur, om. A in lac.* || *Post u.* 1581 *desinit V. Vu.* 1582-1878 *leguntur in A post D. O. T. 1-1381 (uide introd., p. 77)* || 1582 percurrit *A* : prec- *E* || 1583 flamina *(pr.) Aldus* : Ela- *E* Flu- *A* || flamina *(alt.) Lemaire* : flu- *AE* || 1584 omnis *E* : -nes *A* || 1587 cuncta noti quatient imbres *E* : Zuacta nocti quaties indes *A* || 1590 ut *E* : et *A* || nebuloso *AE* : *corruptelam susp. Reuter, fort. recte* || 1593 item *E* : iter *A* || liuentia *A* : liben- *E* || nubila $A^{pc}E$: nebu- A^{ac} || 1596 uultum *A* : mul- *E* || 1597 defluet *ego duce Bitschofsky* : -uit *AE* || 1599 celeri si *Grotius* : celeris *E* -leri A^{pc} -teri A^{ac} || praesurrexerit *Aldus* : praesurexerit *E* pressus surrexerit *A* || ortu *Grotius* : -tum *AE* || 1601 cernatur *Aldus* : certa- *E* laeta- *A* || 1602 in *del. Grotius* : *praeb. AE* || 1603 atque per *E* : ad ap(*lac.*) *A* || 1604 diffluxerit *Housman* : defl- *AE*.

montée[1], le soleil ne réduise son astre flamboyant, le temps sera beau et clair : c'est que[2] l'air des profondeurs, plus épais, avait ⟨d'abord⟩ dilaté exagérément le disque, et maintenant qu'il s'élève dans une région céleste de faible densité, Phébus contracte[3] un astre qui avait oublié sa dimension normale. C'est lui aussi qui, en montrant à son coucher une face blême, quand la journée pluvieuse a frissonné sous de grandes intempéries[4], promet un beau temps clair : car si l'éclatement des nuages dans l'étendue de l'atmosphère laisse languissante et blafarde la face du soleil qu'on dirait défaillant, la masse des nuées dispersées dans l'espace annonce que s'éclaircit l'aspect du ciel dégagé[5]. De plus, il convient de prévoir des pluies pour le début du jour à naître[6], lorsqu'aux lointains confins du ciel déclinant on a vu descendre des traînées de nuages noirs ; et quand des rayons divergents les encadrent, à la tombée du jour, avant qu'une nuit froide répande sa rosée[7], il y aura de la pluie. Si les rênes sont nettes que fait disparaître Phébus, et sereine la lumière qu'il éteint dans l'abîme de Calpé[8], tandis qu'un nuage couleur de feu[9] suit son immersion, la nuit et le jour qui naîtra de la prochaine aurore demeureront exempts d'averses et de sombres intempéries. Mais quand languit l'éclat des

Voir notes 1 à 9 page 271.

alta dehinc scandens minuat iubar igniferum sol,
pura seren*a* aderunt : namque olli gurgitis aer (850)
crassior immodicum ⟨primo⟩ diffuderat orbem,
et iam s*e* tenero sustollens tramite caeli
oblitum iusti iubar attrahit. Hic quoque, magnis
cum madefacta die*s* sub tempestatibus horret,
pallidus ora cadens promittit pura serena : (851)
displosis etenim per apertam nubibus aethram
ora laboranti similis languentia pallet,
at disiectarum moles late nebularum
indicat exuti faciem clarescere mundi.
Qui*n* nascente die uenturos conuenit imbres (854)
noscere, cum proni procul ad confinia caeli
de*f*er*r*i piceo spectaris nubila tractu ;
et cum declinant radii se partem in utramque
lucis in occasu, nox ut serat algida rores,
imber erit. Puras si Phoebus cond*a*t habenas (858)
et Calpetano tranquillum gurgite lumen
tinguat, at i*l*lapsum nubes ignita sequatur,
noxque diesque dehinc uenturi rursus Eoi
nimborum expertes et tempestatibus atris
durabunt. Sed cum radiis marcentibus ardor

1605 alta dehinc *E* : ab cade hic *A* || iubar *E* : uiuat *(uel* iuuat*) A* || igniferum *E* : igniparūs *A* ; *an* ignipotens *(cf. u. 710)?* || 1606 serena *Aldus* : -ne *E* secene *A* || olli *E* : orri *A* || 1607 ⟨primo⟩ *ego (cf. O. M. 154, 311) : uers. manc. praeb. A (qui lac. sign.) E* ⟨surgens⟩ *Aldus, edd.* ⟨circum⟩ *Winterfeld* || diffuderat *Morel* : diffund- *AE* || 1608 se *Grotius* : si *AE* || tenero *AE* : -ri *malim* || 1609 oblitum *E* : -liquum *A* || attrahit *E* : -hat *A* || 1610 dies *Grotius* : die *AE* || 1611 cadens *E* : calens *A* || promittit *A* : -ttet *E* || 1612 displosis *E* : diplo- *A* || etenim *E* : sed enim *A* || 1614 at *Beaujeu* : Et *AE* || disiectarum *E* : dissec- *A* || moles *A* : molles *E* || 1615 exuti *E* : et uti *A* || clarescere *E* : calor ascere *A* || 1616 Quin *Aldus* : Qui *E* Cum *A* || 1617 noscere *E* : *om. A in lac.* || 1618 deferri *Aldus* : de seri *E om. A in lac.* || spectaris *E* : -tantis *A* || 1620 occasu *E* : hoc casu *A* || 1621 puras *E* : primas *A* || condat *Grotius* : -dit *AE* || 1623 at *E (cf. Arat. 859* δέ*)* : et *A* || illapsum *Schrader* : in lapsum *A* in lapsu *E* || 1624 noxque *E* : nanq ; *A* || 1625 expertes *E* : et ptes *A* || 1626 cum *E* : dum *A*.

rayons pâlissants et que s'allongent ⟨hélas !⟩[1] vainement, en flèches évanescentes, les cheveux de Phébus, une sombre bourrasque amènera des averses et l'on verra le jour voilé prendre un aspect semblable à la clarté moins vive que provoque l'occultation par la lune de l'attelage fraternel[2] : sous l'éclat auguste du soleil qui la domine, elle passe en suivant une route plus basse[3] et, interposant en plein milieu[4] son flambeau circulaire, elle arrête le rayonnement de l'astre flamboyant. D'autre part, quand Lucifer suscite les levers du matin, je ne te souhaite pas de voir à l'horizon des nuages sanglants rouler leurs toisons avinées ! Du ciel en effet ne tardera pas à tomber une violente averse.

Tandis que le soleil là-bas s'attarde dans les eaux rougeoyantes, si ses rayons émergent — rayons que couvre une ombre assez épaisse — ce jour-là n'échappera pas aux pluies et au vent[5]. Il pleuvra également si un halo noir entoure le soleil à son lever[6] ; enfin le ciel déversera de plus fortes averses, une plus forte pluie détrempera le sol si les auréoles[7] déployées autour du dieu ont refusé de se dissiper et ont inertement conservé l'aspect d'une masse sombre. Souvent aussi[8] un nuage que frappe Phébus se colore en rouge : réfléchissant[9] la forme du dieu dont il reçoit de loin l'incandescence, il engendre l'image d'un faux disque lumineux[10]. En quelque point du ciel que tu observes le phénomène, retiens que de ce

Voir notes 1 à 10 page 272.

languet et ⟨heu !⟩ tenui tenduntur acumine frustra
Phoebei crines, nimbos aget atra procella,
talis et obducti cernetur forma diei (864)
qualem fraternos subtexens luna iugales
lucem h*e*b*e*tat : subit haec superi sacra lumina solis
inferior, mediaeque interstans lampadis orbe
arcet flammigerae radium facis. *H*au*d* tibi rursum,
cum matutinos molitur Lucifer ortus,
ebria sanguinea*e* subuoluant uellera nubes !
namque grauis caelo fundetur protinus imber.
Nec si, sole procul rutila inter stagna morante, (869)
emineant radii, radios quoque crassior umbra
contegat, ille dies pluuiis uentoque carebit.
Quin erit imber item, si solem circulus ater
ambiat exortum ; maior se denique nimbus
urgebit caelo, maior sola perluet imber,
circumfusa deo si cingula nescia solui
seruar*int* taetr*a*e speciem torpentia molis. (879)
Saepe etiam Phoebo nubes percussa rubescit,
et meditata dei formam procul igne recepto
concipit effigiem simulato luminis orbe.
Id qua parte poli spectaueris, adfore ab ipsa

1627 languet *E* : -gueat *A* -guit *Housman* ‖ et ⟨heu !⟩ tenui *ego dubitanter (uide adn.)* : et tenui *E*, *Housman* et tenuat *A* et ⟨in⟩ tenui *Aldus, edd.* ‖ acumine *A* : -na *E* ‖ 1630 fraternos *E* : nox fratrem *A* ‖ 1631 hebetat *Aldus (cf. Arat. 864)* : habitat *AE* ‖ 1632 inferior *E* : -rius *A* ‖ interstans *E (duob. uerb.)* : uter trans *A* ‖ 1633 arcet *E* : *om. A in lac.* ‖ flammiger(a)e radium *E* : flamiger aera diū *A* ‖ haud *Grotius* : aut *AE* ‖ tibi *E* : abi *A* ‖ rursum $A^{ac}E$: russum A^{pc} ‖ 1635 ebria sanguineae *Aldus* : e- sanguinea *E* et nasan ganea *A* ‖ 1636 fundetur *E* : fundo cur *A* ‖ 1637 rutila inter stagna *E* : rutilantis anga *A* ‖ morante $A^{pc}E$: -ratur A^{ac} ‖ 1638 radios *E* : -dio *A* ‖ crassior *E* : rasior *A* ‖ 1640 erit *E* : nent *A* ‖ 1641 exortum *E* : -tam *A* ‖ 1643 circumfusa *E* : -frisa *A* ‖ deo *Reuter* : dea *A* adeo *E*, *edd. (at uox Auieno aliena est)* ‖ 1644 seruarint *Schrader* : -rent *AE* ‖ t(a)etr(a)e *E* : ta eo *A* ‖ molis *A* : mollis *E* ‖ 1646 dei *E* : die *A* (pro diei A^{sl}) ‖ igne *E* : ore *A* ‖ 1647 simulato *A* : -ta *E* ‖ 1648 qua *E* : quod *A* ‖ parte poli *A* : partipoli *E* ‖ spectaueris *E* : pectaberis *A*.

point précis les vents vont souffler. Pourtant ces indices, pourtant tous ces présages seront toujours plus révélateurs s'ils se produisent au déclin du jour.

Présages tirés de la Crèche.

Il convient ici, en outre, de prêter attention à la modeste Crèche[1] — tel est le nom que la science grecque[2] a donné à une nébulosité qui gravite là-haut à l'avant[3] du Cancer. A ses côtés, enfin, regarde les deux Ânons[4] : l'un chauffe les étoiles voisines du septentrion, l'autre regarde les tièdes lointains de l'Auster. La condensation qui forme entre eux comme un nuage est ce qu'on appelle la Crèche[5]. Donc, si cette Crèche se dérobe soudain à nos yeux tandis que rougeoie comme il faut le brasier rayonnant des Ânons célestes, les tempêtes qui vont agiter les eaux n'auront rien d'anodin. Mais si les deux astres conservent un éclat constant alors que la Crèche prend un aspect noirâtre, des nuages élevés tombera une ondée légère, un peu de rosée bientôt mouillera la terre[6]. Si l'étoile voisine du farouche Borée semble privée de son éclat normal et n'offre aux regards qu'un feu faible et languissant, tandis que là-bas flamboie largement la crinière de l'autre Ânon, des vallées éthiopiennes l'Auster sans tarder se lèvera. Mais si c'est de l'étoile tournée vers le Notus que décline la lumière, les bords riphéens[7] déchaîneront un strident Aquilon[8].

Présages tirés du monde terrestre : signes de vent.

Du monde terrestre tire aussi maints indices sûrs de bourrasques[9]. Lorsque s'est enflée sur une vaste étendue la surface de la mer[10], lorsque les anses du rivage, d'elles-

Voir notes 1 à 10 page 273.

parte tene uentos. Tamen haec, tamen omnia semper
decedente die melius uentura docebunt.

Conuenit hic etiam paruum Praesepe notare. (892)
Id nubi nomen quae Cancro obuoluitur alto
Graecia docta dedit. Duo propter denique Asellos
suspice, quorum alius septem uicina trioni
astra adolet, tepidum procul alter spectat in Austrum.
In medio quod nube quasi concrescit adacta,
id Praesepe uocant. Porro hoc Praesepe repente
si sese ex oculis procul aufer*a*t, ardeat autem (900)
congruus aeriis late rubor ignis Asellis,
nequaquam tenues agitabunt stagna procellae.
At si sideribus similis lux duret et illi
taetra sit effigies, ruet altis nubibus imber
lenior et parco mox tellus rore madebit.
Sed Boreae si parte trucis uelut indiga iust*ae* (905)
stella facis lento marcescere cernitur igne
et procul alterius iuba late flagrat Aselli,
protinus Aethiopum surget conuallibus Auster.
At regione Noti si lucem stella senescat,
saeuus Riphaeis Aquilo crepitabit ab oris. (908)

Quin et terrenis cape rebus certa frequenter
signa procellarum. Nam cum traxere tumorem

Ante u. 1651 ASELLI *AE* || pr(a)esepe *E* : prerepe *A* || 1653 asellos $A^{pc}E$: arell- A^{ac} || 1654 suspice *E* : -cipe *A* || alius *A* : maluis *E* || 1655 tepidum *E* : termum *A* || austrum *A* : ast- *E* || 1656 concrescit *E* : -cessit *A* || 1657 id *E* : in *A* || repente *A* : rap- *E* || 1658 auferat *Grotius* : -fert *A* -ferri *E* || 1662 ruet *AE* : cadet *Aldus, uett., Breysig* || 1663 parco *E* : pars co *A* || 1664 trucis *A* : cru- *E* || iustae *Aldus* : -te *AE* || 1666 alterius *E* : agitenus *A* || 1668 At *E* : A *A* || 1669 saeuus *A* : segnus *E* segnis *Winterfeld, qui* stella senescat / segnis, Riphaeis... *interp., improbante Reuter metri causa* || *Inter* saeuus *et* Rhipheis *del.* Rhiphaisa *A* || crepitabit *E* : trepida- *A* || *Ante u.* 1670 VENTI *AE* || 1670 et *AE* : *an* ex *uel* e *(quamquam* Quin et *Auien. saepissime usurpat)*? || 1671 cum traxere tumorem *E* : contraxe humor *A*.

mêmes, répercutent au loin leur grondement sans être battues par une houle sombre[1], ou lorsque le sommet de montagnes élevées retentit de lui-même dans les airs[2], ce sera l'annonce de vents imminents.

Quand la foulque[3] menue abandonne les flots pour gagner la terre d'un vol effrayé et répète à plein gosier ses longues plaintes, elle annonce que bientôt la mer va blanchir sous la fureur des vents. Enfin, dans un ciel uniformément pur et dégagé, mais d'où vont tomber les rafales, vite l'étourneau vorace[4] commence à tourner contre elles sa poitrine multicolore, afin que, maigre comme il est[5], la pression s'exerce de face sur ses plumes au lieu que l'Eurus s'engouffre librement dans son dos. Bien souvent aussi tu verras le canard palmipède[6] s'éloigner de la mer et une nuée[7] s'étirer au sommet d'un piton, puis sur les eaux voltiger la vieillesse des fleurs[8], et là-bas éclater les chevelures stellaires qui du haut de l'éther s'abattent sur la terre en déployant l'éclat de leurs crins flamboyants que de longues traînées prolongent par derrière[9] : de leur direction[10] l'expérience montre que bientôt viendront les vents.

Mais si des feux jaillissent un peu partout en des points opposés de l'espace, la mer sera balayée, sans fin ni mesure, par l'agitation des tempêtes[11], si aux confins de l'âpre Eurus, dans la zone du Notus, dans le domaine du doux Zéphyr ou, là-bas, au ciel de Bistonie[12], brille la foudre.

Voir notes 1 à 12 page 274.

aequora prolixum, cum litora curua resultant
sponte procul neque *ca*eruleus colliditur aestus,
aut cum proceris uertex in montibus ultro
perstrepit aerium, uentos instare docebunt.
Et cum parua fulix trepido petit arua uolatu *(913)*
stagna sinens longasque iterat clangore querelas,
indicat insanis freta mox canescere uentis.
Denique cum caelo tenduntur pura serena,
si ruitura polo sunt flamina, primus in ipsa
mox picturati conuertit pectoris artus
sturnus edax, premat ut tenu*i* uis obuia plumas
et ne post tergum pateat penetrabilis Euro.
Latipedemque anatem cernes excedere ponto *(918)*
saepius et summa nebulam se tendere rupe,
iamque super latices florum uolitare senectam,
stellarumque comas rumpi procul, aethere celso *(926)*
decidere in terras, rutilarum spargere crines
flammarum et longos a tergo ducere tractus :
inde etiam uentos mox adfore praemonet usus.
Quod si diuersis se passim partibus ignes
excutiant, uerret pelagus sine fine modoque
turba procellarum, si duri limite ab Euri, *(933)*
si regione Noti, si lenis parte Fauoni
aut de Bistonio mundi procul axe coruscat.

1673 c(a)eruleus *E* : -leas *A* ‖ 1675 uentos *E* : -tus *A* ‖ 1677 clangore *E* : lan- *A* ‖ 1679 serena *E* *(cf. 1456, 1606, 1611, 1731)* : -no *A* *(cf. 505)* ‖ 1680 si ruitura *Winterfeld* : seruitura *AE* saeuitura *Morel, edd.* ‖ 1681 picturati *E* : picea rati *A* ‖ conuertit *AE* : cum uertit *Breysig* ‖ 1682 premat *A* : -mit *E* ‖ tenui *ego (uide adn.)* : -nus *A* -nues *E* -nuis *Holder* ‖ uis *A* : nil *E* ‖ 1683 post tergum *E* : postergam *A* ‖ 1684 latipedemque *Aldus* : lata pedemq ; *A* latipedem quae *E* ‖ excedere *E* : exed- *A* ‖ 1685 nebulam *E* : -las *A* ; *dubitare licet (uide adn.)* ‖ se tendere *E* : ascendere *A* ‖ 1686 senectam *E* : senetram *A* ‖ 1690 usus *E* : arus *A* ‖ 1692 uerret *E* : uertet *A* *(cf. 1536)* ‖ 1693 ab euri *E* : abeari *A* ‖ 1694 fauoni *A*pc : ga- *A*ac fauonii *E* .

Signes de pluie.

Si des flocons laineux[1] au ciel voltigent, si les diaprures d'Iris[2] descendent en arc double[3] vers le sol, si un halo sombre semble entourer la blancheur d'une étoile, si le long de la mer les oiseaux mènent tapage, s'ils plongent maintes fois leur poitrine dans l'eau profonde[4], si l'hirondelle babillarde hante obstinément les étangs[5], quand naît la rougeur de l'aurore[6], si les grenouilles des étangs reprennent leur vieille complainte[7], si au matin les hulottes[8] jettent leur appel modulé, si l'importune corneille[9] plonge la tête dans l'eau profonde en la faisant ruisseler à flots sur son dos, si elle s'égosille en cris enroués[10], les nuages crevés déverseront des torrents de pluie[11]. La pluie va venir, quand de ses naseaux dilatés[12] la génisse aspire l'air, et toute l'étendue du sol va s'imprégner[13] d'averses quand la fourmi s'avise de quitter sa demeure ordinaire pour porter ses œufs hors de leurs profondes cachettes[14] (car le mauvais temps, le jour glacial et l'atmosphère refroidie font pénétrer la chaleur dans les demeures souterraines)[15], quand de son bec recourbé la poulette[16] s'épouille la poitrine[17], quand on voit des vols serrés de choucas décrire leurs cercles et que croassent les corbeaux au gosier étranglé[18], quand le héron haut sur pattes regagne la mer avec des cris insistants, quand les petites mouches[19] font de profondes piqûres ; et si dans la nuit, sur les lampes allumées se développent partout des champignons[20], si des flammes jaillit une bulle de feu[21] ou si l'intensité de la lumière faiblit d'elle-même[22], il faut prévoir sans retard l'imminence des pluies[23]. Enfin[24], lorsque Vulcain chauffe un

Voir notes 1 à 24 page 276.

Vellera si caelo uolitent, si discolor Iris 1697
demittat gemino se fornice, circulus albam (940)
si stellam taeter uelut ambiat, aequora propter
si crepitent uolucres, si gurgite saepius alto
pectora mersentur, si crebro garrula hirundo (944)
stagna adeat, rutilae cum sint primordia lucis, 1702
si repetunt ueterem ranae per stagna querelam, 1696
si matutinas ululae dant carmine uoces, 1703
improba si cornix caput altis inserit undis (949)
flumine terga rigans, si saeuit gutture rauco,
plurimus abruptis fundetur nubibus imber.
Imber erit, latis cum bucula naribus auras (954)
concipit, et late pluuiis sola cuncta madebunt,
cum proprias sollers sedes formica relinque*ns*
*o*ua cauis effert penetralibus (aspera quippe
tempestas gelidusque dies et frigidus aether
inserit internis terrarum sedibus aestus),
pectora cum curuo purgat gallinula rostro, (960)
agmine cum denso circumuolitare uidetur
graculus et tenui cum stridunt gutture corui,
cum procera salum repetit *c*langore frequenti (972)
ardea, cum paruae defigunt spicula muscae ; (975)
et si nocturnis ardentibus undique testis
concresc*a*nt fungi, si flammis emicet ignis
effluus aut lucis substantia langueat ultro,
conuenit instantes praenoscere protinus imbres.

1696 *post* 1702 *transp. Sieg, prob. Breysig* || 1701 hirundo *E* : ir- *A* || 1702 stagna *E* : s, (*lac.*) *A* || rutilae *A* : -lat *E* || sint *AE* : sunt *Grotius, edd.* || 1703 dant *E* : dent *A* || 1707 latis *A* : totis *E (uide adn.)* || bucula *E* : buccu- *A* || 1708 madebunt *E* : natabunt *A (uide adn.)* || 1709 relinquens *Grotius* : -quet *AE* || 1710 oua *Aldus* : Qua *E* Quaque *A* || effert *A* : haec fert *E*, *prob. Winterfeld* ecfert *Breysig* || 1712 sedibus *A* : reditus *E* || 1715 graculus *E* : gracchu- *A* || gutture *A* : -ttere *E* || 1716 clangore *Aldus* : lan- *AE* || 1717 ardea *E* : -dua *A* || muscae *A* : musae *E* || 1719 concrescant *Grotius* : -cunt *AE* || 1721 conuenit *E* : cum uento *A* || protinus $A^{pc}E$: proxim A^{ac} || imbres *E* : imber *A*.

large chaudron dont ses flammes lèchent[1] le pourtour, il lâche des étincelles si le Notus amène du ciel libyen des nuages chargés d'eau[2].

Signes de beau temps.

En revanche[3], si jusqu'au pied de la montagne s'étend un épais manteau de nuées qui laisse dégagés là-haut les rochers du sommet, et si, pareillement, sur l'étendue paisible des flots marins, s'étalent en longues traînées des nuages bas[4], le ciel, Thétis et la surface[5] de la terre connaîtront la paix, nulle part du ciel ne s'abattra une averse de pluie.

Mais c'est lorsque l'azur infini[6] s'étend au ciel paisible qu'il faut reconnaître les signes précurseurs de la tempête à venir, et, inversement, quand se déchaîne l'atmosphère frémissante, examine quels indices vont ramener le calme à la terre et à la mer[7]. Mais parmi les signes principaux, considère[8], malgré sa petitesse, la Crèche que, bien haut dans le ciel, le Cancer fait tourner avec lui : quand l'air épaissi commence à perdre de sa densité, elle écarte le large et lourd manteau qui pèse sur elle, car elle est exposée de fort près aux rafales de l'Aquilon qui rassérène le ciel, et le premier coup de vent[9] la nettoie. Alors la chevêche nocturne module son chant au moment approprié[10], alors la corneille chargée d'ans[11] jette son cri aux

Voir notes 1 à 11 page 279.

Denique cum patulum torret Vulcanus aenum, (983)
scintillas flamma circumla*m*bente relinquit
si Notus humentis Libyco trahit aethere nubes.

Sin imum ad montem nebularum crassus amictus
tendatur, summo nudentur uertice saxa, (989)
et qua pontus item freta per distenta quiescit
nubila si longo se procumbentia tractu
diffundunt, caelo et Thetidi terrisque supinis
pax aderit, nusquam mundo ruet effluus imber.
Sed cum tranquillo tenduntur *u*asta serena (994)
sub Ioue, uenturae praenoscere signa procellae
conuenit ac rursum, cum perfurit aeris horror,
inspice qu*ae* referant terris pelagoque quietem.
Inter prima tamen paruum Praese*pe* notat*o*,
arduus excelso quod Cancer cardine uoluit : (996)
hoc, cum concretus tenuari coeperit aer,
discutit impositae late sibi molis amictum ;
namque sereniferi patet hoc in flabra Aquilonis
comminus, et primo purgatur flamine uenti.
Tempore tum proprio modulatur noctua carmen, (1000)
tum uespertinum cornix longaeua resultat,

1722 torret *AE* : -rens *Aldus, edd.* || aenum *E* : ahaen- *A* || 1723 scintillas *E* : sin- *A* || -lambente *ego (cf. D. O. T.* 155) : -labente *AE* || 1724 humentis *E* : -tes *A* || trahit *E* : ciet *A* || 1725 Sin imum *(uno uerbo) A* : Si nimium *E* || amictus *E* : -tu *A* || 1728 procumbentia *E* : copū bretia *A* || 1729 diffundunt *AE* : -dant *malim* || 1730 pax aderit *E* : pando u(nus) *A* || nusquam *uett.* : (u)nus quam *A* nusqz *E* || *Ante u.* 1731 HIEMS. AESTAS *E* ; *lineam unam uacuam praeb. A* || 1731 uasta *Winterfeld* : crasta *E* castra *A* clara *Schrader (cf. u. 1456)* || serena *E* : -no *A* || 1732 sub ioue uenturae *E* : Subia uenentur *A* || 1733 ac *A* : et *E* || 1734 quae *Winterfeld* : quem *AE* || referant *E* : -frenent *A* || 1735 paruum *E* : prauum *A* || Praesepe *Aldus* : -specta *AE* || notato *ego* : -tur *AE* || 1737 Hoc *E* : hac *A* || 1738 late *A* : -tae *E* || molis *Aldus* : mollis *AE* || 1740 comminus *Grotius* : cum minus *AE* || purgatur *E* : -gantur *A* || *Vu.* 1741-1762 *habent Germanici codd. e l g n* || 1741 proprio *elgn* : -prior *E* -pior *A*.

échos du soir, alors les corbeaux mènent tapage et, aux cris triomphants de leur gosier rauque, appellent leurs congénères en épaisses volées, alors, tout heureux, ils se glissent ensemble dans leurs nids familiers[1], alors ils se battent les flancs à grands coups d'ailes ; c'est alors également que tu verras les grues du Strymon[2] décrire tout à coup leurs cercles dans l'air libre, quand la saison plus douce aura d'elle-même dissipé les bourrasques dans le ciel[3].

Signes de tempête.

Mais quand[4] la lumière de toutes les étoiles faiblit spontanément — sans que le passage d'épais nuages les enveloppe au point d'en éclipser l'éclat en masquant leurs flammes ardentes, sans qu'un brouillard étouffe les feux de leur éclatant fanal ou qu'au plein de son disque[5] la lune émousse les astres sacrés — non, quand d'elle-même la lueur des étoiles vient à pâlir, il faut s'attendre aux épreuves d'une tempête hivernale[6]. Si tu vois au ciel des nuages demeurer immobiles, des nuages se déplacer et déborder les uns sur les autres, si l'oie s'acharne plus avidement sur une herbe à moitié dévorée[7] si la corneille te fait entendre ses cris pendant la nuit, si, lorsque Vesper revient au firmament[8], le choucas répète son chant à l'infini, si le pinson jette

Voir notes 1 à 8 page 280.

tum corui crepitant et ouantes gutture rauco
agmina crebra uocant, tum nota cubilia laeti
succedunt pariter, tum pennis corpora plaudunt;
tunc et Strymonias circumuolitare repente *(1010)*
suspicies per aperta grues, ubi mitior annus
sponte procellosum disiecerit aera caelo.

Tunc quoque cum stellis hebes est lux omnibus [ultro *(1013)*
nubila nec crassos circumduxere meatus
ut iubar occulerent flagrantibus obuia flammis,
nec caligo inhibet rutilantis lampados ignes
orbe nec expleto sacra sidera luna retundit,
sed iam sponte sua stellarum lumina marcent,
conuenit hibernae praenoscere dura procellae.
Nubila si caelo consistere, nubila ferri *(1018)*
sique superfundi sibimet suspexeris ultro,
gramina si carpit semesa petacius anser,
si nocturna tibi cornix canit, Hesperus aethra
cum redit, innumero si cantu graculus instat,

1743 *habent E elgn* : *om. A* ‖ crepitant *E* $el^{pc}gn$: credi- l^{ac} ‖ ouantes *elgn (cf. Virg. G. I 423)* : -antia *E* ‖ **1744** crebra *AE elg* : -bro *n* ‖ uocant tum *E lgn* : uocant uel *A* uocancantum *e* ‖ cubilia *AE lgn* : culia *e* ‖ laeti *A lgn* : le- *E*; *e uix legitur* ‖ **1745** pennis *elgn* : pin- *AE* ‖ **1746** strymonias *E*; *l* : stri- *egn* strymonia *A* ‖ **1747** aperta *AE e* : arta *lgn* ‖ grues *A elgn* : *om. E* ‖ mitior *AE lgn* : -cior *e* ‖ **1748** aera *AE lgn* : -rea *e* ‖ c(a)elo *A elgn* : -li *E* ‖ **1749** hebes *AE lgn* : ha- *e* ‖ **1750** nubila *AE* $el^{pc}n$: -lat $l^{ac}g$ ‖ -duxere *AE e* : -ducere *lgn* ‖ **1751** occulerent *A* : ocu- *E* ocurrent *e* occurrent *lgn* ‖ flagrantibus *AE e* : fraglan- *lgn* ‖ obuia *AE lgn* : -uiam *e* ‖ **1752** ignes *AE* : -nis *elgn* ‖ **1753** nec *AE lgn* : nec nec *e* ‖ sacra *E elgn* : saes(   ) *A* ‖ retundit *lgn* : -cun- *AE e* ‖ **1754** stellarum *E lgn* : stellas ut *A* stelararum *e* ‖ **1755** dura *AE* : signa *elgn (cf. u. 1732)* dira *Bitschofsky (coll. u. 1811)* ‖ **1757** sique *A elgn* : -quae *E* ‖ superfundi sibimet *A elgn* : -dis ibi met *E* ‖ suspexeris *elgn* : -rit *AE* ‖ **1758** gramina *AE e* : tra- *lgn* ‖ semesa petacius *Aldus* : -mensa p- *E* se mens apetat ius *A* semense petatius *e* semen sepetacius *lg* semensepe tacitus *n* ‖ anser *AE e* : -fer *lgn* ‖ **1759** aethra *AE lgn* : *om.* e^{ac}, *add.* ethera e^{pc} *post* 1756 ferri *et locum eius indicat post* 1757 suspexeris *(/)* ‖ **1760** innumero *Morel* : in n- *AE* innumeros *elgn* ‖ graculus *E e* : gracchu- *A* gragu- *lgn*.

son cri aux échos du matin, si les oiseaux fuient à tire d'aile les flots troublés de Nérée[1], si le roitelet[2], ennemi des hymens couronnés de fleurs[3], gagne les profondeurs du sol, enfin si le petit rouge-gorge[4] se glisse tout tremblant au creux d'un âpre rocher, si les abeilles d'Attique[5] se laissent retenir juste devant la ruche par une pâture à portée immédiate et se contentent, dans leur abattement, de butiner les fleurs les plus proches[6], si les grues de Thrace, dans l'air dégagé, sont prises d'agitation[7] et renoncent à fendre l'air de leurs ailes audacieuses pour former ces longs vols si fréquents sur nos têtes, si l'araignée détache ses filets[8] dont la trame ténue est partout dans les airs le jouet de l'Auster[9], bientôt tempêtes et nuages noirs s'ébranlent[10].

Mais à quoi bon chanter des phénomènes grandioses[11]? Prends la cendre, oui, la cendre[12] : quand elle s'agglomère soudain, la neige revêt la terre de son blanc manteau. La neige couvre la terre quand la surface des braises ardentes brille d'une rouge lueur[13], tandis qu'en profondeur courent de menues bouffées d'épaisse fumée[14] et que déjà, dans la masse du foyer, le combustible tout au fond s'éteint[15]. Annonciatrice, aussi, des Austers pluvieux est l'yeuse[16] qui se couvre d'une floraison excessive : car son bois dur est par nature pauvre de sève, et quand ses bras se chargent de fleurs nouvelles et de glands, elle révèle spontanément l'action discrète

Voir notes 1 à 16 page 282.

si matutino fringuilla resultat ab ore,
si fugiunt uolucres raptim freta turbida Nerei, *(1024)*
orchilos infestus si floricomis hymenaeis
ima petit terrae, si denique paruus eritheus
succedit trepide scruposae concaua rupis,
Cecropias si pastus apis uicinus ob ipsa *(1028)*
castra inhibet florumque simul libamina maestae
proxima decerpunt, si Threiciae per aperta
sponte grues trepidant nec sese audacibus aethrae
committunt pennis, ut longos saepe uolatus
formauere super, si soluit aranea casses,
tenuia si toto uehit Auster licia caelo, *(1033)*
mox tempestates et nubila taetra cientur.
  Quid maiora canam? Cinis ⟨en⟩ cinis ipse, [repente
cum coit, albenti nix terras uestit amictu.
Nix operit terras, rutilis ubi lumina prunis *(1041)*
summa rubent errantque breues caligine crassa
interius nebulae et denso iam fomes in igni
marcescit penitus. Pluuios mox arguet Austros
induit immodicis cum semet floribus ilex :
indiga nam suci ligno natura rigenti est,
et cum flore nouo, cum bracchia glande grauantur,

1761 fringuilla *E* : -quilla *elgn* pingui illa *A* || 1762 raptim *AE e* : -ti *lgn* || freta *AE* n^{pc} : ferta *e* fre / /a *l* frea gn^{ac} || nerei *E elgn* : -sei *A* || 1763 hymenaeis *E* : hymineis *A* || 1764 petit *E* : pete *A* || eritheus $A^{ac}E$: ery- A^{pc} || 1765 trepide *Breysig* : -dae *AE* || scruposae *E* : sa ru- *A* || rupis *E* : puppis *A* || 1766 ob *A* : ab *E* || *Vu.* 1769-1770 *habent e l g n* || 1769 Sponte *AE lgn* : S iponte *e* || grues *AE* : graues *elgn* || audacibus *elgn* : -cius *AE* || aethrae *E elgn* : -thra *A* || 1770 committunt *AE lgn* : -tun *e* || pennis *elgn* : pin- *AE* || longos $el^{ac}gn$: -go l^{pc} -gus *AE* || uolatus *AE e* : -tur $l^{ac}gn$ -tu l^{pc} || 1772 licia *E* : litia *A* || 1773 *habent e l g n* || tempestates *AE lgn* : -pestatates e^{ac} -pestasates e^{pc} || 1774 cinis ⟨en⟩ cinis *Grotius* : cinis cinis *AE* canus cinis *Bitschofsky* tenuis *etiam uel potius* uilis cinis *conicias (uide adn.)* || 1776 nix operit *AE* : grando ferit *malim (uide adn.)* || prunis *E* : primis *A* || breues... crassa *A* : breui...crassa *E* -ui crassae *Grotius, edd. (uide adn.)* || 1779 marcescit *A* : -cessit *E* || 1780 ilex *A* : illex *E* || 1781 suci *Breysig* : succi *AE*.

de l'atmosphère humide qui l'alimente[1]. Mais le lentisque amer fournit lui aussi un indice de pluie[2]. Trois fois cet arbuste conçoit des fruits, trois fois il nourrit maternellement sa jeune production, et les trois floraisons dont il se pare révèlent les trois époques des labours[3]. De la scille trois fois éclose se dresse la fleur arrondie, qui trois fois indique que le moment est venu de sillonner le sol[4].

De même encore, si tu vois sur la fin de l'automne des vols bourdonnants de frelons s'étirer dans les airs[5], lorsque leur lever vespéral commence déjà à tirer de la mer les Pléiades[6], tu pourras dire qu'approchent les tempêtes[7]. Et si les truies paresseuses, si l'active productrice de laine, si la chèvre errante des ravins broussailleux persistent à chercher l'amour[8] — car l'humidité de l'air qui agit sur leurs organes leur met au corps cette ardeur[9] — tu pourras annoncer l'arrivée imminente des tempêtes et des nuages noirs. De plus, le laboureur qui retournera le sol aux mois normaux de l'année[10] accueillera avec joie la troupe des premières grues, et le laboureur en retard, avec joie aussi, la file des traînardes, s'il est vrai qu'une loi divine veut qu'elles amènent la pluie[11]. Enfin, si le bétail à laine[12] creuse la terre, tête pointée

Voir notes 1 à 12 page 284.

uuentis caeli sibi nutrimenta latenter
sponte operata docet. Quin et lentiscus amara
indicium est pluuiis. Ter fetum concipit arbos
terque nouos gen*e*trix fructus alit, ipsaque trino *(1051)*
flore renidescens tria tempora prodit arandi.
Ter prorumpentis scillae teres erigitur flos, *(1060)*
sulcandique solum ter monstrat tempus adesse.
  Sic et crabronum rauca agmina si uolitare
fine sub autumni conspexeris aethere longo,
iam uespertinus primo cum commouet ortus
Vergilias pelago, dices instare procellas. *(1066)*
Sique sues lentae, si lanae sedula nutrix,
si capra dumosis errans in saltibus ultro
in uenerem pergat (quippe ollis uuidus aer *(1070)*
excitat internum per uiscera mota furorem),
et tempestates et nubila protinus atra
adfore praecipies. Quin et gaudebit arator *(1075)*
quisque solum iusti*s* uers*a*rit mensibus anni
plebe gruum prima, gaudebit tardus arator
agmine pigrarum, si quadam lege deorum
his comes est imber. Pecudes si denique terram *(1082)*
lanigerae fodiant, caput at tendatur in Arctum,

1783 latenter $A^{pc}E$: -tur A^{ac} || 1784 operata *AE* : parata *Lemaire* || 1785 ter f(o)etum *E* : terrae cum *A* || 1786 genetrix *edd.* : geni- *AE* || trino *E* : -nos *A* || 1787 renidescens *E* : reniscunt *A* || 1788 scillae *E* : scyll- *A* || teres *E* : tener *A* || 1790 Sic *A* : Sit *E* || uolitare *E* : -tasse *A* || 1792 uespertinus *A* : -nos *E* || primo *A* : -mos *E* || 1794 si lanae *E* : silla- A^{ac} sylla- A^{pc} || 1799 praecipies *Aldus* : percipies *A* praecipites *E*; *an* praecipient *(cf. Arat. 1701* λέγοιεν*)*? || quin et *E* : qui nec *A* || gaudebit *E* : -bis *A* || arator *AE* : -tro *Housman* || 1800 quisque *AE*, *prob. Winterfeld, Housman* : quique *Morel, edd. (uide adn.)* || iustis *Morel* : -ti *AE, prob. Winterfeld, ft. recte* || uersarit *ego* : -abit *AE* -auit *Winterfeld* || 1802 si *AE, prob. Winterfeld* : sic *Morel, edd.* || deorum *E* : dearum *A* || 1803 terram *E* : -ra *A* || 1804 at *Grotius (Arat. 1083* δ'*)* : aut *AE* || arctum *E* : arcum *A* || *Vu.* 1804-1807 *hemistichiorum ita turbauit ordinem Housman* : 1804 A + 1806 B, 1807 A + 1804 B, 1805, 1806 A + 1807 B, *temere, ut opinor.*

vers l'Ourse, dès que leur humide coucher plonge les Pléiades sous les flots agités de la mer[1], lorsque l'automne fécond s'achemine vers les froids du solstice d'hiver, il tombera du ciel de fortes pluies[2]. Mais aux dieux ne plaise que les troupeaux creusent l'échine de la terre jusqu'à en crever les cavités ! Car si de grands trous béants déchirent les entrailles de la terre, le ciel entier verra se déchaîner les tempêtes, la neige revêtira tous les champs, la neige abîmera les jeunes pousses, la neige brûlera les épis[3].

Signes de sécheresse.

Mais s'il arrive que brillent plusieurs[4] comètes, la sécheresse grillera les moissons exténuées. En effet[5], les exhalaisons que les lois de la nature font jaillir spontanément du sol sont sèches, si l'humidité normale leur fait défaut : s'élevant dans le ciel, elles s'embrasent là-haut aux flammes de l'empyrée ; poussées par la chaleur de l'univers, elles font jaillir des étoiles et rougeoient en épaisses chevelures[6].

Observe également ceci : si de la vaste mer arrivent en hâte de longs vols d'oiseaux qui se posent en foule sur le continent[7], un été stérile sévira et les champs mourront de soif. En effet, dans les terres dont la mer baigne le pourtour, l'air plus sec brûle les veines profondes du sol aride, et la terre ainsi entourée d'eau salée ressent plus vite la chaleur[8] : d'où fuite immédiate des oiseaux vers le continent. A leur vue, le cultivateur redoute la canicule et déjà se lamente sur ses gerbes desséchées de chaumes[9]. Mais si ces oiseaux venus du

Voir notes 1 à 9 page 286.

cum madidus ⟨primum⟩ per marmora turbida condit
Pleiadas occasus, cum brumae in frigora cedit
frugifer autumnus, ruet aethra concitus imber.
A*t* ne perruptis terrarum dorsa lacunis (1086)
infodiant pecudes ! Si uasto uiscera hiatu
dis*c*utiant terrae, ueniet uis aethere toto
dira procellarum, nix omnis uestiet agros,
nix herbas laedet teneras, nix uret aristas.

At si contigerit plures ard*e*re cometas, (1092)
inualidas segetes torrebit siccior aer.
Nam quae prorumpunt naturae legibus ultro
spiramenta soli, si iustus defuit humor,
arida, per caelum surgentia, desuper aethrae
ignescunt flammis, mundique impulsa calore
excutiunt stellas et crebro crine rubescunt.
Contemplator item : si longo plurima ponto
agmina festinant uolucrum solidamque frequentes (1095)
succedunt terram, sterilis desaeuiet aestas
ac sitient agri. Nam qua circumflua tellus
adluitur pelago, coquit altas siccior aer
c*a*espitis arentis uenas, citiusque calorem
sentit humus sic cincta salo. Fuga protinus ergo
est auium in terras ; pauet, h*a*s ut uiderit, aestus
agricola et sicco iam deflet mergite culmos. (1098)

1805 madidus ⟨primum⟩ *Breysig* : madidus *A (qui lac. sign.) E* madidus ⟨nondum⟩ *Grotius* matutinus *Housman, ft. recte (uide adn.)* || 1808 At *Morel* : An *AE* || 1810 discutiant *Aldus, edd. (cf. Luc. VI 83)* : dissutiant *E* disijciant *A* dissiciant *Winterfeld, ft. recte (ad alterutrum eligendum nil certi, cf. Th. L. L., ss. vv.)* || 1813 ardere *Aldus* : ardore *AE* || 1818 ignescunt *E* : -cent *A* || 1822 succedunt *E* : -ccendunt *A* || aestas *A (Arat. 1096* θέρεος, *Schol. ad loc.* θέρους*)* : -tus *E, edd.*; *dubitare licet* || 1823 ac sitient *E* : assicient *A* || 1824 siccior *E* : sici- *A* || 1825 caespitis *edd.* : ces- *AE* || uenas *A* : uentis *E* || 1826 sic cincta *AE (cf. D. O. T. 123, 681, 1104; O. M. 63)* : succincta *Grotius, edd. (uocab. ap. Auien. inusit.)* || 1827 Est *E* : Festa *A* || has *Schrader* : hos *AE*.

large se présentent en troupe modérée[1] sans troubler la voûte céleste de leur agitation désordonnée[2], c'est une joie pour les rudes bergers, qui en déduisent le peu d'importance des pluies prochaines[3]. C'est ainsi que, nous autres hommes, sommes toujours portés à des souhaits opposés et qu'attachés à notre profit personnel nous réclamons des pertes pour autrui.

Signes d'intempéries.

Mais pour chacun l'ingénieuse nature elle-même et l'ordre du monde, dans sa fécondité, ont lié à l'objet de ses soins de sûrs indices du temps à venir[4]. De fait, si la brebis broute l'herbe avidement, et sans parvenir à se rassasier tond une large étendue de champ, ce sera pour le berger un indice de froid pluvieux ; et si le bélier gagne les herbages en bondissant comme un fou, si les chevreaux font de grands sauts en l'air[5] ou s'ils veulent constamment rester collés au troupeau sans jamais s'écarter de leur mère[6], s'ils broutent les pâtis sans fin ni mesure alors que le soir les pousse à regagner la sécurité de leurs enclos[7], ils annonceront l'approche des averses. De ses bœufs le laboureur aussi tire des indices de noire tempête, s'il les voit d'aventure se lécher les pattes de devant ou se coucher sur l'épaule droite[8], ou encore s'ils remplissent les airs de leurs mugissements prolongés et ont peine, le soir, à quitter leurs pacages[9]. La chèvre, de son côté[10],

Voir notes 1 à 10 page 288.

Sed si *se* modico producant agmin*e* ab undis
nec trepido passim uersent conuexa uolatu,
laetitia est duris pastoribus : adfore parcos
praesumunt imbres. Sic in contraria semper (1101)
uota homines agimur, nostrique cupidine fructus
poscimus alterius dispendia.
                    *S*ed *cu*ique [et] ipsa
sollers natura et rerum genitabilis ordo
certa suis studiis adfixit signa futuri.
Na*m*que et ouis cupido si gramina tondeat ore (1104)
insaturata cibis, decerpens latius agros,
pastor*i* indicium pluuialis frigoris edet ;
et si persultans aries lasciuius herbas
appetat aut sese sustollant saltibus haedi
uel si iuge gregi cupiant haerere nec usquam
matribus abscedant, et si sine fine modoque
pabula delibent cum tutas uesper adire
compellat caulas, monstrabunt adfore nimbos.
Bubus arator item trahit atrae signa procellae, (1113)
lambere si lingua prima hos uestigia forte
uiderit aut dextrum prosternere corpus in armum,
uel si prolixis auras mugitibus implent,
pascua linquentes uix uespere. Dat capra moti

1829 se modico *Winterfeld (coll. D. O. T. 710)* : modico *E* ĭmodico *A* tum modico *Aldus* tum modicum *Grotius* || agmine *Lemaire* : -na *AE* agmen *Grotius* || ab undis *E* : ā̊būdus *A* || 1831 parcos *E* : sarc̊os *A* || 1833 homines *E* : hōis *A* || 1834 poscimus *E* : -mur *A* || sed cuique ipsa *ego (potius quam* cuique sed ipsa*)* : denique et ipsa *AE* denique cuique *Housman ; an excidit uersus post* 1835 *(uide adn.)?* || 1836 certa suis *E* : -tas uis *A* || 1837 namque *edd.* : nan- *AE* || ouis *Aldus* : onis *E* uis *A* || 1838 insaturata cibis *ego (cf. u. 183, et Sedul., C. pasch. V 278)* : i- cybi *E*, *edd.* insatus at+acibis *A* || latius *AE* : laet- *Grotius, ft. recte* || 1839 pastori *Housman* : -tor *E* -tor et *A* -tor id *Aldus, edd.* || 1841 appetat *A* : -tit *E* || 1842 cupiant *A* : cap- *E* || 1843 abscedant *Aldus* : abscendant *E* ascendant *A* || 1844 uesper adire *edd.* : -pera dire *AE* || 1845 compellat *E* : -llas *A* || nimbos *E* : enim bos *A* || 1846 trahit *AE* : -het *malim* || atrae *A* : atro *E* || 1847 lingua *(Arat. 1115* γλώσσῃ*)* *Aldus* : -guam *AE* || 1848 aut *E* : ad *A* || in armum *E* : in+apinum *A*.

fournit des signes de trouble atmosphérique quand elle se jette voracement sur les épines de l'yeuse noire. Le même renseignement est fourni par la truie encroûtée de boue, si elle se vautre plus souvent que d'habitude dans la fange de sa bauge.

Le loup de Mars[1] lui-même, s'il vient errer aux alentours des fermes, s'il hante les lieux fréquentés par l'homme, dans sa quête instinctive d'une litière[2] et d'un logis, annonce la montée des nuages dans un ciel alourdi[3]. Enfin, quand piaillent les petites souris, quand d'aventure on les voit se trémousser et jouer sur le sol, elles te donnent le même présage ; et le chien a le même pressentiment, pour les gens d'expérience[4], quand il creuse[5] la terre. Mais ces derniers indices, mais tous[6] ces symptômes t'apprendront que les nuages vont arriver soit dès la première apparition du soleil, soit quand viendra l'aube de sa seconde course, soit lorsque la rotation du ciel aura amené son troisième lever[7].

Ultimes recommandations.

Tu ne dois pas dédaigner ce genre de signes ; mais n'oublie jamais de confirmer l'un par l'autre ; et si en fin de compte il s'en produit un troisième, prédis l'avenir avec assurance. Tu t'efforceras aussi d'en rapprocher astucieusement les signes fournis par les mois écoulés[8] : si ces précédentes découvertes ont eu le même cours[9], nulle ombre de timidité ne doit te faire trembler. Analyse sans cesse le déclin des astres, le lever des astres, si une étoile au ciel a révélé semblables conjonctures[10]. Avec ta connaissance de ce savoir auguste, précise aussi l'ultime crépuscule du mois écoulé et le début de celui qui monte : les confins extrêmes de deux lunaisons se cachent dans les ténèbres, car aux huit jours sur lesquels ils s'étendent manque toujours

Voir notes 1 à 10 page 290.

rursum signa poli, cum *s*pinis ilicis atrae *(1122)*
multa inhiat. Docet haec eadem sus horrida caeno,
gurgitis illuuie si saepius inuoluatur.
Martius ipse lupus, uillarum proxima oberrans *(1124)*
affectansque locos hominum lectumque laremque
sponte p*e*tens, crasso consurgere nubila caelo
praemonet. Id parui cum stridunt denique mures, *(1132)*
cum gestire solo, cum ludere forte uidentur,
portendunt tibimet ; canis id praesenti*t* adultis
tellurem fodiens. Tamen haec, tamen omnia rerum
adfore uel primo nimbos mox sole docebunt, *(1129)*
uel cum curriculis lux ibit coepta secundis,
tertius aut uerso cum uenerit ortus Olympo. *(1131)*

Non spernenda tibi sunt *t*alia, sed memor uni *(1142)*
adde aliud semper ; si tertia denique signa
proueniant, firmo uenturum pectore fare.
E*t* transactorum sollers componere mensum *(1145)*
signa laborabis : si sic fluxere reperta,
nequaquam trepidare pudor persuadeat ull*us*.
Astrorum lapsus, astrorum protinus ortus
discute, si casus similis et stella per aethram
prodidit. Exacti iam summa crepuscula mensis *(1148)*
et surgentis item primordia conscius artis
fare sacrae : mensum confinia summa duorum
caeca latent, lucis haec semper semet in octo

1851 spinis *(Arat. 1122 ἀκάνθαις) Aldus* : pinis *A* pinnis *E* ‖ ilicis *A* : illi- *E* ‖ 1852 caeno *E* : cena *A* ‖ 1853 illuuie *A* : in luuiae *E* ‖ 1854 lupus *(Arat. 1124 λύκος) E* : lusus *A* ‖ 1856 petens *Aldus* : po- *AE* ‖ nubila *A* : -iba *E* ‖ 1859 id praesentit *ego* : id praesentia *E* idi †entia *A* id praesentiat *Breysig* id praenuntiat *Housman* ‖ adultis *A (uide adn.)* : ultro *E*, *Breysig*, *Housman* ‖ 1860 omnia *AE* : omina *Grotius* ‖ 1862 coepta *A* : cep- *E* ‖ 1864 sunt *A* : sint *E* ‖ talia *Aldus* : alia *AE* ‖ 1866 pectore *E* : peccat ore *A* ‖ 1867 Et transactorum *Morel* : E transac- *E* Errans ac- *A* ‖ 1868 sic fluxere *AE* : conflux- *Grotius, edd. (at uocab. ap. Auien. inusit.)* ‖ 1869 trepidare pudor *E* : trepida pudor at *A* ‖ ullus *Grotius* : ullos *AE* ‖ *V.* 1870 *habent e l g n* ‖ ortus *AE e*pc*lgn* : ostus *e*ac.

le flambeau de la lune[1]. Scrute-les, justement, avec un zèle sans faille[2], et s'il t'arrive de faire quelque découverte, pense à l'étayer habilement de preuves complémentaires.

Voir notes 1 et 2 page 292.

inscia lunaris tendunt facis. Ipsa fideli (1152)
perquire studio et, siquid *t*ibi forte repertum,
pluribus indiciis sollers fulcire memento. (1154)

1876 ipsa *A* :-se *E*, *edd.* || *Vu.* 1877-1878 *habent e l g n* || 1877 perquire *lgn* : -res *AE e*, *ft. recte, quamquam Arati u. 1154* οὐδέποτε σχεδίως *Auienum imitari uoluisse magis opinor* || tibi *Aldus* : sibi *AE elgn* || 1878 fulcire *AE lgn* : fulscire *e* || *Post* 1878 Ruffi festi Aratus explicit *A* τέλοσ RVFI FESTI ARATVS EXPLICIT *E* Vale fidens in *(eras. n)* dno Xpi uestitus amore *lgn*^{ac} ; *Germanici fr. II, 17-20 sequuntur in e.*

NOTES COMPLÉMENTAIRES

Page 94 :

1. Sur ce titre, cf. Introd., p. 40, n. 1.

2. Sur les problèmes (genre littéraire, inspiration, composition) posés par ce long morceau, qui ne doit pas grand-chose à Aratos, cf. Introd., p. 42-51.

3. Sur l'allusion possible à la chronologie des poèmes d'Aviénus, cf. Introd., p. 31.

4. Ces quatre premiers vers se bornent à développer le fameux Ἐκ Διὸς ἀρχώμεσθα d'Aratos (cf. J. Martin, n. *ad loc.* ; J. Soubiran, n. à Cicéron, *Ph. fr.*, I) : bel exemple de redondance. Qu'en eût dit Fronton (p. 157, Naber), qui critique de ce point de vue l'exorde de Lucain?

5. Comme Holder, je fais de *hic* un adverbe de lieu, mais on pourrait comprendre aussi — et cela reviendrait au même — *hic* (*aether*). En revanche, contre la note *ad loc.* de l'édition Lemaire, je crois que le *iste* initial du membre suivant reprend *primi patris*, et non *aether*, bien qu'ailleurs (v. 25, par exemple) *hic* et *iste* soient effectivement interchangeables (cf. H. Kuehne, *op. cit.*, p. 25). Ce vers 5 nous ramène à Jupiter, que l'annonce du sujet (*caelum et... aethera*) avait écarté du premier plan.

6. Que Jupiter *demeure* au ciel est une croyance banale depuis Homère (O 192) : cf. Schol. Arat., p. 43, Mart., τῷ τοῦ Διὸς κλίματι καὶ οἰκητηρίῳ οὐρανῷ.. Mais, dans la conception stoïcisante d'Aviénus (et des Schol. Arat., p. 41 sq.), il *est* aussi οὐρανός et αἰθήρ.

7. On notera le jeu verbal : *primi* ∾ *principium*, *patris* ∾ *paterni*. J. Beaujeu, toutefois, juge *paterni* « impossible » et conjecture *aeterni* (vers spondaïque). Allusion probable au concept aristotélicien (*Phys.*, VII et VIII) de « premier moteur » (πρῶτον κινοῦν), notion très abstraite (moteur immobile, unique et éternel, indivisible, sans parties et sans grandeur, qui, établi à la périphérie de l'univers, meut avant tout le ciel des fixes) : cf. A. Rivaud, *Histoire de la philosophie*, I, 2e éd., Paris, 1960, p. 283 sq. ; P. H. Michel et P. Louis, in *La science antique et médiévale*, sous la direction de R. Taton, 2e éd., Paris, 1966, p. 271. On rappellera la formule de Lucain, IX, 580, *Iuppiter est... quodcumque moueris.*

8. La foudre n'est plus seulement ici, comme toujours depuis Homère, l'attribut et l'arme de Jupiter (cf. Cléanthe, *Hymne à Zeus*, v. 9-13) : elle *est* le dieu lui-même. Ici commence l'assimilation de Jupiter et de l'univers ; cf. Sénèque, *N. Q.*, II, 45.3, *Vis illum uocare*

mundum, non falleris : ipse enim est hoc quod uides totum, partibus suis inditus, et se sustinens et sua ; Lucain, IX, 580, *Iuppiter est quodcumque uides.*

9. Voici donc évoqués les quatre éléments. D'abord le feu, sous ses diverses formes (foudre, chaleur, étoiles, lumière) : c'est l'élément le plus noble, le plus divin. Puis, plus brièvement, et après une incise, les trois autres.

10. Sur le rôle capital de la chaleur dans la cosmologie stoïcienne, cf. Cicéron, *N. D.*, II, 23-28, 30 sq. Cet *ardor mundi* est doté d'un mouvement propre, et il est *principium motus* (cf. *supra*, v. 5) : *ex mundi ardore motus omnis oritur, is autem ardor... sua sponte mouetur ; animus sit necesse est* (II, 32). Cicéron attribue cette théorie à Platon.

11. Allusion aux doctrines pythagoricienne et platonicienne (cf. le *Timée*) sur le rôle du Nombre dans la structure de l'univers. Aviénus songe ici à la fameuse harmonie des sphères (Cicéron, *Somn. Scip.*, IV, 18 ; Hygin, *Astr.*, IV, 14 ; Pline, *N. H.*, II, 84 ; Censorinus, *D. N.*, XIII ; Martianus Capella, II, 169-199 ; Macrobe, *Somn. Scip.*, II, 1-4). Cette mention introduit quelque disparate dans l'évocation des quatre éléments. Aviénus entend sans doute rappeler les principes très généraux qui gouvernent le monde (*motus*, *calor*, *numerus*), avant d'en venir aux réalités concrètes (air, terre, eau).

12. Sur les quatre éléments — base de la physique antique — cf., par exemple, Ovide, *Met.*, I, 15-31, *F.*, I, 105-110 ; Manilius, I, 147-164. Jupiter est plus particulièrement l'eau de pluie (Ζεὺς ὕει) qui féconde la terre (cf. le fameux texte d'Euripide, *Chrysippe*, fr. 839, Nauck-Snell ; Pacuvius, *Tr.*, 86-90, Klotz ; Lucrèce, I, 250 sqq., II, 992-998 ; Virgile, *G.*, II, 325-327) : Schol. Arat., p. 40 et 42, Mart.

13. *Anima* désigne ici le πνεῦμα-*spiritus* stoïcien, distinct des quatre éléments ordinaires (cf. A. Rivaud, *op. cit.*, p. 384 sq.). C'est une combinaison subtile de feu et d'air qui pénètre et anime la matière inerte. On rapprochera évidemment de Virgile, *Aen.*, VI, 724-732, dont Aviénus se souvient à coup sûr (cf. *G.*, IV, 220-227), mais aussi de Manilius, I, 247-252, II, 60-66 (textes fondamentaux), IV, 886-895, et de saint Augustin, *Ciu. D.*, VII, 6, 9, 13. Pour la belle expression *flos et flamma*, cf. Mart. Cap., VI, 571, (*Minerua*) *ignis flos.*

14. Malgré la défense de Breysig (*Zu Avienus*, Hermes, XII, 1877, p. 152), qui rapporte *mentis* à *meatu*, il paraît difficile de conserver le texte des manuscrits, qui laisse *penetralia dura* indéterminé et obscur, alors que *discurrente meatu* peut fort bien se passer de déterminant (cf. Manilius, I, 250, et les six autres occurrences de *meatus* chez Aviénus). Le contexte suggère, à l'évidence, *molis... penetralia*, la matière inerte que pénètre et vivifie le πνεῦμα : cf. Virgile, *Aen.*, VI, 727, ... *totamque infusa per artus / mens agitat molem et magno se corpore miscet* ; Ovide, *Met.*, I, 7, *rudis indigestaque moles* ; Manilius, II, 62, (*deum*) *ingentem aequali moderantem foedere molem.*

15. On songe à la philosophie d'Empédocle : opposée au νεῖκος destructeur, la φιλία « tend à unir les parcelles des divers éléments et à en former des unités faites d'un mélange d'éléments » (A. Rivaud, *op. cit.*, p. 70). Mais le « premier moteur » d'Aristote, dont on a vu

une mention probable au v. 5 (cf. note *ad loc.*), n'est pas étranger non plus à cette notion d'amour : « le mouvement qu'il suscite est l'effet d'une sorte d'attraction, d'un désir, d'un « amour. » (P. H. Michel et P. Louis, *op. cit.*, p. 271 ; cf. A. Rivaud, *op. cit.*, p. 283 sq., qui cite la formule κινεῖ ὡς ἐρώμενον.)

16. Fâcheusement corrigé en *fetus* par Breysig (sous l'influence, sans doute, de *largo amore* — mais les problèmes de reproduction ne viendront que plus tard, v. 26-28), il faut garder le *foedus* des manuscrits, qui exprime la cohérence, la cohésion du tout qui s'organise. Le terme revient souvent avec ce sens chez Manilius (I, 252, (le dieu) *mutuaque in cunctas dispensat foedera partes* ; II, 62, cité note précédente, cf., III, 55) et ailleurs (Sénèque, *Med.*, 606, *sacro... sancta foedera mundi* ; Claudien, *In Ruf.*, 4, *dispositi... foedera mundi*).

Page 95 :

1. Cf. *supra*, note au v. 7.

2. Πρῶτόν τε καὶ ὕστατον, Aratos, 14 (cf. Hésiode, *Theog.*, 34 ; *Hymn. hom. Ap.*, II, 4), πρῶτόν τε καὶ ὕστατον ἔν τε μέσοισιν, Théognis, 3 (cf. Platon, *Lois*, IV, 715 e, cité par Schol. Arat., p. 57, Mart.) ; en latin, Stace, *S.*, I, 3.34 ; tous ces *loci similes* rendent fort étrange le *atque secundum* final d'Aviénus, et suggèrent la correction *atque supremum* (Grotius). Mais la faute ne s'explique pas du tout : faut-il penser à un vers spondaïque *atque extremum* ou *ac postremum*, jugé insolite et mal corrigé en *atque secundum*? Pour défendre *atque secundum*, on peut invoquer, non le vers cité de mémoire par Schrader (cf. A. Breysig, *Zu Avienus*, Hermes, XVI, 1881, p. 123) — car il ne semble pas exister (inconnu au fichier du *Thesaurus Linguae Latinae*, me signale le Dr P. Flury, que je remercie ici) — mais

— l'hymne orphique à Zeus (*fr.* 21 a, Kern, *in* Apulée, *De mundo*, XXXVII, 372), qui porte au v. 1 Ζεὺς πρῶτος γένετο, Ζεὺς ὕστερος (mais certains manuscrits et éditeurs préfèrent ὕστατος) ;

— une possible réminiscence d'Ennius, *Ann.*, 80, Vahl.[3], ... *atque secundam* (mais contexte tout autre) ;

— un sens « atténuatif » de *secundus* (= *supremus*) chez Aviénus, de même qu'*adultus* semble signifier « déclinant » (cf. *infra*, note au v. 1859) ;

— un double sens de *secundus*, qui pourrait signifier à la fois « qui vient ensuite » et « favorable ».

3. Une fois rattaché *sibi* à *permixtus* (E. Reuter, *op. cit.*, p. 88 sq.) — ce que la métrique ne recommande pas moins que la syntaxe (pas de pause entre les pieds III et IV sans synaphie prosodique) — les deux expressions sont exactement symétriques (effet voulu, en rapport avec l'idée) : *sibi* ∾ *sese*, *permixtus* ∾ *fultus*, *utrimque* ∾ *geminum latus*. Mais le sens est obscur : Aviénus pense sans doute à un univers sphérique qui se referme sur lui-même, ou à deux hémisphères accolés par leurs bords. On songe à Janus *bifrons*, et l'analogie n'est sans doute pas fortuite : cf. Introd., p. 46 sq. Sur la perfection et l'équilibre de la figure sphérique, cf. Platon, *Tim.*, 33 bc ; Cicéron, *N. D.*, II, 47-48, 115-116 ; Pline, *N. H.*, II, 5.

4. Cf. Valerius Soranus, *fr.* 3.1, Morel : (*Juppiter*) *unus et omnes* (voir le contexte de la citation chez saint Augustin, *Ciu. D.*, VII, 9).

5. Ou « l'agent », si on lit avec Grotius *actor* (*E* a *autor*) : la paronomase avec *agendorum* est tentante.

6. Interprétation difficile. Je comprends que Jupiter s'unit en quelque sorte avec lui-même, puisqu'il est à la fois le *spiritus* fécondant qui pénètre la matière, et cette matière elle-même (cf. *supra*, v. 9-13 ; *infra*, v. 26) : *proprii* se trouve ainsi doté d'un sens très précis. Quant à *patrator*, mot rare (Tacite, *Ann.*, XIV, 62), non seulement il se rattache par l'étymologie à *pater* (leitmotiv de tout le passage et élément du nom de *Iu-piter*), mais il évoque aussi, indirectement, le *pater patratus*, « un des deux féciaux... du peuple romain qui reproduisait le costume de Jupiter Férétrien et portait le sceptre » (Ernout-Meillet, *Dict. étym.*, 4e éd., s. v. *patro*). A ces références jupitériennes, il faut peut-être ajouter (cf. Ernout-Meillet, *loc. cit.*) que *patrare* appartient aussi au vocabulaire érotique : *patratio est rei uenereae consummatio* (Schol. Perse, I, 18) — ce qui confirmerait, dans une toute autre perspective, le sens que nous proposons.

7. Manuscrits et éditeurs hésitent entre *factus pater* (*A*) et *pastor sacer* (*E*), métriquement corrects. Malgré von Winterfeld (*De R. F. Avieni metaphrasi...*, p. 5 ; plus indécis p. 10), je ne crois pas *pastor sacer* défendable. Cette métaphore paraît étrangère au Jupiter stoïcien, et elle ne serait pas à sa place à ce point du développement (cf. Introd., p. 47 sqq.). D'ailleurs, *sacer* ne qualifie guère une divinité (sauf, il est vrai, Janus, chez Ovide, *F.*, I, 95 : cf. H. Fugier, *Recherches sur l'expression du sacré dans la langue latine*, Paris, 1963, p. 63 sq.), mais plutôt des sites ou objets en rapport avec une divinité ou ayant un caractère divin (telles sont toutes les occurrences de l'adjectif chez notre poète). En revanche (cf. note précéd.), *pater* est tout à fait en situation ici (cf. v. 23, *parens*). Mais c'est *factus* qui surprend : par qui Jupiter aurait-il « été fait » père de l'univers? Ce passif, pour l'*auctor* universel, contredit tout ce qu'on nous apprend de lui. C'est pourquoi je me risque à lire *sanctus pater*. Paléographiquement, la correction est aisée (confusions *f*/*s*, *ā*/*a*) ; et *sanctus*, épithète classique, elle, des divinités (cf. H. Fugier, *op. cit.*, p. 270-276), s'applique à Jupiter (Cicéron, *Phil.*, II, 32 ; Furius Bibaculus, *fr.* 11, Morel ; Claudien, *Nupt. Honor.*, 305 ; *Inc. fr.* 67, Morel), à Janus (Martial, X, 28.7) et se lie volontiers à *pater* (Martial, *loc. cit.*). Pour l'idée, cf. Schol. Arat., p. 38, Mart., βασιλεὺς δὲ τῶν ὅλων ὁ Ζεὺς καὶ πατήρ.

8. Cette genèse rappelle Ovide, *Met.*, I, 21-33.

9. Jupiter est en effet ἀρσενόθηλυς, *mas et femina* : cf. Hymne orphique à Zeus cité *supra*, v. 4, Ζεὺς ἄρσην τρέφετο, Ζεὺς ἄμβροτος ἔπλετο νύμφη ; Val. Soranus, *fr.* 3, Morel, *progenitor genetrixque* ; saint Augustin, *Ciu. D.*, VII, 9 fin ; A.-J. Festugière, *La révélation d'Hermès Trismégiste*, t. IV, Paris, 1954, p. 43-51 ; M. Delcourt, *Hermaphroditea. Recherches sur l'être double promoteur de la fertilité*, Bruxelles, 1966.

10. Cette notice semble d'abord n'être qu'une simple redondance de la précédente, et la même idée de sexe dominerait alors de *sexuque*

à *semine* (v. 26-28), *sexu... utroque* étant simplement repris par *aeui... gemini* (cf. v. 18-19). Mais ce sens de *aeuum* (= *sexus*) ne semble pas attesté (*Thes. L. L.*, s. v.). En revanche, si l'on rend à *aeuum* son acception classique de « durée », *geminum aeuum* ne peut signifier que le passé et l'avenir. Dès lors, ce premier hémistiche exprime l'omniprésence du dieu dans le temps (diachronie), et le second l'omniprésence dans l'espace (synchronie) : symétrie séduisante.

De plus, d'autres textes attestent qu'en effet Jupiter est *sator aeui* (Sil. Italic., IX, 306), *sator aeui... aeterni* (Sil. Italic., XVI, 664) ; et le même rôle est assigné aussi à Janus *geminus* (remarquons l'épithète) : Pline, *N. H.*, XXXIV, 33, (*Ianus geminus*)... *ut temporis et aeui esse deum indicent* ; Stace, *S.*, IV, 1, 11, *immensi reparator maximus aeui* (*Ianus*) ; Martial, X, 28.1, *annorum nitidique sator pulcherrime mundi* (*Ianus*) ; Némésien, *Cyneg.*, 104, *Ianus temporis auctor.* Les deux faces du Janus *bifrons* regardent, en effet, le passé et l'avenir : Macrobe, *Sat.*, I, 9.4, *bifrontem... quod et praeterita sciuerit et futura prouiderit* ; Ausone, VII, 10.2, *Iane bifrons, spectas tempora bina simul.* Sur Janus = Aion (théorie attribuée à M. Messala, cos. 53 avant J.-C.), cf. A.-J. Festugière, *op. cit.*, t. IV, p. 176-182. Dès lors, le *simul omnia lustrans* d'Aviénus pourrait faire référence implicite au Janus *quadrifrons*, *uniuersa climata maiestate complexum* (Macrobe, *Sat.*, I, 9.13 ; et cf. saint Augustin, *Ciu. D.*, VII, 8).

11. Cf. Schol. Arat., p. 51, Mart., πάντα ὑπ' αὐτοῦ ζῳογονεῖσθαι.

12. Cf. Schol. Arat., p. 43, Mart., Διὸς... ὡς ποιητοῦ καὶ τῶν ὅλων δεσπότου ; p. 50, γενέτωρ, εὐκράτωρ, θρέπτωρ ; Ovide, *Met.*, I, 79, *ille opifex rerum.*

13. C'est-à-dire, semble-t-il, de l'hémisphère céleste visible et de l'hémisphère invisible (cf. v. 93-95, où *Erebus* a clairement ce sens). Mais *celsa* ne s'applique, en toute rigueur, qu'à *aetheris.* Faut-il couper *atque Erebi pigra, inclinatio nodi*? C'est douteux pour l'équilibre rhétorique et métrique, quoique *piger* qualifie parfois l'engourdissement du monde infernal. Ou rattachera-t-on *Erebi* à *inclinatio*? Mais il faut alors corriger *nodi* (en *nigri*? peu satisfaisant). Un doute subsiste donc, qu'aggrave l'obscurité du second hémistiche (cf. note suiv.).

14. Expression très obscure, quoique le texte paraisse sain (aucune raison de corriger l'un des trois mots ; sur l'incertitude de la ponctuation, cf. note précéd.). L'allusion peut dissimuler plusieurs réalités astronomiques :

a) L'obliquité de l'écliptique : c'est la plus banale, la plus familière aux lecteurs anciens, celle qui a le plus de chances d'être reconnue. *Nodus* désigne l'intersection de l'équateur et de l'écliptique (en fait, il y en a deux, mais Lucrèce, V, 688, *anni nodus*, emploie aussi le singulier ; cf. A. Le Bœuffle, *Le vocabulaire latin de l'astronomie*, Paris-Lille, 1973, p. 869 sq.), et *inclinatio* l'obliquité. L'expression demeure cependant maladroite (ce n'est pas le nœud lui-même qui est oblique) et le sens de *pigra* curieux aussi : A. Breysig (*Zu Avienus*, Hermes, X, 1876, p. 247 sq.) y voyait une allusion à l'allongement des jours vers l'été ! Je préfère comprendre : « une obliquité paresseuse (= modérée) ».

b) La précession des équinoxes : le nœud, défini comme précédemment, se déplace de cinquante secondes par an, effectuant un tour complet en 26 000 ans. Le phénomène, découvert par Hipparque et exposé dans un traité perdu (Περὶ μεταπτώσεως τῶν τροπικῶν καὶ ἰσημερινῶν σημείων) est analysé par Ptolémée (*Synth. math.*, VII). Le terme de *inclinatio*, « mouvement circulaire » (sens bien attesté, cf. *Thes. L. L.*, s. v., et A. Le Bœuffle, *op. cit.*, p. 235 ; cf. Avien., 85, 1302), et surtout l'adjectif *pigra* lui conviendraient très bien. Mais la précession des équinoxes n'a guère retenu l'attention des Romains, qui n'y font que de vagues et rares allusions (Pline, *N. H.*, II, 95, et Macrobe : cf. A. Le Bœuffle, *op. cit.*, p. 890 sq.). Il est très douteux qu'il faille en voir une ici.

c) Le déplacement annuel du nœud (qui serait, ou bien celui qu'on a défini plus haut, ou bien, d'après Hygin, *Astr.*, III, 29, p. 94.10-16, Bu., le méridien d'origine des coordonnées zodiacales) : comme toute étoile, il se lève environ quatre minutes plus tôt de jour en jour. Je remercie A. Le Bœuffle de cette suggestion (lettre personnelle) qui n'est pas à dédaigner, quoique peut-être un peu subtile. En tout cas, *inclinatio* (« mouvement circulaire ») et *pigra* (« lent, progressif ») n'y contredisent pas. C'est aussi l'interprétation que préférerait M. J. Beaujeu.

d) L'inclinaison de l'axe du monde : A. Le Bœuffle encore me rappelle (cf. sa thèse, p. 335, n. 303, et A. Rey, *La jeunesse de la science grecque*, Paris, 1933, p. 442) la curieuse théorie d'Anaxagore et d'Empédocle, qui supposaient à l'origine l'axe du monde vertical, perpendiculaire à la surface plane de la terre ; puis la terre aurait basculé (le nord s'élevant, le sud s'abaissant) et l'axe du monde aurait perdu sa verticalité. *Pigra* et *inclinatio* peuvent fort bien se comprendre ainsi ; mais il faudrait donner à *nodus* le sens (exceptionnel, sinon unique) de « pôle » (c'est-à-dire point de convergence des cercles méridiens?).

Je conclus par un *non liquet*, avec une légère préférence pour la première solution.

15. Ici encore, ambiguïté et pluralité d'hypothèses :

a) Les rédacteurs du *Thes. L. L.* ne s'accordent pas. S. v. *discretio* (V, 1, 1349), c'est l'*aether* qui fait la *discretio deorum* — syntaxiquement insoutenable ; s. v. *insociabilis* (VII, 1, 1928), les *dei* sont *aether* et *Erebus* — cela ne vaut pas mieux : après *pigra inclinatio nodi*, il ne peut plus être question d'éther et d'Érèbe.

b) Il peut s'agir de la répartition équitable de l'univers en *tria regna* : le ciel à Zeus, la mer à Poseidon, le monde souterrain à Hadès — construction déjà homérique (O 187-193), qu'accepte Cicéron dans les développements stoïciens du *N. D.* (II, 66) ; cf. encore Sénèque, *Pha.*, 1212.

c) Mieux, sans doute, vu le contexte (cf. Introd., p. 47 sq.), il s'agit des cinq planètes (Saturne, Jupiter, Mars, Vénus, Mercure), qui sont des divinités (cf. Avien., 1508, 1510) à la fois par leurs noms et par leur nature d'astres ignés (cf. Vitruve, IX, 1.12 ; Cicéron, *N. D.*, II, 39-40, 42-44, etc.), et dont les orbites concentriques — donc sans points de contact ni d'intersection (*insociabilium*) — sont séparées par des intervalles harmonieux (*discretio iusta*) : cf. v. 9 et note *ad loc.*

16. Phébus Apollon est le frère d'Artémis, que les Anciens interprétaient comme une personnification de la lune.

17. On a voulu voir (note de l'éd. Lemaire, *ad loc.* ; A. Breysig, *Zu Avienus*, Hermes, XII, 1877, p. 153) dans ces vers un écho du texte de la *Genèse* (I, 1, 14-19) qui relate la création des deux *luminaria magna* en des termes voisins de ceux-ci. Mais Aviénus n'était pas chrétien (cf. Introd., p. 14), et l'idée est banale en poésie antique.

18. *Blandis... aruis*, texte des manuscrits. Schrader et Haupt (Hermes, V, 1870, p. 189) ont proposé de lire *auris*, allusion au Favonius-Zéphyr dont la mention accompagne si souvent l'évocation du printemps (cf. Lucr., I, 11 ; Ovide, *F.*, II, 148-150 ; Vitruve, IX, 3.3, et comm. J. Soubiran, *ad loc.*, etc.) ; l'emploi absolu de *adrideat* ne fait aucune difficulté (Lucr., II, 32 ; Mart. Capella, VIII, 874, *uernum tempus adridet* ; Rutil. Namat., II, 13, cf. *Thes. L. L.*, s. v.). Mais *aruis* est défendable, comme datif complément de *adrideat* (cf. Plaute, *As.*, 207 ; Pétrone, 123, 12 ; Stace, *Th.*, X, 119) : cf. *terra* et *tellurem* voisins. Quant à *blandis*, s'il s'applique tout naturellement au zéphyr (Avien., *D. O. T.*, 52), il lui arrive aussi de qualifier, avec le sens de « riant, séduisant », des mots tels que *pabula* (Columelle, VII, 3.20), *uineta* (Stace, *S.*, II, 2.111), *litora* (Stace, *S.*, III, 5.96 ; Ausone, *Mos.*, 295), *anfractus* (Val. Flacc., II, 451), *sinus* (Avien., *D. O. T.*, 497), *stagna* (Martial, IV, 57.1)... Rien n'oblige donc à corriger le texte transmis (*sic* E. Reuter, *op. cit.*, p. 92).

19. Dans ce couplet sur les saisons, Aviénus développe une suggestion d'Aratos (11-13) : « (Zeus) a prévu pour le cours entier de l'année des étoiles chargées de signaler invariablement aux humains les limites des saisons, afin qu'à toute croissance fût assuré un rythme régulier » (trad. J. Martin). Le Scholiaste (p. 57, Mart.) précise : σημαίνων τοὺς οἰκείους χρόνους ἐκ τῶν ἐτησίων ὡρῶν, ἔαρος, θέρους, φθινοπώρου, χειμῶνος ; mais l'évocation des quatre saisons est aussi un lieu commun de la poésie latine : Lucrèce, V, 737-747 (cf. 742, *puluerulentus* initial de vers) ; Horace, *Od.*, IV, 7.9-12 ; Ovide, *Met.*, XV, 199-213 ; *Aetna*, 237-239 ; Manilius, III, 618-665 ; *Laus Pis.*, 145-151, etc.

Page 96 :

1. Aratos (7-9) n'évoque que les activités terrestres : « (Zeus) dit à quel moment la terre est prête pour les bœufs et la bêche, quelle est la bonne saison pour remuer le sol autour des plantes ou semer chaque espèce de graine » (trad. J. Martin). Mais cf. v. 3 sq., (Διὸς) μεστὴ δὲ θάλασσα / καὶ λιμένες.

2. Arat., 10, Αὐτὸς γὰρ τά γε σήματ' ἐν οὐρανῷ ἐστήριξεν / ἄστρα διακρίνας — ce qui persuade d'entendre *statuit* comme un parfait, et d'adopter, avec von Winterfeld, la leçon *infudit* au vers suivant : cf. *supra*, v. 21-26.

3. Ni le texte ni le sens ne sont absolument certains. Tous les éditeurs ponctuent à la fin du v. 44, après *aethrae*. Mais

— *interlabi* + dat. (*tenebris*) semble un hapax ; ailleurs (cf. *Thes.*

L. L., s. v.) le verbe est, soit employé absolument (Virgile, *G.*, II, 349), soit suivi d'un accusatif (Aviénus, *D. O. T.*, 1092) ;

— *interlabitur* et *animat* ne sont ni coordonnés (*et* relie au v. 45 *uiscera* et *artus*), ni unis par une anaphore de *hic* (d'où la conjecture *animans* de Grotius) ;

— de quoi s'agirait-il dans ces vers? Pour le rédacteur du *Thes. L. L.* (s. v. *interlabor*), Jupiter infiltré dans les ténèbres représente le soleil ; mais c'est bien plutôt le ciel nocturne qui est ici évoqué. Le v. 45 est plus énigmatique encore. Grotius (qui voulait lire *aethereos*) y voyait une allusion à la respiration des vivants (*aetherii artus* = organes qui vivent de l'air, c'est-à-dire poumons et cœur) ; mais *genitabilis* demeure inexpliqué. Aussi Breysig (*Zu Avienus*, Hermes, XII, 1877, p. 153) préfère-t-il reconnaître ici l'idée d'une régénération permanente à partir de la matière indestructible. Resterait encore à savoir si Aviénus songe aux êtres animés ou à l'univers, conçu comme un corps, un assemblage de membres (cf. Ovide, *Met.*, I, 33, et surtout Manilius, dont c'est un thème favori : I, 133 sq., 147 sq., 247 sqq. ; II, 66 sq. ; III, 50 sq.).

Tout cela étant, on s'est risqué à ponctuer, non à la fin du v. 44, mais au v. 45 après *uiscera*. Ainsi

— *interlabitur* est construit avec un acc., *uiscera*, comme en *D. O. T.*, 1092 ;

— l'expression *aethrae uiscera* annonce exactement *sacra uiscera caeli* du v. 88 ;

— *et* coordonne *interlabitur* et *animat* ;

— les deux propositions se réfèrent clairement à la même métaphore de l'univers conçu comme un corps ;

— seule demeure insolite, reconnaissons-le, la construction du *tenebris* initial (abl. de temps?).

4. Dans une belle envolée, Aviénus se fait l'écho des idées répandues par le platonisme et le stoïcisme sur l'âme humaine. D'origine divine, émanation de l'âme du monde (Platon) ou parcelle de l'âme ignée universelle (Stoa), elle habite les corps qu'elle abandonnera au moment de la mort pour gagner soit les enfers (expiation, oubli), soit l'empyrée (récompense), avant de se réincarner éventuellement dans d'autres organismes : cf. le mythe d'Er (Platon, *Rep.*, X), le *Songe de Scipion* (Cicéron, *Rep.*, VI), et Virgile, *Aen.*, VI, 713-751, pour s'en tenir aux plus grands textes.

5. Eudoxe (env. 391-338 avant J.-C.), dont les traités d'astronomie (Φαινόμενα, Κατόπτρον), perdus, ont fourni à Aratos la matière de son poème (cf. Introd., p. 49, n. 1). Bien entendu, le *primum* d'Aviénus et le vers 54 sont totalement faux : l'astronomie antique est née en Égypte et en Orient, voire en Grèce même (Thalès) et en Italie (les Pythagoriciens) bien avant Eudoxe. Pour l'expression, cf. Virgile, *B.*, III, 40 sqq., qui ferait aussi, selon Servius, allusion à Eudoxe.

6. Par exception (cf. Cicéron, *Ph.*, 216), *Nepa* désigne ici non le Scorpion, mais le Cancer (Écrevisse) : c'est dans le signe du Cancer, au solstice d'été, que le soleil (fils d'Hypérion) cesse de gagner vers

le nord pour redescendre vers l'équateur au cours de l'été. Pour le mouvement de cette série d'interrogatives, cf. Germanicus, 5-8, Manilius, I, 99-103. Il s'agit de notions astronomiques élémentaires, familières aux Anciens bien avant Eudoxe.

7. Les éditeurs précédents rattachent *autumni reditu* à *cur sub gelido Capricorno...* ; mais le sens s'en accommode mal (le Capricorne = l'hiver), et il faudrait le solliciter jusqu'à traduire : « l'automne achevé ». J. Beaujeu propose — et nous le suivons — de rapporter l'expression à *cur... Nepa circumflecteret ignes* : *reditu* est alors un datif de but (sur les dat. en -ū, fréquents en poésie, cf. A. Ernout, *Morph. hist. du latin*, p. 107 sq.).

8. Sur la « rapidité » du Bélier, cf. v. 509 sq. et note *ad loc.*

9. C'est-à-dire situés sur l'équateur de la sphère céleste.

10. Cf. *infra*, v. 93-100.

11. Vu le contexte (*uaga palanti... errore*), *signa* ne peut désigner que les planètes (cf. *infra*, v. 908-926) ; mais l'emploi de *signa* en ce sens est tout à fait exceptionnel (A. Le Bœuffle, *Le voc. lat. de l'astr.*, p. 71), et l'on s'étonne qu'Aviénus n'ait pas plutôt écrit *astra*, métriquement équivalent.

12. Aratos de Soles.

13. La chaîne du Taurus domine, en effet, la Cilicie, où se trouve le port de Soles. Mention analogue du Taurus, avec même hommage implicite à Aratos, chez Manilius, I, 402. *Incola* (*Musa*) au féminin ne fait aucune difficulté (Catulle, 64.228, 66.58 ; Cicéron, *Tusc.*, V, 38 ; Ovide, *F.*, III, 582, etc.) : c'est bien à tort que les éditions anciennes rapportaient *incola Tauri* à Jupiter.

14. *Raperetur* avec un accusatif sans préposition a été jugé suspect, d'où des corrections (cf. app. crit.) dont aucune ne s'impose : le tour est à la rigueur acceptable (cf. *infra*, v. 180, imité de Virgile, *Aen.*, VI, 638 ; Hofmann-Szantyr, *Lat. Syntax u. Stilistik*, München, 1965, § 50, p. 49 sq.). Pour l'idée, on comprendra que, par une sorte de juste retour, la Muse d'Asie Mineure revient s'imposer en Grèce continentale, berceau de toute colonisation et de toute poésie. La Béotie (*Aonas agros*) sous-entend évidemment Hésiode, créateur du poème didactique (cf. *infra*, v. 500) ; mais dans le même genre, on ne voit aucun Athénien (*Cecropios... agros*) éminent.

Page 97 :

1. Silence d'Aviénus sur ses devanciers latins, Cicéron et Germanicus, qu'il connaît pourtant fort bien.

2. Démarquage de l'exorde des *Géorgiques* (I, 1-5), plutôt mal venu ici : si les *Phénomènes* sont destinés aux agriculteurs et aux marins, ils demeurent essentiellement un poème astronomique — *ponto... ueliuolo* ∾ *mare ueliuolum* (Virgile, *Aen.*, I, 224) ; *Lyaeus* = Bacchus = la vigne (Virgile, *G.*, II, 229).

3. Sur l'intérêt biographique de ces vers, cf. Introd., p. 12, 31 sq. Aviénus associe habilement les divinités grecques du Parnasse et de l'Hélicon avec les antiques Camènes latines (cf. *D. O. T.*, 6-10), car son inspiration est en quelque sorte bilingue.

4. Ville de Phocide, port de Delphes, vouée à Apollon (Grattius, 533). *Cirrhaea... antra* désigne chez Lucain (V, 95) le sanctuaire de Delphes (cf. I, 64 ; V, 137, etc.). C'est seulement avec Stace (*S.*, V, 3.4) et Martial (I, 76.11) que Cirrha est citée comme un haut lieu de l'inspiration poétique.

5. Développement absent à cette place chez Aratos (qui remarque seulement, v. 19, πολέες τε καὶ ἄλλυδις ἄλλοι ἐόντες (les étoiles) « si nombreuses et si dispersées »), mais peut-être inspiré par Aratos, 370-385 (voir comm. J. Martin, *ad loc.*) : cf. *infra*, Aviénus, 810-822. Il s'agit des étoiles faibles, de magnitude 4 à 6, qui forment une toile de fond sur laquelle se détachent, marquées d'astres plus brillants, les figures des constellations. L'accumulation des vocables qui expriment l'éclat est donc ici très malencontreuse.

6. *Mundi... machina* (cf. 562, 906) rappelle Lucrèce, V, 96. *Inclinatio* a sans doute ici le sens de « mouvement, rotation » : cf. *Thes. L. L.*, s. v. (on rapprochera Sen., *N. Q.*, I, 1.5 ; *Epist.*, LIII, 2 ; Pétrone, XLIX, 10 ; Avien., *Ar.*, 1302). Aviénus est le seul poète à employer ce mot.

7. Si le texte est correctement établi (cf. app. crit. et nos *Notes critiques...*, p. 85), comparaison pédagogique, absente chez Aratos et ses Scholiastes, *ad loc.*, mais d'un type fréquent dans les manuels d'astronomie élémentaire (Achilles, *Isag.*, 28, p. 61, Maass ; Ps.-Aristote, Περὶ κόσμου, 391 b 9 ; Apulée, *De mundo*, 1 ; etc.).

8. Le *tenuis* restitué par Grotius à partir du *tenus* des manuscrits qualifie-t-il *axis* ou *caeli* (allusion à la mince calotte céleste)? En faveur de la première solution, cf. Manilius, I, 279, *aera per gelidum tenuis deducitur axis.*

Page 98 :

1. Développement verbeux et oratoire absent chez Aratos (*Ph.*, 23).

2. Mélange peu scientifique de mécanique céleste, de météorologie (Notus, Aquilon) et de mythologie (Érèbe, Pluton).

3. Rien de tel chez Aratos. Allusion probable à l'harmonie des sphères (cf. *supra*, n. au v. 9), et réminiscence de Pline, *N. H.*, II, 6, *tantae molis rotatae uertigine adsidua sonitus.*

4. La tradition manuscrite place ce sous-titre avant le vers 77 (cf. app. crit.), rattachant aux Ourses l'axe et les pôles.

5. Cf. *supra*, v. 53. Étrange bévue : l'Ourse est déjà nommée ainsi chez Homère (*Il.*, XVIII, 487 ; *Od.*, V, 273, d'où Aratos, *Ph.*, 27).

6. Rédaction peu cohérente : Aviénus emploie successivement un pluriel (*Arctos*), un singulier (*astrum*), puis encore des pluriels (*feras*, *Vrsas*, *Plaustra*), et, entraîné par *Vrsas*, il fait de *Plaustra* un attribut de *feras* ! Ces remarques sur la terminologie latine et l'aspect réel de la constellation s'inspirent de Germanicus, 25 sq.

7. *Has pater omnipotens* rappelle Virgile, *Aen.*, I, 60 (cf. aussi, pour les v. 105-107, *Aen.*, XII, 140 sq.). Ce premier mythe étiologique, absent chez Aratos et Germanicus, est celui de Callisto, nymphe d'Artémis séduite par Zeus sur le Lycée arcadien, mère d'Arcas et changée en ourse (la Grande Ourse céleste) : cf. Ovide, *Met.*, II,

401-530 ; *F.*, II, 153-192 ; Eratosth., *Catast.*, I ; Hygin, *Astr.*, II, 1 ; Schol. Arat., p. 72-76, Martin ; Schol. German., p. 58 sq., 112 sq., Breysig. Mais Aviénus est imprécis : *uenatibus* a-t-il un sens actif (nymphe chasseresse avant sa métamorphose) ou passif (ourse traquée)? Surtout, il semble supposer deux métamorphoses pour expliquer les deux Ourses célestes, celle de la mère (107, *genetricis*), Callisto, et celle de sa progéniture. En fait, si le fils de Callisto, Arcas, trouva aussi place dans le ciel, ce fut sous la forme du Bouvier (*Arctophylax*). Quant à la Petite Ourse, elle représente, soit le chien de Callisto (Schol. Arat., p. 72, Martin), soit un hommage redoublé rendu à Callisto (Eratosth., *Catast.*, 2 ; Schol. German., p. 59, Br.). Est-ce à cette tradition qu'Aviénus, maladroitement, a voulu faire allusion?

8. Second mythe, aratéen celui-ci (*Ph.*, 30-35, d'où German., 31-38), des nymphes crétoises Hélicé et Cynosure, gardiennes de Zeus nourrisson (à noter toutefois qu'Ératosth., *Catast.*, II ; Hygin, *Astr.*, II, 2 ; Schol. German., p. 59 et 114, Br., n'appliquent la légende crétoise qu'à la Petite Ourse, Cynosure, la Grande représentant Callisto, cf. note précéd. ; mais Aratos et Germanicus, *loc. cit.*, ont bien le pluriel). Aviénus ne choisit pas entre les deux mythes : *Lycaoniis* (118) se rapporte au premier (Callisto est fille de Lycaon), *Iouis altrices* (121) et *Cresia* (129) au second.

9. Sur le mont Dicté et le texte d'Aratos (*Ph.*, 33) correspondant, voir J. Martin, note *ad loc.* Germanicus et Aviénus ont laissé tomber l'embarrassant ὄρεος σχεδὸν 'Ιδαίοιο. Cette retraite a duré « longtemps » (*longum*) pour Aviénus, un an (34, εἰς ἐνιαυτόν) pour Aratos, jusqu'à l'âge d'homme pour d'autres.

10. Notation traditionnelle depuis Homère (*Il.*, XVIII, 489 ; *Od.*, V, 275 ; cf. Virg., *G.*, I, 246 ; explication étiologique chez Ovide, *F.*, II, 192), et reprise par Aratos (48), mais dans la section consacrée au Dragon : Aviénus la remet à sa place normale.

Page 99 :

1. Sur la disposition des Ourses l'une par rapport à l'autre, voir la longue note de J. Martin *ad* Arat., 29. Aviénus ne traduit pas exactement son modèle, obscur il est vrai. Sa première affirmation (*haud tamen ollis... motu*), sans équivalent chez Aratos, semble correspondre au οὐκ εἰσὶν ἀλλήλαις ἀνατετραμμέναι du Scholiaste (p. 78.12, Martin). *Versa* est ambigu : « renversées » (mais ce sera dit plus clairement au v. 122)? « inversées » (l'une regarde dans un sens, l'autre dans l'autre ; l'une décline tandis que l'autre remonte, cf. Schol. Arat., p. 79)? La vérité est que leurs échines sont à peu près parallèles, mais de sens inverse, les épaules se correspondant au plus près.

2. Notation non aratéenne, mais exacte — à moins que *polo* ne signifie tout simplement « au ciel ». Dans l'Antiquité, le pôle céleste n'était pas à la queue de la Petite Ourse (α UMi), mais entre les deux Ourses (effet de la précession des équinoxes : cf. Vitruve, IX, 4.6 et comm. J. Soubiran, *ad loc.*, p. 171 sqq.).

3. Hélicé = la Grande Ourse ; Cynosure = la Petite Ourse.

4. Rien de tel chez Aratos. Il ne s'agit pas ici de météorologie, mais d'orientation.

5. Le Soleil. Aratos dit seulement πρώτης ἀπὸ νυκτός (41), cf. Avien., 129, *inter primordia noctis*. Le Scholiaste (p. 89, Martin) précise εὐθέως δύναντος ἡλίου (de même German., 43). La chute probable d'un vers d'Aviénus après 127 (à préférer à la correction de *imbuit et* en *imbuerit*) semble confirmée par la disposition symétrique de trois couples : *non ulla... succenderit... neque eduxerit / cum iam Titanius* ⟨....⟩ *imbuit et... / quam flammas... agat uultusque... ostendat...* On suppléera, d'après von Winterfeld, (le fils du Titan) « au début des ténèbres est descendu sous les eaux de Calpé » (et colore...).

6. Aviénus évoque volontiers, surtout dans l'*Ora Maritima*, l'antique cité de Tartessos, à l'embouchure du Baetis (Guadalquivir), dont il connaissait personnellement le site (cf. *O. M.*, 269-274 et notre Introd., p. 12). Mais elle ne lui sert ici qu'à orner, après d'autres (Ovide, *Met.*, XIV, 416 ; Silius Ital., VI, 1), le thème littéraire du crépuscule (cf. H. Bardon, *R. É. L.*, XXIV, 1946, p. 96 sq.). *Terga* désigne chez Aviénus tantôt des croupes montagneuses (*D. O. T.*, 94, 578), tantôt, comme ici, les εὐρέα νῶτα θαλάσσης (B 159) ; pour l'expression entière, cf. *D. O. T.*, 66.

7. *Infidum* = Virg., *G.*, I, 254. La Petite Ourse est un repère plus précis et plus sûr, d'abord parce qu'elle est moins étendue (Schol. Arat., p. 88, μᾶλλον εὐσύνοπτος), puis parce qu'elle décrit autour du pôle un moins grand cercle (Arat., 42, μειοτέρῃ... στροφάλιγγι ; cf. Cicéron, *Ph. fr.*, VII, 5 ; German., 46). Aviénus étouffe cette donnée claire en trois vers obscurs et surchargés, que la vulgate a profondément retouchés. Il faut revenir au texte des manuscrits, à l'exception d'une correction facile de *conuertitur* en *cum uertitur* (cf. mes *Notes critiques...*, p. 87 sq.) ; mais l'exactitude scientifique n'en laisse pas moins à désirer : il est faux que la Grande Ourse « dévie » ou « traîne » plus que la Petite ; les deux accomplissant un tour complet en vingt-quatre heures, c'est celle qui parcourt l'orbite la plus courte — donc la Petite — qui paraît au contraire aller le moins vite.

Page 100 :

1. Notice peu claire, sans correspondant chez Aratos. *Hunc* semble être le complément commun de *tendunt* et de *includunt*, *artus* un accusatif de relation à rattacher à *effusum* (Breysig), et *plaustra* le sujet de *includunt* ; le sens précis de *compta* (« réglé, organisé ») apparaît mal. Dire que les Ourses enferment le Dragon autant qu'elles sont enfermées par lui n'est pas inexact, au vu d'une carte céleste. Sur la métaphore *choreis* (le ballet, la ronde des astres), cf. Manilius, I, 669 ; Apulée, *Met.*, VI, 19 ; *De mundo*, I, 290.

2. *Quiescit* a le double sens, intraduisible, de « se calmer » et « se terminer » (Arat., 51, ἀποπαύεται ; German., 52, *desinit ultima cauda*).

3. Aratos dit (53) καί οἱ ποδὸς ἔρχεται ἄχρις « jusqu'au pied

de la bête ». Il s'agit toujours de la Petite Ourse. « La constellation principale » = la Grande Ourse.

4. La formule d'Aviénus, avec l'indicatif *insignit*, ou *sola* au lieu de *una*, fait faux sens. Aratos (54 sq.) dit : « De plus d'un point sur la tête du Dragon brille plus d'une étoile » (trad. J. Martin) ; cf. Cicéron, *Ph. fr.*, IX, *Huic non una modo caput ornans stella relucet...*

5. Sur ces cinq étoiles, dont Aviénus majore hyperboliquement l'éclat, cf. mes notes à Cicéron, *Ph. fr.*, IX (éd. Belles Lettres, p. 160).

Page 101 :

1. Les vers 155-163 correspondent aux trois hexamètres (58-60) très clairs d'Aratos :

> Λοξὸν δ' ἐστὶ κάρη, νεύοντι δὲ πάμπαν ἔοικεν
> ἄκρην εἰς Ἑλίκης οὐρήν · μάλα δ' ἐστὶ κατ' ἰθύ
> καὶ στόμα καὶ κροτάφοιο τὰ δεξιὰ νειάτῳ οὐρῇ.

« Sa tête est inclinée ; on dirait bien qu'elle regarde le bout de la queue d'Héliké ; sa gueule, sa tempe droite et l'extrémité de cette queue sont disposées en ligne droite » (trad. J. Martin). Or, le vers 157 d'Aviénus, qui, ainsi placé, paraît s'appliquer à la courbure cervicale du Dragon, ne correspond à rien dans le modèle grec, et l'on ne voit même pas quel sens lui donner. Plus loin, Aviénus mentionne la gueule (160) et la tempe (162) du Dragon, sans préciser que les trois points (queue de l'Ourse = η UMa, gueule du Dragon = μ Dra, tempe du Dragon = γ Dra) sont alignés (κατ' ἰθύ). Mais si l'on observe que cette idée d'alignement est suggérée par tous les mots du vers 157 (*ordo* surtout ; quant à la corr. de *dimittitur* en *dem-*, elle est ancienne et facile : les manuscrits confondent sans cesse les deux préverbes), on est amené à transposer 157 après 161, grâce à quoi tout rentre dans l'ordre. Aviénus note d'abord la proximité (*spatio propiore*) de η UMa et μ Dra. Puis, il ajoute : en prolongeant au-delà de μ Dra (la gueule) la ligne qui les unit, on tombe sur γ Dra (la tempe), d'éclat analogue aux quatre autres qui forment la tête de la constellation. Origine probable de l'accident : omission du vers 157 réparée dans la marge supérieure de la page. Pour l'expression 163, *accendit lumina flammis*, cf. Virg., *G.*, I, 251.

2. En d'autres termes, le cercle décrit par la tête du Dragon autour du pôle céleste est tangent à l'horizon marin. Les deux points du lever et du coucher, au lieu d'être écartés, l'un vers l'est, l'autre vers l'ouest, se confondent dans la direction exacte du nord. Sur la latitude que suppose cette observation, cf. ma note à Cicéron, *Ph. fr.*, X, 1 (éd. Belles Lettres, p. 199, n. 13).

3. Cette indication, absente chez Aratos, semble bien se référer (cf. encore v. 479?) à un globe astronomique où étaient figurées les constellations (A. Breysig, *Zu Avienus*, Hermes, XIII, 1878, p. 365). Sur le globe Farnèse, l'Agenouillé, tête en bas, appuie, en effet, son pied gauche et son genou droit sur le tropique du Cancer (*altior orbis*) : cf. German., 467, d'après Eudoxe et Hipparque (I, 3 et 23) — quoique

Aratos (480-496) et Aviénus (950-969) omettent l'Agenouillé dans leur description du tropique.

4. *Laboranti similis* = Virg., *G.*, III, 193.

5. « Personne n'est capable de le nommer clairement, ni de dire pour quel travail il est suspendu au ciel » (Aratos, 64 sq., trad. J. Martin). Après diverses identifications (Prométhée, Salmonée, Sisyphe, Thamyris, Orphée, Thésée, Tantale, Ixion, cf. Schol. Arat., p. 102, 105 sq., Martin), c'est celle d'Héraclès vainqueur du dragon des Hespérides qui a prévalu, et donne encore son nom à la constellation d'Hercule. Le récit mythique qui suit manque donc chez Aratos, ainsi que chez Germanicus. Aviénus en tire les éléments des textes réunis par C. Robert, *Eratosthenis Catasterismorum reliquiae*, p. 62-65 (cf. préf., p. 26 sq.) : Ératosth., *Catast.*, IV ; Hygin, *Astr.*, II, 6 ; Schol. German., p. 61 et 118, Br. ; cf. aussi Euripide, *H. F.*, 394-399.

6. Panyasis d'Halicarnasse, oncle ou cousin d'Hérodote, poète épique ionien auteur d'une *Heracleia* en XIV chants et 9 000 v. (première moitié du ve siècle avant J.-C.). Sur l'homme et l'œuvre, voir V. J. Matthews, *Panyassis of Halikarnassos, Text and Commentary*, Mnem. Suppl., 23, Leiden, 1974, p. 1-40. Le témoignage d'Aviénus (= fr. 10, Kinkel) est étudié p. 66-71. Quoi qu'en dise V. J. Matthews (*op. cit.*, p. 35), il est très douteux qu'Aviénus ait lu Panyasis : le nom du poète grec et les grandes lignes du récit lui étaient fournis par les textes allégués à la note précédente. Il n'avait nul besoin de remonter à l'original. V. J. Matthews (*op. cit.*, p. 68) s'avance donc beaucoup en voyant dans les vers 177-185 « a translation or paraphrase of Panyassis » (cf. F. Stoessl, s. v. *Panyassis*, P. W., XVIII, 2, 882).

7. Aucun texte antique ne crédite Panyasis d'une longévité particulière. Faut-il comprendre, malgré le sens obvie de *longior aetas* (cf. Horace, *Sat.*, I, 4, 132 ; Lucain, IX, 568), « une période plus reculée » (*longior* = *longinquior*, *remotior*), donc plus proche qu'Aratos des origines? C'est l'interprétation de V. J. Matthews (*op. cit.*, p. 18, n. 49). Mais on peut aussi supposer qu'Aviénus, voulant ajouter de son cru (ou d'après une source plus complète que celles qui nous restent) un détail érudit, fut induit en erreur par les controverses qui opposèrent les Anciens eux-mêmes sur le *floruit* de Panyasis, contemporain des débuts de la guerre du Péloponnèse (458), ou, selon d'autres (πολλῷ πρεσβύτερος, dit la Souda), des guerres médiques. Cette incertitude pouvait suggérer une longévité exceptionnelle. Sur tout cela, cf. aussi R. Krausse, *De Panyasside*, diss. in. Göttingen, 1891, p. 46-48.

8. Eurysthée, qui imposa à Héraclès les douze travaux.

9. Le vers a embarrassé les commentateurs (cf. V. J. Matthews, *op. cit.*, p. 70 sq.). Tzschirner (1842) comprenait qu'il s'agit d'un pays nordique éloigné du soleil (localisation des Hespérides, bien connue, chez les Hyperboréens). D'autres, dont Matthews, voudraient y voir une allusion à l'occident, où le soleil va se coucher après être passé au méridien (et, avec G. L. Huxley, Matthews corrigerait volontiers *qua* en *quo*) ; de fait, une tradition répandue (Hésiode, *Theog.*, 275) situe les Hespérides au couchant (cf. leur nom même). Notre tra-

duction indique que nous voyons plutôt dans le vers d'Aviénus une périphrase désignant « the deep south » (localisation africaine, cf. Juv., V, 152, en Cyrénaïque, cf. Ap. Rh., IV, 1370 sqq., 1393 sqq., ou en Éthiopie, cf. Virg., *Aen.*, IV, 481 sqq., du jardin des Hespérides). L'expression *medius dies* (= *meridies*, cf. *Ar.*, 799, et *D. O. T.*, 457) porte l'essentiel du sens, et *cedunt longe secreta* traduit l'éloignement dans cette direction — et non vers l'occident, pour lequel Aviénus aurait trouvé sans peine une périphrase plus juste (cf. *Ar.*, 128, 915, 1024 sqq., 1621 sqq., etc.).

10. Pour l'expression, cf. Virg., *Aen.*, VII, 298. C'est, en effet, Héra qui avait préposé le dragon à la garde des pommes d'or, et qui poursuivait Héraclès de sa haine. L'expression *ab ictu* sous-entend plutôt (V. J. Matthews, *op. cit.*, p. 69) la massue qu'une flèche (à la différence d'Ap. Rh., IV, 1403 sqq.).

Page 102 :

1. Cette interprétation mythique explique donc le voisinage, dans le ciel, des constellations du Dragon et d'Hercule.

2. Héraclès est le petit-fils d'Alcée, roi de Tirynthe.

3. Divergence avec Aratos (67-69) : « De ses deux épaules ses bras s'élèvent et s'étendent en croix » (trad. J. Martin) ; Germanicus (67 sq.) précise même *diuersaque tendens / bracchia, suppliciter passis ad numina palmis*. Mais Aviénus s'accorde avec le Scholiaste d'Aratos (p. 104.3, Mart.) : τό τε ῥόπαλον τῇ δεξιᾷ χειρὶ ἀνατετακότα, ὡς μέλλοντα παίειν, et Hygin (*Astr.*, II, 6) : *dextra manu sublata ut feriens.*

4. La silhouette d'Hercule est traditionnellement vue de dos (cf. Atlas Farnèse).

5. Aratos (73) dit seulement νώτῳ ὑποστρέφεται, « tourne sous le dos » ; cf. German. (70), *Tum fessi subter costas atque ardua terga.* La Couronne se trouve en fait à la hauteur du flanc d'Hercule, entre celui-ci et le Bouvier (cf. Vitruve, IX, 4.5 et comm. p. 167 sq.). La correction du *mersum* des manuscrits en *uersum*, que recommandent plusieurs arguments, a été justifiée dans nos *Notes critiques*..., p. 88 sq.

6. Le mythe de la Couronne offerte à Ariane par Dionysos et transportée au ciel est déjà chez Aratos (72). Aviénus néglige de le développer, après Ovide (*F.*, III, 459-516) ; cf. aussi Ératosth., *Catast.*, IV ; Hygin, *Astr.*, II, 5 ; Schol. Arat., p. 106-110, Mart. ; Schol. German., p. 61 sq., 119 sq., Br., etc.

7. Ce nombre de neuf, qu'Aratos ne donne pas, se trouve chez Ératosth., *loc. cit.* ; Hygin, *Astr.*, III, 4 ; Schol. Arat., p. 109 et 110, Mart. ; Schol. German., p. 62 et 120, Br. D'autres textes disent : cinq (Schol. Arat., p. 107). En fait, on distingue un diadème de sept étoiles, au milieu duquel brille « la Perle » (α CrB).

8. Cette distinction de deux parties de la Couronne, l'une proche du Dragon, l'autre de l'Agenouillé, est absente chez Aratos, mais attestée chez Ératosthène et les Scholiastes cités *supra*, qui précisent : trois étoiles brillantes font face au Dragon « qui est entre les Ourses ». Cette astrothésie est inexacte : la tête du Dragon est assez loin de la

Couronne, dont la séparent les jambes d'Hercule, et le côté septentrional de la Couronne est le plus obscur. En revanche, le demi-cercle brillant de celle-ci (étoiles β α γ δ ε ι CrB) est voisin de la tête du Serpent (cf. *infra*, v. 246 sqq.). Ératosthène et les Scholiastes ont probablement confondu Dragon et Serpent ; Aviénus les a imités.

9. Aviénus identifie Ophiuchus (le Serpentaire) à Asclépios-Esculape, dont on sait les affinités avec le serpent (cf. Ovide, *Met.*, XV, 653-674). Ce mythe, qu'Aratos et Germanicus ne content pas, est narré par Ovide (*F.*, VI, 735-762), Ératosthène, *Catast.*, VI ; Hygin, *Astr.*, II, 14 ; Schol. Arat., p. 111, Mart. ; Schol. German., p. 62 et 120 sq., Br. La version d'Aviénus suit ces récits à quelques détails près, tout en se colorant de réminiscences virgiliennes (209 ∾ *Aen.*, VI, 429 ; 211 ∾ *Aen.*, VI, 326). Tricca est une ville de Thessalie vouée aux Asclépiades depuis Homère (B 729-732). Le temple d'Épidaure est universellement célèbre (« Irène se transporte à grands frais en Épidaure, voit Esculape dans son temple... », La Bruyère). Sur la correction de *nominis* (mss.) en *num-*, cf. mes *Notes critiques...*, p. 89.

10. *Sors ultima*, après la mention des Parques, semble désigner seulement la mort d'Hippolyte. Mais les mythographes allégués à la note précédente parlent de plusieurs morts ressuscités, dont Hippolyte serait le dernier (ἔσχατον, Ératosth. ; *nouissime*, Hygin). *Sors ultima* pourrait aussi rendre cette idée — qui, on l'a noté (C. Ihlemann, *De R. F. Avieni... arte et ratione*, p. 39 sq.), s'accorde mal avec la suite : l'indignation de Zeus aurait dû se manifester dès le premier cas (*sic* Ovide, *F.*, VI, 747 sq., 759 sq.).

Page 103 :

1. Invoqué par Thésée, furieux du prétendu inceste de son fils avec Phèdre, Neptune avait suscité le monstre marin qui eut raison d'Hippolyte (Ovide, *Met.*, XV, 497-534 ; Sénèque, *Pha.*, 907-962, 1005-1119).

2. Un mortel. Sur Deucalion et Pyrrha ressuscitant l'humanité après le déluge, cf. Ovide, *Met.*, I, 313-415.

3. *Repertorem medicinae* = Virg., *Aen.*, VII, 772.

4. Qui était le père d'Asclépios, né de son union avec la nymphe Coronis (cf. Pindare, *Pyth.*, III, 1-69). La vieille correction de Grotius et de la vulgate, (*g*)*nati* (qui serait complément de *solacia* : « une consolation ⟨à la mort⟩ de son fils ») est inutile : le *nato* des manuscrits se rapporte à *Phoebo* et se place au point de vue de Jupiter, comme le *nepotis* du vers suivant.

5. Aratos (74 sq.) et Germanicus (75) mentionnent la tête d'Ophiuchus contiguë à celle d'Hercule (les deux figures, l'une droite, l'autre renversée, sont tête contre tête ; cf. Vitruve, IX, 4.4 et comm. p. 164). Aviénus substitue à cette précision d'emphatiques généralités. Il est vrai que la constellation est étendue (les Scholiastes et Hygin lui attribuent dix-sept étoiles, non compris le Serpent), mais elle ne compte aucune étoile très brillante.

6. Exagération aratéenne (77 sq.) que reprend Germanicus (77 sq.) : ce sont des étoiles de 3e magn. (cf. Vitruve, IX, 4.4 et comm. p. 164).

Page 104 :

1. Aviénus suit fidèlement Aratos (84) sur ce point, contesté par Hipparque et Germanicus (81 sqq.) ; cf. notes A. Le Bœuffle, *ad loc.* ; J. Soubiran *ad* Cic., *Ph. fr.*, XV, 4, et *ad* Vitr., IX, 4.4 (p. 163).

2. Les Anciens comptaient au Serpent 23 (Hygin, *Astr.*, III, 13), 28 (Schol. German., p. 63.6, Br.) ou 30 (Schol. German., p. 121.15, Br.) étoiles. Leur alignement sinueux s'étend sur plus de trois heures d'ascension droite et 35° de lat. (entre — 15° et + 20°) : figure commode dans le *Grand Larousse Encyclopédique*, VII, 965. Les deux parties sont, en fait, moins dissymétriques que ne l'affirment Aratos et ses successeurs...

3. ... Mais la tête, partie la plus haute de la constellation, est aussi la plus facile à reconnaître, avec ses étoiles groupées γ, χ, π, ρ, ι, et surtout β, la plus brillante, à laquelle Aratos et ses successeurs semblent faire allusion (éclat très surfait par Aviénus ; magn. réelle : 3, 6) ; cf. aussi Vitruve, IX, 4.4, et comm. p. 162.

4. Notation imprécise : les Pinces (= la Balance, cf. comm. Vitruve, IX, 3.2, p. 138) se trouvent près de la partie ascendante du Serpent, entre la main gauche d'Ophiuchus et la tête du reptile (étoiles δ et ε Oph).

5. Sur cette légende, cf. *infra*, v. 1170-1193.

6. Ce manque d'éclat, qu'affirme Aratos (90), est à juste titre contesté par Hipparque, Cicéron (*Ph.*, 323) et Germanicus (89, cf. note A. Le Bœuffle, *ad loc.*).

7. La Grande Ourse : cf. *supra*, v. 107 et note *ad loc.* Ce rappel mythologique est ici en situation, puisque le Bouvier, Arcas (cf. *supra*, note au v. 105), est fils de Callisto. Mais un peu plus loin, Aviénus emploiera bien fâcheusement *Helice* (v. 260), qui se rattache à un autre cycle légendaire (cf. *supra*, note au v. 108).

8. Les vers 254-257, inintelligibles tels que les donnent les manuscrits, ont été corrigés de diverses manières. Nous avons montré, dans nos *Notes critiques...*, p. 89-91, qu'il suffisait, en gardant le texte transmis, de ponctuer après *quibus* et de rétablir, après 256, un hexamètre accidentellement disparu (cf. app. crit.) pour que tout rentre dans l'ordre.

9. Les deux noms sont donnés par Aratos (92), avec une explication (93, « parce qu'il a l'air de toucher de son aiguillon l'Ourse-Chariot », cf. Cicéron, *Ph. fr.*, XVI, 2) que négligent Germanicus et Aviénus. Ils font allusion aux deux identifications principales de la figure : Arcas, lié à l'Ourse ; Icaros, lié au Chariot (cf. German., 90-92 ; Hygin, *Astr.*, II, 4). Comme Ératosthène (*Catast.*, VIII) et les Scholiastes (Arat., p. 119, Mart. ; German., p. 64 et 123, Br.), Aviénus ne développera que la première.

10. Le tyran d'Arcadie est Lycaon, père de Callisto et grand-père du petit Arcas, qu'il fit dépecer et servir à la table de Zeus. Le dieu indigné foudroya la maison du tyran, changea celui-ci en loup et ressuscita le bébé (Ératosth., Hygin, Schol. Arat. et German., *loc. cit.* — cf. aussi Ovide, *Met.*, I, 211-243, mais ici la victime n'est pas Arcas).

11. *Similisque minanti* = Ovide, *Met.*, XIII, 442.

Page 105 :

1. Après le nom d'Hélicé (cf. *supra*, note au v. 254), voici une autre confusion entre les deux légendes : si la mère est Callisto, aucun chariot ne devrait intervenir. Aviénus le mentionne par fidélité à son modèle, qui parle d'ἁμαξαίης... Ἄρκτου, d' « Ourse-Chariot » (trad. J. Martin, dont on verra la note *ad loc.*).

2. Devenu grand, Arcas chasseur rencontra sa mère Callisto changée en ourse et la poursuivit (d'où la notation des vers 259 sq.). La bête se réfugia dans le temple de Zeus Lycien, où Arcas pénétra à sa suite bien que l'accès du sanctuaire fût interdit sous peine de mort. Sacrilège et matricide en puissance, Arcas fut néanmoins sauvé par Zeus, qui le changea comme sa mère en constellation (Ovide, *Met.*, II, 496-507 ; *F.*, II, 181-190 ; Hygin, *Astr.*, II, 4 ; Schol. German., p. 64).

3. Aratos (94) se contente de cette indication générale (« Il brille tout entier de l'éclat le plus vif »). Mais Aviénus, comme déjà Germanicus (93), détaille les diverses parties du corps, sur le modèle d'Ératosthène (*loc. cit.*), d'Hygin (*Astr.*, III, 3) et des Scholiastes (Arat., p. 119, Mart. ; German., p. 65 et 124, Br.).

4. Sur la manière dont, guidé par C. Robert, nous avons restitué le texte de ce vers, très altéré dans les manuscrits, cf. nos *Notes critiques...*, p. 91-93.

5. Aratos (94), que suivent Cicéron (*Ph. fr.*, XVI, 4), Germanicus (95), Manilius (I, 318) et les Schol. Arat. (p. 121, Mart.), situe Arcturus à la ceinture, ou sous la ceinture du Bouvier. Mais une autre tradition place cette étoile plus bas, entre les genoux ou un peu au-dessus (Ératosth., *loc. cit.* ; Vitruve, IX, 4.1 ; Schol. German., p. 65.5, Br. ; Anonyme, II, p. 199 b, Maass) ; c'est celle que suit ici Aviénus (mais cf. v. 271).

6. Le dernier mot du vers est altéré et a été diversement restitué (cf. *Notes critiques...*, p. 93). Nous adoptons *claris*, qui s'appuie sur Ératosthène, *Catast.*, VIII, ἐφ' ἑκατέρου ποδὸς λαμπρὸν α'. Il s'agit probablement, en tout cas, d'une épithète de *pedibus*. La subordonnée fait aussi difficulté. Je vois dans *confinia* un adjectif apposé à *femora* sujet sous-entendu (à déduire de *utrumque femur*) et dans *pedibus* un datif de direction complément du verbe, non de *confinia*. Le *deducunt* des manuscrits est acceptable (« s'allongent vers ») ; *diducunt* serait peut-être meilleur (« s'écartent vers »), opposé à *confinia* : c'est l'endroit où la silhouette vue de profil cesse d'avoir les deux cuisses partiellement cachées l'une par l'autre (Aviénus pensait ici, évidemment, à une représentation figurée sur un globe).

7. Cette incidente, qui rappelle le *sinus qua uincula nodant* de Germanicus (95), semble bien contredire l'astrothésie du v. 267 (cf. note *ad loc.*) pour revenir à la version aratéenne, ὑπὸ ζώνῃ. Aussi Olivieri voyait-il dans ce vers une interpolation. On peut néanmoins le défendre, avec C. Ihlemann (*op. cit.*, p. 36, n.), en admettant qu'Aviénus a voulu, assez gauchement, concilier les deux thèses : peut-être se représentait-il une ceinture nouée par devant, dont les deux pans tombaient jusqu'aux cuisses.

8. Sur la couleur, sinon rouge, du moins jaune orangée, d'Arcturus

— très nette, mais rarement signalée dans l'Antiquité — cf. Vitruve, IX, 4.1, et comm. p. 149 sq. Mais il faut aussi faire la part des approximations lexicales d'Aviénus, qui emploie souvent des termes évoquant le rougeoiement du feu pour exprimer l'éclat seul, non la couleur.

9. Absente chez Aratos, cette précision est certainement inspirée par un globe céleste (cf. v. 171 et note *ad loc.*). Celui de l'Atlas Farnèse souligne la largeur du Zodiaque par rapport aux autres cercles célestes, en le représentant comme une bande ; cf. aussi Schol. German., p. 125.16, Br., et C. Ihlemann, *op. cit.*, p. 42-45.

10. Cf. German., 98, *Quam te, diua, uocem?*, et surtout Virgile, *Aen.*, I, 327, *O quam te memorem, uirgo?* Le long développement consacré à la Vierge s'ouvre par une sorte d'hymne qui énumère toutes les identifications possibles de la figure (cf., par exemple, Apulée, *Met.*, XI, 2 ; sur cette phraséologie, voir G. Appel, *De precationum Romanarum sermone*, diss. Giessen, 1908, p. 75-80). Aratos (98) voit en elle la fille d'Astrée (Diké ; cf. Hésiode, *Theog.*, 378 sqq.), « ou de quelque autre » (99), ajoute-t-il prudemment, car les généalogies mythiques sont souvent diverses (cf. A. Le Bœuffle, note *ad* German., 105). Germanicus aussi (104-107) s'en tient là. Mais Aviénus, à la suite d'Ératosthène (*Catast.*, IX), de Nigidius Figulus (*fr.* 91, Sw.), d'Hygin (*Astr.*, II, 25) et des Scholiastes (Arat., p. 125 sqq., Mart. ; German., p. 65 sqq., 125 sq., Br.), propose d'autres identifications : Diké, Isis, Cérès, la Fortune. Il néglige la déesse syrienne Atargatis et Érigone, mais il les évoquera plus loin (v. 541 sq., 962, 1113).

11. Pour Diké (*Iustitia*, la Justice), les Anciens proposaient deux ascendances : fille de Zeus et de Thémis selon les uns (Hésiode, *Theog.*, 901 sq.), du Titan Astrée et d'Héméra selon les autres (Aratos, 98).

Page 106 :

1. La mention de mœurs irréprochables ne se retrouve pas ailleurs ; sans doute annonce-t-elle un des traits majeurs de la race d'or (cf. *infra*, v. 292-298 et 348, *Virginis inculpatae*). Mais le Titan Astrée (cf. note précéd.) a parfois été transformé en astronome ; les Schol. Arat. (p. 126 sq., Mart.) font de lui un antique μαθηματικός, qui le premier aurait donné leur nom aux constellations et, pour cette raison, reçu le titre de πατὴρ (τῶν) ἄστρων. Ayant une fille, il aurait, pour l'immortaliser, nommé Παρθένος une constellation. On se demandera si Aviénus n'entend pas faire allusion aux deux identifications d'Astrée, et si, au v. 280, il ne faudrait pas lire *aut* au lieu de *et* (mais on attendrait, au v. 281, *nomina* au lieu de *nomen*).

2. Aviénus développe ici la sèche indication de ses modèles, qui se bornent à nommer la déesse. Péluse, sur le delta du Nil, était le siège d'un culte d'Isis protectrice de la navigation (cf. Apulée, *Met.*, XI, 5.1, *maris salubria flamina... dispenso*, et comm. J.-Cl. Fredouille, coll. « Érasme », *ad loc.*).

3. Isis est en effet

— déesse du ciel, donc *digna poli* (cf. Apulée, *Met.*, XI, 2.1, *regina caeli* ; 5.1, *caeli luminosa culmina... dispenso*, et comm. J.-Cl. Fredouille, *ad loc.*) : attribution ancienne (Moyen-Empire) ;

— fondatrice des lois et du droit (donc identifiable à *Diké*, *Themis*) ;

— associée (*consors*) à Osiris /Sérapis et Anubis dans une triade alexandrine et romaine (cf. V. Tran Tam Tinh, *Le culte d'Isis à Pompéi*, Paris, 1964) ;

— souci (*cura*) d'Anubis, car celui-ci, dieu à tête de chien (*latrantis*) ou de chacal, est censé veiller sur elle.

La bienveillance d'Aviénus envers ces divinités s'oppose à l'aversion que leur témoignent maints poètes classiques (Virgile, *Aen.*, VIII, 698 ; Properce, III, 11.41 ; Lucain, VIII, 831 sqq.) ; mais déjà Ovide (*Am.*, II, 13.7-14 ; *Met.*, IX, 686-694) et Stace (*S.*, III, 2.101-116) sont plus accueillants au panthéon égyptien.

4. Cf. Aratos, 97 ; Cicéron, *Ph. fr.*, XVI, 6 ; German., 97. L'Épi est l'étoile α Vir, la plus brillante (magn. 1, 2) de la constellation. *Siriaco... calore* fait allusion au lever héliaque de Sirius, en juillet, annonciateur de la canicule et de la moisson (cf. *infra*, v. 724-745).

5. Dernière identification non-aratéenne : la Fortune (Tyché) ailée, en équilibre instable sur un globe (Pacuvius, *Tr.*, 367, *saxoque instare in globoso praedicant uolubili*). Non seulement *insana* et *bruta* (Pacuvius, *loc. cit.*), elle est même dépourvue de tête (ἀκέφαλον, *sine capite*, selon Ératosth. et les Schol., *loc. cit.*) : aussi bien la tête de la Vierge, remarquent ces commentateurs (et Hygin, *Astr.*, II, 25), n'a qu'une étoile faible (il s'agit en fait du petit groupe d'étoiles ξ, ν, ω Vir, à peine visibles au-dessous de la brillante β Leo).

6. Aviénus combine maladroitement ses sources. Il ne s'agit plus désormais de la Fortune, mais de la Justice. Après les diverses spéculations des mythographes, on revient au texte d'Aratos, qui évoque après Hésiode (*Trav.*, 109-201) le mythe des âges de l'humanité, progressivement déchue et abandonnée par Diké. Chez Aratos et Germanicus déjà, ce développement d'environ trente-cinq vers tranchait sur la description astronomique et constituait une de ces digressions brillantes qu'affectionne la poésie didactique. On ne sera pas surpris qu'Aviénus l'amplifie encore, en s'inspirant de bien d'autres poètes. Rappelons les principaux : Catulle, LXIV, 382-408 ; Virgile, *B.*, IV, 4-45 ; *G.*, I, 125-149 ; II, 536-540 ; Horace, *Epod.*, XVI, 41-66 ; Tibulle, I, 3.35-50 ; Ovide, *Am.*, III, 8.35-58 ; *Met.*, I, 89-150 ; *F.*, I, 193-254 ; Sénèque, *Pha.*, 525-562 ; *Oct.*, 391-435. C'est dans ces textes, plus que chez Aratos, qu'on trouvera chacun des éléments qu'Aviénus mentionne. Pour l'âge d'or, notamment, les cinq caractères qu'il retient : 1) pureté morale de l'humanité (292-295, 297 sq.) ; 2) présence effective de la Justice (296 sq., 304 sq.) ; 3) absence de propriété (299-303) ; 4) absence de navigation (306-315) ; 5) uniformité des produits du sol et du climat (316 sq.) — y sont, parmi d'autres, largement développés.

Page 107 :

1. Aviénus semble confondre ici le vieux Nérée (αὐτὰρ καλέουσι γέροντα, Hésiode, *Theog.*, 234) et Protée, gardien des troupeaux

de Neptune : cf. Virgile, *G.*, IV, 387-395, dont Aviénus s'inspire visiblement, mais qui distingue bien les deux divinités.

2. Sur la correction *suffecerat*, cf. nos *Notes critiques...*, p. 94 sq.

3. Chez Aratos (118, 127) et Germanicus (122, 131), la Justice à l'âge d'argent s'est réfugiée sur les montagnes dont elle ne descend que rarement. Chez Aviénus (320, 336), elle semble déjà au ciel et n'en descend que pour toucher parfois le sommet des montagnes : variation curieuse et inopportune, puisque c'est seulement l'âge de bronze qui verra l' « ascension » définitive de la Vierge (or, Aviénus ne marque guère de différence entre les v. 336 et 349 sq.).

4. Les éditions anciennes rattachent *lacrimis... obortis* à *parcite*, *aiebat* seul étant en incise (« Cessez de faire couler mes larmes ; la cause de mes plaintes... » traduisent Despois et Saviot). Mais chez Virgile, qui l'affectionne, l'expression *lacrimis... obortis* se rattache toujours au verbe déclaratif qu'elle encadre (*Aen.*, III, 492 ; VI, 867 ; XI, 41 ; cf. IV, 30) ; *parcite* doit être pris ici absolument (cf. *Buc.*, VIII, 109 ; *Aen.*, XII, 693, et, pour le mouvement, *Aetna*, 628). Tout le passage, du reste, est d'accent virgilien (*iudice me* ∾ *Buc.*, II, 27, *degener... animus* ∾ *Aen.*, IV, 13).

5. Sur notre correction de *omne aeuum* en *omne malum*, cf. nos *Notes critiques...*, p. 95 sq. Ici encore Aviénus combine maintes réminiscences de Virgile et d'Ovide.

Page 108 :

1. *Saucia* qualifie-t-il *Bellona* ou *certamina*? Plutôt ce dernier, pour que chaque substantif ait son déterminant (cf. v. 347, mouvement identique). Le sens est, de toute façon, celui de *cruenta* (cf. German., 130, *scelerique cruento*). Le *mentis* final, d'autre part, semble faible et abstrait pour des combats meurtriers (Aratos, 125 sq., parle de πόλεμοι... αἷμα... ἄλγος) ; j'ai songé à *gentis* d'après *Aen.*, X, 71, *gentis agitare quietas*, mais J. Beaujeu défend *mentis*. Sur Bellone, cf. Virgile, *Aen.*, VIII, 703 ; Ovide, *Met.*, V, 155 sq. ; Lucain, VII, 568, etc.

2. Sur la correction *per maestos*, cf. mes *Notes critiques...*, p. 96. *Rauco... ore* = Ovide, *Met.*, V, 600.

3. Comme caractères de l'âge de bronze, Aratos (131 sq.) ne retient que l'épée et l'abattage du bétail pour l'alimentation (cf. Cicéron, *Ph. fr.*, XVIII ; German., 135 sq.). Aviénus supprime le second, trop archaïque, et ajoute tout le reste d'après ses prédécesseurs romains (cf. note au v. 295). Sur Tiphys profanateur de la mer, cf. encore Sénèque, *Med.*, 301-339, 364-374 ; pour l'expression, cf. Albinovanus Pedo, *fr.* 1, 21 sqq., Morel. *Cruentus amor chalybis* ∾ Virgile, *Aen.*, VII, 461, *saeuit amor ferri.*

4. La pourpre de Tyr, cité sur laquelle régna Agénor, arrière-petit-fils de Zeus et d'Io. Pour le thème, cf. Virgile, *G.*, II, 465 (qui emploie lui aussi *Assyrio* au sens de *Syrio*).

5. C'est ε Vir (magn. : 3,0), la Vendangeuse. Nommée Προτρυγητήρ dans un vers interpolé d'Aratos (138), elle est anonyme chez Cicéron (*Ph. fr.*, XX), Germanicus (141) et Aviénus. Mais d'autres textes

la nomment, ainsi Vitruve, IX, 4.1 (voir comm. J. Soubiran, p. 147-149), et Pline, *N. H.*, XVIII, 237 (voir comm. Le Bonniec-Le Bœuffle, p. 274).

6. Suivi par ses traducteurs romains (Cic., *Ph. fr.*, XX-XXI ; German., 141-144), Aratos compare, curieusement, l'éclat de la Vendangeuse avec celui d'étoiles de la Grande Ourse — mais non pas les sept du Chariot : il s'agit d'astres avoisinants, plus tard intégrés (Hipparque, Ptolémée) dans un dessin plus vaste de la constellation (cf. notes J. Martin et M. Erren *ad* Arat., 140 sqq.). Aviénus le signale implicitement avec son v. 358 (bien à sa place, malgré Breysig et Holder) : alors qu'Aratos (141) parlait d'étoiles « proches de l'Ourse », οἳ ἐγγύθεν, Aviénus les intègre à l'Ourse (*clara... in Arcto*, si le texte est correctement établi), comme le faisait déjà Germanicus (142 sqq.). L'étoile qui scintille sous la queue de la Grande Ourse est α des Chiens de Chasse (constellation moderne), de 3e magn., comme ε Vir.

7. C'est-à-dire du ciel septentrional, qui domine les régions arctiques.

Page 109 :

1. Selon M. Erren (*loc. cit.*), il s'agit de la paire ι κ UMa, représentée comme un astre unique sur le globe céleste dont s'inspirait le traité source d'Aratos. La seconde étoile, celle des pattes de derrière, serait la paire λ μ UMa, et la troisième la paire ν ξ UMa : explication très séduisante.

2. Germanicus (145 sq. ; cf. note A. Le Bœuffle, *ad loc.*) ajoutait encore des étoiles faibles pour la tête et les épaules de l'Ourse. Aviénus ne l'a pas suivi.

3. L'identification mythique n'est pas mentionnée par Aratos (147), et Germanicus ne l'évoque (540-542) ailleurs que pour la contester. Aviénus en emprunte les éléments à Ératosthène (*Catast.*, X), Hygin (*Astr.*, II, 22), Schol. Arat. (p. 149, Mart.) et Germanicus (p. 68 et 127, Br.), ainsi qu'à Ovide (*F.*, V, 697-720). Mais maintes difficultés de détail subsistent (cf. notes suiv.).

4. Les Dioscures Castor et Pollux, fils de Zeus et de Léda. En fait, seul Pollux était fils de Zeus ; Castor avait pour père Tyndare, et était donc mortel (cf. v. 373). La double expression qu'emploie Aviénus semble suggérer cette différence.

5. Cette notice soulève des difficultés considérables. Elle s'inspire visiblement d'Hygin (*loc. cit*) : *ut Castor in oppido Aphidnis sit occisus, quo tempore Lacedaemones cum Atheniensibus bellum gesserunt* (cf. Schol. German., p. 68, Br., *cum unus cecidisset in pugna quam aduersus Athenienses gerebant*). Mais :

I) Aphidna(e) est un bourg d'Attique, connu par ailleurs (Sénèque, *Pha.*, 24), où Thésée avait caché la petite Hélène après l'avoir enlevée, et où les Dioscures étaient venus la rechercher *manu militari* (Hérodote, IX, 73 ; Diod. Sic., IV, 63 ; Plutarque, *Thésée*, 31 sq. ; Hygin, *Fab.*, 79), sans autre dommage qu'une blessure bénigne reçue par Castor. Il y eut bien, à cette occasion, guerre entre Athéniens et Lacédémoniens, autour d'Aphidna d'Attique, mais Castor n'y mourut pas.

II) Castor et Pollux étant tombés amoureux des Leucippides, qui étaient promises à Idas et Lyncée, un double duel opposa les quatre hommes, en Laconie ou en Messénie à coup sûr (tous ces héros sont doriens), et Castor y fut tué (Pindare, *Nem.*, X, fin ; Ovide, *F.*, V, 699-714 ; Hygin, *Fab.*, 80). Seulement, Ovide situe à Aphidna ce combat fatal (V, 708). Explications : ou bien il a confondu avec l'épisode précédent (avis de J. G. Frazer, comm. *ad loc.*) ; ou bien il suit une tradition érudite suivant laquelle existait une autre Aphidna au Péloponnèse (Steph. Byz., *s. v.*) — ce dont doute F. Bömer (comm. *ad loc.*), qui voit là une invention postérieure, au contraire de Bethe (s. v. *Dioskuren*, P. W., V, 1, 1116 ; cf. aussi Hirschfeld, s. v. *Aphidna* 1 et 2, P. W., I, 2, 2720).

Le texte d'Hygin cité plus haut semble bien introduire une version III, selon laquelle Castor mourut, au lieu d'être seulement blessé, au cours de l'épisode I. Est-ce aussi l'interprétation d'Aviénus?

a) Non, si l'on rattache au v. 372 *Lacedaemoniis* à *Aphidnis*, comme syntaxe et mètre semblent y inviter : car alors il est question de l'Aphidna péloponnésienne liée au conflit avec les Leucippides (version II) — mais le v. 373 fait visiblement allusion à l'épisode I, et la notice d'Aviénus devient incohérente, ce qu'il est difficile d'admettre.

b) Oui, si on lit ou si on construit autrement *Lacedaemoniis... Aphidnis* :

α) C. Robert a proposé de corriger en *-monius* (*Mars*) (qui ne se lit dans aucun manuscrit, quoi qu'en dise Breysig, *praef.*, p. xvi). Dès lors, le texte d'Aviénus est conforme à celui d'Hygin (version III).

β) On a tenté d'arriver au même résultat en gardant *-moniis*. Dissocié d'*Aphidnis* (abl. locat.), ce serait un datif masc. (Grotius, Breysig) qu'on peut comprendre

— soit comme représentant les Dioscures, et complément de *caluisset* ;

— soit plutôt comme représentant les compagnons lacédémoniens de Castor, et complément de *tulit* au sens de *abstulit* (cf. *D. O. T.*, 585, *Ilissi Boreas stagno tulit Orithyiam*, et aussi Virg., *G.*, III, 68).

Dans ces deux hypothèses, Aviénus reproduit avec cohérence la version d'Hygin. Entre elles, il est difficile de choisir. La première évite toute amphibologie, mais exige une correction (et peut-être aussi le choix de l'ordre *cum Mars*, qui semble meilleur pour des raisons de césure) ; la seconde laisse le texte intact, mais prête au poète une équivoque qu'il lui était facile d'éviter en adoptant, au singulier (bien attesté), le locatif *Aphidnae*.

6. Rappelle Ovide, *F.*, V, 715-718, mais aussi Pindare, *Nem.*, X, 141-148, et Hygin, *Fab.*, 80, *deprecatus Pollux ut liceret ei munus suum cum fratre communicare, cui permisit.*

7. Alternance attestée depuis la *Nekyia* de l'*Odyssée* (XI, 300-304) : cf. Pind., *Pyth.*, XI, 93-96 ; *Nem.*, X, 103-111, 159-170 ; Virgile, *Aen.*, VI, 121, qu'imite Ovide, *F.*, V, 719 ; Sil. It., XIII, 804 sq., etc. Mais elle prend selon les textes différentes formes. Tantôt l'alternance est entre les enfers et la terre (Homère), tantôt entre la terre et l'Olympe (Pindare) ou entre la terre et le ciel (Ovide). Tantôt l'alter-

nance est quotidienne (Homère, Pindare, Hygin), tantôt semestrielle. Tantôt les deux frères restent ensemble dans leurs deux séjours, tantôt ils s'y remplacent. Germanicus, lui, conteste avec vigueur la descente des Gémeaux aux enfers (540) et garantit leur présence constante au ciel (je ponctuerais plutôt après *semper* le v. 541). Peut-être Aviénus en a-t-il été influencé (cf. note suiv.).

8. Cette dernière notice se concilie mal avec la précédente. Faut-il penser à deux situations successives : l'alternance précédemment décrite, suivie d'un catastérisme double et définitif (*caelique* = *postea caeli*)? Despois et Saviot le croient (« Bientôt Jupiter enlève les deux frères aux alternatives de leur vie nouvelle et, les recevant au haut des cieux, il les fait briller d'un éternel flambeau »), mais ce sens de *attollit* (= *abstrahit*) nous semble improbable (*attollere aliquem* + abl. = « honorer qqn de », Sén., Tac.). Faut-il, au v. 378, corriger *aeternae* en *alt-* (écho de 376)? Si curieux que cela paraisse, certains textes parlent d'une alternance des deux étoiles : Hygin, *Astr.*, II, 22, *Pollucem ait Homerus concessisse fratri dimidiam uitam; itaque alternis diebus eorum quemque lucere*; Servius, *ad Aen.*, VI, 121, *horum stellae ita se habent ut occidente una oriatur altera* (et même Ovide, *F.*, V, 715-720, peut s'interpréter ainsi) : tradition absurde, les deux astres étant fort voisins. Mais la remarque d'Hygin, qu'Aviénus lisait sûrement, donne à réfléchir. Reste qu'on peut, pour expliquer notre texte, supposer un double privilège : vie alternée (376, *alternae*) et peut-être séparée (cf. note précéd.) sur terre ; vie éternelle (378, *aeternae*) et conjointe (*ambo*) dans les étoiles. L'identification des Dioscures avec les feux Saint-Elme (Sénèque, *N. Q.*, I, 1.13 ; Pline, *N. H.*, II, 101) n'a rien à voir ici : Castor et Pollux ne peuvent être que les brillantes étoiles α et β Gem.

Page 110 :

1. La fable du Cancer, dont Aratos ne dit mot, se lit chez Ératosthène (*Catast.*, XI), Nigidius Figulus (*fr.* 92, Sw.), Germanicus (543-546), Hygin (*Astr.*, II, 23) et les Scholiastes (Arat., p. 149 et 151, Mart. ; German., p. 70 et 128 sq., Br.). Selon plusieurs de ces témoignages, elle figurait déjà dans l'*Heracleia* de Panyasis (cf. *supra*, v. 175 et note *ad loc.*).

2. Sur cette cautérisation, destinée à empêcher les têtes de l'Hydre de repousser, cf. Ovide, *Met.*, IX, 74 ; Sénèque, *H. f.*, 242.

3. S'agit-il d'une écrevisse géante, ou d'un crabe terrestre? L'Atlas Farnèse représente le Cancer comme un crabe, mais la figuration varie suivant les auteurs et les époques : καρκίνος, *cancer* sont ambigus en grec et en latin.

4. Le Cancer est vu d'en haut ; suivant l'astrothésie antique, on aperçoit sa carapace, non son ventre (cf. Properce, IV, 1.150).

5. Aviénus anticipe ici sur les indications qu'Aratos donnera seulement dans les *Pronostics* (892-898 = Avien., 1651-1657). Il en résulte dans notre poème une incontestable redite, due au fait qu'Aviénus a suivi ici les Scholiastes (cf. note au v. 381), et là Aratos lui-même. Ces deux étoiles du Cancer sont γ et δ (bien plus faibles qu'Aviénus et ses modèles ne le disent) : cf. notes de J. Soubiran *ad* Cic.,

Progn. fr., II (p. 231), et de A. Le Bœuffle *ad* Pline, *N. H.*, XVIII, 353 (p. 314).

6. Légende contée longuement par Hygin et les Scholiastes, *loc. cit.* Dionysos, à qui Héra avait ôté la raison, traversait la Thesprotide pour se rendre à Dodone où l'oracle, pensait-il, le guérirait, lorsqu'il arriva au bord d'un marais infranchissable. Deux (ou plusieurs) ânons vinrent à passer : sautant sur l'un d'eux, il franchit l'obstacle sans se mouiller. Délivré de son égarement par l'oracle, il récompensa les Ânons en les fixant au ciel.

7. C'est l'amas ouvert M 44 du Cancer, faible nébulosité à peine discernable, qui dans cette scène rustique figure la mangeoire pleine de foin de chaque côté de laquelle se tiennent les deux Ânes. D'accord avec C. Robert et C. Ihlemann (*op. cit.*, p. 40, n. 2), nous avons rectifié la ponctuation de Breysig et Holder, qui, mettant un point après *crassior hos*, rattachent, contre toute vérité astronomique, la mention de la Crèche aux pinces du Cancer : la Crèche se trouve, comme les *Aselli*, au milieu de la carapace (ἐπὶ τοῦ ὀστράκου, *in testa*).

8. Ne pas confondre ces pinces du Cancer avec les Pinces du Scorpion (= la Balance), constellation zodiacale à part entière (cf. *supra*, v. 248-252). Cette dissymétrie (trois étoiles à droite, deux à gauche) est signalée par Ératosthène (*loc. cit.*), Hygin (*Astr.*, III, 22), les Schol. Arat. (p. 149, Mart.) et German. (p. 71, Br.). On peut l'identifier ainsi : ρ^1 ρ^2 ι^1 / α χ Cnc (5ᵉ magn. environ). *Fomite flammas* ∾ Virgile, *Aen.*, I, 176.

9. C'est, en effet, la gueule du Lion qui est tournée vers le Cancer. L'étoile la plus brillante de la constellation (α Leo, Regulus, magn. 1,3) marque le poitrail ; à la gueule, l'étoile ε. Il est curieux que, venant d'évoquer l'hydre de Lerne (v. 381), Aviénus ne dise mot ici du lion de Némée (cf. Manilius, II, 565, 623, etc.).

10. Texte restitué (Winterfeld mieux inspiré qu'Alde), mais remarque classique : le Lion s'étend sur plus d'un douzième du Zodiaque : cf. Vitruve, IX, 3.1 et comm. J. Soubiran, *ad loc.*, p. 136 sq.

11. En fait, le solstice d'été est marqué par le passage du soleil dans le Cancer. Mais c'est dans le Lion (mi-juillet /mi-août) que le soleil engendre les plus fortes chaleurs (cf. Schol. Arat., p. 151 sqq., Martin).

12. Texte conjectural : notre *stabilito* est peu sûr. Mais les restitutions de nos prédécesseurs ne valent pas mieux : cf. nos *Notes critiques...*, p. 96 sq.

13. Nous donnons à *semina* le sens technique qu'il a (au sg., il est vrai) chez Pline, *N. H.*, XVIII, 82, 112, 184. Il s'agit d'une espèce de blé nommée en grec ζειά, d'où l'expression poétique ζείδωρος ἄρουρα (B 548, γ 3 ; Hésiode, *Op.*, 117, 237) : or, Aratos emploie précisément ἄρουραι (150) dans le passage qu'Aviénus adapte ici.

Page 111 :

1. Ce sont les vents étésiens, qui soufflent du nord l'été, en Méditerranée orientale (cf. Cicéron, *Ph. fr.*, XXIII, et note J. Soubiran, *ad loc.*).

2. Sur la chèvre Amalthée, nourrice de Zeus, cf. Aratos, 163 sq. ; Ératosth., *Catast.*, XIII ; *Sph. Emped.*, 21 sq. ; Hygin, *Astr.*, II, 13 ; Ovide, *F.*, V, 113-121 ; Schol. Arat., p. 160 sq., Mart. ; Schol. German., p. 73, Br. Sur le texte et la ponctuation des v. 406-408, cf. nos *Notes critiques...*, p. 97 sq.

3. Une des identifications mythiques du Cocher (les autres sont : Bellérophon, Trochilos, Myrtilos, Killas, Oenomaos, Hippolyte, cf. Schol. Arat., p. 161, Mart.). Sur Érichthonius, roi mythique d'Athènes, grand-père d'Érechthée, inventeur du quadrige et des courses de chars, cf. Ératosth., *Catast.*, XIII ; Hygin, *Astr.*, II, 13 ; Schol. German., p. 73 et 132, Br., ainsi que Virgile, *G.*, III, 113 sq., dont Aviénus s'inspire ici de fort près. Aratos, lui, n'en dit mot (mais cf. German., 157-162).

4. En donnant à *Helices... ab ore* le sens de « du côté de la gueule... ». Faut-il lire *ob ora* (cf. app. crit.)? Et ne peut-on pas construire autrement, en groupant *ad(que) Helices caput* et en rattachant *ab ore* (« par le visage, du côté du visage ») au Cocher? Il est curieux qu'une équivoque semblable se trouve chez Aratos (161 sq.) et Cicéron (*Ph. fr.*, XXV, 2, cf. note J. Soubiran, *ad loc.*, p. 201 sq.).

5. Astrothésie classique de la brillante étoile α Aur (Capella, magn. 0,2).

6. C'est-à-dire à son poignet, καρπὸν κάτα χειρός (Aratos, 166).

7. Triangle d'étoiles ε ζ η Aur, bien reconnaissable près de Capella. Cf. J. Soubiran, *ad* Vitruve, IX, 4.2, p. 152 sq.

8. Les Chevreaux annonciateurs des tempêtes d'équinoxe, à leur lever comme à leur coucher, sont un lieu commun de la poésie antique : Aratos, 158 sq. ; German., 169-173 ; Théocrite, VII, 53 ; Virgile, *G.*, I, 205 ; *Aen.*, IX, 668 ; Horace, *Od.*, III, 1.28 ; Ovide, *Met.*, XIV, 711, etc. ; de même Pline, *N. H.*, XVIII, 278.

9. Semble gloser le participe πεπτηότα d'Aratos (167), dont le sens est incertain (cf. J. Martin, note *ad loc.* ; Cicéron, *Ph. fr.*, XXVII, et note J. Soubiran, *ad loc.*). Mais la patte repliée du Taureau est bien attestée ailleurs (Cicéron, *Ph.*, 290 ; Manilius, I, 361).

10. Cette mention, absente chez Aratos, se réfère sans doute à la brillante étoile rougeâtre α Tau (Aldébaran), qui est censée représenter l'œil droit du Taureau.

Page 112 :

1. Ce long développement sur les cornes (cf. encore v. 432), sans correspondant chez Aratos ni Germanicus, est boursouflé et inexact. Les cornes du Taureau céleste ne sont pas recourbées : elles sont suggérées par les deux lignes droites qui joignent α-ζ et ε-β Tau, sans que soit matérialisé leur dessin intermédiaire. L'épithète très rare *camuris* trahit une imitation purement littéraire de Virgile (*G.*, III, 55, *camuris... cornibus*), et peut-être l'influence d'une représentation figurée (le Taureau de l'Atlas Farnèse présente des cornes courtes et arrondies). Sur *rigor* (428), cf. nos *Notes critiques...*, p. 98 sq.

2. Les Hyades (série d'étoiles faibles en forme de V, remarquées depuis Homère) dessinent le frontal du Taureau, de la base des cornes

au mufle, en passant par les yeux (cf. Cicéron, *Ph. fr.*, XXVIII, 1, et note J. Soubiran, *ad loc.*).

3. Notation aratéenne classique (cf. aussi Vitruve, IX, 4.2, et comm. J. Soubiran, p. 151 sq.) : c'est l'étoile β Tau (magn. 1,8).

4. Traduction fidèle d'Aratos (177 sq.), dont s'écarte en revanche Germanicus (181 sqq.) pour faire droit aux critiques d'Hipparque.

5. Iasos était, selon certaines traditions, le père d'Io, dont Céphée, roi des Éthiopiens, descendait à la quatrième génération (P. Grimal, *Dict. mythol.*, p. 72).

6. La Petite Ourse (cf. *supra*, v. 122).

7. Attitude de supplication ou de désolation, car Céphée assiste au supplice de sa fille Andromède, exposée au monstre marin. Les cinq constellations de Céphée (père), Cassiopée (mère), Andromède (fille), la Baleine et Persée (le sauveur), sont liées par une légende commune : cf. C. Windisch, *De Perseo eiusque familia inter astra collocatis*, diss. in. Leipzig, 1902.

8. Les deux étoiles γ et κ Cep, qui matérialisent les deux pieds, et α UMi (notre Polaire actuelle, à la queue de la Petite Ourse) forment un triangle non pas équilatéral, comme le dit Aviénus après Aratos (cf. aussi Vitruve, IX, 4.6, et comm. J. Soubiran, *ad loc.*, p. 176), mais plutôt isocèle (rectification d'Hipparque, que suit Germanicus, 188-191).

9. Lourdeur expressive de cet hexamètre à trois mots (cf. L. Mueller, *De re metr.*, 2e éd., p. 574). Le chagrin de Cassiopée s'explique par le supplice de sa fille, et aussi par le sentiment de sa propre culpabilité, puisque c'est pour avoir prétendu rivaliser de beauté avec les Néréides (cf. *infra*, v. 1206 sqq.) qu'elle fut punie dans sa plus chère affection.

Page 113 :

1. Aviénus souligne avec emphase le rapport, seulement implicite chez Aratos, entre le chagrin de la mère et le faible éclat de la constellation. Le sens, en effet, n'est pas douteux, même si le texte et la ponctuation des v. 453 sq. prêtent à discussion. Si le *adsunt / lucida* des manuscrits est intolérable, on peut corriger diversement : *adstat / lurida* (mais *lurida* n'est pas aviénien), *absunt / lucida* (corr. minimale, mais *abesse* n'est pas aviénien non plus !), ou encore *abdit / lucida* (en rattachant *maerenti* à *tenuis rubet ignis*). Dans le doute, nous avons choisi la solution la plus économique, la seconde. Au reste, il est faux que Cassiopée soit une constellation peu brillante. Plusieurs étoiles de deuxième grandeur dessinent un W très frappant, et Hipparque reprochait déjà à Aratos son erreur sur ce point. Germanicus a tenu compte de cette critique (194 et note A. Le Bœuffle, *ad loc.*) ; Cicéron (*Ph. fr.*, XXX) et Aviénus l'ont ignorée.

2. Cette comparaison entre la figure de Cassiopée et la forme d'une clef (Aratos, 192 sq.) pose un petit problème archéologique qui a été diversement résolu :

a) Pour J. Martin (note *ad* Arat., *loc. cit.*, p. 38 sq.), il s'agit d'une porte à deux battants, fermant de l'intérieur par deux barres transversales. La clef, placée entre les deux, repousse, en tournant, l'une à gauche, l'autre à droite. C'est à l'ensemble du dispositif formé par la clef et les deux pênes qu'Aratos compare Cassiopée.

b) Pour R. Montanari-Caldini (*Clavicula*, S. I. F. C., XLIV, 1972, p. 122-127), Aratos songe à une clef « laconienne », dont les cinq pointes seraient disposées comme les cinq étoiles principales de la constellation (cf. Schol. Arat., p. 176.8, Mart.; Daremberg-Saglio, IV, 2, fig. 6355). C'est ainsi que Germanicus, qui parle de *ferratos... dentes* (196), semble avoir compris.

c) Pour C. Windisch (*op. cit.*, p. 33 sqq.) et M. Erren (note 15 *ad* Arat., 193), il s'agit d'une longue et lourde clef archaïque (cf. Schol. Arat., p. 176.6, Mart.) en forme de manivelle (cf. Dar.-Sagl., fig. 6348 et 6350). Telle serait aussi, s'il fallait choisir, notre opinion.

3. Précision géographique absente partout ailleurs, à notre connaissance, et par là énigmatique. Trois explications possibles :

a) *Caria* remplace une localisation plus précise, qui serait *Cnidus*, ville de Carie et patrie d'Eudoxe (cf. *supra*, v. 53, 102). Ainsi comprenaient Scaliger et E. Maass; mais nous n'avons rien de tel dans les fragments conservés d'Eudoxe (cf. C. Windisch, *op. cit.*, p. 36).

b) Au sens large, *Caria* pourrait faire allusion à l'île de Samos, patrie de Theodoros, inventeur de la clef selon Pline (*N. H.*, VII, 198); mais c'est peu probable.

c) Enfin, il existait en Carie, à Lagina, un important sanctuaire d'Hécate (gardienne des portes, entre autres attributions), dans les cérémonies duquel le culte et la symbolique de la clef jouaient un rôle majeur : processions de la clef (κλειδὸς πομπή ou ἀγωγή), prêtresse κλειδοφόρος, etc. (cf. A. Laumonier, *Les cultes indigènes en Carie*, Paris, 1958, p. 344-425). De ces coutumes, rarement évoquées dans nos textes (Strabon, XIV, 660, 663), Aviénus aurait pu avoir une connaissance personnelle.

4. Beaucoup d'exagération, ici et dans les vers suivants. Sans être médiocre, l'éclat d'Andromède n'est pas à ce point fulgurant. Aviénus renchérit encore sur Aratos, dont les formules exclamatives (v. 199-201) étaient déjà bien complaisantes : la constellation n'a aucune étoile de première grandeur.

5. Étoile α And (2e magn.), contiguë au ventre du Cheval (cf. *infra*, v. 470-476).

6. Étoiles δ et ε And (3e et 4e magn.).

7. Étoile γ And (2e magn.).

8. Étoile β And (2e magn.), ainsi peut-être que μ et ν (4e magn.).

9. Addition vague, absente chez Aratos. Influence des catalogues d'étoiles (Ératosth., *Catast.*, XVII; Hygin, *Astr.*, III, 10; Schol. German., p. 78 et 140, Br.)? Sur toutes ces identifications stellaires, voir aussi mon article de la R. Ph. cité dans la note au v. 469.

10. Ces liens sont mentionnés par Aratos (203), mais leur identification stellaire n'est nulle part précisée (cf. C. Windisch, *op. cit.*, p. 25). D'où le problème que pose le vers 469 (cf. note suiv.).

11. Il faut, à l'évidence, rejeter la correction *uincula* de Grotius pour garder le *nubila* des manuscrits, auquel se rapporte très probablement (cf. *Ar.*, 1417, 1598) le *tenuia* du vers précédent. Ces « nuées » ne peuvent être, vu leur position, que la nébuleuse M 31 And, juste

visible à l'œil nu, mais qu'aucun texte antique ne mentionne à l'exception de celui-ci. D'où l'intérêt exceptionnel de ce vers. On se demandera seulement d'où Aviénus en a tiré la substance (cf. Introd., p. 57). Sur ce passage, voir pour plus de détails *Une mention antique de la nébuleuse d'Andromède*, R. Ph., LI (1977), p. 207-216.

12. *Suppingitur* est équivoque : *suppingo* ‹*sub-pango* ou ‹*sub-pingo*? Aviénus emploie ailleurs (*Ar.*, 597, 1457) le second verbe, toujours avec un abl. de couleur ; contre l'index de Holder, nous préférons ici le premier, avec un dat. comme chez Plaute, *Tn.*, 720. Le ἐπελήλαται d'Aratos (205), si obscur qu'il soit, n'implique d'ailleurs pas l'idée d'une peinture (« ist geschmieden », Erren ; « est lancé », Martin).

13. La moderne constellation de Pégase (cf. note A. Le Bœuffle *ad* German., 209).

14. Ou : « d'un cône » (interprétation du *Thes. L. L.*, s. v. *conus*)? Nous préférons cependant le sens dérivé de « cimier » d'un casque, plus fréquent dans la poésie épique (Virgile, *Aen.*, III, 468, et Servius, *ad loc.* ; Ovide, *Met.*, III, 108 ; Val. Flacc., Sil. Ital., Stace), dont Aviénus emprunte volontiers thèmes et termes.

Page 114 :

1. Étoile α And (magn. 2,2), dont Vitruve (IX, 4.2) aussi exagère l'éclat (cf. comm. J. Soubiran, p. 157). Elle forme avec les trois nommées après elle le « carré de Pégase », formation très reconnaissable (cf. note suiv.).

2. Étoiles γ Peg (flanc), β Peg (épaule), α Peg (encolure), d'éclat analogue à celui d'α And : καλοὶ καὶ μεγάλοι, dit Aratos (210). Le carré est, en fait, plutôt un trapèze.

3. Le sens de cette phrase n'est pas absolument clair. *Globus* peut désigner un globe de feu, astre d'éclat exceptionnel (cf. v. 840) — encore qu'une étoile, si brillante soit-elle, demeure ponctuelle ; il peut désigner aussi le globe céleste sur lequel serait représentée une grosse étoile (cf. *supra*, v. 171).

4. Étoiles faibles, en effet : θ et ν Peg.

5. Pas de crinière chez Aratos ni Germanicus, mais Cicéron (*Ph. fr.*, XXXII, 1 ; *Ph.*, 474) l'ajoute en la dotant d'un éclat excessif. Ce sont en fait des étoiles très faibles, à la limite de la visibilité (ρ, σ, 35, 37, 52, 55, 58, 59 Peg).

6. Étoiles faibles ζ et ξ Peg.

7. Exact : c'est l'étoile orangée ε Peg.

8. Non mentionnées par Aratos et Germanicus. Ératosth. (*Catast.*, XVIII), Hygin (*Astr.*, III, 17) et les Schol. German. (p. 79 et 142, Br.) signalent deux étoiles aux genoux (dont η Peg sûrement), deux aux sabots (difficiles à identifier : π Peg?).

9. Monté sur Pégase, Bellérophon avait, par ordre du roi de Lycie Iobatès, tué la Chimère (monstre à tête de chèvre, mi-lion, mi-dragon) qui désolait le pays : cf. Homère, Z 171-183 (qui ne mentionne pas Pégase) ; Hésiode, *Theog.*, 319-325 ; Pindare, *Ol.*, XIII, 64, etc. L'identification de Pégase avec le cheval qui fit jaillir sur l'Hélicon la source

Hippocrène n'est pas aratéenne. Elle semble provenir de Nicandre (cf. aussi Ératosth., *loc. cit*) et s'est répandue ensuite dans la poésie latine et les scholies (Sittig, s. v. *Hippokrene*, P. W., VIII, 1854 sq.).

10. Éléments de décor absents chez Aratos. Aviénus les doit peut-être à une visite personnelle du site (cf. *D. O. T.*, 603 sq., et Introd., p. 12), peut-être à des réminiscences littéraires : Hésiode (prologue de la *Théog.*), Callimaque (*H.*, V, 70-74), Properce (III, 3) et Ovide (*Met.*, V, 256-268) — qui mentionnent tous deux les grottes. La « roche murmurante » est plus énigmatique : une paroi rocheuse, une aiguille autour de laquelle sifflerait le vent (cf. la statue de Memnon)? Car l'éperon oriental du massif de l'Hélicon, site de la source, est particulièrement escarpé et domine de haut la plaine (Bölte, s. v. *Helikon*, P. W., VIII, 2). Mais la notice s'explique mieux à partir d'Ennius (*Ann.*, 217, *Musarum scopulos*) et surtout de Properce, III, 3

27 *Hic erat adfixis uiridis spelunca lapillis,*
pendebantque cauis tympana pumicibus,
orgia Musarum...

Ce sont ces tambourins suspendus en offrande au creux des rochers qui bruissent au vent, et l'épithète *mystica* transpose le nom *orgia*. L'ingénieuse correction de von Winterfeld, *musica* (cf. Claudien, *Carm. min. app.*, I, 3, *musica saxa* [demeures des Sirènes]), ne s'impose donc pas.

11. Récit aratéen maintes fois repris en poésie (cf. Ovide, *F.*, III, 456 ; V, 7 ; *Tr.*, III, 7.15 ; Martial, IX, 58.6 ; Ausone, *Epist.*, XXV). La source Hippocrène (Ἵππου κρήνη, source du Cheval), aujourd'hui Kryopigadi, existe encore un peu en contrebas du sommet E de l'Hélicon, dans une prairie entourée de sapins (Sittig, P. W., VIII, 1853). C'était un des hauts lieux du culte des Muses, un symbole de l'inspiration poétique (cf. *supra*, v. 76).

12. Cf. Perse, *Chol.*, 1, *fonte... caballino.*

13. Sur le maintien de l'hapax *uuificet* donné par *V* et *E* contre le *uiuificet* de *A* et des éditeurs, cf. nos *Notes critiques...*, p. 99 sq.

Page 115 :

1. Addition d'Aviénus (Aratos, 223, ne mentionne que Thespies), hommage à Hésiode, père de la poésie didactique (cf. Manilius, II, 11-24) et chantre de l'Hélicon (*Theog.*, 1-34).

2. Même mouvement chez Ovide, *F.*, III, 456 sqq. :

cum leuis Aonias ungula fodit aquas.
Nunc fruitur caelo quod pinnis ante petebat,
et nitidus stellis quinque decemque micat.

3. Description emphatique du lever, absente chez Aratos ; cf. *infra*, v. 1262.

4. Il faut conserver, ici comme en *O. M.*, 285, l'hapax *ablapsu* ignoré du *Thes. L. L.* (cf. nos *Notes critiques...*, p. 100 sq.).

5. La Petite Ourse met vingt-quatre heures à décrire autour du pôle un tout petit cercle (cf. *supra*, v. 132 et note *ad loc.*) : elle tourne

donc très lentement. Dans le même temps, le Bélier, situé sur l'équateur céleste, parcourt un grand cercle de la sphère céleste (*longi limitis orbe, magno... motu*) : il doit donc se déplacer beaucoup plus vite (*celer*). Aux latitudes méditerranéennes, d'autre part, l'équateur céleste passe plus haut dans le ciel, au méridien, que les étoiles circumpolaires : d'où 511, *celsum... aera*.

6. Le Bélier, en effet, n'a guère que deux étoiles, α et β, d'éclat perceptible. Il est si peu reconnaissable que les Scholiastes lui donnent pour repère la petite constellation du Triangle (cf. *infra*, v. 527-538).

7. Cf. *supra*, v. 464 et note *ad loc.*

8. Simple tautologie, sans doute : *rutilantia cingula* = *ingens balteus* (cf. Aratos, 229, ζώνη) — à moins que, par *balteus*, Aviénus n'évoque le grand alignement γ, β, δ, α And et β Peg, qui prend en écharpe cette région du ciel. Mais c'est peu probable.

9. L'équateur céleste : cf. *infra*, v. 1002 sq.

Page 116 :

1. Le *signo* du v. 529 est ambigu : ou bien datif d'intérêt (appartenance), voisin d'un génitif pour la valeur (cf. *infra*, v. 706), et le sens de *signum* est alors « constellation »; ou bien ablatif (instrumental) complément de *artat* : « par un signe caractéristique » (l'étoile qui marque ce sommet : cf. note suiv.).

2. En clair, le Triangle — petite formation très reconnaissable — présente un sommet pointu (étoile α) dont partent deux longs côtés à peu près égaux. La base, bien plus courte, est matérialisée à chaque extrémité par les étoiles β et γ-δ. Tous ces astres faibles (3e et 4e magn.) ne méritent en rien les expressions emphatiques d'Aviénus (cf. Cicéron, *Ph.*, 9, et note J. Soubiran, *ad loc.*).

3. Cette notice résulte d'un contresens sur le texte d'Aratos. Celui-ci, après avoir noté (v. 238) qu' « un peu au sud des trois côtés sont les étoiles du Bélier » (trad. J. Martin), passe à la constellation des Poissons (v. 239), οἱ δ' ἄρ' ἔτι προτέρω, ἔτι δ' ἐν προμολῇσι νότοιο / Ἰχθύες, « Encore plus en avant, et toujours aux abords de l'hémisphère sud, voici les Poissons » (trad. J. Martin). Comme les Scholiastes (p. 192.10, Martin, et app. crit., *ad loc.*), Aviénus a rapporté οἱ δ' ἄρ' ἔτι προτέρω aux étoiles du Triangle.

4. Cette bévue lui suggère une antithèse (*praeuertitur / post tergum*) qui n'est pas dans l'original, et qui n'est guère fondée qu'au moment du lever : les trois constellations sont en gros sur la même longitude (ascension droite) céleste.

5. Généalogie mythique absente chez Aratos, Cicéron et Germanicus, mais bien attestée chez Ératosth. (*Catast.*, XXI et XXXVIII), Hygin (*Astr.*, II, 30), les Scholies d'Arat. (p. 193 et 261, Mart.) et de German. (p. 81, 98 et 176, Br.). Les deux Poissons zodiacaux dont il est question ici sont les fils ou les descendants du Poisson Austral — autre constellation (cf. *infra*, v. 823 sqq.) — qualifié de *Bambycius* du nom de la ville syrienne de Bambyké, près de laquelle il était censé vivre dans un étang. Ces précisions (Ératosth., Hyg., Schol. German., *loc. cit.*) expliquent parfaitement le texte transmis par

nos manuscrits, qu'il est donc inutile de corriger, comme on l'a fait aux XVIe et XVIIe siècles. L'adjectif *tertia* lui-même (*proles tertia* = descendance à la troisième génération, donc « petits-fils ») est confirmé par Schol. Arat., p. 262.2, Martin, τρίτον δὲ λέγουσι καὶ τοὺς β' Ἰχθύας ἐκγόνους εἶναι, et ne dissimule donc pas le nom de la déesse syrienne Dercéto. Sur tout cela, voir nos *Notes critiques*..., p. 102 sqq.

6. Localisations absentes chez Aratos et Germanicus, mais exactes. La mention de l'équateur peut provenir d'un globe céleste (cf. *supra*, note au v. 171).

7. La mention des ailes de Pégase n'est pas aratéenne, et Aviénus lui-même n'en a pas parlé lorsqu'il a décrit la constellation (v. 470-488). Mais le Cheval a des ailes sur le globe Farnèse ; Ovide (*F.*, III, 454, 457 sq.), Germanicus (207, 223), peut-être Manilius (V, 24, 634) lui en attribuent également (cf. note A. Le Bœuffle *ad* German., 207).

8. Attitudes conformes à l'astrothésie traditionnelle (globe Farnèse, par exemple). Le Bélier avance poitrail en avant dans le sens de la rotation céleste, et se retourne vers le Taureau qui le suit mais qui monte, lui, à reculons, si bien que les deux bêtes sont dos à dos. Housman a donc raison de corriger en *auerso* le *aduerso* des manuscrits (la faute est fréquente), et de rapprocher de Manilius, I, 263 sq., (*Aries*) *respicit admirans auersum surgere Taurum* (cf. encore, II, 366, 549 ; III, 403 ; Virgile, *G.*, I, 218 ; Ovide, *Met.*, II, 80).

Page 117 :

1. Je pense avoir correctement rétabli le texte de ce vers, défiguré par les éditeurs précédents (cf. mes *Notes critiques*..., p. 104 sqq.). Pour l'idée, cf. Manilius, I, 272 sq.

Post hunc inflexa defundit Aquarius urna
Piscibus adsuetas auide subeuntibus undas (cf. II, 492).

En fait, c'est le Poisson Austral (cf. *supra*, note au v. 543) qui est censé rechercher le flot répandu par le Verseau = Ganymède (Ératosth., *Catast.*, XXXVIII ; Hygin, *Astr.*, II, 41 ; Schol. Arat., p. 261 sq., Mart. ; Schol. German., p. 98, Br. ; Anon., III, p. 312, Maass). Mais Manilius déjà (*loc. cit.*) avait confondu le Poisson Austral avec le plus méridional des Poissons zodiacaux. Pour l'astrothésie, l'indication demeure assez correcte (cf. globe Farnèse) : le Poisson en question (étoiles β γ θ ι λ χ Psc) n'est pas loin de l'urne (η ζ γ Aqu) et des premières étoiles du flot (φ χ ψ Aqu).

2. Liens et nœud correspondent à l'astrothésie classique (Aratos, 242-245, etc.). L'étoile du nœud, fixée sur l'échine de la Baleine (cf. *infra*, v. 805 sq.) est α Psc (cf. J. Soubiran, comm. *ad* Vitruve, IX, 4.3 et 5.3, p. 158 et 193 sq.). Cordon « boréal » : étoiles ο π η Psc ; cordon « austral » : ξ ν μ ζ ε δ ω Psc.

3. Étoiles υ τ σ Psc (Poisson boréal), proches de δ ε (épaule), ζ η (bras gauche) et β (ceinture) d'Andromède.

4. Tête : étoile τ Per ; épaules : γ θ Per — peu éloignées de γ And (cf. *supra*, v. 463).

5. Détail non aratéen ; mais cf. globe Farnèse et Germanicus, 248, 254 (*aligeris... plantis*) : voir note A. Le Bœuffle, *ad loc.*

6. Le *maxima* d'Aviénus semble répondre au περιμήκετος ἄλλων d'Aratos (250), qui s'appliquait à l'ensemble de la figure. Il s'agit de l'étoile η et des amas globulaires χ et h Per, voisins de Cassiopée.

7. Notation aratéenne (253, κεκονιμένος ; cf. Cicéron, *Ph.*, 25, et note J. Soubiran, *ad loc.*) : il s'agit de la Voie Lactée, particulièrement nette dans cette région du ciel, où elle forme une large bande blanchâtre plus ou moins dense.

8. Tel est l'enseignement d'Aratos (254, ἄγχι δέ οἱ σκαιῆς ἐπιγουνίδος) que reproduisent Cicéron (*Ph.*, 27, *propter laeuum genus*) et, un peu modifié, Germanicus (255, *poplite sub laeuo*). Mais Hipparque dénonçait déjà cette erreur (cf. notes J. Martin *ad* Arat., 254 ; A. Le Bœuffle *ad* German., 255) : les Pléiades se trouvent, en fait, sous le pied gauche de Persée (étoile ζ Per). Plutôt que *protollit*, on eût attendu *attrahit* ou *protrahit*.

Page 118 :

1. Ce petit groupe d'étoiles (6 ou 7 sont visibles, mais il en comporte en fait plusieurs centaines, qui forment un amas ouvert) appartient à la constellation du Taureau, et il est très remarquable malgré son exiguïté et le faible éclat de ses composantes. Déjà connu d'Homère (Σ 486), il jouit auprès des Anciens d'une grande notoriété : cf. H. Gundel, s. v. *Pleiaden*, P. W., XXI, 2485-2523 ; J. Soubiran, comm. *ad* Vitruve, IX, 3.1 (p. 133 sq.) ; A. Le Bœuffle, *Le vocab. lat. de l'astron.*, p. 432-437, 584 sq., 1040 sq.

2. Le contexte suggère qu'il s'agit toujours de Persée (cf. v. 569). Mais on peut se demander si Aviénus ne pense pas ici (et *sidus* aurait alors le sens de *stella*, ce qui n'est pas impossible) à l'œil du Taureau, la brillante étoile rouge (*rutili*) Aldébaran (cf. *supra*, v. 425), peu éloignée des Pléiades.

3. Réserve non aratéenne, inspirée par Germanicus (264 sq.). Aratos, d'ailleurs, ne dit mot de la généalogie des Pléiades — lieu commun, en revanche, des scholiastes, mythographes et poètes.

4. Filiation classique (Ératosth., *Catast.*, XXIII ; German., 263 sq., etc.), qui vaut aux Pléiades les épithètes de *Atlantides* (Virgile, *G.*, I, 221 ; Aviénus, *Arat.*, 604) ou *Atlanteae* (Ovide, *F.*, III, 105) ; cf. encore Virgile, *Aen.*, VIII, 134-141. *Celsae pondera molis* ∾ Ovide, *Met.*., XV, 1.

5. Cf. le célèbre Atlas Farnèse, et, en poésie, Virgile, *Aen.*, IV, 482, VI, 796 sq., dont Aviénus se souvient visiblement.

6. Antithèse aratéenne (257 sq. ; cf. Cicéron, *Ph.*, 29 sq. ; German., 259 sq. ; Hygin, *Astr.*, II, 21), mais développée ici avec une prolixité et une gaucherie (l'énumération de sept noms suit le chiffre de six, v. 579 sqq.) qui rendent presque suspect le texte des manuscrits. Le fait lui-même est contestable : Hipparque souligne qu'une bonne vue et une nuit claire permettent de voir les sept. Mais la restriction aratéenne suggère de si jolies légendes (cf. *infra*, v. 582-602)...

7. Hermès. L'addition est du cru d'Aviénus (d'après Virgile, *Aen.*, VIII, 138 sq.?).

8. Les légendes qui vont suivre ne se trouvent ni chez Aratos, ni chez Cicéron et Germanicus. Aviénus en emprunte la matière aux scholiastes, mythographes et poètes (cf. J. Martin, *Hist. du texte des Phén. d'Aratos*, p. 73-79, 89-94 ; en outre, Ovide, *F.*, IV, 165-178). L'*auctor* allégué ici n'a sûrement pas été consulté par Aviénus. Comme plus haut Panyasis (cf. v. 175 et note *ad loc.*), il était mentionné dans une version des Scholies plus développée que la nôtre. Ce Sminthès (cf. Wickert, P. W., III, A 1, 725 sq.), auteur sans doute d'un poème didactique Φαινόμενα peut-être antérieur à Aratos et utilisé par Ératosthène, n'est connu, outre notre passage, que par deux textes : la *Vita Arati* II (Schol. Arat., p. 12.19, Mart.) et un catalogue d'auteurs astronomiques des manuscrits *Vatic. gr.* 191 et 381 (cf. E. Maass, Hermes, XVI, 1888, p. 385-392, *Aratea*, p. 162 ; C. Robert, *Erat. Catast. rell.*, p. 28 sq.). Comme ces trois textes écrivent Σμίνθης (Σμηνv-, *Vat. gr.*, 381), nous avons restitué la même forme chez Aviénus (*Min-* ou *Man-* mss.), malgré la difficulté prosodique du sigmatisme. S'agissant d'un nom propre grec, la licence n'est ni sans exemple ni sans excuse à cette place du vers (cf. L. Mueller, *De re metr.*, 2e ed., p. 388 sq.).

9. Légende connue par Hygin (*Astr.*, II, 21) et nombre de Scholies grecques (J. Martin, *Hist. du texte...*, p. 73-79). Ayant rencontré en Béotie les Pléiades et leur mère Pléioné, Orion les aurait poursuivies dans l'intention de les violer (certains textes disent : la mère seule ; d'autres : mère et filles ; d'autres encore : filles seules — Aviénus réduit l'affaire à la seule Électre). Après une longue poursuite (cinq ou sept ans !), la ou les Pléiades auraient été changées, soit en colombes (πελειάδες, mythe étymologique), soit en constellation. Et au ciel encore, Orion suit les Pléiades.

10. Électre eut de Zeus Dardanos, bâtisseur et roi de Troie (cf. Virgile, *Aen.*, VI, 650 ; VIII, 134).

11. Sur cette version, cf. J. Martin, *op. cit.*, p. 89-94. Textes parallèles : Ovide, *F.*, IV, 177 sq. ; Hygin, *loc. cit.* ; Schol. Arat., p. 205 sqq., Mart. ; Schol. German., p. 149, Br. ; *Aratus Latinus*, p. 208, Mart.

12. En substituant à l'amétrique *destitutam* des manuscrits un début de subordonnée au subj., *distet ut...* (ou *desit ut...*), au lieu de participes à l'accus. (*detestatam*, *desolatam*), on serre au plus près le texte des manuscrits et, surtout, on maintient au v. suiv. le nomin. fém. sg. *lacerata*, qu'il serait, sans cela, nécessaire de corriger aussi (*lacrimare*, Grotius, éd.), contre toute vraisemblance, puisque le mot se lit chez D.-Servius, *ad Aen.*, X, 272, (*Electra*) *cum Troiam ardentem uideret, capillum lacerabat*, qui allègue précisément un texte d'Aviénus sur les comètes (paraphrase de Virgile en trim. iamb.) : cf. Introd., p. 34 sqq., Append., p. 297. De cette œuvre, sûrement antérieure aux *Aratea*, Aviénus a repris textuellement cette expression et peut-être d'autres : c'est bien dans sa manière (cf. Introd., p. 70).

13. Dans notre hypothèse, il reste à déduire du *-am* de *destitutam* un mot ou groupe spondaïque. Nous avons envisagé diverses solutions, ainsi *am⟨plo⟩ / germanoque choro*, ou encore *annis / germa-*

noque choro : car les Pléiades ont servi de détermination à l'année, en vertu d'une étymologie Πλειάδες < πλειών « année » (cf. Schol. Hom., Σ 486 ; Schol. Arat., p. 202, Mart. ; Gundel, P. W., XXI, 2488, etc.). Nous préférons, en fin de compte, écrire *distet ut a ui / germanoque choro*, excellent pour la paléographie (*ui*>*m*, cf. Vitruve, IX, pr. 12) ; en outre, *distare ab* est aviénien (*Ar.*, 446, 1031), *ui(s)* en fin de vers aussi (*Ar.*, 1550 ; *D. O. T.*, 19, 311, 1113). Électre éprouve autant d'aversion pour la violence meurtrière des hommes que pour la danse insouciante de ses sœurs (cf. Hygin, II, 21). Dans le même ordre d'idées, on pouvait songer aussi à *distet ut armis / germanoque choro* : reconnaissons que le débat n'est pas clos...

Page 119 :

1. Cette sécession d'une Pléiade (Électre, en l'occurrence), est décrite sous deux formes (cf. J. Martin, *Hist. du texte...*, p. 89-94, qui donne les *testimonia*). Ou bien (Schol. Arat., p. 205, Mart.) cette septième étoile faible apparaît près du timon du Chariot (c'est Alcor, près de ζ UMa). Ou bien elle a pris l'aspect d'une comète qui s'est élevée vers le nord jusqu'au cercle arctique (Hygin, *Astr.*, II, 21 ; *Fab.*, 192 ; Schol. German., p. 149, Br., et Aratos lui-même, dans un poème perdu, cf. Schol. Homère, Σ 486, et Schol. Arat., p. 206, Mart.). C'est cette dernière version qu'adopte Aviénus. Sans fondement — il va de soi — elle doit probablement son origine à une comète dont la trajectoire montait des Pléiades à la Grande Ourse (Gundel, s. v. *Pleiaden*, P. W., XXI, 2497 ; s. v. *Kometen*, P. W., XI, 1151).

2. On pouvait aussi faire de *ista... forma* le complément d'origine de *surgere*, « naissent de cette figure... » ; car Sénèque (*N. Q.*, VII, 11.1, 21.1) et Pline (*N. H.*, II, 91) précisent que les comètes préfèrent la zone septentrionale du ciel. Mais c'est une erreur, que dénonçait déjà Aristote (cf. J. Beaujeu, comm. *ad* Pline, *loc. cit.*) : elles peuvent apparaître n'importe où.

3. Description « apocalyptique », très excessive et inexacte. Les comètes véritables (mais les Anciens les confondaient souvent avec des météores de toute sorte, cf. Sénèque, *N. Q.*, VII, 11.2 ; Pline, *N. H.*, II, 89 sq.) n'ont jamais cet aspect-là. Mais le caractère prétendûment funeste des comètes a amené l'Antiquité et les temps modernes (cf. L. Rudaux-G. de Vaucouleurs, *Astronomie*, p. 243) à des peintures fort tendancieuses (Sénèque, *N. Q.*, VII, 17.3, *multum circa se uoluens fumidi ardoris. Cruenti quidam, minaces, qui omen prae se futuri sanguinis ferunt*). Rappelons (cf. Introd., p. 34 sqq. ; Append. II, p. 297) l'intérêt particulier qu'Aviénus portait aux comètes.

4. La restitution de l'adjectif *Sisypheia* (*sypheia* VE) semble s'imposer, malgré la faute de quantité : *Sīsy̆ph-* en latin classique comme en grec. On invoquera la liberté relative dont jouit en poésie latine la prosodie des noms propres (pour Aviénus, cf. E. Reuter, *De Av... re metrica*, p. 32 sq.) ; peut-être est-ce précisément parce que, sur l'archétype, cette syllabe initiale était soulignée ou marquée d'un signe quelconque que les copistes ont cru devoir la supprimer. Le

mythe de Mérope, exclue des Pléiades pour avoir épousé un mortel, Sisyphe, est bien connu : Ératosth., *Catast.*, XXIII ; Ovide, *F.*, IV, 171-176 ; Hygin, *Astr.*, II, 21 ; *Fab.*, 192, etc.

5. Indication de forme rarement attestée (cf. C. Robert, *Erat. Catast. rell.*, p. 31 ; H. Gundel, P. W., XXI, 2501) : Ératosth., *Catast.*, XXIII (interpolation?) ; Schol. Arat., p. 203.2, Mart. ; Anon., II, p. 228, Maass. Du reste inexacte : elle résulte peut-être (C. Robert, *loc. cit.*) d'une notation mal comprise d'Hipparque.

6. En clair, les levers et couchers héliaques des Pléiades servent de points de repère dans le calendrier (cf. Schol. Arat., p. 207, Mart.). Aviénus va préciser les principaux.

7. Le lever héliaque matinal des Pléiades, fin mai (cf. F. Boll, s. v. *Fixsterne*, P. W., VI, 2424-2429 ; Gundel, s. v. *Pleiaden*, P. W., XXI, 2503 sq.), annonce traditionnellement le début de l'été (Aratos, 266 ; Cicéron, *Ph.*, 39 ; Vitruve, IX, 3.1 ; Pline, *N. H.*, II, 123, et comm. J. Soubiran et J. Beaujeu, *ad loc.*). Il semble être un peu tôt pour parler de moisson (German., 268, se borne à mentionner un *uernus tepor*), mais c'est pourtant ce que recommande Hésiode (*Op.*, 383 sq.), qu'Aviénus semble traduire ici plutôt qu'Aratos.

8. Le coucher héliaque matinal, courant novembre (Boll, Gundel, *loc. cit.*), marque le début de l'hiver (Aratos, 266 ; German., 269 ; Pline, *N. H.*, II, 125 ; Vitruve, IX, 3.3). La mention du labour vient encore d'Hésiode (*Op.*, 384, cf. Virgile, *G.*, I, 219-226) : il s'agit en fait (note de P. Mazon *ad* Hésiode, *loc. cit.*) du labour léger qui suit les semailles (cf. Cicéron, *Ph.*, 41) et enfonce le grain en terre. Sur les Pléiades dans les calendriers agricoles, cf. Gundel, P. W., XXI, 2505 sq. ; notes de A. Le Bœuffle *ad* Pline, XVIII, 202, 213, 222, 280. *Presso... aratro* ∾ Virgile, *G.*, I, 45.

Page 120 :

1. Exploit légendaire d'Hermès nouveau-né (dès le jour de sa naissance, dit-on, ou à l'âge de trois jours) : cf. *Hymn. hom. Herm.* (IV), 17-64.

2. En fait, il l'aurait donnée à Apollon pour compenser le vol des cinquante vaches qu'il avait commis à son détriment (*Hymn. hom. Herm.*, 464-502). Pour ces rappels mythologiques des v. 620-631, Aviénus suit de près, en abrégeant un peu, Ératosth., *Catast.*, XXIV ; Hygin, *Astr.*, II, 7 ; Schol. Arat., p. 212, Mart. ; Schol. German., p. 83 sq. et 150 sq., Br. ; cf. aussi Manilius, I, 324-330 ; V, 325-329.

3. Antithèse originale entre l'artisan et l'artiste. Mais selon d'autres textes (*Hymn. hom. Herm.*, 17, 418-433), Hermès lui-même savait fort bien jouer de son instrument. Selon certains, c'est une fois remonté au ciel après son séjour terrestre (gardien des troupeaux d'Admète) qu'Apollon aurait tiré de la lyre une musique céleste.

4. Précision géographique tirée des sources citées *supra*, qui donnent plus de détails. Le Pangée est un massif montagneux boisé, métallifère, aux confins de la Macédoine et de la Thrace, entre le cours inférieur du Strymon et la côte. On sait les origines thraces d'Orphée.

5. Orphée était fils de Calliope.

6. Hermès, fils de Maia, l'une des Pléiades (cf. *supra*, v. 581 sq.), n'avait donc disposé d'abord que sept cordes, et c'est bien le nombre originel (cf. Ov., *F.*, V, 104 sqq.). Mais les Grecs firent ensuite des lyres à cordes plus nombreuses : 8, 9, 11, 12, 15 (cf. Th. Reinach, s. v. *Lyra*, Dar.-Sagl., III, 2, 1444 sq.). Ces détails et leur étiologie sont encore empruntés à Ératosthène et aux textes parallèles.

7. Sur Orphée massacré et mis en pièces par les Bacchantes (que désigne ici le terme érudit *Bassarides*, cf. Perse, I, 101 = Néron, *fr.* 3, 3, Morel ; Sénèque, *Oed.*, 432 ; Schol. German., p. 152.14, Br.), cf. Virgile, *G.*, IV, 507-527 ; Ovide, *Met.*, XI, 1-55.

8. *Deuota* est une litote qui dissimule un acte précis : les membres épars d'Orphée furent rassemblés par les Muses avant d'être ensevelis (Ératosth., *loc. cit.*, αἱ δὲ Μοῦσαι συναγαγοῦσαι ἔθαψαν ἐπὶ τοῖς λεγομένοις Λειβήθροις ; Hygin, *Astr.*, II, 7, *Musas... collecta membra sepulturae mandasse* ; Schol. German., p. 84, *recollectis membris Musae eum sepelierunt in Libethriis montibus*). La sollicitude des Muses s'explique envers le fils de l'une d'elles.

9. D'après les textes cités à la note précédente, *Libethra* doit s'entendre au sens de *Nymphae Libethrides* (Virgile, *B.*, VII, 21) = *Musae*. Libethra est une ville et une source de Thessalie, voisines de l'Olympe. Son nom est lié à Orphée, qui passe, selon les traditions, pour y être né, y avoir vécu, y être mort ou (comme ici) enterré (E. Meyer, s. v. *Leibethra*, Kl. Pauly, III, 547). Mais d'autres régions revendiquaient aussi la tombe d'Orphée (P. Grimal, *Dict. mythol.*, p. 333).

10. Nous conservons la forme *Adnixi* des manuscrits, hapax synonyme de l'usuel *Nixus*, comme *Innixus* (German., 673, cf. *supra*, v. 205). *Adnixus genibus* est attesté (Val. Max., V, 3.3) ; *adnixus* avec d'autres compléments est virgilien (*Aen.*, I, 144 ; III, 208 ; IV, 690 ; V, 226 ; IX, 229 ; XII, 92). Cela permet de conserver *porro* en fin de vers — place usuelle de cet adverbe chez Aviénus (*Ar.*, 244, 708, 969, 1225, etc.).

11. Aratos (272, 274) dit « le genou gauche » ; de même Cicéron (*Ph.*, 45 sq.). Germanicus (274) précise : *summa genus*, « le haut du genou ».

12. L'Agenouillé (Hercule).

13. Inexactitude aratéenne (276 sq.), justement critiquée par Hipparque (cf. note A. Le Bœuffle *ad* German., 280). Le Cygne dessine une grande croix très reconnaissable : α (magn. 1, 4) à la queue, β à la tête que précède un long cou (étoiles η χ), δ au départ de l'aile droite, ε au départ de l'aile gauche, γ au centre de la figure (cf. J. Soubiran, comm. *ad* Vitruve, IX, 4.3, p. 160 sqq.). Toutes ces étoiles, sauf η χ, sont de deuxième grandeur.

Page 121 :

1. Étoiles faibles θ ι κ Cyg pour l'aile droite de l'oiseau, η θ Cep pour le bras droit du roi. Mais *radens* est excessif : il y a un écart non négligeable entre les deux figures.

2. L'aile gauche du Cygne est représentée, dans l'ordre à partir

du corps, par les étoiles ε ζ μ, qui s'avancent, en effet, vers η et π Peg (cf. note au v. 488).

3. Cf. *supra*, v. 544 sq. L'un des Poissons est à la hauteur de l'encolure du Cheval, l'autre derrière sa croupe (du reste invisible, cf. v. 485-488).

4. Cf. note au v. 542.

5. Aratos dit (283) : πὰρ δ' ἄρα οἱ κεφαλῇ, « près de sa tête » (cf. German., 284, *ad caput eius*). Ce bras du Verseau, qui tient l'urne (étoiles faibles α γ ζ η Aqu), se trouve bien sous la tête du Cheval (étoiles ε θ ν Peg) qui, ne l'oublions pas, est vu la tête en bas ; le Verseau est plus austral, à plus forte raison le Capricorne. Aratos ne les a rangés tous deux dans les constellations boréales que parce qu'il y inclut aussi les constellations zodiacales.

6. L'identification du Verseau avec Ganymède est classique (cf. v. 550 et A. Le Bœuffle, *Vocab. lat. de l'astr.*, p. 604). Mais tandis qu'Homère (Υ, 231-236) fait de Ganymède le fils de Tros (comme Assaracos et Ilos — Laomédon étant le fils de ce dernier), une tradition plus récente (*Petite Iliade*, fr. 6, Kinkel), suivie par Aviénus, veut que Ganymède ait eu pour père Laomédon (cf. P. Friedländer, s. v. *Ganymedes*, P. W., VII, 737).

7. Détails pittoresques du cru d'Aviénus, inspirés peut-être par une représentation figurée, et prétextes à une antithèse entre le bel éphèbe et l'affreux Capricorne. C'est sa queue de poisson (étoiles λ μ δ Cap) qui est évoquée ici, tandis que le haut du corps est celui d'un bouc (Ératosth., *Catast.*, XXVII ; Hygin, *Astr.*, II, 28 ; Schol. Arat., p. 219 sq., Mart. ; Schol. German., p. 87 et 155 sq., Br.), d'où les épithètes *hirsutus, hispidus, saetosus*, que multiplie Aviénus.

8. Par une métaphore fréquente chez Aratos et ses traducteurs, les noms des vents (ici Notus = vent du sud) remplacent les points cardinaux.

9. Engourdi et couvert d'une épaisse toison, car il accueille le soleil au solstice d'hiver.

10. *Mirabile dictu* = Virgile, *G.*, II, 30 ; etc. Pour *pulsus*, cf. v. 973, 1514 sq., qui garantissent la construction : *pulsus* est substantif et non participe, *brumalis* épithète et non adjectif substantivé (sous-ent. *circulus*) : cf. A. Le Bœuffle, *op. cit.*, p. 248.

11. *Sidera*, pluriel poétique, désigne le soleil seul (Aratos, 290, οὔτ' ἄν τοι... ἐγγύθεν ἠῶς / ἔλθοι ; Cicéron, *Ph.*, 65 sq. ; German., 292).

12. Nous restituons ici le mot, rare avant le IVe siècle (deux exemples de Cicéron, quelques-uns d'Arnobe) et 'unpoetisch', de *functio* (prosodie normale chez Aviénus), à partir du texte de *V*, *Tuncito* (confusion *F* / *T* très facile, surtout avec une suggestion d'anaphore *tum... tunc*, cf. v. 655 sq.). La formule correspond ainsi exactement (jusqu'à la syntaxe de la phrase nominale) à celle de Germanicus (294), *pigra ministeria*, puisque les Glossateurs expliquent *functione* = *ministerio* (*Thes. L. L.*, s. v. *functio*, VI, 1546 sq.), ce qui nous paraît décisif. Aucune autre solution n'est en tout cas plus satisfaisante. Une fois écarté le *Tunc cito* de *A*, qui n'a aucune autorité, il reste le texte de *E*, *aspera nautis / tunc sunt fluctiuagis*, qui présenterait un emploi substantivé sans doute possible, mais insolite, de *aspera* (texte des

edd. uett. défendu par Reuter, qui s'appuie sur Avien., *D. O. T.*, 874, et les exemples du *Thes. L. L.*, II, 812 — mais aucun n'est vraiment comparable). Il resterait aussi la restitution, après *tunc* (ou *tum*?) d'un substantif (monos. long ou pyrrhique) dont *aspera* serait l'épithète ; Heinsius proposait *freta*, qu'adoptent Breysig et Holder ; Brakman pense à *uada* ; ajoutons nous-même *uia* (cf. *O. M.*, 267), voire *loca* ou même *sua*. Avec des monosyllabes, on songerait à *res* (cf. *D. O. T.*, 6), *uis* (qui désigne souvent des tempêtes : *Ar.*, 804, 1473, 1536, 1810 ; *D. O. T.*, 19, 35, 395, 643), *sors* (cf. *D. O. T.*, 300), peut-être *ars* (Ovide, *Met.*, XI, 537). Mais tout cela est beaucoup moins près du texte de *V* que l'inattendu *functio*.

Page 122 :

1. Tandis qu'Aratos (299) et Germanicus (305) concluent sur la précarité du sort de ces hommes que seule une mince coque de bois sépare de la mort, Aviénus reprend le thème moralisant de la navigation menée par esprit de lucre (cf. *supra*, v. 314, et Virgile, *B.*, IV, 38 sq. ; Tibulle, I, 3.37-40 ; Sénèque, *Med.*, 333 sq.).

2. Aviénus développe et abrège à la fois la notice d'Aratos (301) : « à l'époque où le soleil brûle l'Arc et celui qui bande l'Arc ». Supprimant la seconde mention, il distingue, dans la première, suivant la marche du soleil : la pointe de la flèche (γ Sgr), la hampe (*arundo*), l'empennage (*tela extrema*) et l'arc (étoiles η ε δ λ μ Sgr). Ce sont les parties les plus proches du Scorpion, le Sagittaire séparant Scorpion et Capricorne.

3. Souvenir de Virgile, *Aen.*, III, 549.

4. Car lorsque le soleil est dans le Sagittaire, cette constellation est par définition inobservable. Il faut donc prendre un point de repère différent, mais proche : le Scorpion, invisible le mois précédent, se dégage maintenant le matin, peu avant le lever du soleil. Sur l'expression *tempore noctis adultae* = πυμάτης ἐπὶ νυκτός, cf. *infra*, note au v. 1859.

5. La queue du Scorpion, proche de la flèche (*telum*) du Sagittaire, est très reconnaissable avec ses étoiles brillantes : au bout, λ υ Sco ; en remontant, χ, ι^1-ι^2, θ, η, ζ^1-ζ^2, μ^1-μ^2, ε Sco.

6. Ἀκρόθι νυκτός (Aratos, 308), que M. Erren traduit « zu Beginn der Nacht » et J. Martin « à la fin de la nuit » ! C'est le second qui a raison (cf. Schol. Arat., p. 229.5, τὸ περὶ ὄρθρον, ὅτε καὶ αὐτὸς ὁ ἥλιος ἀνατέλλει), ainsi que le montre une carte des configurations célestes mensuelles. Au lever du Scorpion et du Sagittaire, la Petite Ourse (Cynosure) se dresse verticalement, queue en bas, tête en haut (Aratos, 308, κεφαλὴ Κυνοσουρίδος... ὄψι μάλα τροχάει ; cf. Cicéron, *Ph.*, 79 sq.). Plus que le Scorpion à l'horizon — car il y a souvent des nuages bas en hiver — la Petite Ourse est un repère reconnaissable (Schol. Arat., p. 229.1-3, Mart.).

7. Ἠῶθι πρό, « avant l'aurore », dit Aratos (309), et c'est plus exact (Schol. Arat., p. 229.11, Mart., précise : ὀλίγον γὰρ πρὸ τῆς ἡμέρας δύεται, δωδεκάτῃ ὥρᾳ τῆς νυκτός ; cf. Cicéron, *Ph.*, 82, *extrema prope nocte*). Sur le rapport : lever du Scorpion /coucher d'Orion, cf. *infra*, v. 1170-1193.

8. Cf. *infra*, v. 1198-1202. Dans ces derniers vers, Aratos et ses traducteurs anticipent sur leurs développements ultérieurs (synchronismes des levers et couchers).

9. Petite constellation de la Flèche (trois étoiles principales alignées, γ δ α, bien reconnaissables) entre le Cygne et l'Aigle.

10. *Superum conuexa* est ambigu. D'après le v. 54, *conuexa deorum*, on est tenté d'interpréter *superum* = *deorum* ; mais jamais Aviénus n'emploie *superi* dans ce sens. En revanche, il dit *supera in conuexa* (1276) et même *in superis*, neutre substantivé (1092). D'où le sens local que nous préférons ici, sans exclure une amphibologie voulue.

Page 123 :

1. Aratos (313) dit seulement ἀσσότερος βορέω, « plus au nord » (cf. Cicéron, *Ph.*, 86), et il a raison. Le Cygne est à peine à mi-distance entre l'équateur et le pôle, et fort loin des Ourses, surtout de la Grande, dont le séparent près de 80° ! De surcroît, à son passage au méridien, il tend le cou vers le SW, et sa tête (β Cyg) est l'étoile la plus australe de la constellation. Les mentions de blancheur givrée (*cana pruinosas*) sont totalement inopportunes.

2. Périphrases mythologiques inspirées par Cicéron (*Ph.*, 294), *summi Iouis ales nuntius*, et Germanicus (315 sq.), *Iouis ales, Iouis armiger*.

3. On ne distingue nettement, de l'Aigle, que la brillante étoile α (Altaïr, magn. 0,9), encadrée de β et γ ; ζ est plus haut, dans l'alignement de la Flèche. Le reste ne compte guère.

4. Nous conservons le texte des manuscrits au lieu de rattacher, d'une manière ou d'une autre (cf. app. crit.), *alto* à *pelago*. L'expression *alto... redit* est d'ailleurs ambiguë ; on peut comprendre

— « qui revient des profondeurs » : *altum* substantivé désigne souvent la mer chez Aviénus (ainsi 658, 869, 914, 1092, 1098), et *redit* est construit avec un abl. d'origine (ainsi 663, 1361, 1279, 1760) ;

— « qui revient dans les hauteurs » : *altum* désigne aussi les hauteurs du ciel (ainsi 1510), et *redit* admet un dat. de destination (ainsi 608, 794).

5. Lever héliaque matinal, en décembre (cf. Schol. Arat., p. 232, Mart.). Germanicus (317 sqq.) a supprimé cette notice météorologique d'Aratos (314 sq.), discordante dans le contexte descriptif.

6. Addition pittoresque inspirée par quelque globe céleste (cf. celui de l'Atlas Farnèse, dont le Dauphin est bien *curuus caudam*).

7. Développement mythologique déjà esquissé chez German. (322 sq.) ; cf. Ératosth., *Catast.*, XXXI ; Hygin, *Astr.*, II, 17 ; Ovide, *F.*, II, 81 ; Schol. Arat., p. 233, Mart. ; Schol. German., p. 92 et 161 sq., Br.

8. Atlas ; cf. *supra*, v. 573 sqq.

9. Notation aratéenne curieuse : il y a loin (30° de lat.) du Dauphin au Capricorne. Pourquoi les associer ainsi?

10. *Auritum* surprend comme épithète du Capricorne : *auritus* ne s'applique d'ordinaire (cf. *Thes. L. L.*, s. v.) qu'au lièvre (cf. *infra*, v. 751) ou à l'âne (Ovide, *A. A.*, I, 545), à moins qu'il n'ait le sens de

« à l'ouïe fine, aux aguets » (Plaute, *Tc.*, 489 ; Horace, *Od.*, I, 12.11). Aucun de ces emplois ne s'appliquant plus proprement au Capricorne, nous avons adopté une traduction de compromis, mais renoncé à corriger l'adjectif (cf. app. crit.) : Grotius proposait *hirsutum* ; *austrinum* serait meilleur pour la paléographie, mais l'adjectif n'est pas aviénien.

11. Emphase maladroite et excessive. Le Dauphin dessine un tout petit parallélogramme d'étoiles de quatrième grandeur (γ, α, δ, β-ζ ; plus bas, η et ε représentent la queue).

12. En clair, les constellations boréales situées au nord du Zodiaque. Comme celui-ci descend jusqu'à — 24° de lat., Aratos a inséré dans cette première partie la description de quelques constellations australes (Ophiuchus, Scorpion, Verseau, Capricorne, Sagittaire).

Page 124 :

1. Quoique *moderator* soit presque toujours construit avec un gén. d'objet (cf. *Thes. L. L.*, s. v. ; ainsi Cicéron, *Tu.*, II, 68, 70 ; *Rep.*, VI, 17 ; Stace, *S.*, II, 2.21 ; et surtout German., 32, *moderator Olympi*), mieux vaut, nous semble-t-il, conserver la *lectio difficilior* de *E*, *moderator Olympus*. Car chez Aviénus *Olympus* est toujours synonyme de *caelum*, et c'est toujours le ciel lui-même, non une divinité, qui est censé entraîner les étoiles : ainsi v. 78, 90 sq., et, au vers précédent encore, *aetheris... moles rotat*.

2. Les constellations australes comprises entre le Zodiaque et la limite de visibilité (lat. céleste — 50°, pour un observateur situé à la lat. terrestre de + 40°, qui est celle que suppose Aratos, cf. *infra*, v. 970 sqq.). *Auster* (lat.) et *Notus* (gr.) sont synonymes : vent = direction du sud (cf. Sénèque, *N. Q.*, V, 16.6 ; Gell., II, 22.14 ; Apulée, *Mund.*, XIII).

3. Alors qu'Aratos (322) qualifie simplement Orion de λοξός, « oblique » par rapport au Taureau (cf. Cicéron, 102 ; German., 328), Aviénus s'inspire, semble-t-il, de cette épithète pour situer Orion à partir du Zodiaque, le cercle oblique (cf. *infra*, v. 1014 sqq.). L'idée est malheureuse, car Orion est assez éloigné du Zodiaque, et l'expression d'Aviénus fort obscure. Housman, qui en a le premier restitué le texte correct (*Class. Review*, XVI, 104), comprend : « là où le Zodiaque tend vers son point le plus septentrional (Cancer), il est séparé du cercle antarctique par toute la masse du ciel intermédiaire, espace dans lequel se trouve Orion. » Notre interprétation est un peu différente. Le seul point commun qu'ait Orion avec le Zodiaque, c'est qu'il s'étend comme lui de part et d'autre de l'équateur céleste ; mais le Zodiaque coupe l'équateur (point vernal) assez loin d'Orion (dans le Bélier, au temps d'Aratos). C'est ce qui nous fait traduire *qua* (718) par « dans la zone où » (c'est-à-dire la zone équatoriale), et non « au point où ».

4. Exact. Mais Aviénus, plus explicitement que Cicéron (103) et German. (328), corrige une expression énigmatique d'Aratos (322, Ταύροιο τομῇ ὑποκέκλιται) que les Schol. Arat. (p. 237 sq., Mart.) s'évertuent à justifier en donnant à τομή un sens insolite (la sépa-

ration du Taureau et des Gémeaux, alors que le sens habituel est : la coupure entre la partie antérieure visible et la partie postérieure invisible du Taureau ; cf. Vitruve, IX, 3.1, et comm. J. Soubiran, p. 133).

5. Après German. (331 sq.), Aviénus ajoute ici les deux éléments descriptifs du baudrier (étoiles obliques alignées ζ ε δ à l'intérieur du brillant quadrilatère α β γ κ qui dessine la carrure du héros) et de l'épée (étoiles θ ι ν verticalement alignées sous le baudrier) : cf. Manilius, I, 391, *et tribus obliquis demissus ducitur ensis*, et comm. J. Soubiran *ad* Cic., 369 (p. 223, n. 3).

6. C'est-à-dire aussi brillant et aussi facile à reconnaître.

7. Comme Cicéron (107, cf. note J. Soubiran, p. 207, n. 8), Aviénus rapporte à tort l'expression aratéenne ἀμφοτέροισι (Κύων) ἐπὶ ποσσὶ βεβηκώς à Orion, alors que le poète veut dire : (le Chien) « dressé sur deux pattes ».

8. Débauche d'expressions superlatives pour peindre l'étoile Sirius, la plus brillante du ciel (magn. — 1,5), qui marque la gueule du Grand Chien.

9. Expression maladroite, car l'écliptique (trajectoire apparente du soleil) passe fort loin (40° environ) au-dessus de Sirius. Mais lorsque, après avoir été en conjonction (même ascension droite), les deux astres s'écartent l'un de l'autre, Sirius apparaît le matin juste avant le soleil (lever héliaque). C'est à ce moment qu'Aratos (qui le dit fort bien, 332, κεῖνον ἅμ' ἠελίῳ ἀνιόντα, cf. Cicéron, 113) fait allusion. Ce lever héliaque, en juillet, était repéré par les astronomes égyptiens (cf. R. Taton, *La science antique et médiévale*, 2e éd., Paris, 1966, p. 39 sq.) pour annoncer la crue du Nil et servir de base au calendrier. La poésie gréco-latine a développé maintes fois le thème de Sirius annonciateur et symbole de la « canicule ».

Page 125 :

1. Nous adoptons, non sans hésitation, la conjecture de Housman (Class. Review, XVI, 104), *spiritus* au lieu de *Sirius* — quoique l'anaphore du nom propre soit très aviénienne. Mais, outre l'impropriété que souligne Housman (« neque enim herbas illabitur Sirius ») et le rapprochement avec Cicéron (*Ph.*, 117, *uitali flamine mulcet* ; cf. *Diu.*, I, 130, *adspiratio*), nos manuscrits, s'ils ont bien *Sirius* au début de 741, ont tous *si prius* au début de 740 : indice de flottement, peut-être d'une correction, le *p* de *si prius* étant celui d'un *spiritus* altéré ou mal rétabli.

2. Aratos dit en fait (336) κείνου καὶ κατιόντος ἀκούομεν, « nous entendons aussi parler de son coucher » (en novembre, à l'entrée de l'hiver). Mais — à moins de supposer, improbablement, la chute d'un vers chez Aviénus entre 742 et 743 — cette mention du coucher, moins importante, est passée sous silence par la tradition poétique postérieure (cf. M. Erren, note *ad* Arat., 336, p. 80 sq.). Le ἀκούομεν d'Aratos explique la curieuse expression d'Aviénus, *auribus... capimus* (on attendait plutôt *oculis* !) : en parle-t-on à ce point?

3. Aviénus suit fidèlement le désordre du développement aratéen,

qui revient à la figure de la constellation après avoir traité des effets du lever de Sirius, alors que Cicéron et Germanicus terminent sur ces tableaux agricoles. Les indications d'Aviénus sont d'ailleurs contradictoires : mis à part le ventre sombre (= Aratos, 329 ; Cicéron, 109), il note d'abord (730) des étoiles brillantes sur les membres « diaprés » (*uarios* = ποικίλος), pour dire à la fin (745) *neque multa luce coruscant.* En fait, outre Sirius, la constellation compte plusieurs étoiles brillantes : β (patte de devant dressée) et le beau triangle δ ε η (arrière-train). Seule la double ligne du dos et du ventre n'est guère soulignée (étoiles faibles o^1 o^2 π).

4. Vu les habitudes stylistiques d'Aviénus, on attendait plutôt au v. 751 une subordonnée temporelle : Aviénus emploie très volontiers *cum* avec une forme de *primus* (cf. v. 742, 1152, 1192, 1298, 1326, 1331, etc.), mais il faudrait ici, soit corriger *emittit* en *cum mittit* (*c̄ mittit*) — ce qui serait fâcheux (cf. v. 1128 et German., 589) —, soit élider *cum* sur *emittit* — mais Aviénus évite avec soin les élisions de monosyllabes (E. Reuter, *op. cit.*, p. 47-49) et celle-ci serait d'un type rare (J. Soubiran, *L'élision dans la poésie lat.*, p. 417). Restent *ut* (*auritum ut*) ou *ubi* (*gurges ubi undis*, élision de type assez fréquent, cf. J. Soubiran, *op. cit.*, p. 463, n. 2, mais non aviénien) ; mais Aviénus n'emploie jamais ni *ut primum*, ni *ubi primum.* On se résignera donc à admettre une parataxe, que l'on créditera d'une certaine valeur stylistique (effet de soudaineté). Aussi bien, au v. 751, de type *ssss* (lenteur précautionneuse du Lièvre) s'oppose le v. 752, de type *dddd* (ruée du Chien).

5. Excessif : la constellation du Chien n'est pas moins australe que celle du Lièvre ; quand le Lièvre se couche, Sirius n'est pas loin de l'horizon (cf. Schol. Arat., p. 247, Mart.).

6. Texte peu sûr. On comprend d'ordinaire *in faciem* = *in proram* (opposé à 761, *tergum*), et l'on fait du *sollemne* des manuscrits un adverbe — non attesté ailleurs (*sollemne* n'est qu'adj. ou nom ; l'adv. est *sollemniter*). Nous préférons restituer une expression *sollemnem in faciem* (Arat., 343, κατὰ χρέος) qui signifie *more sollemni* (Suét., *Aug.*, 56.2), d'après le tour virgilien *unam in faciem* (*G.*, II, 85) ou *in montis faciem* (*G.*, IV, 361).

7. Nous pensons avoir restitué correctement, pour la première fois, le mouvement et la ponctuation de cette longue comparaison, empruntée à Aratos (344-347) mais enrichie de détails pittoresques, dont le texte fait d'ailleurs difficulté (cf. notes suiv.), même si le sens général est clair.

8. Sur ces petites voiles auxiliaires, en tête de mât, cf. Sénèque, *Ad Lucil.*, LXXVII, 1-2, et E. de Saint-Denis, *Le vocab. des manœuvres nautiques en lat.*, Mâcon, 1935, p. 109. Il s'agit de virer de bord pour présenter, à l'accostage, la poupe face au rivage : manœuvre bien décrite aussi par Schol. Arat. (p. 250, Mart.), mais Aviénus ne s'en inspire pas.

Page 126 :

1. Nous serrons au plus près le texte des manuscrits, en gardant notamment *remulco*, terme technique qui s'impose ici, et que Breysig

et Holder ont fâcheusement corrigé en *remulsi* (?). Tout le passage s'éclaire grâce à un *locus similis* d'Ausone,

Mos., 41 sq. *... per ripas, nusquam cessante remulco,*
intendunt collo malorum uincula nautae.

(« le long des rives, sans que nulle part se relâche le câble, les marins tendent sur leur échine la corde attachée au mât »). On voit dès lors la fonction de *remulco*, et que *tergum* (cf. *collo*) désigne le dos des hâleurs, non l'arrière du navire. Reste seulement à corriger le *subeunt* des manuscrits en *subdunt* : les marins mettent leur dos sous le câble, pour haler le vaisseau jusqu'à terre (*in curua litora*), et tirent *certatim*, tant ils sont heureux d'arriver. La tentative de Housman (*ad* Manil., I, 245) pour garder sans aucune correction le texte des manuscrits consiste à supposer une anastrophe de la préposition *in* (*tergumque in* = *inque tergum*, synonyme de *naue auersa*) qui, certes attestée, nous paraît bien abrupte et peu aviénienne.

2. Il faut résister à la tentation de corriger l'étrange *procul imi litoris* (cf. app. crit.). Les *loci similes* de *Ar.*, 1542, et surtout de *O. M.*, 449-452 (très voisin de notre passage), garantissent l'adjectif *imus*, qui signifie ici, comme en *O. M.*, 451, non « le fond » de l'eau, mais « le plus profond » d'une anse du rivage.

3. Dans la très vaste constellation du Navire, on ne distingue, en effet, que la Poupe, la Carène, les Voiles et le Mât : cf. J. Soubiran, comm. *ad* Vitruve, IX, 5.2, p. 185 sq.

4. L'interprétation de ces deux derniers vers est délicate. Aviénus y décrit-il la figure du Navire astral (auquel cas *undas* et *aequora* sont les éléments d'un décor fictif), ou la plongée réelle de ce Navire à l'horizon occidental? Nous préférons la seconde solution (malgré Aratos, 350 sq., qui suggère la première : « son gouvernail, sans attaches, est fixé sous les pattes postérieures du Chien »). Car Aviénus, lui, ne reparle plus du Chien, et semble concevoir l'ensemble de sa description comme un passage (bref, vu la latitude australe) du Navire au-dessus de l'horizon marin : il émerge (759, *extima Puppis / surgunt Oceano*), il passe (766, *ducitur*), il plonge (767 sq., *demittit, descendit*). En outre, cette interprétation confère son sens propre au vocabulaire technique des v. 767 sq. (cf. E. de Saint-Denis, *op. cit.*, p. 35, 48, 64-67) : c'est d'abord la longue pelle du gouvernail qui plonge dans l'eau (*gubernaclum puppis demittit in undas*), comme l'y plongerait un pilote — mais ici il n'y a personne, sinon le mouvement du ciel (*sponte*). Ensuite, le mouvement d'immersion se poursuivant, c'est le *clauus* lui-même, la manette, la barre du gouvernail qui plonge à son tour : la poupe tout entière va disparaître à l'horizon.

5. Οὐκ ὀλίγον περ ἀπόπροθι πεπτηυῖαν, dit Aratos (353), alors que German. (357) ajoute de son cru : *media est Solis uia* (le Zodiaque, entre Andromède et la Baleine). Aviénus semble avoir combiné les deux notations.

6. Les Anciens se la représentaient, non comme un cétacé, mais comme un monstre marin d'aspect d'ailleurs variable (cf. C. Windisch, *De Perseo eiusque familia...*, p. 36-43) : une sorte de dragon à tête de

chien, long cou et corps à replis serpentiformes surmontés d'une crinière (cf. le globe de l'Atlas Farnèse).

7. Antithèse aratéenne (Arat., 355 sq.) claire et exacte : Andromède, constellation boréale, est loin de la Baleine, constellation australe. Mais le texte des v. 772 sq. fait difficulté. Les manuscrits ont *in orto*, inintelligible, corrigé depuis Grotius en *in arcton* (clausule aviénienne : cf. v. 149, 200, 358, 1804) — mais ni Aratos ni les Schol. Arat. (p. 253, Mart.) ne parlent d'une « montée » de la Baleine vers Andromède. Cela condamne aussi une éventuelle restitution *in ortum* (d'après le v. 713 sq.). Autre difficulté : il faut dans les deux cas rapporter *salo* à *inimica*, à moins de voir dans *salo* un abl. d'origine, compl. de *trahit* (moins satisfaisant). Or, Aratos (356), plus logiquement, dit τὸ δέ (Κῆτος) οἱ νότος ἔχθρὸν ἀγινεῖ (πολέμιον αὐτῇ φέρεται, Schol., *ad loc.*) : *inimica* doit donc s'appliquer, sans autre précision, à Andromède, et *salo* être introduit par *in* + adj. du v. précéd. (pour le mouvement, cf. v. 1256 sq., *ista sonoro / supprimit unda salo*). Cet adj., défiguré en *orto*, pourrait être *atro* : les Anciens avaient noté que la surface de la mer devient noire sous les coups de vent (Horace, *Sat.*, II, 2.16 ; Gell., II, 30.11), surtout d'aquilon (Virg., *Aen.*, V, 2, *fluctus atros Aquilone*), mais aussi d'auster (Horace, *Od.*, III, 27.18-24, *ater Hadriae... sinus / motus orientis Austri et / aequoris nigri fremitum*) ; l'auster est souvent, lui-même, qualifié de *niger*(*rimus*) (Virg., *G.*, III, 278 ; *Aen.*, V, 696 ; Aviénus, *D. O. T.*, 834), la Baleine aussi sera plus bas (v. 1312) *atra*(*m*).

8. Entendons : à la même ascension droite, mais au-dessous (entre + 10° et — 20° de déclinaison).

9. La correction de Housman, *praecurrens* (*per-* mss.), s'impose : cf. German., 362, *belua sed ponti non multum praeterit Amnem.*

10. Développement pathétique absent chez Aratos qui, ayant mentionné le Fleuve, passe aussitôt à sa description (358-359). *Squalentia... terga* ∾ Virg., *G.*, IV, 13. Le mot final du v. 777 est incertain. Le *duorum* des manuscrits pourrait, selon Breysig, renvoyer aux Poissons (cf. v. 774), mais Andromède n'est pas exactement entre les deux (cf. v. 548-560). *Dolorum*, de Schrader et Sieg, s'accorde au ton pathétique du passage (anaphore et *uariatio* : *illa memor... formidinis, illa dolorum... tenax*), tandis que le *suorum* de Grotius, qui signifierait qu'Andromède, pour se rassurer, se cramponne aux siens (Céphée et Cassiopée, ses parents, Persée, son futur époux — constellations voisines), introduit une idée différente. Enfin, la conjecture de Housman, *priorum... tenax* (se souvenant du passé, même parmi les astres) est d'une hardiesse d'expression bien peu aviénienne.

11. Les v. 781-800, qui développent deux identifications mythiques du Fleuve, l'Éridan (nom que lui ont conservé les astronomes modernes) et le Nil, n'ont pas d'équivalents chez Aratos, qui se borne (v. 360) à citer le nom Ἠριδανοῖο, mais peut-être pas avec le sens que lui donne Aviénus (cf. *infra*, n. 13).

12. Outre Aratos, cette première identification est donnée par Schol. Arat., p. 253 sq., Mart. ; Schol. German., p. 98 et 174, Br., ainsi que par Cicéron (145 sq.) et Germanicus (367). Ératosth. (*Catast.*,

XXXVII) et Hygin (*Astr.*, II, 31) l'omettent, dans l'état actuel de nos textes (mais cf. C. Robert, *op. cit.*, p. 29). Chez Aviénus, la construction des v. 780-782 fait quelque difficulté (les corr. anciennes de *mana(n)s* en *manat*, de *aequoris* en *aequor id*, la ponctuation avant *Ausonii* sont autant d'expédients à rejeter). Malgré l'expression aratéenne λείψανον Ἠριδανοῖο, « un débris de l'Éridan », il est clair que *pars*, à quoi répond *pars altera* v. 796, signifie *alii* (cf. Ovide, *F.*, V, 167, *pars... putat, pars credidit esse*) : il ne faut donc pas songer à lier *pars aequoris*. Dès lors, *aequoris Ausonii* se rattache directement à *Flumen*, comme un génitif soit partitif, soit descriptif : ou 1) le fleuve qui se rattache à la mer Ausonienne (ici, par exception, l'Adriatique, car d'ordinaire *Ausonium* = *Siculum mare* : cf. *Thes. L. L.*, II, 1539, qui comprend ainsi notre passage) ; ou 2) le fleuve aux eaux ausoniennes (*aequor* peut s'appliquer à des fleuves, cf. *Thes. L. L.*, s. v. : Tibre chez Virgile, Ovide, Sénèque ; Pô et Nil, justement, chez Aviénus lui-même, *D. O. T.*, 335, 342, 424).

13. Pour les Grecs, en fait, l'Éridan était à l'origine un fleuve mythique de l'Occident lointain (Hésiode, *Theog.*, 338). Mais il fut vite identifié à des fleuves réels, le Pô surtout (cf. Euripide, *Hipp.*, 737, en liaison déjà avec la légende de Phaéthon ; Virgile, *G.*, I, 482, etc.), moins souvent le Rhin, le Rhône, l'Indus et le Nil. Aviénus laisse ici paraître sa fierté de voir un fleuve romain au nombre des constellations, presque toutes grecques d'origine.

Page 127 :

1. L'Éridan, allusivement qualifié chez Aratos (360) de πολυκλαύτου ποταμοῖο, avait amené, chez Cicéron déjà (*Ph.*, 146-148), une mention plus explicite de Phaéthon et des Héliades. Après Ovide (*Met.*, II, 1-400), Aviénus n'avait plus besoin de chercher un modèle. De fait, l'imitation est patente : thème du conducteur trop léger ∾ *Met.*, II, 161-167 ; de l'attelage en révolte ∾ II, 167-170 ; de l'embrasement général ∾ II, 171-177 (astres), 210-271 (contrées) ; de l'intervention jupitérienne ∾ II, 304-318. Réminiscences textuelles : 786, *leue... onus sensere* ∾ II, 161, *leue pondus* ; 167, *sensere* ; 792, *aetherii moderamina cursus* (ou *currus?*) ∾ II, 47 sq., *currus rogat ille paternos / inque diem alipedum ius et moderamen equorum* ; 795, *Eridanumque senem* ∾ I, 580, *Eridanusque senex.*

2. Les manuscrits ont bien *ulnis* : les bras des Héliades, sœurs de Phaéthon, se changent en longues branches de peupliers. Ces bras ou ces mains sont mentionnés par Ovide (*Met.*, II, 352, *illa dolet fieri longos sua bracchia ramos*), Germanicus (366, *planxere ignotis mutae Phaethontides ulnis*) et Aviénus lui-même (*D. O. T.*, 426 sq., *Fleuerunt liquidae lapsum Phaethonta sorores / mutataeque manus planxerunt pectora palmis*). Cependant, Virgile ayant parlé, en *B.*, VI, 62 sq., d'aulnes (*atque solo proceras erigit alnos*), non de peupliers (comme en *Aen.*, X, 190), on a voulu corriger *ulnis* en *alnis* chez Germanicus (Burmann) et Aviénus (Heinsius) — sans doute à tort (von Winterfeld, *op. cit.*, p. 11). C. Ihlemann (*op. cit.*, p. 34, n. 1) hésite.

3. Von Winterfeld (*loc. cit.*) voudrait lire ici *fax aurea* (confusion

p / *f*, *s* fréquente dans nos mss.) : la paix, remarque-t-il, est d'ordinaire *candida* (Tibulle, I, 10.45), alors que *fax aurea* désignerait bien l'astre du jour (la lune est *fax aurea*, *Ar.*, 452 ; le soleil est à la fois, mais pas ensemble, *fax*, 1565, 1591, 1633, et *aureus*, 661, 672, 1053, 1357). Breysig (*B. Ph. W.*, XV, 1198) approuve la suggestion, qu'appuierait aussi le récit d'Ovide : absence du soleil durant un jour (II, 330 sq.), répugnance de Phébus à reprendre son char pour éclairer le monde à nouveau (II, 381-400). Mais Aviénus (1730) emploie *pax* dans un tour analogue, et l'expression *pax aurea* résume justement les deux idées de calme et de lumière solaire revenus (cf. aussi *Aetna*, 68, *Tum pax est reddita mundo*).

4. Identification et développement inspirés de fort près par Ératosth., *Catast.*, XXXVII ; Hygin, *Astr.*, II, 32 ; cf. Schol. German., p. 98 et 175, Br. Seule manque la mention de l'étoile Canopus (cf. Vitruve, IX, 6.1, et comm. J. Soubiran, p. 198 sq.). Sur l'intérêt des poètes pour le Nil, cf. J. Soubiran, *Cicéron, Aratea et fragm. poet.*, p. 7, n. 5 (on ajoutera Aviénus lui-même, *D. O. T.*, 334-351).

5. Le Nil passait (Ératosth., Schol. German., *loc. cit.*) pour le seul grand fleuve dont le cours fût orienté sud-nord (cf. Vitruve, VIII, 2.6, et comm. L. Callebat, *ad loc.*).

6. Inexact : les liens des Poissons demeurent séparés de l'Éridan par la Baleine. Comme Cicéron (152 ; cf. notre n. 7, p. 209), Aviénus s'est mépris sur l'adverbe ἐπιμίξ d'Aratos (364), qui signifie l'entrelacement des liens entre eux, non avec les méandres du Fleuve.

7. Cf. v. 555 sq. et note *ad loc.*

8. Entre la Poupe et la Baleine, l'intervalle est de près d'un quart de la circonférence céleste, et la petite constellation du Lièvre (747, *paruulus*) est bien insuffisante à le définir. Dans cette vaste région, outre le cours du Fleuve, ne s'observent, en effet, que des étoiles faibles tardivement groupées en constellations (Sculpteur, Burin, Fourneau, Horloge, Colombe), du reste à peine visibles sur l'horizon méditerranéen.

Page 128 :

1. Comme Cicéron (160-166, cf. n. *ad loc.*) et Germanicus (385 sq.), Aviénus abrège et modifie un long développement d'Aratos (373-382) sur l'invention des constellations « par un homme d'une génération disparue », et sur l'impossibilité de faire entrer toutes les étoiles dans des configurations distinctes — idée qu'Aviénus semble avoir reportée en tête de son poème (v. 79-83 et n. *ad loc.*). Cf. C. Ihlemann, *op. cit.*, p. 11.

2. Ce vers a suscité d'innombrables conjectures. Outre la correction de *expectanda* en *spectanda*, qui s'impose *metri causa*, on a proposé : *mundo ceu sola laterent* (Schrader), *haec... forma nisi cuncta carerent* (Breysig), *puncto* (Ellis) ou *nodo* ou *comptu* (Sieg) *quod sola carerent*, *nodo quo si olla carerent* (Sieg). Tout cela est inutile. S'inspirant d'une formule d'Aratos, 382, καὶ οὐκέτι νῦν ὑπὸ θαύματι τέλλεται ἀστήρ (grâce au groupement des étoiles en constellations) « désormais le lever d'une étoile n'a plus rien d'inattendu », mais en la transposant

dans un tout autre contexte, Aviénus nous dit ceci : ces étoiles faibles sont toutes pareilles, éloignées les unes des autres, entraînées comme les autres par le jeu des levers et couchers — autant de raisons pour nous de les confondre. Et même si nous avions, comme raison particulière de les remarquer, l'absence de ce jeu des levers et couchers (cas des Ourses, cf. v. 115) — ce qui n'est pas (d'où les irréels *forent, carerent*), puisqu'au contraire elles ne s'élèvent qu'à peine au-dessus de l'horizon — nous ne leur prêterions pas attention. Suite des idées limpide, donc, à condition d'admettre que, pour une fois, Aviénus ne suit pas Aratos — ... *quod sola carerent* ∾ Virg., *Aen.*, V, 651.

3. Là se trouve la constellation de la Colombe (Royer, 1679). Antithèse entre son obscurité et l'éclat de Sirius.

4. Et aussi sous le Verseau : cf. J. Soubiran, note *ad* Cic., *Ph.*, 168, p. 176.

5. Par opposition aux deux Poissons zodiacaux : cf. *supra*, v. 539-556, et notes *ad loc.* Principale étoile du PsA, Fomalhaut (magn. 1,3) justifie seule le *rutilantia sidera* du v. 829.

6. La Baleine.

7. Étoiles faibles, en effet (5e magn.), de la moderne constellation du Sculpteur (Lacaille, 1752).

8. Le Verseau = Ganymède (cf. *supra*, note au v. 550).

9. Inexact : toutes ces étoiles sont à peu près également faibles. Aratos (395) dit plus prudemment μᾶλλον ἐειδόμενοι, et l'exagération des v. 839 sq. (*ardet apex, late uomitur globus ignis*) est proprement comique. Malgré les précisions données aux v. 838-840, l'identification de ces étoiles reste donc incertaine (cf. A. Le Bœuffle, note *ad* German., 389 ; J. Soubiran, *ad* Cic. *Arat.*, notes 7 et 9, p. 210).

Page 129 :

1. Le sens général est clair (Aratos, 396 : « ni trop éloignées, ni trop proches l'une de l'autre »), mais la fin du vers demeure conjecturale. Les manuscrits n'offrent qu'un texte amétrique et inintelligible (cf. app. crit.), dont la conjecture d'Alde, adoptée par tous les éditeurs, *lumen lumine forte*, s'éloigne cependant beaucoup trop. Après *collidunt*, on attend un complément au pluriel, et le contexte impose de garder *fonte*. Le rapprochement avec Cicéron (177), *delapsum flumine fontis*, nous conduit à proposer *lumina deuia fonte*. *Deuia*, souvent altéré en *diuia* dans les manuscrits (nous sommes donc tout près de *lumen ubiuia*), occupe presque toujours le dactyle 5e de l'hexamètre (cf. *Thes. L. L.*, s. v.), et la même clausule *deuia fonte* se lit chez Cyprianus Gallus, *Gen.*, 571. La construction du complément à l'ablatif seul est attestée également (Claudien, V, 211, *limite iusto deuius Phaethon* ; cf. Sil. It., XV, 584). Sur la métaphore *lumina collidunt*, cf. Schol. Arat., p. 264.15, Mart., οὐκ ἐπιψαύουσιν ἀλλήλων.

2. Telle est bien la localisation d'Aratos (400, Τοξευτῆρος ὑπὸ προτέροισι πόδεσσιν), que suivent Cicéron (181, *priora pedum subeunt uestigia magni / Arquitenentis*) et Germanicus (392, *ante Sagittiferi paulum pernicia crura*). Sieg (*op. cit.*, p. 48) a donc raison de juger intolérable, et contradictoire avec le *uestigia prima* qui suit,

le *ora Sagittigeri* des manuscrits. Malgré la défense de *ora* par Breysig (*Ph. Abh. M. Hertz*, p. 52 sq.), qui rapproche de *Ar.*, 392, 773 sq., *D. O. T.*, 960 sqq., pour lui donner le sens vague de *effigies*, nous adopterons la correction de Sieg, *crura* (cf. German., 392), en remarquant que notre texte, du v. 837 au v. 842, porte quatre altérations obliquement alignées (cf. la disposition des italiques dans le texte), traces probables d'une défectuosité de l'archétype à cet endroit (salissure, déchirure).

3. Inutile, en revanche, de soupçonner avec Sieg l'inauthenticité de cette incise, même si, comme il le remarque, *se simulant* = *conspiciuntur* n'est pas attesté ailleurs, et si *Cornipes* désigne d'ordinaire Pégase (475, 485, 506, 645) ou le Centaure (883, 1266). La phraséologie (cf. 485, *Cornipedis simulant*) et la redondance (*crura... uestigia*) sont parfaitement aviéniennes.

4. Anonymes chez Aratos (401) et encore chez Cicéron (182, *sine nomine*), ces étoiles sont connues de Germanicus (391) et d'Hygin (*Astr.*, II, 27 ; III, 26) sous le nom de *Corona Australis* (cf. Geminos, *Isag.*, III, 13 ; Schol. Arat., p. 265, Mart.). Cette Couronne, sculptée aussi sur le globe de l'Atlas Farnèse, se trouve sous les pieds antérieurs du Sagittaire. Elle n'est formée que d'étoiles très faibles (cf. v. 844 ; *obscurae*, dit Cicéron, *loc. cit.* ; *sine honore*, German., *loc. cit.*), ce qui a amené à corriger, dans le texte d'Aratos (401), δεινωτοί (mss., Schol.) en ἄγνωτοι (Grotius, Martin, Erren).

5. Expression approximative, voire inexacte (même reproche à Cicéron, 183, cf. note *ad loc.*, et à German., 393). L'Autel est carrément sous le dard du Scorpion (Aratos, 402, ὑπ' αἰθομένῳ κέντρῳ τέραος μεγάλοιο ; cf. Vitruve, IX, 5.1, *Turibulum sub Scorpionis aculeo*), donc très austral et à peine visible (cf. J. Soubiran, comm. Vitr., *ad loc.*, p. 179 sq.).

6. En clair : sa trajectoire au-dessus de l'horizon est très courte de part et d'autre du méridien (ce que redit la proposition suivante). La formule, ambiguë, pourrait être comprise comme une allusion aux dimensions réduites de la constellation (cf. *supra*, v. 569), *exprimit* signifiant en ce cas « dessine, représente, figure ». Mais il n'en est rien, car la tradition aratéenne est muette sur la taille de l'Autel.

7. Expression compliquée et obscure. L'idée (Aratos, 405-407 = Cic., 186-188 ; German., 395-397) est que l'Autel et Arcturus (Bouvier) sont opposés (*aduerso*, *contraria*), c'est-à-dire que l'un est aussi proche du pôle sud que l'autre du pôle nord (ce qui est inexact : cf. Hipparque, I, 8.14-17). En vertu de cette symétrie, plus Arcturus monte haut dans le ciel, plus l'Autel se traîne à l'horizon, voire reste invisible. Les expressions d'Aviénus sont d'une part ambiguës (sens précis de *polus*, *axis*, *uertex*, *cardo*?), d'autre part altérées par la tradition manuscrite. Le vers 851 (dont les deux derniers mots sont omis par *VA* ainsi que le *-met* de *sibimet*) est donné par tous les éditeurs depuis Alde : *... uada linquit turbida caelo / Oceani, tantum* ⟨*in*⟩ *sibimet contraria tendit*, qui n'offre aucun sens satisfaisant et présente devant la césure une fâcheuse préposition. Mieux vaut, croyons-nous, ponctuer après *caelo*, garder le texte des manuscrits dans le corps du v. 851 et corriger

seulement le *tendit* final (donné par *E* seul) en *condit* (cf. v. 1404, *sol... sale sidera condit*) : d'où variations très aviéniennes (*aduerso / contraria, uada turbida / Oceano, tollitur / leuat, condit / premit, uertex / cardo*) et sens acceptable.

8. Le *umbrifer* de Breysig (et peut-être de *V*, dont la lecture est incertaine) est préférable au *imbrifer* de *AE*, malgré la fréquente association au nom de l'Auster d'adjectifs comme *imbricus* (Plaute, *Mc.*, 877), *imbrifer* (Ovide, *Met.*, XIII, 725 ; Aviénus, *Ar.*, 979 ; *D. O. T.*, 1234), *pluuialis* (Aviénus, *Ar.*, 715), *pluuius* (Aviénus, *Ar.*, 1779). Outre le *locus similis* d'*Ar.*, 62, l'idée maîtresse oppose ici le pôle visible et celui qui se cache dans l'ombre.

9. Pas plus que Cicéron, Aviénus ne traduit les v. 410-412 d'Aratos : « Les navires en péril n'agréent point à son cœur ; aussi fait-elle apparaître partout des signaux divers, pleine de pitié pour ces hommes sans cesse battus par les flots » (trad. J. Martin) : cf. en revanche German., 399-400. Aratos revient plusieurs fois sur la mansuétude de la Nuit (v. 409, 412, 419) ; les traducteurs latins se contentent d'une seule mention (Cic., 191 ; German., 399 ; Avien., 855).

Page 130 :

1. Comme ses devanciers (Cicéron, 196-200 ; Germanicus, 403-409), mais à sa manière propre, Aviénus traduit assez librement ce morceau. Il supprime totalement l'indication des manœuvres et des dégâts infligés aux navires, présente chez Aratos et ses premiers traducteurs.

2. Aratos (426-429) est moins optimiste : « Même s'ils obtiennent par leurs prières que Zeus passe près d'eux, et s'il tonne du côté de Borée, ils ont pourtant bien des épreuves à subir avant de pouvoir à nouveau se regarder entre eux sur le navire » (trad. J. Martin).

3. Vent d'est ou de sud-est, suivant les différents types de roses des vents antiques.

4. Il s'agit toujours du Centaure, constellation australe très basse sur l'horizon méditerranéen.

5. Tel est bien l'enseignement d'Aratos (436-438). Mais il est insuffisant et inexact — il manque la mention de la Vierge (cf. Hipparque, I, 8.21). Germanicus le modifie sensiblement (415-418) ; cf. J. Soubiran, comm. *ad* Vitr., IX, 5.1, p. 180 sq.

6. Notation absente chez Aratos, mais inspirée par Ératosth., *Catast.*, XL : Ἔχει δέ τι θηρίον ἐν ταῖς χερσὶ πλησίον τοῦ Θυτηρίου, ὃ δοκεῖ προσφέρειν θύσων, ὅ ἐστι μέγιστον σημεῖον τῆς εὐσεβείας αὐτοῦ — plus que par German. (418-420). Elle est liée à l'identification mythique du Centaure, Chiron (cf. *infra*, p. 224 sq., n. 1 et 2), dont Aratos ne dit rien non plus (mais cf. German., 421).

7. Θηρίον en grec (Aratos, 442), *Fera* ou *Bestia* en latin (Cic., 453 ; German., 671 ; Vitr., IX, 5.1) : modeste groupe d'étoiles de troisième et quatrième grandeur (le Loup des astronomes modernes).

Page 131 :

1. Évocation classique du Centaure Chiron et de son cadre de vie. Il est déjà pour Homère (Λ 832) δικαιότατος Κενταύρων ; cf. ensuite

Pindare, *Pyth.*, III, 1-7, 63 sq.; Xénophon, *Cyn.*, I; Ovide, *F.*, V, 379-414; Stace, *Ach.*, I, 104-197, etc.

2. Notice d'interprétation plus délicate. Au lieu de nommer les plus célèbres disciples de Chiron (cf. Escher, s. v. *Chiron*, P. W., III, 2304-2307), ainsi Achille (German., 422) et Asclépios (Pind., *Pyth.*, III), Aviénus cite Héraclès (cf. Gruppe, s. v. *Herakles*, P. W., Suppl. III, 1017; Escher, *op. cit.*, 2305), comme le faisait aussi Ératosth., *Catast.*, XL : ('Ηρακλῆς) μόνον δὲ τῶν Κενταύρων οὐκ ἀνεῖλεν, ἀλλ' ἤκουεν αὐτοῦ ; cf. Hygin, *Astr.*, II, 38, *apud hunc Hercules cum deuerteretur*; Schol. German., p. 100, Br., *cuius (Chironis) hospitio Hercules usus*; Ovide, *F.*, V, 387 (cf. *infra*). Nigidius Figulus (*fr.* 97, Sw.) précise : *a quo (Chirone)... Hercules litteras didicisse dica(n)tur.* Mais à *litteras* (amétrique au plur.), Aviénus substitue *leges*, en meilleur accord avec le caractère essentiel du personnage ('uariatio' très aviénienne : 886 *iustae* / 889 *aequi* / 890 *legum*). Quant à *post bella*, il s'explique par la notice d'Ovide, *F.*, V, 387 sq. :

Venerat Alcides exhausta parte laborum,
iussaque restabant ultima paene uiro.

(Aviénus souligne l'antithèse *legum post bella*, contraire à la formation classique) : *bella* désigne les travaux et les luttes diverses du héros.

Mais d'autres interprétations sont possibles ou ont été proposées.

a) Chiron aurait été le maître de droit après avoir été le maître d'armes d'Héraclès (sur Chiron maître de chasse, d'armes et de guerre, cf. Escher, *op. cit.*, 2304, 'Führung der Waffen', 2307, 'Kriegshandwerk'). Un texte de Val. Flaccus (*Arg.*, I, 268 sq.) appuierait singulièrement cette interprétation :

(Pélée confie Achille au Centaure)

te paruus lituos et bella loquentem
miretur; sub te puerilia tela magistro
uenator ferat...

(*bella* et *magistro* dans deux vers successifs à la même place que chez Aviénus : une réminiscence n'est pas exclue).

b) *Bella* pourrait s'appliquer aux combats menés dans sa jeunesse par le Centaure — qui reçoit Héraclès en même temps qu'Achille, c'est-à-dire déjà vieux (Ovide, *A. A.*, I, 14; *F.*, V, 397, *senex*). Stace (*Ach.*, I, 116) présente un Chiron qui a délaissé lances et carquois pour se consacrer sur la fin de sa vie, *inermis*, à la médecine et à la musique. Mais Aviénus, avec *iustae uitae* et *arbiter aequi egerat*, ne semble pas faire cette distinction.

c) Housman (*Cl. Review*, XVI, 105) construit *legum magister post Alcidae bella*, avant lesquelles, dit-il, l'ἀνομία régnait sur le Pélion : interprétation qui fait fi des rapports maître/disciple bien attestés pour Chiron et Héraclès dans les textes (cf. *supra*) qu'Aviénus utilise constamment.

d) Von Winterfeld (*op. cit.*, p. 24 sqq.) corrige *legum* en *Lelegum* (fort ingénieux en soi) et comprend : *Alcidae magister post bella Lelegum* (= *Centaurorum* = *in Centauros*). Mais la synonymie *Leleges* = *Centauri* n'est attestée que par une Scholie de Pindare (*ad Pyth.*,

II, 78, p. 45, Drachmann), version rare qui ne serait guère intelligible ici.

3. Cf. Vitruve, IX, 5.1, *Anguis porrigens agmen stellarum intortus succingit*, et comm. J. Soubiran, p. 182.

4. Les voisinages du Cancer pour la tête, du Centaure pour la queue et du Lion pour le milieu du corps sont indiqués par Aratos (445-447) et tous les textes astronomiques (cf. J. Soubiran, *loc. cit.*). N'est pas aratéenne, en revanche, la mention de la Vierge, cependant exacte : l'Hydre est au-dessous de la Vierge sur trois heures d'ascension droite ; c'est très net sur le globe de l'Atlas Farnèse. La Vierge est citée par Vitruve, *loc. cit.* (cf. comm., p. 183, qui allègue d'autres textes) et Ératosthène, *Catast.*, XLI. C'est la Coupe qui est située près des genoux de la Vierge. L'expression 895, *summa quiescit*, fait quelque difficulté. D'après les v. 144 sq. (qui concernent un autre reptile céleste), on doit comprendre : « son extrémité s'achève sous la Vierge » (cf. Schol. Arat., p. 281.6, Mart. : τὰ δὲ τελευταῖα αὐτοῦ περὶ τὴν Παρθένον). Cela semble contredire l'indication précédente de la queue infléchie vers le Centaure ; mais la contradiction n'est qu'apparente, car la queue de l'Hydre se termine, à la vérité, avec l'étoile π, entre la Vierge et le Centaure. Aviénus laisse voir qu'il a contaminé Aratos lui-même et ses exégètes.

5. Ζώοντι ἐοικός, Aratos, 444. Nous conservons donc le *uitam* des manuscrits, complément d'objet intérieur de *spirare*. L'absence de sujet ne fait aucune difficulté (cf. Virgile, *Aen.*, VI, 454, *aut uidet aut uidisse putat...*).

6. Encore un détail non aratéen ; mais cf. Schol. German., p. 101, Br., *Habet Anguis stellas in rostro tres* (Ératosth., *loc. cit.*, les situe ἐπ' ἄκρας τῆς κεφαλῆς, Hygin, II, 40, et Schol. German., p. 181, *in capite*). En fait, la tête de l'Hydre forme un pentagone irrégulier (étoiles ρ ε δ σ η Hya).

7. Sur le pittoresque trio Hydre-Coupe-Corbeau, cf. Ératosth., *Catast.*, XLI ; Ovide, *F.*, II, 243-266. L'astrothésie aratéenne est classique. Quant aux adjectifs qui qualifient la Coupe (*coruscum*) et le Corbeau (*caeruleum*), apparemment antithétiques, ils s'appliquent mieux à l'objet ou à l'animal réels qu'aux étoiles de ces constellations : le Corbeau possède, au contraire, des étoiles plus brillantes que la Coupe.

8. Notre moderne constellation du Petit Chien (*Canis Minor*), ainsi nommée parce qu'elle se lève avant le Grand Chien (Schol. Arat., p. 283, Mart. ; Schol. German., p. 102 et 181 sq., Br. ; Ératosth., *Catast.*, XLII ; Hygin, *Astr.*, II, 36). C'est, en fait, une constellation boréale, légèrement au-dessus de l'équateur.

9. (Προκύων) καλὰ φαείνει, dit seulement Aratos (450). L'indication des trois étoiles vient d'Ératosth., *Catast.*, XLII (cf. Schol. Arat. et German., *loc. cit.* ; Hygin, *Astr.*, III, 35). En fait, une seule est brillante (ὧν εἷς ὁ πρῶτος λαμπρός, Ératosth.), qui porte aussi — et de nos jours encore — le nom de Procyon (ὧν εἷς ὁμώνυμος Προκύων, Schol. Arat.) : c'est α (magn. 0,5), *ore micans rutilo ∾ in collo splendidam unam* (Schol. German., p. 182) ; β n'est que de troisième grandeur, γ δ ε ζ η de cinquième. *Trina face* donne donc une

idée fort inexacte de la constellation, et l'on peut même se demander si Aviénus ne lui attribue pas plutôt quatre étoiles (1 + 3) que trois, comme ses modèles.

10. Développement imagé, mais imprudent, du simple ἐξείης παλίνωρα d'Aratos (452). Aviénus oublie, en effet, que les constellations circumpolaires, à l'intérieur du cercle arctique, ne disparaissent jamais sous l'horizon marin (cf. v. 115 et note *ad loc.*, 256).

11. La ponctuation de ces trois vers fait difficulté. Breysig et Holder ne mettent qu'une virgule après *hauriet Oceanus*, et un point après *super*. Nous préférons grouper les énoncés deux par deux : *uehit* et *rursus hauriet* (antithèse) / *trahit* et *pingunt* (deux verbes initiaux). Plus grave : *AE* écrivent *superpingunt*, suivis par les éditions anciennes, ce qui donne deux autres possibilités : soit *cuncta* seul en rejet, soit même ponctuation après *machina caeli*, *cuncta* se rattachant à *sua sidera*. Il est souvent difficile, chez Aviénus, lorsque *super* précède une forme verbale, même composée, de décider s'il est adverbe (au sens vague de « là-haut ») ou préverbe. Toutefois, des exemples d'adverbe iambique final de rejet, comme ici, semblent indiscutables en 119, 1206, 1771 ; d'où notre choix, conforme à celui de Breysig et Holder. Pour l'idée de *pingunt*, cf. v. 77.

Page 132 :

1. Les cinq planètes visibles à l'œil nu et connues des Anciens : Mercure, Vénus, Mars, Jupiter, Saturne. Elles parcourent le Zodiaque.

2. Von Winterfeld et, mieux encore, Housman, ont restitué le texte probable de ce vers, désastreusement corrigé en *aliquo ⟨pacto⟩* par Grotius, que suivent encore Breysig et Holder : cf. Aratos, 456 sq., οὐκ ἂν ἔτ' εἰς ἄλλους ὁρόων ἐπιτεκμήραιο / κείνων ἧχι κέονται (et Schol. Arat., p. 288 sq., Mart.). Pour des astres mobiles, le système de repérage de proche en proche pratiqué jusqu'ici dans la description des constellations perd toute efficacité.

3. Les Anciens savaient que les planètes étaient animées d'un double mouvement. L'un, diurne, les entraîne d'est en ouest avec la sphère céleste. L'autre, beaucoup plus lent et d'une vitesse variable pour chacune, les fait remonter d'ouest en est, non sans irrégularités (stations, rétrogradations) dont Aviénus ne tient pas compte ici. Sur ce double mouvement, cf. Schol. Arat., p. 289, Mart. ; Géminos, *Isag.*, I, 19 (et notes G. Aujac, *ad loc.*) ; Cléomède, I, 3 ; Vitruve, IX, 1.5 sqq. (et comm. J. Soubiran, *ad loc.*) ; Pline, *N. H.*, II, 32 sq. (et comm. J. Beaujeu, *ad loc.*), etc. Mais Aratos, lui, n'en dit mot (à moins qu'on ne lise ἔμπαλιν au v. 455, cf. note J. Martin, *ad loc.*) : il se contente de noter qu' « elles changent de place constamment toutes les cinq » (457). Les vers 913-923 d'Aviénus ne doivent donc rien à leur modèle ; ils s'inspirent de la littérature astronomique postérieure. Du reste, 914-918 développent seulement, avec un plus grand luxe d'images, l'idée de double mouvement déjà énoncée v. 912 sq.

4. *Subrecti* (les mss. ont *subreti* ou *subiecti*, mais les formes de *subrigo* sont souvent altérées dans les mss. d'Aviénus, cf. *Ar.*, 101, 1160) a été correctement restitué et expliqué par Breysig (*Hermes*, XV,

1880, p. 188). L'idée est que la sphère des fixes, qui porte les constellations, est la plus éloignée de la terre centre du monde. Les planètes se meuvent sur des cercles ou des sphères concentriques, entre la terre et les étoiles : cf. Manilius, I, 806, *quae terram caelumque inter uolitantia pendent*; Pline, *N. H.*, II, 12, *inter hanc (terram) caelumque pendent, certis discreta spatiis, septem sidera* (les cinq planètes + lune et soleil) ; Schol. Arat., p. 286 sq., Mart., ὑποκάτωθεν δέ εἰσι τοῦ ζῳδιακοῦ κύκλου ταπεινότεροι τῶν ἀπλανῶν ; Apulée, *Mund.*, II (292). Mais cette vision « en profondeur » de l'univers, due peut-être à une sphère armillaire, s'accorde mal avec les descriptions « planes » de tout le poème.

5. Métaphore classique : les planètes semblent gravir avec peine l'étendue de ciel qui sépare l'horizon ouest du méridien (*summa poli* = leur point culminant au-dessus de l'horizon sud). Cf. Ovide, *Met.*, II, 72 (le Soleil), *nitor in aduersum* (tout le passage est à rapprocher d'Avien., 914-918) ; Vitruve, IX, 1.15, *astra nitentia contra mundi cursum* ; 1.5, *ut per graduum ascensionem percurrentes* ; 1.10 (Jupiter), *placidioribus gradibus scandens contra mundi uersationem* ; Manilius, I, 805, *aduerso pugnantia sidera mundo*, etc.

6. Expression maladroite, car le soleil est lui aussi une « planète », et effectue le même double mouvement que les autres (cf. Ovide, *Met.*, II, 70-73). Aviénus semble n'envisager ici que le mouvement diurne du soleil, d'est en ouest, et non sa révolution annuelle en sens inverse. *Radiis* aussi est malencontreux : on attendait plutôt *orbi*. Aviénus est-il influencé par les théories radio-solaires d'origine chaldéenne, qui prêtaient aux rayons du soleil une influence attractive ou répulsive sur la marche des planètes — ce qui est tout autre chose (cf. Vitruve, IX, 1.11-14, et comm. J. Soubiran, *ad loc.* ; Pline, *N. H.*, II, 67-71, et comm. J. Beaujeu, *ad loc.*)?

7. Comparaison classique du double mouvement des planètes avec un passager qui, sur un bateau en marche, va de la proue à la poupe : Hygin, *Astr.*, IV, 13 ; Cléomède, I, 3, p. 30, Z. Il en existait d'autres : le bateau qui descend moins vite que le courant et paraît donc reculer (Géminos, *Isag.*, XII, 18) ; les fourmis qui marchent sur une roue de potier tournant en sens inverse de leur déplacement (Vitruve, IX, 1.15 ; Achilles, *Isag.*, 20 ; Cléomède, *loc. cit.*) : cf. Gundel, s. v. *Planeten*, P. W., XX, 2082 sq.

8. Nous pensons avoir, pour la première fois, rétabli correctement le mouvement de cette période, où, au *ceu* initial, répond le *ita* du v. 921 (sic *A*, *ista V*). Le *tamen* de *E*, accepté par tous les éditeurs, oblige à corriger au vers suivant *labenti* en *labentis* (= *uis labentis aethrae*), puisque *istis* ne peut plus être, en ce cas, que complément de *obuia*. L'idée revient à peu près au même (antagonisme de deux mouvements), mais il est bien plus satisfaisant de prêter aux planètes une *uis* particulière : cf. Schol. Arat., p. 286, Mart. (au contraire des étoiles fixes), οὐκέτι δὲ ὁμοίαν ἔχοντες τὴν φύσιν οὔτε τὴν λαμπηδόνα οὔτε τὴν θέσιν, † ἢ ἄλλοις † ἢ κατὰ ταῦτα ἢ κατὰ τὰς ἐνεργείας.

9. Ce vers, que tous les éditeurs donnent sous la forme *Vnicaque*

in solis..., pose un problème difficile. Tous font de *solis* le génitif de *sol*, soit en lui accordant une majuscule (éd. Lemaire et Panckoucke ; Breysig, Hermes, XV, 1881, p. 130), soit en le classant sous *sol* dans l'*index uerborum* (Holder). Mais cette interprétation se heurte à de graves difficultés :

a) Il faut supposer un allongement *solīs* à la césure (Breysig), licence rarissime et contestée chez Aviénus (E. Reuter, *op. cit.*, p. 18 sq.), particulièrement fâcheuse ici par l'équivoque qu'elle engendrerait : comment le lecteur ne serait-il pas tenté de lier *solīs*... *flammīs* (disjonction de type banal)? Si Aviénus avait voulu mentionner le soleil, nul doute qu'il l'eût fait autrement, en conférant, par exemple, à *solis* la valeur, sans équivoque, d'un trochée.

b) Dans l'hypothèse où *solis* = « du soleil », comment comprendre *in*? Les planètes n'allument pas leur brasier *dans* les flammes du soleil. Ce serait vrai, à la rigueur, des planètes inférieures (Mercure et Vénus), qui ne s'en éloignent jamais beaucoup, mais c'est faux des trois autres. Faut-il entendre que les planètes tirent leur éclat des feux du soleil, c'est-à-dire brillent, comme la lune, d'une lumière réfléchie? C'est une idée juste, que les Anciens ont quelquefois exprimée (théorie des Néo-Chaldéens), d'une manière du reste peu claire. Mais la théorie de la lumière propre des planètes était bien plus naturelle et répandue (cf. Vitruve, IX, 1.11, et comm. J. Soubiran, p. 101 sqq. ; Pline, *N. H.*, II, 45, et comm. J. Beaujeu, *ad loc.* ; Gundel, s. v. *Planeten*, P. W., XX, 2101 sq., 2109 sq.). Est-il croyable qu'Aviénus ait exprimé une hypothèse insolite sous cette forme ambiguë (*solīs*) et impropre (on attendait *ex* au lieu de *in*), qui avait toutes les chances de n'être pas comprise? Du reste, le Schol. Arat. (p. 287, Mart.), après avoir énuméré les cinq planètes et indiqué les durées de leurs révolutions, poursuit : εἴπομεν δὲ ὅτι ἡ σελήνη αὐτὴ καθ' ἑαυτὴν ἀφανὴς ἡμῖν ἐστιν, ἀπὸ δὲ τοῦ ἡλίου φωτιζομένη φανερὰ ἡμῖν γίνεται, ce qui montre à l'évidence, *ex silentio*, que pour lui la lune se distingue sur ce point des cinq planètes.

Mieux vaut donc rattacher, tout naturellement, *solīs* à *flammis*. La construction du verbe *adolere* s'en trouve fort bien (*adolere incendia*, Avien., *Ar.*, 1280 ; *flammis adolere*, Virg., *Aen.*, I, 704 ; Avien., *Ar.*, 1357), et le sens aussi : ces planètes isolées s'opposent aux étoiles groupées en constellations. Mais *in*, en ce cas, est de trop : nous écrirons donc *Vnica quin solis*, très proche du texte des manuscrits. *Vnicaque insolitis* nous a aussi tenté (*insolitis* à cette place, Virg., *G.*, I, 475) : le vers y gagnait en ampleur, et l'idée d'unicité était suffisamment exprimée par *unica*. Il est exact, de toute façon, que l'éclat des planètes est exceptionnel : Vénus et Jupiter surpassent toutes les étoiles, Mars et Saturne rivalisent avec les plus brillantes. La suite des idées, au total et avec *quin*, serait donc celle-ci : ces planètes ont en elles une puissance exceptionnelle (*uis* = φύσις, ἐνέργεια de Schol. Arat.) ; elles ont même (*quin*) un éclat exceptionnel (*incendia* = λαμπηδών de Schol. Arat.). Seule faiblesse (*tamen*, v. 924), leur lenteur — et nous rejoignons ici le poème d'Aratos.

10. Calquant les deux vers d'Aratos (458 sq.), qu'il comprend comme

Schol. Arat. (p. 289 sq., Mart.), Aviénus, au contraire de Germanicus (442 sq. ; cf. A. Le Bœuffle, n. *ad loc.*), distingue clairement :

a) La durée de révolution apparente de chaque planète autour de la terre centre du monde. Cette durée est évaluée par les Anciens (cf. Vitruve, IX, 1.8-10, et comm. J. Soubiran, p. 94-98) à trente ans pour Saturne, douze ans pour Jupiter, deux ans pour Mars, un an pour Mercure et Vénus — chiffres arrondis, qui ne peuvent du reste être comparés directement aux valeurs modernes, puisqu'il s'agit pour nous de la révolution réelle autour du soleil.

b) La durée nécessaire, beaucoup plus longue, pour que les cinq planètes se retrouvent en conjonction. C'est la Grande Année platonicienne (Schol. Arat., *loc. cit.*) et chaldéenne, chère à Cicéron (cf. *Aratea*, éd. Belles Lettres, p. 213) qui l'estimait à 12 954 ans. D'autres proposaient des valeurs infiniment plus élevées encore (millions, voire milliards d'années : Censorinus, *D. N.*, XVIII, 11).

11. Tropiques du Cancer et du Capricorne, Équateur, Zodiaque (écliptique). Aviénus semble se les représenter comme supports matériels des constellations (cf. Cicéron, 242). Ce sont en fait des cercles géométriques imaginaires, λόγῳ θεωρητοί (Géminos, *Isag.*, V, 11) : cf. Hipparque, I, 9, qui discute Aratos, 467 (problème de texte sur ἀπλατέες, qu'Aviénus justement évite de traduire). Sur le nombre de cercles célestes, cf. A. Le Bœuffle, *Vocab. lat. de l'astr.*, p. 243 sq.

Page 133 :

1. Les deux tropiques et, entre eux, l'équateur sont parallèles. L'écliptique, oblique, coupe l'équateur en deux points diamétralement opposés et est tangent, en deux points diamétralement opposés aussi, aux deux tropiques. Voir figure dans Cicéron, *Aratea...*, éd. J. Soubiran, p. 214.

2. L'équateur et l'écliptique, qui sont des grands cercles de la sphère céleste.

3. Aussi abruptement qu'Aratos (469), Aviénus commence par décrire un cinquième cercle, tout à fait hétérogène aux précédents, la Voie Lactée. Car celui-ci est un cercle lumineux, matériel et visible, de tracé et d'éclat du reste irréguliers, et non un tracé géométrique imaginaire (cf. Géminos, *Isag.*, V, 68-70, et *infra*, v. 946 sq.).

4. C'est-à-dire lorsque la lune est pleine, ce qui, dans le mois lunaire primitif, se produisait par définition au milieu du mois. Mais au temps d'Aviénus, il y a des siècles que les mois du calendrier romain n'ont plus aucun rapport avec les phases de la lune : phraséologie purement poétique.

5. Peut-être réminiscence d'Horace, *Epod.*, XV, 1 sq., *Nox erat et caelo fulgebat Luna sereno / inter minora sidera.* Mais l'idée est aratéenne. Aviénus développe ce tableau de la lune et des étoiles au détriment de l'insistance d'Aratos (473-476) : « si jamais l'étonnement s'empare alors de ton esprit à la vue du large cercle... ou si quelqu'un à tes côtés te montre cet anneau resplendissant... » (trad. J. Martin). La faible luminosité de la Voie Lactée, qu'Aviénus, au contraire de ses devanciers (cf. Cicéron, 248 sq., et note J. Soubiran, *ad loc.*), évite

avec raison de qualifier d'épithètes hyperboliques, exige en effet, pour être bien perçue, une nuit claire et sans lune.

6. *Lactis* du v. 942 est à comprendre comme un nom propre, calque du grec Γάλα (Aratos, 476, Γάλα μιν καλέουσιν). Sur d'autres dénominations grecques et latines, cf. A. Le Bœuffle, *Vocab. lat. de l'astr.*, p. 261-264. Sur la Voie Lactée en général, Gundel, s. v. *Galaxias*, P. W., VII, 560-571 ; J. Mau, s. v. *Milchstrasse*, Kl. Pauly, III, 1294 ; principaux textes antiques : Aristote, *Météor.*, I, 8 ; Manilius, I, 684-804.

7. L'équateur et l'écliptique ; car la Voie Lactée est aussi, à peu près, un grand cercle de la sphère céleste.

8. Les tropiques sont, en effet, un peu moins grands : μέγα μείονες, dit cependant Aratos (479), et Aviénus a tort lui aussi d'insister autant ; car les tropiques ne sont inférieurs en longueur aux grands cercles que de moins de 1/11 (Hipparque, I, 9.15).

9. Callisto = la Grande Ourse (cf. *supra*, v. 105 sqq. et note *ad loc.*). C'est le tropique nord, celui du Cancer.

10. Dans les développements qui commencent ici (v. 950-1059), Aviénus va situer les quatre cercles imaginaires par rapport aux constellations qu'ils traversent (ou supportent, cf. v. 933). Par suite de la précession des équinoxes, ces localisations ne correspondent pas à ce qu'on peut lire sur les cartes célestes modernes. Elles ne correspondent pas non plus exactement à la vérité astronomique antique (cf. les précieuses cartes du ciel au temps d'Hipparque dans l'éd. G. Aujac de Géminos, Belles Lettres, 1975). Hipparque (I, 10) les a longuement critiquées ; Germanicus a tenu compte de ces critiques (cf. notes de A. Le Bœuffle *ad* German., 461-510), et M. Erren (*Die Phainomena des Aratos von Soloi*, p. 183-200) a montré que la situation décrite par Aratos valait pour une période bien plus ancienne (1000 avant J.-C.). Aviénus ne se pose pas ces questions : il reproduit fidèlement le texte du poète grec, fort inexact, donc, pour son temps. Nous nous abstiendrons de discuter le détail de ces données : c'est l'affaire des commentateurs d'Aratos. Nous n'indiquerons en principe que les cas où Aviénus s'écarte de son modèle.

11. Aratos (483, cf. Schol. Arat., p. 301, Mart.) dit κνήμη, « la jambe » ; Cicéron (256) *sura*, « le mollet ». C'est Germanicus (462) qui parle de *planta* — ce qui d'ailleurs ne correspond pas aux observations d'Hipparque (I, 10.5).

12. Aratos (484) dit « le bras droit au-dessus du coude », ἀγκῶνος ὕπερθεν (ἀνωτέρω τοῦ ἀγκῶνος, Schol. Arat., p. 302, Mart.) ; c'est plus clair que *cubito tenus*, d'autant plus que *dextram* (= δεξιτερήν) a ici le sens de « bras », non de « main » (cf. éd. Lemaire, note *ad loc.*). Sur le globe de l'Atlas Farnèse, le tropique coupe le bras (gauche !) à la hauteur du biceps, mais le coude et la main sont également au sud.

Page 134 :

1. A l'extrémité de la tête, Aratos (487) ajoute le cou (ὑπαύχενον, αὐχήν, Schol., *ad loc.*) ; mais Germanicus déjà supprimait cette

mention — pas plus exacte, d'ailleurs, que celle de la tête, selon Hipparque, I, 10.8.

2. Aratos (488) ne mentionne que les épaules, non le dos — à tort, du reste, selon Hipparque (I, 10.9).

3. La Vierge. Sur cette légende, cf. note suivante. Aratos (490 sq.) dit simplement : « la Vierge, qui évolue un peu plus au sud, ne le touche pas » (trad. J. Martin).

4. Aviénus introduit ici (ainsi qu'aux v. 1046 et 1113) une identification de la Vierge qu'il n'a pas mentionnée dans le long passage (v. 277-292) consacré à cette constellation, mais qui est bien connue des mythographes (Hygin, *Astr.*, II, 4 et 25 ; *Fab.*, 130 ; Schol. German., p. 66 sq., Br.). Fille d'Icarios (une des identifications mythiques du Bouvier), Érigone se pendit à un arbre après que son père eut été massacré par les Athéniens, qu'il avait involontairement enivrés avec du vin offert par Dionysos, et qui s'étaient crus empoisonnés. Selon P. von Winterfeld (*De R. F. A. metaphrasi...*, p. 29 sq.), qui le premier rétablit et expliqua le texte de ce vers, Aviénus, non sans préciosité, oppose le comportement terrestre de la jeune fille, qui s'est pendue avec sa ceinture, et sa répugnance, une fois au ciel (*super*), pour cet objet (ambivalence de *zona* = « ceinture » et « cercle céleste »).

5. *Borealis* se rapporte évidemment à *caeli* (cf. *D. O. T.*, 878, *Borealis cardine caeli*), non à *Cancer*, comme le croit Holder (*Index uerb.*, s. v.).

6. Pudique, Aviénus édulcore le μέχρι παρ' αἰδῶ de son modèle (493).

7. *Plana* signifie à la fois que le corps du Cancer est aplati et surtout qu'il est vu de dessus, alors que le Lion est de profil : antithèse implicite, mais évidente au vu du globe de l'Atlas Farnèse.

8. Le sens de cette notice est évident (le Cancer est partagé par le milieu), mais le texte fait quelque difficulté. Si *subter caua tegmina* correspond au ὑπένερθε χελείου d'Aratos (493) et s'explique par les globes célestes (Atlas Farnèse) où le tropique passe sous le corps du Cancer, le *medio... diuidit orbem* des manuscrits ne peut raisonnablement être conservé : on lit depuis Schrader *medio... orbe*. Mais avec *diuidere*, lorsqu'il s'agit de couper un objet par le milieu, l'usage ordinaire est d'accorder *medius* non à l'instrument, mais à l'objet (Horace, *Sat.*, I, 1.100 ; Virgile, *Aen.*, IX, 748 ; Sénèque, *Apoc.*, II, 4 ; et Avien. lui-même, *Ar.*, 979 ; *D. O. T.*, 1160 ; cf. d'ailleurs Arat., 495, διχαιόμενον ; Schol. Arat., *ad loc.*, διχῶς τεμνόμενον). Aussi lisons-nous *medium* (faute semblable, mais de sens inverse, au v. 960) et les deux propositions deviennent absolument symétriques (sans doute effet voulu) : *secat* ∾ *diuidit* (cf. Cicéron, *N. D.*, III, 29, *omne animal secari ac diuidi potest*), *alium* ∾ *medium*, *per uiscera plana* ∾ *subter caua tegmina* (antithèse *plana*/*caua*). Reste *orbem*. J'avais d'abord pensé le conserver en lui donnant le sens de « disque » (= forme circulaire de la carapace) ; mais c'était peu naturel, et surtout, Aratos (496) dit : ἵν' ὀφθαλμοὶ κύκλου ἑκάτερθεν ἴοιεν. Il est clair que notre *orbe*(*m*) traduit ce κύκλου, représente donc le tropique, et doit être lié à *lumina secludens altrinsecus*. D'où maintien du *orbe* de Schrader, mais avec cette ponctuation (insolite) entre les pieds V et VI : c'est encore un effet, de coupure cette fois.

9. Soit un rapport jour/nuit, aux solstices, de 15 h./9 h. Ces données

ne valent que pour la latitude terrestre de 40°-41° nord. C'est celle de Rome et de l'Hellespont (Géminos, *Isag.*, VI, 7-8 ; Cléomède, II, 1 ; Pline, *N. H.*, II, 186). Qu'Aratos ait adopté ces valeurs, inexactes pour le monde grec, fait problème (cf. Hipparque, I, 3.5-10 ; Schol. Arat., p. 304 et 308, Mart. ; M. Erren, note *ad* Arat., 499).

10. Expressions légèrement impropres : le soleil, bien entendu, ne revient jamais sur ses pas. Après avoir progressivement, de l'équinoxe au solstice, accru sa déclinaison céleste de 0° à + 23° 30', il la voit décroître à nouveau en poursuivant sa route le long du Zodiaque, cercle oblique (cf. *infra*, v. 1014 sqq.) qui, dans sa partie la plus élevée, est tangent au tropique du Cancer.

11. L'expression *Cancro tenus* est embarrassante. *Tenus* implique une idée de limite qui ne convient guère ici. Toutes les constellations de ce cercle sont approximativement à la même déclinaison, et le Cancer n'est ni plus ni moins près que les autres de l'*axem semper inocciduum.* Si bien que j'avais songé à écrire *Cancri tenus* (pour *Cancri*, cf. *canore* de *VA*), faisant de *tenus* un substantif (du reste rarissime, cf. Ernout-Meillet, *Dict. étym.*, 4e éd., s. v.) apposition à *circulus* : « ce cercle, ligne tendue du Cancer... ». Mais la solution était trop recherchée. En fait, c'est Aratos qui, en employant un περί peu clair (500, Ἀλλ' ὁ μὲν ἐν βορέῳ περὶ Καρκίνον ἐστήρικται), a provoqué l'embarras des commentateurs et traducteurs anciens et modernes : Cicéron ne traduit pas le vers, Germanicus (482) laisse tomber le second hémistiche ; Schol. Arat. (p. 308, Mart.) glose ὑπὸ τὸν Καρκίνον (M Δ : ἐπὶ UA) ; J. Martin traduit : « ce cercle... traverse le signe du C. » ; M. Erren : « um den Krebs errichtet ».

12. Addition imprudente (Arat., 500, ἐν βορέῳ ; German., 482, *Boreae propior* ; mais 460, *uicinis haud procul Vrsis*). La déclinaison à partir de laquelle les constellations ne se couchent jamais (*semper inocciduum*) est de 90° — λ (latitude du lieu) : elle définit le cercle arctique (cf. Géminos, *Isag.*, V, 45-48), dont Aratos ne parle pas. Pour une latitude terrestre de 40° (cf. *supra*, n. 9), le cercle arctique est donc à une déclinaison de + 50°, alors que le tropique est à + 23° 30', donc équidistant, ici, de l'équateur et du cercle arctique.

13. Même en donnant à *cardo* le sens métonymique de « zone, région, calotte » au lieu de « pivot » (donc « pôle »), l'expression demeure approximative.

14. Quand le soleil se trouve dans le Capricorne, c'est l'hiver, pluvieux.

15. Le Verseau = Ganymède.

16. Celle de la Baleine (Κήτεος οὐρήν, Arat., 502). Comme le vers est trop court d'un pied, Grotius et ses successeurs conjecturent *Caeruleae* ⟨*Pistris*⟩. Mais la syntaxe est bien gauche (deux génitifs en cascade : *postrema* + *caudae* + *Pistris*) et la précision inutile (cf. v. 984, *uenenatae caudae* désigne à lui seul la queue du Scorpion ; 985, *arcu* et *sagitta* le Sagittaire). En fait, si le vers a perdu un mot, il est impossible de dire lequel, et à quel endroit. On peut supposer :

— chute d'un nom initial : *postremaque caudae*
⟨*agmina*⟩ *caeruleae. Breuis hic Lepus...* (peu probable) ;

— chute d'un verbe après *caeruleae* :

caeruleae. ⟨Lucet⟩ breuis hic Lepus...

(verbe d'éclat : *lucet, flagrat* — ou le contraire : *languet, marcet* ; verbe de mouvement : *fertur, properat, currit, sequitur...*) ;

— chute d'un verbe après *breuis hic* :

caeruleae. Breuis hic ⟨lucet⟩ Lepus,...

(les mêmes que précédemment, et d'autres à initiale vocalique : *ardet, haeret*). Solution moins probable, car *breuis hic Lepus* doit former groupe (cf. 1382, *breuis huc labor*, même place du vers) ;

— chute d'un verbe dactylique après *Lepus* :

caeruleae. Breuis hic Lepus ⟨adiacet⟩, hic Canis artus

(ou *aufugit, aduolat, emicat...*).

Ni Aratos (503, ἐν δέ οἵ ἐστι Λαγωός), ni Cicéron (276, *fulgentem Leporem*), ni Germanicus (487 sq., *uelocia crura... Leporis*) ne permettent de décider.

17. Épithète ornementale de sens ambigu (Housman conjecture *dissecta*, mais le verbe *disseco* est rarissime en poésie, cf. *Thes. L. L.*, s. v. ; et *disicio* signifie aussi *diuido, separo*, cf. *Thes. L. L.*, s. v.). Est-ce une simple redondance de *amputat* (adj. de sens proleptique), ou Aviénus évoque-t-il la queue segmentée des scorpions?

Page 135 :

1. L'arc et la flèche du Sagittaire. Aratos (506) ne mentionne que l'arc (de même Cicéron, 279, et German., 491).

2. Pour la métaphore, absente chez Aratos, cf. Lucrèce, V, 617 ; German., 7, 289, 481, 484, qui emploient constamment le pluriel *metae* — ce qui exclut la conjecture *meta est* (*meta ē* > *metae*) à laquelle j'avais songé.

3. L'inverse du tropique du Cancer : cf. *supra*, v. 969-972, et note *ad loc.*

4. Cf. v. 947 sq., et note *ad loc.*

5. Le soleil coupe l'équateur céleste aux équinoxes d'automne (v. 999) et de printemps (v. 1000). Les heures diurnes sont alors égales aux heures nocturnes (heures équinoxiales = nos heures modernes) : cf. Vitruve, IX, Introd. p. LVI-LIX ; Géminos, *Isag.*, p. 214 sq., Aujac. Aratos et ses premiers traducteurs ne parlent que de l'égalité jour = nuit, non des heures ; cf. en revanche Manilius, III, 238-274.

6. Aratos (518) dit ζώνη, « la ceinture » ; mais le baudrier d'Orion, très reconnaissable, est une notation classique (*balteus Orionis*, fin d'hex. de German., 233) : cf. *supra*, v. 723, et note *ad loc.*

7. Ἐλαφρός, dit Aratos (519), que les Schol. Arat. (p. 313, Mart.) interprètent, soit ἐλαφρῶς ἐγκείμενος (*sic* German., 505, *Cratera leuem*, Aviénus ; trad. M. Erren : « der leichte Mischkrug »), soit comme ἀλαμπής, ἀμυδρός (*sic* trad. J. Martin : « le pâle Cratère »).

8. Aviénus ne rend pas le ἀστέρες οὐ μάλα πολλοὶ Χηλάων d'Aratos (520 sq.).

9. Aviénus lisait de toute évidence, comme Hipparque (I, 10.21), ἀπαμείρεται chez Aratos (522), contre ἀπομείρεται, qu'atteste aussi

la tradition et que préfère M. Erren. Cf. notes J. Martin, M. Erren *ad* Arat., 522.

10. Cf. *supra*, v. 489-502.

Page 136 :

1. Dans ce vers, que conserve *E* seul (le texte en est donc moins assuré), mais dont l'authenticité est certaine (il traduit Aratos, 526, μεσσόθι πάντας ἔχων), *ut* fait difficulté, puisque *et* lie déjà *transigit axis* et *circumfunditur idem*. Il ne pourrait s'agir que d'un *ut* atténuatif, « pour ainsi dire, en quelque sorte », qu'Aviénus emploie, en effet, quelquefois, devant des adjectifs ou des participes (ainsi *D. O. T.*, 293). Mais cette précaution oratoire ne s'impose pas ici, où la description géométrique doit au contraire être rigoureuse : le second hémistiche s'en trouve à la fois affadi et obscurci. Aussi nous risquons-nous à lire *ter* : de *ut* à *ter*, en minuscule, le passage est aisé, surtout si l'on part de *ter* écrit *lll*r. Un vers de Virgile appuie grandement cette conjecture : *Aen.*, VI, 229, *Idem ter socios pura circumtulit unda*, qui présente côte à côte *idem*, *ter* et un verbe à préfixe *circum-* (*ter circum* se lisent encore, juxtaposés, en *Aen.*, I, 483 ; X, 885 ; XI, 188 ; disjoints, IX, 587). Quant au vers d'Aviénus, il en prend beaucoup plus de relief : au *tris omnis* initial (1011) répond, avec une double 'variatio', un *omnibus... ter* conclusif, qui permet d'enchaîner en 1014 avec *quartus et iste* ; de plus, l'antithèse *omnibus... ter* / *idem* confère au pronom final une valeur expressive des plus intéressantes.

2. Sur ce sens rare de *medius*, cf. Pline, *N. H.*, II, 50.

3. Toujours cette représentation des cercles célestes comme matériels. Aratos ne dit jamais rien de tel (cf. Hipparque, I, 9, et notre note au v. 933). Il s'agit ici des deux tropiques.

4. Cf. *supra*, v. 973 sq., 986. Cette idée fantaisiste n'est pas aratéenne non plus.

5. L'équateur. Les intersections du Zodiaque (écliptique) et de l'équateur marquent les équinoxes.

6. Comme Cicéron et Germanicus, Aviénus, avec les Schol. Arat. (p. 315, Mart.), fausse le sens de son modèle, qui affirme au contraire : « Ce n'est pas autrement qu'un ouvrier habile dans les arts d'Athéna arrangerait entre eux les cercles... » (trad. J. Martin). Cf. J. Martin, note *ad* Arat., 529 ; M. Erren, *Die Phainomena...*, p. 166 sq.

7. Gibraltar. Périphrase poétique pour désigner le couchant (cf. v. 1622) ; au v. 128, Aviénus a nommé Tartessos dans un contexte analogue.

8. Le mari de l'Aurore. Périphrase poétique pour désigner l'orient (cf. Virgile, *Aen.*, IV, 584 sq. ; Sil. Ital., V, 25 sq.).

9. En clair, les trois cercles parallèles, tropiques et équateur, étant perpendiculaires à l'axe du monde, donc de déclinaison fixe, se lèvent et se couchent toujours au même point de l'horizon (Schol. Arat., p. 316 sq., Mart. ; Géminos, *Isag.*, VII, 1-3).

10. Le Zodiaque au contraire, étant oblique, possède une déclinaison qui varie de + 23° 30' (Cancer) à — 23° 30' (Capricorne), en passant par 0° (Bélier, Balance). Chacun de ses points se lève donc et

se couche à un endroit différent de l'horizon, les deux extrêmes étant le Cancer (lever au nord-est, coucher au nord-ouest) et le Capricorne (lever au sud-est, coucher au sud-ouest) : cf. Géminos, *Isag.*, VII, 4-8, qui commente fort bien Arat., 537-540.

Page 137 :

1. Aratos (541-543) note brièvement : « Six lignes égales au rayon lumineux parti d'un œil pourraient le sous-tendre » (trad. J. Martin). Mais avec le Schol. Arat. (p. 318 sqq., Mart.), Aviénus juge avec raison nécessaire d'expliquer que la figure ainsi construite (cf. Cicéron, *Aratea*, éd. J. Soubiran, p. 220) suppose la terre ponctuelle au centre du monde (donc du Zodiaque). Le texte et la ponctuation de ce passage ne sont pas sûrs : j'ai restitué *exiguo* à partir de l'amétrique *signo* de *VE* (chute de *ex-* après *et* ; *iguo* > *igno* > *signo* d'après le contexte) ; pour la syntaxe, cf. *Thes. L. L.*, s. v. *exiguum*, et H. Kuehne, *De arte grammatica R. F. Avieni*, p. 45 sq. Mais le sens est clair, et très proche de Schol. Arat., p. 320.15-21 ; cf. aussi Manilius, I, 550-556.

2. Si le texte n'est pas corrompu (mais il ne le semble pas : cf. *tener aer*, v. 9), l'idée est curieuse — tout au plus suggérée par Schol. Arat., p. 319.14 sq., ἐπειδὴ πόρρωθέν ἐσμεν, οὕτως ἡμῖν φαίνεται ὀλίγα, et 320.5 sqq., ὅσον δὲ τῆς ἀπὸ τοῦ ὀφθαλμοῦ βολῆς (τῆς ἀκτῖνος) ἀποτέμνεται καὶ ἀφαιρεῖται ἡ αὐγὴ τοῦ αἰθέρος. Aviénus semble se représenter le rayon visuel se perdant peu à peu dans les hauteurs de l'atmosphère. Mais pour que la figure qu'il veut suggérer soit précise (un hexagone inscrit dans le cercle du Zodiaque), il faut que ce cercle ait lui-même une position et un tracé nets, son rayon une longueur donnée (cf. Cicéron, *Aratea*, éd. J. Soubiran, p. 184, n. 3).

3. La terre étant ponctuelle au centre de la sphère céleste (donc du grand cercle zodiacal), le rayon de cette sphère (ou de ce grand cercle) est égal aux côtés d'un hexagone régulier inscrit dans le grand cercle (cf. Schol. Arat., p. 318-321, Mart.). Mais ces six côtés égaux au rayon ne coïncident pas avec la circonférence elle-même : le *circumferat orbem* d'Aviénus est de ce point de vue équivoque ; Cicéron (315) et Germanicus (526-529) sont plus exacts (cf. notes J. Soubiran et A. Le Bœuffle, *ad loc.*). Ils sont les cordes qui sous-tendent six arcs égaux.

4. On obtient ainsi douze signes, à chacun desquels est théoriquement impartie une étendue égale de 30° (dodécatémories) : cf. Géminos, *Isag.*, I, 1-6.

5. Érigone : cf. *supra*, v. 962, et note *ad loc.*

6. Qui équivalent à la Balance, dont le nom a prévalu, cf. Vitruve, IX, 3.2, et comm. J. Soubiran, p. 138 sq.

7. Comme il est normal pour tout grand cercle de la sphère céleste. Un petit problème de texte, ici : les manuscrits ont *tantum telluris supereminet*, qui est inacceptable (*telluris* ne pourrait se rapporter qu'à *tantum*, ce qui est exclu). Breysig écrit *telluris super eminet*, faisant de *telluris super* l'équivalent de ὑπὲρ γαίης (Arat., 554) ; mais la construction de *super* (en anastrophe, de surcroît) avec le

génitif est très incorrecte, inconnue d'Aviénus, et engendrerait ici une équivoque redoutable (*tantum telluris / supereminet*). Mieux vaut, avec Housman, corriger en *tellurem* (mieux que *-ri*). Nourri de Virgile, Aviénus n'ignorait pas la construction de *supereminet* + accusatif (*Aen.*, I, 501 ; VI, 856 ; X, 765) : cf. *D. O. T.*, 610. La faute est due à un copiste qui, surpris par le groupe apparent *tantum tellurem* (qui semblait s'opposer à *quantum Oceano*), l'a « régularisé » en *tantum telluris*.

8. Un problème de texte, d'abord. Aratos

555 ἓξ αἰεὶ δύνουσι δυωδεκάδες κύκλοιο,
(omnibus) noctibus illabens pelago sex inserit astra,
556 τόσσαι δ' ἀντέλλουσι. Τόσον δ' ἐπὶ μῆκος ἑκάστη
sex reparat. Tanto nox umida tempore semper
557 νὺξ αἰεὶ τετάνυσται, ὅσον τέ περ ἥμισυ κύκλου
tenditur, extulerit quantum se circulus undis
558 ἀρχομένης ἀπὸ νυκτὸς ἀείρεται ὑψόθι γαίης.
⟨dimidius, primis qui terram impendet ab umbris.⟩

La juxtaposition des deux textes, qui se correspondent de fort près, montre que ne sont traduits chez Aviénus ni le ἥμισυ fondamental du v. 557, ni (sauf ἀείρεται) le v. 558. Cette lacune, qui entraîne une grave erreur scientifique (confusion cercle / demi-cercle) ne peut être due à Aviénus, tant Aratos et ses Scholiastes (p. 325 sq., Mart.) sont ici limpides. Un vers, à coup sûr, est tombé, que j'ai restitué *exempli gratia*. Il contenait la notion de « demi- », celle du début de la nuit et, peut-être, celle de l'élévation au-dessus de la terre. Raison probable de l'omission : le copiste a eu l'œil attiré trop tôt par le début (v. 1060) d'une des sections majeures du poème (cf. note suiv.), « aidé » peut-être en cela par la similitude des deux mots qui terminaient les v. 1059 et 1059 *bis* (*undis / umbris* dans ma restitution).

Cela établi, s'il est clair que tout grand cercle de la sphère céleste est toujours partagé selon son diamètre par le plan de l'horizon, donc, ici, divisé en 6 + 6 parties égales, il paraît moins évident que dans la durée d'une nuit, qui peut varier selon les saisons entre 15 h. et 9 h. équinoxiales (cf. *supra*, v. 972, et note *ad loc.*), se lève toujours le même nombre de signes. C'est pourtant un fait avéré, qu'explique fort bien Géminos (*Isag.*, VII, 9-17) : tous les signes ne se lèvent pas en des temps égaux à cause de l'obliquité du Zodiaque ; « dans les nuits d'hiver se lèvent les signes qui mettent beaucoup de temps à se lever ; dans les nuits d'été ceux qui ont un lever rapide » (trad. G. Aujac).

Page 138 :

1. Ici commence la seconde grande partie (v. 1060-1325) du poème aratéen, qui présente le ciel en mouvement et ses apparences successives. Pour connaître l'heure la nuit, il faut guetter les levers des signes du Zodiaque. Car si l'on connaît le signe qu'occupe le soleil (v. 1063), on sait qu'il se lèvera, en gros, dans autant de fois deux heures qu'il y a de signes entre celui qui se lève à tel moment de la nuit et celui qu'occupe le soleil (cf. Cicéron, *Aratea*, éd. J. Soubiran,

p. 222). Mais si le lever des signes n'est pas précisément observable à l'horizon, que masquent souvent des obstacles terrestres (v. 1066-1068), on peut le déduire de l'apparence générale du ciel à ce moment-là : d'où l'intérêt des douze synchronismes décrits v. 1077-1325. Ici encore (cf. *supra*, v. 952, et note *ad loc.*), les indications d'Aratos sont discutables même pour son temps, et Hipparque (II, 1-3) les a critiquées en détail. Nous ne commenterons que les points où Aviénus se sépare de son modèle.

2. Le Soleil. Hélios est fils du Titan Hypérion et de la Titanide Théia (Hésiode, *Theog.*, 371-374) : cf. *Ar.*, 396. Par extension, comme ses prédécesseurs, Aviénus l'appelle aussi *Titan* et le représente par l'adjectif *Hyperionius* (cf. *Index nominum*).

3. Aviénus affectionne cette métaphore pour le lever des astres (cf. *Ar.*, 1360 ; *D. O. T.*, 275, 1083). De fait, Servius (*ad B.*, IV, 23) explique *incunabula* : *loca in quibus (infantes) nascuntur.*

4. Addition d'Aviénus, plus poétique que scientifique (Aratos, 566, n'a que la métaphore des « cornes » ou des « ailes », κεράων ἑκάτερθε... ὠκεανός). Elle nous ramène à la conception primitive de la terre-disque entourée par l'Océan ; peut-être aussi souvenir d'Ovide, *Met.*, XI, 229 sq.

5. Double précision de l'orient et de l'occident, absente chez Aratos, mais introduite par Cicéron (348 sq.) et reprise par Germanicus (578). Les v. 1078-1080 d'Aviénus ne feront guère que redire la même chose, mais ils traduisent, cette fois, Arat., 570.

6. Contresens d'Aviénus (que n'a pas commis Cicéron, 354). Il s'agit en fait, chez Aratos, de la moitié de la Couronne (573 sq., ἥμισυ μέν... ἥμισυ δ'... κατερχομένου Στεφάνοιο). Aviénus a rapporté ἥμισυ au Poisson Austral, qui vient d'être nommé, et a fait de κατερχομένου Στεφάνοιο un génitif absolu (*rutila labente Corona*), alors que c'est un génitif partitif complément de ἥμισυ (cf. Schol. Arat., p. 332, Mart. ; Hipparque, II, 2.2-5).

7. Ὅ γ' ἐξόπιθεν τετραμμένος (Arat., 575). L'expression et le passage ont fait couler beaucoup d'encre (A. Traglia, *Aratea I*, S. C. O., XV, 1966, p. 250-258 ; A. Borgogno, *Esegesi ad Arato Phaen. 575*, S. I. F. C., XLIV, 1972, p. 139-143). Mais il est établi (cf. aussi éd. J. Martin et M. Erren, *ad loc.*) que ces mots désignent l'Agenouillé : Hipparque (II, 2.8) les comprenait ainsi (cf. Hygin, *Astr.*, IV, 2), mais les Schol. Arat. (p. 333, Mart.) hésitent entre l'Agenouillé et le Poisson, Cicéron (354) et Germanicus (591) optent pour le Poisson (cf. notes J. Soubiran et A. Le Bœuffle, *ad loc.*), mais non pas Aviénus, comme l'affirme J. Martin (note *ad loc.*), que nous avons eu naguère le tort de suivre sur ce point (Cicéron, *Aratea*, p. 186 et 223, n. 3). *Tergi plurima uersum* (litt. : « celui qui est tourné quant à l'immensité de son dos ») traduit bien ὅ γ' ἐξόπιθεν τετραμμένος (bien vu par Breysig, Abh. M. Hertz, p. 51 sq., qui rejette l'aventureuse correction de Sieg, *at Tirynthi ultima uersi*) ; il en rend même l'ambiguïté, puisque les deux expressions peuvent signifier, soit « celui qui est renversé » (la tête en bas) (J. Martin) — et l'on sait (cf. *supra*, v. 195) que tel est le cas d'Hercule — soit « celui qui est tourné vers l'arrière » (M. Erren, A. Borgogno).

8. Aratos (576) dit γαστέρι νειαίρῃ, « le bas-ventre » (expr. homér.) ; le Schol. Arat. (p. 333, Mart.), τὴν ἐσχάτην γαστέρα. Erreur donc d'Aviénus — à moins qu'il ne pense à la figure renversée, où le bas-ventre est en haut? — ; les précisions qui suivent développent le simple τὰ δ'ὑπέρτερα d'Aratos.

Page 139 :

1. Développement boursouflé du simple κατάγει δ' Ὄφιν αὐχένος ἐγγύς d'Aratos (578).

2. Le Bouvier, souvent désigné par le nom de son étoile principale (cf. *supra*, v. 270 ; A. Le Bœuffle, *Vocab. lat. de l'astr.*, p. 405 sq.).

3. C'est en vain que V. Buescu défend le *amnis* des manuscrits (les deux gén. *satur luminis amnis* sont bien disgracieux ! *luminis amni* d'Alde était moins mauvais), et que Grotius, suivi jusqu'à Breysig, corrige en *luminis almi* (cf. *lux alma*, Virg., *Aen.*, I, 306). La restitution de *omnis* par Breysig s'impose d'après Schol. Arat., p. 337.1, Mart. : ὅταν ὅλος ἀναχωρήσῃ τοῦ ὑπὲρ γῆν μέρους καὶ πανδυσίαν ποιήσῃ, προσλαμβάνει τῷ μεσονυκτίῳ.

4. Si on lit *omnis* (*cedit*) au vers précédent, il est impossible de conserver ici la conjecture *incipiens* de Grotius, pour *inspiciens* (*-spaciens*) des manuscrits, quoique Breysig et Holder n'aient pas été sensibles à la contradiction. Le Bouvier ne commence pas son coucher avec le Cancer : il le termine (cf. Schol. Arat., cité n. précéd.), puisque c'est deux signes auparavant qu'il commençait à disparaître (v. 1303-1307), et qu'il reparaîtra à l'est deux signes plus loin (v. 1131-1133). Aratos ne nous étant d'aucun secours (582, « quand il est rassasié de lumière, il reste jusqu'après minuit à délier ses bœufs », trad. J. Martin), puisque, pas plus que ses devanciers, Aviénus ne rend l'image de βουλυτῷ ἐπέχει, il faut supposer un détail descriptif ajouté par l'adaptateur latin. Nous avons envisagé (en partant surtout du *inspaciens* de *V*) :

— *inspatians* (hapax de Prudence, *Apoth.*, 130, donné par plusieurs manuscrits mais non retenu par tous les éditeurs), car le Bouvier marche à pas lents derrière son Chariot (Hipparque, II, 2.29 ; A. Le Bœuffle, *Voc. lat. de l'astr.*, p. 1069, 1104).

— *instat iens* (on ponctue alors avant *tandem*), car *instare* est un des verbes qui caractérisent l'attitude du Bouvier (cf. *supra*, v. 259 ; A. Le Bœuffle, *op. cit.*, p. 1004) ; cf. encore Virg., *Aen.*, X, 196.

— *insistens*, au sens de *subsistens*, *immorans* (cf. *Thes. L. L.*, s. v.), qui traduirait bien ἐπέχει (ἐμβραδύνει, Schol. Arat., p. 338.6) : il rend dans la Vulgate ἐπιστῇ, ἐφίσταται, ἐνέστηκεν (*Thes. L. L.*, s. v.), mais est un peu loin des manuscrits.

— *ima petens* (cf. v. 1122, 1236, 1764), ou mieux *ima tuens*.

— *usque abiens* (*usq. abiens*).

— *usque apicem* (*usq. apicem*), car le Bouvier porte un *apex* (v. 265), et le Schol. Arat. (p. 337.14) note : ἄκρα αὐτοῦ ἡ κεφαλὴ ἀπολείπεται καὶ χεῖρες.

Rien de tout cela n'étant vraiment convaincant, nous nous sommes résigné à conserver le *inspiciens* de *AE* : « à peine rassasié de lumière », le Bouvier jette en s'en allant un dernier regard au ciel qu'il quitte à regret (cf. peut-être, mais dans un contexte tout différent, les beaux vers de Virgile, *Aen.*, X, 781 sq.).

5. En d'autres termes, lorsque le Bouvier commence à se coucher au crépuscule, sa disparition n'est totale qu'après minuit (cela se produit au mois de novembre). Aratos ajoute ici un vers (585) : « Ces nuits-là sont appelées, à cause de lui, les nuits du coucher tardif » — que négligent tous ses traducteurs latins.

6. Un des passages les plus désespérés de tout le poème. En face d'Aratos, 586, ὁ δ' ἀντίος οὐδὲν ἀεικής (« une autre constellation leur fait face, et ne manque certes pas d'éclat ») — cf. Cic., 367, *at parte ex alia claris cum lucibus enat* ; German., 600, *at contra nullo defectus lumine totus* — nos manuscrits donnent tous l'inintelligible *contra autem nullo non uultum uiscere uorans*, que l'on a corrigé sans scrupules : *nulli concedit sideris ortu* (Alde, Morel) ; *illius concedit sideris ortu* (Grotius) ; *nullo reses ortum uiscere profert* (d'après 1292 sq., Breysig, Holder). Plus sobre est C. Brakman (*Mn.*, LIX, p. 323) : *nullo non uultum uiscere promit* (mais quel est le sens? et *promit* se lit à la fin du v. 1102 : répétition inacceptable) ; ne parlons pas de V. Buescu (*R. É. L.*, XVI, p. 114 sq.), qui conserve intrépidement le *uŏrans* final et accumule dans sa discussion les erreurs astronomiques.

En fait, il semble bien qu'après *contra autem* (= ὁ δ'ἀντίος), *nullo non* rende οὐδὲν ἀ-, et qu'Aviénus ait alors introduit une antithèse entre *uultum* (qui paraît le premier et n'est pas le plus brillant) et *uiscera* (le reste du corps, développé ensuite par *cingula*, *umeros*, *ense* = ζώνῃ, ὤμοις, ξίφεος... ἶφι). L'idée serait donc que tous les membres rehaussent l'éclat du visage. Nous avions songé à *inornans*, rare (trois exemples de Tertullien, un de Solin, cf. *Thes. L. L.*, s. v.) mais très proche de *uorans* pour la paléographie ; ou encore à *adornans* (avec le sens propre de *ad-*, « qui ajoute un ornement », cf. *Thes. L. L.*, s. v.), voire à *ut ornans*. Nous nous arrêtons finalement à *honorans* : le sens de « décorer, embellir » est rare, mais attesté (Pétrone, *Sat.*, 83.3, de ton poét. ; Tertull., Solin) ; et nous sommes tout près du texte des manuscrits : *VISCEREHONORANS* lu *-CERENORANS*, d'où, en minuscule, *-cere uorans*. Pour l'élision, cf. Virg., *Aen.*, V, 534. *Honor*, courant en poésie au sens de *pulchritudo*, *ornamentum* (cf. Aviénus, *Ar.*, 43, 151, 198 ; *D. O. T.*, 347), est plus d'une fois associé à *uultus* (Horace, *Epod.*, XVII, 18 ; Val. Flacc., VIII, 237 ; Stace, *S.*, II, 6.39). Enfin *honoro*, qui allie, comme *honor* et *honestus*, beauté, grâce et prestance, traduit parfaitement le (ἀ)εικής d'Aratos.

7. Πάντα φέρων Ποταμόν, précise Aratos (589).

8. Sur le rivage oriental, celui des levers. Il est possible qu'ici, comme parfois chez Aviénus (cf. H. Kuehne, *op. cit.*, p. 23), *alius* ait le sens de *alter* (*altero* amétrique). Sur les liens d'Orion et de l'Éridan, cf. *supra*, v. 801.

9. *Villoso colla Leone* ∾ Virgile, *Aen.*, VIII, 177.

10. Tous les manuscrits, pour traduire Arat., 590 sq., τὰ μὲν κατὰ πάντα φέρονται / Καρκίνῳ ὅσσ' ἐδύοντο, ont *omnia quae Cancro sese emergente per aethram / extulerant abeunt*, et le sens est très clair. Le

texte serait à la rigueur acceptable si on pouvait lier *sese* à *extulerant* ; mais *sese* dépend de *emergente* : sa place et l'usage d'Aviénus, qui ne connaît que *se(se) emergere* (*D. O. T.*, 127, 630) ne permettent guère d'en douter. *Extulerant* seul n'ayant aucun sens, il faut corriger. Sieg (*op. cit.*, p. 50), approuvé par Breysig (*Abh. M. Hertz*, p. 48), propose *exsuperant* (= *eminent*, « dépassent encore de l'horizon »). Nous préférons *extima erant* : Aviénus est le poète qui affectionne le plus cet adjectif (cf. *Thes. L. L.*, V, 1994) ; l'élision ne fait aucune difficulté (cf. *Ar.*, 1200 ; *D. O. T.*, 1050), et l'imparfait *erant*, face à *abeunt*, correspond au mieux à ἐδύοντο face à κατὰ... φέρονται (cf. Schol. Arat., p. 339, Mart. : ὅσα μὲν ἀντικατέδυνε τῷ Καρκίνῳ παντελῆ ποιεῖται τὴν κατάδυσιν).

11. L'Aigle (cf. *supra*, v. 694).

Page 140 :

1. Χαροπός τε Λαγωός, « le Lièvre aux yeux brillants » (J. Martin) ou « aux yeux sombres » (M. Erren)? Les Schol. Arat. (p. 340, Mart.) glosent : λαμπρός.

2. Pour calquer la structure exacte du vers grec,

595 καὶ Προκύων πρότεροί τε πόδες Κυνὸς αἰθομένοιο,

Aviénus crée le composé *ignicomans*, qu'il reprendra au v. 1413 — doublet de *ignicomus* (Nemesianus, *Cyn.*, 207 ; Avien., *D. O. T.*, 801 ; Juvencus, Ausone).

3. Cf. *supra*, v. 962 (et note *ad loc.*), 1046.

4. Cf. *supra*, v. 618-621. C'est sur le mont Cyllène, en Arcadie, qu'Hermès la fabriqua : cf. Horace, *Epod.*, XIII, 9 ; German., *fr.*, IV, 137 (avec la même clausule spondaïque qu'ici et chez Aratos, 597).

5. Aratos (600) dit seulement Ποταμοῖο παρηορίαι σκιόωνται, « les rives du Fleuve plongent dans l'ombre ». Mais le Scholiaste (p. 340, Mart.) glose l'expression : τοῦ Ἠριδανοῦ τὰ ἄκρα et παρήοροι οἱ ἐν τοῖς ἄκροις ὄντες, car il reste encore un peu de l'Éridan au-dessus de l'horizon (cf. Aratos, 634 = Avien., 1167 sq.).

6. Le Cheval (= Pégase) ; cf. v. 470-507.

7. Désigne ici, comme souvent (cf. A. Le Bœuffle, *Vocab. lat. de l'astr.*, p. 482), la constellation du Grand Chien dans son ensemble (cf. v. 724-746) : même synecdoque qu'avec Arcturus (cf. *supra*, v. 1091, et note *ad loc.*).

8. Chez Aratos (604), c'est la Poupe qui est qualifiée de brillante (πολυτειρέος Ἀργοῦς), non le Chien. Il est vrai qu'au vers suivant, Aviénus remplace ἡ δὲ θέει par *illa micat.*

9. Imprécis : Aratos (606) et les Scholiastes (p. 342, Mart.) disent : dès que la Vierge est tout entière (ἅπασα) levée.

10. Cf. v. 1047, et note *ad loc.*

11. Impropriété, que ne commet pas Aratos (607 sq.) : οὐδ' ἂν ἐπερχόμεναι Χηλαί... ἄφραστοι παρίοιεν. Ce n'est pas de jour, mais d'heure qu'il s'agit.

12. Ἀθρόος ἀντέλλει (Aratos, 609) éclaire le sens de *plurimus.*

13. Emphase intempestive, sans équivalent chez Aratos (609, βεβολημένος Ἀρκτούροιο, « enchâssé d'Arcturus »). Dès son lever, le Bouvier ne peut déjà atteindre ces hauteurs (cf. v. 849-852).

Page 141 :

1. Le Scorpion (cf. *infra*, v. 1170-1193).

2. Aratos dit en fait (614) : δεξιτερὴν κνήμην, αὐτῆς ἐπιγουνίδος ἄχρις, « la jambe droite, jusqu'à la cuisse » (de nouveau κνήμη, v. 619) ; cf. le *crus* d'Aviénus lui-même, v. 1146.

3. Le Scorpion.

4. Tandis qu'Aratos disait (627 sq.) κεφαλὴν... δύεται Ἵππος / καὶ προτέρου Ὄρνιθος ἐφέλκεται ἔσχατος οὐρή, Aviénus inverse adroitement les deux membres, ce qui lui épargne de traduire προτέρου (cf. Schol. Arat., p. 347, Mart.). *Caput acris Equi* = Virgile, *Aen.*, I, 444.

5. Remplissage sans équivalent chez Aratos.

6. Ἐπάγει Νότος, Aratos, 630 ; cf. Schol. Arat., p. 347.11, τὸ Κῆτος ὥσπερ ἐπ' αὐτὴν καταφέρεται ; 15 sq., δοκεῖ ὡς ἐπ' αὐτὴν σπεύδειν. Mais ἐπί, préposition ou préfixe, ne peut exprimer ici qu'une idée d'hostilité, car la Baleine est dans le ciel bien au-dessous (et non au-dessus) d'Andromède. Le calque *superinuehit* (en un mot ou deux?) = ἐπάγει est donc malencontreux.

7. *Boreae de parte trucis* = Virgile, *G.*, I, 370.

Page 142 :

1. « Mais face à lui, du côté de Borée, Céphée en personne (lui) fait un signe de sa grande main », dit seulement Aratos (630 sq.). Mais le Scholiaste (p. 348, Mart.) précise : ἐκτείνει γὰρ τὴν χεῖρα ὥσπερ παρακελευόμενος τῇ παιδὶ ἐκκλίνειν τὸ Κῆτος.

2. Aratos dit (632 sq.) Καὶ τὸ μὲν ἐς λοφιὴν τετραμμένον ἄχρι παρ' αὐτὴν / δύνει, ce que J. Martin traduit : « le Monstre, la tête la première, se couche jusqu'au niveau du cou » (de même M. Erren : « Es wendet sich über seinen Kamm und geht bis zu diesem unter ») — avec, en note, cette précision : « le Monstre se couche la tête la première ». Or, c'est inexact. Il suffit de regarder le globe Farnèse ou n'importe quelle carte céleste pour voir que la Baleine est obliquement dressée sud-ouest-nord-est : les étoiles de sa tête (α γ ξ μ) sont les plus septentrionales, voisines du Bélier ; celles de sa queue (η β ι) les plus australes. Elle avance dans le ciel, et donc se couche, tête droite en haut et queue basse en avant — le contraire de ce que paraît dire Aratos. Les Schol. Arat., *ad loc.* (p. 348, Mart.), ne commentent pas ἐς λοφιὴν τετραμμένον ; ils disent seulement : τὸ μὲν Κῆτος μέχρι ὤμων καὶ στήθους δύεται. Hipparque (II, 2.49) ne relève pas non plus l'expression, mais il est clair que pour lui la Baleine se couche la queue en avant. Le seul sens, acceptable pour les commentateurs antiques, du texte aratéen, ne peut donc être que : « tournée vers sa crinière » = « la crinière en avant » = se déplaçant à reculons.

En tout cas, les traducteurs latins d'Aratos semblent avoir été embarrassés par ce ἐς λοφιὴν τετραμμένον, qu'ils éludent tous (Cicéron, 413 et 416, *et fera Pistrix / labitur... / Illa usque ad spinam mergens se caerula condit* ; German., 640 sq., *et maxima Pristis / occasu insequitur metuentis uirginis ora : / crista super caelo fulget* — ce qui contredit les traducteurs modernes d'Aratos, mais est exact : la crête demeure la dernière au-dessus de l'horizon). Aviénus, qui serre de très près le texte grec, au lieu d'écrire *uersa in cristam* (*crista* = λοφιή, Arat., 364 = Avien., 804 ; Arat., 719 = Avien., 1300), comme il pouvait le faire, introduit une notation nouvelle, *uersa in Fluuium* (l'Éridan), qui est exacte (cf. v. 775 sq., globe Farnèse, cartes célestes) — avec, peut-être, l'idée que les frayeurs d'Andromède et de Céphée sont vaines, puisque la Baleine en fait regarde l'Éridan, et non sa prétendue victime.

Fluuium ne signifie donc pas le fleuve Océan, comme le croyait Grotius (qui corrigeait ensuite *profundo* en *-dum*) ; seul, du reste, *amnis* a quelquefois ce sens (Tibulle, II, 5.60 ; Lygdamus, IV, 18 ; Val. Flacc., IV, 338). Reste une difficulté : plus rare en général que *flumen* et *amnis* (cf. K. van der Heyde, *Mnem.*, LX, 1932, p. 135-146 ; B. Axelson, *Unpoetische Wörter*, p. 126), *fluuius* ne désigne qu'exceptionnellement l'Éridan céleste (*Carm. poet. min.*, V, 68, 72 ; Schol. German., p. 109.2, Br. ; Mart. Cap., VIII, 843), et Aviénus, ni pour l'Éridan, ni pour tout autre fleuve, n'emploie ce mot nulle part ailleurs (cinquante-deux exemples de *flumen*, dont deux fois l'Éridan ; quarante exemples d'*amnis*). Cicéron, Germanicus, Manilius, appellent aussi l'Éridan *Flumen* ou *Amnis* (cf. A. Le Bœuffle, *Voc. lat. de l'astr.*, p. 485 sq.). Mais si l'on se rappelle que *V* porte *fluiū*, il ne serait peut-être pas téméraire de restituer ici aussi *Flumen* (écrit *flum̄* dans l'archétype, et lu à tort *fluiū*).

3. Comme Cicéron (417, *umeros palmasque*) et Hygin (*Astr.*, IV, 12, *cum manibus et umeris*), Aviénus semble avoir lu χερσὶ καὶ ὤμοις (χειρὶ *M*, *edd.*) en Arat., 633.

4. A la fois « agressif » et « qui pique » : double sens intraduisible.

5. Substitut plus rare de *Eridanus* (German., 618) : cf. *supra*, v. 782, et note *ad loc.* ; A. Le Bœuffle, *loc. cit.* (*supra*, n. 2).

6. *Latonia uirgo* = Virgile, *Aen.*, XI, 557.

7. Je fais de *duri germinis* un génitif de qualité rattaché à *prima aetas*. Mais on peut aussi comprendre *germinis* = *generis*, et le sens serait : « les premiers temps d'une race rude » (l'âge de fer, sans doute). Et à ce compte-là, rien n'interdirait de rattacher ces génitifs à *nefas* : « l'ère primitive a forgé cette abomination d'une race rude ». Breysig et Holder font, eux, de *nefas*, une exclamation en incise, et sous-entendent sans doute *fabulam* comme complément d'objet de *compegit* et *dedit*. Dans les éditions anciennes, le vers tout entier a été défiguré sans nécessité (cf. A. Breysig, *Hermes*, XII, p. 159). Aratos (637) dit seulement : προτέρων λόγος, οἵ μιν ἔφαντο ; mais le Scholiaste (p. 349, Mart.), avec son balancement δείκνυσιν ὅτι οὐδὲ λόγῳ θεμιτὸν ταῦτα λέγειν, μὴ ὅτι γε καὶ πράττειν, semble avoir inspiré la distinction d'Aviénus, *prima... compegit* (l'acte) / *prima dedit* (la tradition).

8. Analyse psychologique absente chez Aratos, mais en germe chez Cicéron (424, *uaecors amenti corde*) : l'intention moralisante et le ton sont très romains. On sera sensible également au souffle épique qu'Aviénus entend donner à ce morceau de bravoure qu'il développe abondamment (24 vers contre 11 chez Aratos).

9. Grand chasseur (Homère, λ 572 sq.) et lubrique agresseur d'Ar-

témis (Horace, *Od.*, III, 4.70 sq. ; Hygin, *Fab.*, 195), Orion cumule ces deux attitudes dans la tradition aratéenne (Aratos, 638-640 ; Cicéron, 420-425 ; German., 648-652 ; Schol. Arat., p. 348 sqq.), et c'est la double raison de son châtiment : car Artémis, vierge, est aussi πότνια θηρῶν. Ici, curieusement, Aviénus conserve le second motif, mais remplace le massacre des animaux de Chios par l'abattage de bois sacrés. La source de cette innovation est peut-être à chercher dans les décors boisés que Cicéron (423) et Germanicus (651) esquissent de la scène, mais surtout dans un vers de Virgile relatif à Orion : *Aen.*, X, 766, *aut summis referens annosam montibus ornum*, qu'Aviénus développe au lieu de son modèle aratéen. La légende d'Orion admet du reste nombre de variantes.

10. Roi mythique de Chios (cf. K. Keyssner, s. v. *Oinopion*, P. W., XVII, 2273 sq.). Il figure dans le récit aratéen (Aratos, 640 ; Cicéron, 425 ; German., 652), et c'est à son intention qu'Orion tue les fauves de Chios : soit pour fournir sa table de venaison (Cic.), soit pour supprimer tout danger dans l'île (German.). Aviénus a conservé cette figure royale, mais il faut reconnaître que les coupes de bois conviennent moins bien et ont moins d'intérêt que la chasse.

11. Décor à peu près absent chez Aratos (642, « la déesse fendit par le milieu les collines de l'île ») et Germanicus (654, *media tellure reuulsa*), mais suggéré par Cicéron (421, *excelsis in collibus*) et précisé par Nigidius Figulus (*fr.* 96, Sw. = Schol. German., p. 63.15, Br.) : *in monte Pelinaeo.* Le mont Pelinnaion (1 267 m.) est le point culminant de l'île de Chios (E. Meyer, s. v. *Chios*, Kl. Pauly, I, 1148).

Page 143 :

1. Boursouflé et faux : Aviénus devrait savoir que, dans un scorpion, ce ne sont pas les pinces qui sont redoutables !

2. Moralité absente chez Aratos, mais inspirée par Germanicus, 656 : *Parcite, mortales : numquam leuis ira deorum.*

3. Ἀλλ' ἄρα καὶ τοὶ (Andromède et la Baleine) πανσυδίῃ φεύγουσιν, dit Aratos (648 sq.). Au lieu de donner à πανσυδίῃ son sens normal de « en toute hâte », Aviénus l'interprète et le développe comme le Schol. Arat. (p. 352.22, Mart.) : σὺν παντὶ τῷ πλήθει ; cf. la suite : ὁ γὰρ Ὠρίων δυόμενος, ἐκ τοῦ σπεύδειν καὶ δεδοικέναι, τὰ προκείμενα αὐτῷ πάντα ἄστρα διώκει καὶ προωθεῖ.

4. Housman a compris le premier qu'en modifiant à peine le texte de *V*, *a litorae re(uersat)*, on aboutissait à *altior aere* (*uersat*) ; mais au lieu de *aere*, il croyait devoir écrire *aethere*, car selon lui Aviénus n'emploierait jamais *aer* pour *aether*, mais c'est inexact (cf. *Ar.*, 462, 511, 548, 1247, 1300...). D'où notre *altior aere*, qui ne fait qu'un minimum de violence au texte de *V* (*alti-* / *alit-*) et permet de garder *inocciduo* au vers suivant (cf. encore *supra*, v. 60, *polus sublimior* ; German., 324). Le texte d'Aratos, cependant, est un peu différent :

651 τὰ δ' οὐ θέμις, ἀλλά τά γ' αὐταὶ
Ἄρκτοι κωλύουσι, πόδας καὶ γοῦνα καὶ ἰξύν.

Aviénus ne traduisant pas le v. 652 (à la différence de Cicéron, 440 sq.), V. Buescu suppose une lacune de deux vers environ entre *inocciduo* et *genetrix*. Mais ce n'est pas prouvé : il semble qu'Aviénus ait plutôt suivi ici le Scholiaste (p. 352, Mart.) : τὰ μὲν γὰρ ἄλλα ἀπὸ τῶν ποδῶν μέχρι τῆς ἰξύος ἐν τῷ ἀεὶ φανερῷ ἐστι κύκλῳ... "Αρκτους δὲ εἶπε τὸν ἀρκτικὸν κύκλον (∾ *polus altior, aer inocciduus*) ; cf. Hygin, *Astr.*, IV, 12, *occidit etiam Cepheus capite ad humeros, quae pars est extra arcticum circulum constituta.*

5. Pas plus que Cicéron et Germanicus, Aviénus ne traduit Aratos, 656 sq., ἴση... ἀρνευτῆρι / μειρομένη γονάτων (elle descend) « pareille à un plongeur, coupée au niveau des genoux » (par l'horizon). La première notice fut jugée sans doute trop familière, et la seconde obscure (cf. J. Martin, note *ad* Arat., 657).

6. Addition d'Aviénus. Cassiopée a d'abord été punie de son ὕβρις dans la personne de sa fille Andromède, exposée au monstre marin (cf. Manilius, V, 540-618) et sauvée *in extremis* par Persée. *Fata nouissima* = Ovide, *Met.*, XIII, 478.

7. Néréides avec qui Cassiopée *ausa est contendere forma* (Cicéron, 447 ; cf. German., 664 sq. ; Schol. Arat., p. 354.5, Mart.) ; seul Cicéron (446) néglige de donner leurs noms.

8. Formule conclusive qui chez Aratos (659 = Cic., 448 ; German., 667) est au féminin singulier et ne concerne que Cassiopée ; mais cf. Schol. Arat. (p. 354.15, Mart.), ὡσανεί · τὰ μὲν ἀνατέλλει, τὰ δὲ δύνει.

Page 144 :

1. Cf. *supra*, v. 887, et note *ad loc.*

2. Aratos (665) dit σπείρῃ "Οφιος. Aviénus a raison de préciser davantage, étant donné le contenu du v. 1219 sq. (= Arat., 666 sqq.). Cette anticipation relative au lever de l'Arc, nuisible à la continuité de l'exposé, avait été réorganisée par Cicéron (cf. J. Soubiran, p. 228, n. 6) et Germanicus (cf. A. Le Bœuffle, p. 42, n. 1) ; Aviénus s'en tient à son modèle grec.

3. S'il ne fait aucun doute (*sic* Hilberg, von Winterfeld, Reuter) qu'il faut couper *agit. At pede* plutôt que *agitat. Pede* (ponctuation bucolique du type le plus régulier, qu'Aviénus affectionne, préférable à une clausule et une ponctuation très insolites), le groupe *At pede Nixi* fait difficulté. Faut-il penser que *Nixus pede* est le synonyme occasionnel (mais unique dans la littér. astronomique) de l'habituel *Nixus genu* (*genibus*)? Tel est l'avis de A. Rehm (s. v. *Engonasin*, P. W., V, 2563), tandis que A. Le Bœuffle (*Vocab. lat. de l'astr.*, p. 411) n'évoque pas ce passage. Mais si l'on se souvient que plus haut Aviénus a présenté un Agenouillé dont n'émerge encore que le pied (v. 1137 sq., 1142), on verra plutôt ici un rappel de cette situation : « à partir du pied » (déjà levé) « sortent maintenant... ». Il sera, il est vrai, nécessaire en ce cas de corriger *At* en *A* : *A pede Nixi*... Nous nous y risquons, avec l'accord de J. Beaujeu.

4. Avec les éditions anciennes, mais contre Breysig (*Hermes*, XVI, p. 126) et Holder, je préfère rattacher *tota* à *astra* (cf. *infra*, v. 1233, *toto... astro*) plutôt qu'à *manus*. La main étant une petite partie du corps, la précision *tota* n'aurait guère d'intérêt ; au contraire,

tota Sagittigeri... astra rend l'insistance d'Aratos, 673 : τόξῳ... καὶ Τοξότῃ ἀντέλλοντι.

5. Cf. *supra*, v. 618 sqq.

6. La mention du pied qui va frapper l'Ourse (en fait, la Petite) est une addition d'Aviénus. Sur l'expression *plaustra Lycaoniae... Vrsae*, cf. *supra*, v. 102, 118, 143 : Aviénus combine Chariot et Ourse. *Pulsat pede* = Horace, *Od.*, I, 4.13.

Page 145 :

1. Cf. *supra*, v. 747-755.

2. Précision absente chez Aratos (679) ; mais cf. Schol. Arat. (p. 361, Mart.) : οὐχ ὁ πᾶς Ἡνίοχος εἰς δυσμὰς φέρεται, ἀλλ' ἀπὸ τῶν ποδῶν μέχρι ἰξύος ; et Cicéron, 464, *inferiora cadunt Aurigae lumina...*

3. Antithèse rhétorique du cru d'Aviénus.

4. Cf. *supra*, v. 414-416. La construction de *exstare* + accusatif n'a d'autre précédent que Stace, *S.*, I, 2.116 ; celle de *se attollere* + datif n'en a aucun (*Thes. L. L.*, s. v.). Au v. 1240, *congrada* est un hapax.

5. Aratos (682) dit simplement : ὅτ' ἠελίῳ συνίωσιν, « lorsqu'elles entrent en conjonction avec le soleil ». D'après le Scholiaste (p. 359, Mart.), qui remarque : (Chèvres et Chevreaux) σημεῖα μὲν χειμῶνος φέρουσιν ὅταν ἑσπερίαν δύσιν ποιῶνται, Aviénus précise : « au coucher vespéral » — qui avait lieu à Athènes (430 avant J.-C.) le 17 avril, à Rome (45 avant J.-C.) le 13 mai (F. Boll, s. v. *Fixsterne*, P. W., VI, 2427 sq.) ; il précédait de peu de jours le lever héliaque matinal, lui aussi annonciateur de tempêtes (cf. *supra*, v. 417-420, et notes *ad loc.*).

6. La gauche, celle qui supporte les Chevreaux ; la droite est déjà couchée (Schol. Arat., p. 361, Mart.).

7. Redite qui se trouve aussi chez Aratos (684 sq.). Aviénus suit pas à pas son modèle, dont Cicéron et Germanicus se sont au contraire efforcés de réorganiser les développements, fort embrouillés ici (cf. pour Cic., J. Soubiran, p. 229 sq. ; pour German., A. Le Bœuffle, p. 42 et 71).

8. Addition d'Aviénus ; cf. *supra*, v. 564.

9. L'expression d'Aviénus est si obscure que Despois et Saviot (éd. Panckoucke) traduisent : « la partie de sa poupe qui est tirée vers le rivage arrondi ». En fait, *curuis... oris* ne peut désigner que la courbure de la Poupe. Aratos (688) dit πρύμνης ὅσον ἐς περιαγήν, « la Poupe du Navire jusqu'à sa courbure » ; et le Scholiaste (p. 361, Mart.) est encore plus net : τῆς δὲ (Ἀργοῦς) τοσοῦτον δέδυκεν ὅσον εἰς τὴν περίκλασιν καὶ καμπὴν τῆς πρύμνης. Mais *puppim super attrahit* demeure embarrassant ; je comprends l'ensemble : « Argo plonge quant à ce qu'elle entraîne, avec ses contours arrondis, au-dessus (= au-delà, dans le prolongement) de la Poupe. »

10. Au lieu du *ci(cy-)lidi* des manuscrits, on écrit depuis Grotius *Cilicis*, qui est censé signifier « hérissé, couvert de poils rudes » (cf. *cilicium*, étoffe grossière en poil de chèvre). Mais l'adjectif *Cilix* (cf.

Thes. L. L., s. v.) n'a jamais ce sens en latin (pas même chez Martial, VII, 95.13), et la hardiesse n'est pas dans la manière d'Aviénus, qui emploie toujours, à propos du Capricorne, *hirsutus*, *saetosus*, *hispidus*. Mieux vaut donc, avec Housman, restituer le banal *gelidi* (cf. v. 56 ; German., 7, 289 ; Manilius, I, 375 ; II, 252 ; IV, 745) : confusions *G*/*C*, puis *E*/*I* en majuscules.

11. Probablement Orion, quoique son chien soit d'ordinaire le Grand Chien, Sirius (cf. v. 724-726), non le Petit. L'addition, décorative, est du cru d'Aviénus.

12. Addition rhétorique sans équivalent chez Aratos.

Page 146 :

1. Exagération manifeste : cf. Cicéron, 84, et note J. Soubiran, *ad loc.*

2. Le lever du Dauphin n'est pas mentionné par Aratos. Aviénus suit ici Germanicus (691), qui l'ajoute le premier, d'après Eudoxe et Hipparque (II, 3.4) ; cf. aussi Hygin (III, 16), qui le fait lever avec la fin du Sagittaire.

3. Le texte des manuscrits, *paruas... in auras*, a paru suspect à Grotius qui corrige, suivi par tous les éditeurs, en *patulas... in auras* (cf. v. 1114, 1534) — *superas... in auras* (cf. v. 1414, *D. O. T.*, 961) n'irait pas moins bien. Mais l'inconvénient de ces conjectures est de supprimer l'adjectif *paruus*, épithète traditionnelle du Dauphin (Vitruve, IX, 4.5, et comm. J. Soubiran, p. 167 ; German., 691 ; cf. Aratos, 316 = Aviénus, 706) : d'où le *paruum* de von Winterfeld. Pourtant, on ne croira guère qu'une *lectio facilior* originelle (limpide, mais plate et lourde), *Delphinum paruum*, ait pu être altérée en *Delphinum paruas*. Il faut garder *Delphinum paruas... in auras*, comme un bel exemple d'hypallage. *In* (*per*)... *auras*, d'ordinaire sans épithète (ainsi 350, 384, 473...), en reçoit une ailleurs (241, *attiguas... in auras*) qui, comme ici, limite son extension.

4. Comme Germanicus (693), Aviénus escamote l'embarrassant μέσον d'Aratos (693 = Cic., 472), qu'explique Hipparque (cf. J. Martin, note *ad loc.*, p. 92).

5. Addition décorative inspirée par Virgile, *Aen.*, IV, 247 (Atlas), *caelum qui uertice fulcit*.

6. L'Hydre (cf. *supra*, v. 891-898).

7. Le Poisson Austral (cf. *supra*, v. 823-826).

8. Divergence avec Aratos, 702, ὑποκείμενος Αἰγοκερῆϊ. Aviénus a-t-il lu Ὑδροχοῆϊ (cf. Arat., 389 = Avien., 827)? En fait, sa notice n'est pas inexacte, car le Poisson Austral est à peu près, mais plus bas, entre le Capricorne et le Verseau (cf. C. Ihlemann, *op. cit.*, p. 22 ; J. Soubiran, comm. *ad* Vitr., IX, 5.1, p. 178). Mais il est curieux qu'Aviénus ait cru bon de modifier ce seul détail.

9. Phrase du cru d'Aviénus. *Supera in conuexa* ∾ Virgile, *Aen.*, VI, 241.

10. Comme le Poisson Austral, Andromède se lève aussi en deux temps (Poissons + Bélier) : cf. Schol. Arat., p. 364 sq., Mart.

11. Aratos (707 sq.) dit plus nettement : « Tout ce qui (dans la figure

d'And.) est à droite est attiré par eux (les Poissons), mais la gauche n'est tirée de l'eau que par la montée du Bélier » (antithèse τά γε... δεξιά... τὰ δ' ἀριστερά).

12. Le Bélier zodiacal était, pour les mythographes, celui qui avait transporté Phrixos et Hellé, et dont les Argonautes avaient conquis la toison d'or (Ératosth., *Catast.*, XIX ; Hygin, *Astr.*, II, 20 ; German., 533 ; Manilius, III, 304).

Page 147 :

1. Addition d'Aviénus.

2. Même remarque. Aratos (712) dit seulement καί κ' ἀμφήριστα πέλοιτο, « on peut douter si... ». Sur le fait lui-même, cf. J. Martin, note *ad loc.*, p. 94.

3. Ainsi rétabli et ponctué, notre texte calque exactement les méandres de la syntaxe aratéenne, qui diffère l'expression du sujet de la principale, Ἡνίοχος, jusqu'à la causale introduite par ἐπεί (= *quippe*) :

Οὐδ' ὅ γε Ταύρου
λείπεται ἀντέλλοντος, ἐπεὶ μάλα οἱ συναρηρὼς
Ἡνιόχος φέρεται.

« S'il est une constellation qui ne reste pas en route quand le Taureau se lève, c'est bien le Cocher : car il lui est fortement attaché » (trad. J. Martin). Il est donc inutile de supposer chez Aviénus l'omission d'un vers :

Hoc una caelum subit integer, haud reses ullo
uiscere nascentis noua Tauri deserit astra. } Persée
⟨Hoc et Erichthonius supera in conuexa mouetur,⟩
quippe huius flammis Aurigae sidus inhaeret. } Cocher

La construction en serait éclaircie, mais au détriment de la fidélité à l'original.

4. *Scil.* du Cocher.

5. Addition d'Aviénus.

6. Cf. *supra* v. 1091 et note *ad loc.* Les quatre signes sont : Taureau, Gémeaux, Cancer, Lion (Schol. Arat., p. 367, Mart.).

7. Étoiles faibles λ ι κ θ Boo, voisines de η UMa (extrémité de la queue de la Grande Ourse), donc circumpolaires. Ératosth. (*Catast.*, VIII) et Schol. German. (p. 65 et 124, Br.) parlent bien de quatre étoiles οἳ οὐ δύνουσιν (*quae non occidunt*), mais les situent à la main droite (figure vue de dos?). Les manuscrits d'Hygin (*Astr.*, III, 3) portent bien, eux, *in manu sinistra stellas IV* (corrigé par Bunte en *in manu dextra*, peut-être à tort), comme Schol. Arat. (p. 367, Mart.) : ἄδυτος γὰρ αὐτοῦ ἡ χείρ, ἐπειδὴ ἔνδον ἐστὶ τοῦ ἀρκτικοῦ. Αὕτη γάρ, ἡ λαιὰ αὐτοῦ χεἰρ, πλησίον ἐστὶ τῆς μεγάλης Ἄρκτου.

Page 148 :

1. L'expression, obscure, a embarrassé les commentateurs. Aratos (726 sq.) dit plus clairement : « Aucune partie du Monstre marin n'est

plus entraînée dans un sens ou dans l'autre » (trad. J. Martin), et le Scholiaste (p. 368.11, Mart.) précise : οὔτε ἐξ ἀνατολῶν οὔτε ἐκ δύσεως. Bref, la Baleine est au méridien, équidistante du lever et du coucher.

2. Difficulté textuelle, qui ne compromet guère le sens. Si on lit *extima sorbent* (mss.), il faut comprendre *extima* (nt. plur.) *pelagi* (cf. *extima terrae*, *Ar.*, 1193 ; *D. O. T.*, 1335) ; mais l'ellipse est singulière. Le *extima sorbet* de Grotius est ambigu : ou bien *extima* (*species*) *sorbet pelagus* (mais l'antithèse *exspuit* / *sorbet* en est gravement altérée), ou bien (*sic* Holder) *pelagus extima* (acc. plur.) *speciei sorbet*, avec la même ellipse que plus haut, et une inexactitude astronomique en plus : car avant d'absorber la dernière partie de la Baleine, la mer devrait d'abord engloutir sa partie antérieure, qui — le contexte le montre — est encore visible. Nous nous en tenons donc au texte des manuscrits.

3. Ἤδη καί, Arat., 728 / *Quid ne*, manuscrits d'Avien. *Ne* est inacceptable, d'où des corrections. *Quidni* de Grotius, bon pour la paléographie, devrait entraîner un subjonctif absent ici (*suspectet* possible à la rigueur, *maneat* exclu) : donc à éliminer. Avec *quid nunc*, Schrader semble mieux inspiré (confusion *nc̄* / *ne*) et convainc Breysig, Holder, von Winterfeld ; mais l'interrogation ne se comprend pas dans cette série d'énoncés positifs. Reuter ponctue adroitement : *Quid? nunc*, mais ne sont aviéniens ni ce *quid?* rhétorique, ni même *nunc* (quatre emplois seulement dans les *Arat.* : deux fois *ego* /*me nunc*, 67 et 1363, et un couple, 1356 sq., au sens de « tantôt... tantôt ») ; du reste, *nunc* ferait ici pléonasme avec le *tum* du vers suivant (qui traduit le ἤδη d'Arat.). J'avais pensé à *Quin enascentis* (*Padi*), *lectio difficilior* qui pouvait expliquer la faute : *quin e-* lu *qui ne*, d'où *quid ne* ; mais *enascor*, verbe rare pour exprimer le lever des astres (seul Sénèque, *H. O.*, 642, et trois exemples de Macrobe, cf. *Thes. L. L.*, s. v.), est inconnu d'Aviénus, alors que *nascor* lui est familier (*Ar.*, 1027, 1167, 1293, 1588, 1616 ; *D. O. T.*, 429). J'adopte donc *Quin et*, charnière banale chez Aviénus (*Ar.*, 534, 560, 780, 1105, 1166, 1670, 1784, 1799), avec *et* en seconde position, comme le καί d'Aratos.

4. Cf. *supra*, v. 1169, et note *ad loc.*

5. « Le marin attend Orion, dont le lever éclatant lui apprendra que le Cancer apparaît au-dessus de l'horizon. Ce rappel d'Orion boucle le cercle. » (J. Martin). Cf. Aratos, 586-589 = Aviénus, 1099-1102.

6. Rappel d'Aratos, 559 sq. = Aviénus, 1060-1062.

7. Aratos (731) dit seulement : « ... de repérer l'heure de la nuit ou la longueur du chemin parcouru » (trad. J. Martin) : cf. Schol. Arat., p. 369, Mart., qui explique fort bien la mesure des distances à partir de l'observation des levers et couchers. La mention des voiles et des dangers de la navigation anticipe sur le v. 1325, qui introduit lui-même les « Pronostics ».

8. Comme l'éd. Lemaire et H. Kuehne (*op. cit.*, p. 18), je fais de *magnorum* un neutre. Le *Thes. L. L.*, s. v. *congruus*, glose *magnorum* (*deorum*), que le contexte ne justifie d'aucune façon.

9. Aratos (732) dit seulement : πάντῃ γὰρ τά γε πολλὰ θεοὶ ἄνδρεσσι λέγουσιν. La reprise du nom de Jupiter en anaphore est un écho voulu des quatre premiers vers du poème, qui se referme ainsi sur lui-même avant les « Pronostics » (cf. aussi *infra*, note au v. 1354). *Praeceptore Ioue* et *caelo... magistro* sont synonymes dans la pensée d'Aviénus (cf. v. 5-12) ; pour l'idée générale, cf. v. 41 sq.

10. Les éditions anciennes d'Aratos et d'Aviénus marquaient ici une forte coupure et inauguraient même une nouvelle numérotation, comme s'il s'agissait d'un second poème. Il est maintenant admis que les *Phénomènes* d'Aratos sont d'un seul tenant : cf. J. Martin, éd. d'Aratos, p. XXI-XXIV ; *Hist. du texte...*, p. 9 sq. Pas plus que Breysig et Holder, nous ne marquerons donc ici de coupure dans le texte d'Aviénus et la numérotation des vers.

Page 149 :

1. Aratos (733-739) décrit le mois d'après les phases de la lune, conformément à la conception originelle du calendrier, où un mois est une révolution synodique de la lune (de la nouvelle lune à la nouvelle lune suivante), soit 29 jours 1/2 environ (cf. Géminos, *Isag.*, IX, 11-16, éd. G. Aujac), d'où un intervalle approximatif de 7 jours 1/2 entre chaque phase (cf. M. Erren, éd. d'Aratos, n. 66, p. 90 sq.). Au temps d'Aviénus, il y a des siècles déjà que les mois du calendrier n'ont plus rien à voir avec les phases de la lune.

2. Plutôt qu'Aratos, Aviénus semble traduire ici le Scholiaste (p. 374.3 sq., Mart.) : ... αὐγὴ ἀπ' αὐτῆς, ὅσον ἀμυδρὰν σκιὰν ἡμῶν τοῖς σώμασι ποιεῖν.

3. La déesse du Cynthe (montagne de Délos) est Artémis, identifiée à Phoebé-Séléné : cf. Ovide, *Her.*, XVIII, 74 ; Lucain, I, 218 ; II, 577, etc. ; Val. Flacc., II, 56 ; III, 558 ; Stace, *Ach.*, I, 232, etc.

4. Il faut à Aviénus cinq vers et demi pour rendre Arat., 737 : ὀκτὼ δ' ἐν διχάσιν, διχόμηνα δὲ παντὶ προσώπῳ. Premier quartier le huitième jour, pleine lune le quinzième sont des données simples et traditionnelles (cf. Schol. Arat., p. 373, Mart. ; Achilles, *Isag.*, 21), mais légèrement approximatives (cf. Géminos, *Isag.*, IX, 11-16).

5. Aratos ne donne pas les phases décroissantes ; il se contente d'ajouter (738 sq.) : « et ainsi selon l'inclinaison et l'aspect continuellement changeant de son visage, elle dit le numéro, dans le mois, de chaque jour qui se lève » (trad. J. Martin), ce qu'Aviénus rendra par ses vers 1348-1351. Les dix vers 1338-1347 sont donc du cru de notre poète, qui a recherché un effet de symétrie en s'inspirant peut-être de textes où la description des phases est complète (Schol. Arat., *loc. cit.* ; Géminos, *loc. cit.* ; Vitruve, IX, 2.4 ; Lucrèce, V, 705-714, etc.). Quoi qu'il en soit, l'extrapolation était facile (C. Ihlemann, *op. cit.*, p. 19).

6. Dernier quartier. Mais l'expression d'Aviénus, qui se veut poétique, est tout à fait impropre : aucune *aeria nubes* n'intervient dans le phénomène des phases, commandé uniquement par les positions respectives de la terre, de la lune et du soleil.

7. En conjonction avec le soleil (nouvelle lune).

8. Approximatif : le dernier quartier intervient entre le vingt et unième et le vingt-troisième jour (Géminos, *Isag.*, IX, 14), en moyenne le vingt-deuxième. Même si l'on arrondit la révolution synodique à 30 jours, on voit que les 2 /3 sont déjà dépassés. L'addition de *mundo*, purement décorative, est fâcheuse en ce qu'elle peut faire penser, non à la révolution synodique (de nouvelle lune à nouvelle lune), mais à la révolution sidérale (retour au même point du ciel), qui est, elle, de 27 jours 1 /3 seulement (cf. Vitruve, IX, 1.5, et comm. J. Soubiran, p. 88).

9. Pour les quatre jours « sans ombre », cf. *supra*, v. 1330 sq. Mais l'expression est ici énigmatique. Si le *umbrarum* du v. 1344 désigne, comme 1332, *umbram*, l'ombre projetée sur le sol par un corps terrestre qu'éclaire la lune, en revanche, au v. 1346, *quattuor... umbrae* ne peut s'appliquer qu'à la lune elle-même, obscure et fantômatique. J'y verrais volontiers une allusion à la lumière cendrée, très visible dans les tout premiers et les tout derniers jours de la lunaison, et à qui l'expression *languentis luminis umbra* conviendrait assez joliment.

10. On écrit, depuis Alde, *atque his octonas... luces* ; mais les manuscrits ont *atque bis octonas...*, métriquement (dactyle au pied I) et syntaxiquement (cf. Ovide, *Met.*, V, 50 ; Sil. Ital., IV, 122 ; Stace, *S.*, IV, 1.1) bien meilleurs. Le malheur est que les seize jours ainsi évoqués ne semblent avoir aucun sens, alors que les quatre jours sans ombre en fin de mois plus les quatre jours sans ombre au début du mois suivant font bien huit (cf. Arat., 1151 sq. = Avien., 1875 sq.). Force est donc d'admettre que *his* a été altéré en *bis* au voisinage de *octonas*, et que, par hasard, la métrique s'en est bien trouvée. Je garde cependant quelque perplexité...

11. Alors que Phébus mène toujours un quadrige de chevaux fougueux (ainsi Ovide, *Met.*, II, 153-155), Phébé n'a qu'un bige (Manilius, V, 3 ; Lucain, I, 78 ; Sénèque, *Ag.*, 819 ; Sil. Ital., III, 59), soit de chevaux aussi (Tibulle, II, 4.18 ; Properce, I, 10.8 ; Ovide, *Am.*, II, 5.38 ; *R. a.*, 258 ; *Med.*, 42, etc., où *equis* termine toujours le pentamètre), soit, à date plus tardive, de taureaux (cf. *infra*, v. 1436 ; Claudien, *Rapt. Pros.*, III, 403 ; *Carm. min.*, XXVII, 60 sq., *iuuencos*). L'opposition soleil / lune = quadrige de chevaux / bige de taureaux caractérise aussi l'illustration des manuscrits *C* et *T* des *Aratea* de Cicéron (cf. éd. J. Soubiran, p. 112 et 114).

12. Ces interrogations successives rappellent Schol. Arat., p. 375.1, Mart. : δηλοῖ καὶ λέγει ὁποία καὶ πόστη τοῦ μηνός ἐστιν ἡμέρα. Les deux premières concernent le jour du mois (d'après la forme de la lune et le nombre de levers, ce qui revient au même), la troisième l'heure.

Page 150 :

1. Tout le vers traduit l'expression d'Aratos (740) ἄκρα... νυκτῶν. Les Scholiastes (p. 375 sq., Mart.) l'expliquent, soit ἑσπέρα καὶ ὄρθρος, soit ἀρχὰς καὶ τέλη τῶν νυκτῶν. Les Modernes sont plus précis : pour J. Martin (note *ad loc.*), « ce sont les limites extrêmes atteintes par la durée des nuits au moment des deux solstices ». Pour

M. Erren (note *ad loc.*), ce sont les points de lever et de coucher du soleil à l'horizon, dont le déplacement vers le sud ou le nord est lié aux saisons : levers et couchers oscillent ainsi sur deux arcs d'horizon (nord-est-sud-est et nord-ouest-sud-ouest) auxquels Aratos a déjà fait allusion (559-568 = Avien., 1060-1076 ; cf. aussi Arat., 537-539 = Avien., 1030-1034). Après les jours du mois, il s'agit maintenant, dans le calendrier, de déterminer les saisons, ce que permettent la position du soleil sur le Zodiaque (donc à l'horizon) et la longueur des jours et des nuits.

2. Cela dit (v. 741), Aratos poursuit (741-747) : « Tout au long de l'année les saisons, l'époque où il faut labourer les jachères, celle où il faut planter, tout cela tombe partout immédiatement sous les sens pour qui regarde le ciel de Zeus. Et l'on peut, même sur un navire, reconnaître les limites de l'hiver, saison de la grosse mer, en considérant seulement le sévère Arcture ou n'importe lesquelles des autres étoiles qui surgissent de l'Océan, soit à l'aube, soit aux premières heures de la nuit. » (trad. J. Martin). On voit qu'Aviénus a réutilisé un certain nombre de ces éléments (labours, navigation, mention de Zeus), soit par avance, aux v. 1317-1325, soit aussi aux v. 1377-1381. Seule l'absence du mot de « saisons » (ὥραι, *anni tempora*), intermédiaires entre le mois (v. 1326-1351) et les cycles luni-solaires (v. 1363-1376), confère quelque obscurité à la suite des idées.

3. Amplification considérable d'un thème poétique rebattu. Aratos (749 sq.) dit seulement : « il fonce sur l'une, puis sur l'autre, soit à son lever, soit au contraire à son coucher » (trad. J. Martin).

4. Aviénus s'écarte ici encore de son modèle qui, après le passage cité note précédente, poursuit (751-753) : « Et chaque étoile contemple la naissance d'un jour différent (751 = Avien., 1362). Tu sais cela, toi aussi ; car maintenant les 19 cercles de l'éblouissant soleil... (= Avien., 1369). » Les vers 1363-1368 d'Aviénus sont donc du cru de notre poète, et sans source conservée. C. Ihlemann (*op. cit.*, p. 20) suppose une version des Scholies d'Aratos plus copieuse que celle qui nous est parvenue ; je penche, quant à moi, pour la fin, perdue, des *Astronomica* d'Hygin (cf. Introd., p. 63 sqq., et notes suivantes).

5. Il s'agit des « cycles » ou « grandes années », qui ramènent plusieurs « planètes », ainsi que la lune et le soleil, dans les positions respectives qu'elles occupaient au départ (cf. Censorinus, *D. N.*, XVIII, 1-2 et 11 ; Schol. Arat., p. 381, Mart. ; Aviénus, *Ar.*, 925 sq., et note *ad loc.*).

6. *Namque Solon* est le texte de *VA*, qu'il faut, de toute évidence (*sic* E. Reuter, *op. cit.*, p. 67 sq., 97), préférer au *Nam quae solem* de *E*, corrigé par Scaliger en *Nam qui solem*, qu'adoptent tous les éditeurs, avec le secours d'une ponctuation peu naturelle et peu aviénienne. Notre texte mentionne en fait trois théories (Solon, Harpale, Méton) au lieu de deux (Harpale, Méton), et cette notice est d'autant plus précieuse que jusqu'ici aucun texte antique n'attribuait explicitement au législateur athénien la connaissance de l'octaétéride. Cela ne signifie pas que l'affirmation d'Aviénus doive être prise au pied de la lettre : les origines de l'octaétéride restent obscures et discutées. Mais il est capital de lire ici, pour la première fois, le témoignage correct et explicite d'Aviénus. Sur tout cela, voir

J. Soubiran, *Solon, Harpale et l'octaétéride*, *Pallas*, XXV, 1978, p. 9-20.

7. *Hiberna nouem* (sujet de *uolui*), « neuf hivers » (*hiberna* = *hiemes* dès Tertullien et au IVe siècle), représente en fait 8 ans et 3 mois, et c'est une évaluation un peu excessive de l'octaétéride. Ce cycle comprend, en effet, 8 années solaires pleines, soit 2.922 jours répartis en 99 mois lunaires (cf. Géminos, *Isag.*, VIII, 27-35, éd. G. Aujac ; Censorinus, *D. N.*, XVIII, 4-6) ; grâce à trois mois intercalaires, il permet un calendrier luni-solaire à peu près satisfaisant (mais cf. *infra*, n. 9). Si Aviénus majore ici la durée de l'octaétéride — car c'est bien d'elle qu'il s'agit, de toute évidence — c'est probablement pour pouvoir ajouter à neuf le nombre rond de dix et passer ainsi facilement au cycle de Méton. Cf. sur tout cela l'article cité note précédente.

8. Deux autres textes seulement mentionnent cet astronome : Censorinus, *D. N.*, XVIII, 5, lui attribue un aménagement de l'octaétéride qu'il ne précise pas, et *D. N.*, XIX, 2, lui prête une évaluation de l'année solaire égale à 365 jours 13 heures (valeur excessive, texte diversement corrigé). Les deux points sont peut-être liés, mais nous ne pouvons dire en quoi consistait au juste l'innovation d'Harpale. Antérieur à Méton (cf. note suiv.), Harpale est généralement situé au début du Ve siècle avant J.-C.

9. Cf. l'énigmatique mention d'Aratos (752 sq.) : « Maintenant les dix-neuf cercles de l'éblouissant soleil sont entrés dans l'accord désiré » (trad. J. Martin), et Schol. Arat., p. 381, Mart., qui cite nommément Méton. A l'octaétéride, l'astronome athénien (cf. W. Kubitschek, s. v. *Meton*, 2, P. W., XV, 1458-1466) substitua un cycle de 19 ans (*hiberna nouem* + *prolixa decennia*, dit fort bien Aviénus) qui comprenait 235 mois (dont 7 intercalaires) et 6.940 jours : cf. Géminos, *Isag.*, VIII, 50-58, qui toutefois, curieusement, ne nomme pas Méton ; Censorinus, *D. N.*, XVIII, 8. Ce cycle, beaucoup plus précis que le précédent, fut encore amélioré par Callippe (cycle de 76 ans) et Hipparque (cycle de 304 ans). Sur ces problèmes, cf. en dernier lieu A. E. Samuel, *Greek and Roman Chronology*, *Hdb. der Altertumswiss.*, I. Abt., VII. Teil, München, 1972, p. 35 sqq.

10. En fait, il n'est pas certain que la réforme, née en 432 avant J.-C. (cf. note suiv.), soit entrée tout de suite, ou même soit jamais entrée dans l'usage courant : cf. Brunet-Miéli, *Hist. de la science antique*, p. 448, n. 3 ; W. Kubitschek, P. W., XV, 1465 ; G. Aujac, note *ad* Géminos, VIII, 50, p. 143 ; W. K. Pritchett, *The Choiseul Marble*, Berkeley, 1970, p. 96 sq. A plus forte raison, les cycles plus complexes de Callippe et d'Hipparque (cf. note précéd.) demeurèrent-ils purement théoriques. Pour son affirmation, Aviénus a pu s'inspirer du Scholiaste d'Aratos (p. 381, Mart.) : « Acceptant la théorie de Méton, les astronomes postérieurs dressèrent dans les villes des panneaux (πίνακας) consacrés au cycle solaire de 19 ans, calculant pour chaque année comment serait l'hiver, comment l'été, comment l'automne, quels seraient les vents, et bien d'autres éléments utiles à la vie quotidienne des hommes. » Cf. note au v. 1377.

Page 151 :

1. Le point de départ précis du cycle de Méton est le solstice d'été (13, Skirophorion) 432 avant J.-C. (Diodore de Sic., XII, 36). D'où les mentions du Cancer, du lever d'Orion (cf. *supra*, v. 1099-1102) et du lever héliaque de Sirius (cf. *supra*, v. 734-743). Aratos mentionne aussi ces constellations (754 sq.) : « ... dans l'accord désiré, et de même tout ce que roule la nuit depuis la ceinture d'Orion jusqu'à ses extrémités et jusqu'à son Chien intrépide » — mais d'une manière bien énigmatique (cf. notes J. Martin et M. Erren, *ad loc.*). Il semble en résulter, soit que le parapegme de Méton (cf. note suiv.) commençait avec le lever de la ceinture d'Orion et finissait avec le lever de ses pieds et celui du Chien (*sic* J. Martin), soit que, à l'intérieur du cycle de 19 ans, l'année commençait à un moment légèrement différent (par suite des intercalations), moment qui oscillait autour des levers de Sirius et d'Orion (*sic* M. Erren). Sur le cycle de Méton et le solstice d'été, voir en outre W. K. Pritchett, *op. cit.*, p. 52-97.

2. Aratos enchaîne (756-760) : « ... jusqu'à son Chien intrépide ; et aussi les étoiles qui par leur seule vue donnent aux hommes des signes invariables sur la mer, royaume de Poséidon, et sur le ciel même, royaume de Zeus. Occupe-toi donc de tout cela. Et prends soin, si jamais tu te fies à un navire, de découvrir tous les signes établis par la Providence pour prédire la tempête et la mer déchaînée. La peine n'est pas grande... » (761 = Avien., 1382). Aviénus néglige la première partie de ce développement et adapte très librement la seconde.

Le vers 1377, donné par les manuscrits sous la forme *Hoc ut fontem und(a)e et duxit...*, diversement corrigé par Grotius, Breysig, Bitschofsky et von Winterfeld (cf. app. crit.), a été magistralement restitué par Housman : *Hoc ut fonte Meton deduxit* (lu *hoc ut fontem et unde duxit*, d'où, *metri causa*, *Hoc ut fontem unde et duxit*). Il s'agit ici du parapegme de Méton (cf. Kubitschek, *loc. cit.* ; A. Rehm, s. v. *Parapegma*, P. W., XVIII, 2, 1295-1366, surtout 1340 ; s. v. *Episemasiai*, P. W., Suppl., VII, 175-198), qui devait donner à la fois le cycle des années et des mois (nécessaire à cause des intercalations), les dates civiles et les fêtes religieuses, les levers et couchers des astres, et des pronostics météorologiques utiles aux activités fondamentales (agriculture, navigation). Parapegmes littéraires latins : Pline, *N. H.*, XVIII, 207 sqq. (cf. éd. et comm. H. Le Bonniec-A. Le Bœuffle) ; Columelle, *R. R.*, XI, 2.

3. Aviénus s'écarte un peu de son modèle (764) : « (il rend aussi aux autres de grands services) lorsque la tempête s'est levée et déjà menace de près. (Souvent, en effet...) » (trad. J. Martin).

Page 152 :

1. Développe avec prolixité le simple vers d'Aratos (767) : ἄλλοτε δὲ τρίτον ἦμαρ ἐπιτρέχει, ἄλλοτε πέμπτον.

2. Ἄλλοτε δ' ἀπρόφατον κακὸν ἵκετο (Aratos, 768). L'expression *mali clades* paraissant bien redondante, il était tentant de corriger

en *mari clades ruit* ('variatio' sur les noms de la mer dans les v. précéd. : *ponti, profundi, aequore, sali, pelago, Amphitriten* ; et cf. *ruit Oceano nox*). Mais *mali clades* est attesté (Sénèque, *Oed.*, 57, *quin ipsa tanti peruicax clades mali*), ainsi que d'autres expressions analogues : *mali pestis* (Sénèque, *H. F.*, 1084), *mali calamitas, miseria* (Aug.), *pernicies* (Cypr.) : cf. *Thes. L. L.*, s. v. *malum*, VIII, 234. Dans le doute, nous gardons le texte des manuscrits.

3. Calquant le mouvement de son modèle (768,... κακὸν ἵκετο. Πάντα γὰρ οὔπω...), Aviénus n'en pratique pas moins une coupure de quatre vers : Aratos, 769-772, « Car Zeus ne nous fait pas encore tout connaître, à nous les hommes ; bon nombre sont encore cachées des choses que Zeus, s'il le veut, nous révélera encore par la suite ; car il répand ouvertement ses bienfaits sur le genre humain, en se manifestant de tous côtés et en montrant partout des signes. Certains renseignements te seront donnés par la lune... » (trad. J. Martin). Ces aveux d'ignorance et cette soumission au bon vouloir de la divinité auraient contredit quelque peu les vers 1322-1324. Avec un esprit très scientiste, Aviénus préfère affirmer des certitudes que laisser place aux doutes : d'où l'énergique *omnia certis* jeté en tête de phrase, à la fin du v. 1400, énergique, mais guère en accord avec le *inopina clades* qui précède, et qu'expliquait justement la réserve d'Aratos.

4. *Lucis utrimque* semble calquer πληθύος ἀμφοτέρωθεν (Aratos 774), et *caesa facem* διχόωσα (773). Annonce du développement d'Arat., 778-818 = Avien., 1446-1542.

5. Annonce (= Arat., 775 sq.) du développement d'Arat., 819-891 = Avien., 1543-1650.

6. Annonce (= Arat., 776 sq.) du développement d'Arat., 892-1154 = Avien., 1651-1878.

7. Aratos (776 sq.) dit seulement : « Et plus généralement tu pourras, de faits différents, tirer, pour la nuit et le jour, différents signes, que voici » (trad. J. Martin). Aviénus amplifie et solennise.

8. Tout ce développement (1409-1445) sur les nuages, la pluie et la foudre est sans correspondant connu (cf. Introd., p. 64). Aviénus l'insère brusquement (on lirait volontiers *Aeris en madidi...*), et il fait un peu figure de corps étranger. On notera la monotonie des tours (*Si minor... Si maior... Si moles...*), la fréquence des mots techniques rares et tardifs (*immadidus* = ἔνυγρος, *substantia, insubiectus, compulsu, inflictus, illisio...*), indices de la mise en vers d'un texte technique de prose. Commentaires de ce passage par A. Breysig, *Hermes*, XVI, p. 128-131, et P. von Winterfeld, *Beitr. zur Quellen u. Textkritik...*, p. 21-25. Faute de mieux, on rapprochera d'Aristote, *Meteor.*, I, 9 (pluies, nuages, brouillards), II, 9 (foudre, tonnerre) ; Lucrèce, VI, 96-422 (foudre) ; Sénèque, *N. Q.*, II (foudre, tonnerre), IV B (nuages), V (vents).

9. Les Anciens considéraient volontiers la terre (*Terra mater, grauida tellus*) comme un organisme vivant : Sénèque, *N. Q.*, III, 15.1, *Placet natura regi terram, et quidem ad nostrorum corporum exemplar, in quibus et uenae sunt et arteriae* (...). *In terra quoque sunt alia itinera per quae aqua, alia per quae spiritus currit ; adeoque ad*

similitudinem illa humanorum corporum natura formauit, ut maiores quoque nostri aquarum appellauerint uenas. Cf. *infra*, v. 1439.

10. Cf. Apulée, *Mund.*, VIII (305), *Exhalationes... tenues et frequentes uixque uisibilis ad superiora minari ex gremio telluris.*

11. J'adopte le *uuida* de N. Heinsius (d'après *uult a* V) et la ponctuation de E. Reuter, qui donne *uuida materies* pour sujet à *supernatat* (à la phrase suivante, *calor* est à la fois sujet de *hausit*, de *subducit* et de *compingit*). Mais *E* a *multaque* : ponctuant après *supernatat omnem* (sujet : *hoc*), Grotius écrivait *multaque materia est, quam...* C'est aussi, semble-t-il, la solution de von Winterfeld (*op. cit.*, p. 22 : « ... verbreitet sich über die ganze Erdoberfläche in reicher Masse » ; cf. *multa materies*, p. 23, n. 6 et 7). L'hésitation est permise ; le sens général ne change guère.

Page 153 :

1. Mécanisme classique des exhalaisons humides attirées par la chaleur du soleil et des astres : Aristote, *Meteor.*, I, 9 (346 b 25) : « La Terre étant immobile, l'humide qui l'environne, vaporisé par les rayons du soleil et par l'autre chaleur qui vient d'en haut (*scil.* celle des autres corps célestes), se porte vers le haut. » (trad. J. Tricot, 2e éd., Paris, 1955) ; Pline, *N. H.*, II, 111, (*non negauerim...*) *nubesque liquore egresso in sublime... gigni* ; Apulée, *Mund.*, VIII (306), *altera* (*exhalatio umida et egelida ; hanc ex fluentis superioris uaporis natura ad se trahit ; et ex hac quidem nebulae, rores, pruinae, nubila et imbres, nix atque grando generantur.* « Nuages longtemps compacts » : je traduis ainsi, d'après von Winterfeld (*op. cit.*, p. 23, n. 1), l'expression *concreta diu.* Ces formations nuageuses s'opposent aux brouillards éphémères de 1416-1418 (*Si minor...*) et aux pluies de 1421 sq. (*Si maior...*).

2. Entre le plus et le moins d'humidité (*Si minor... Si maior...*), Aviénus introduit un cas hétérogène. La météorologie antique distingue, en effet, fondamentalement, même si elles se combinent toujours en dosages variables (Aristote, *Meteor.*, II, 4, 359 b 26-35), les exhalaisons humides, qui produisent nuages et pluies, et les exhalaisons sèches, dont naissent les vents. Aristote, *Meteor.*, II, 4 (360 a 5-15) : « L'exhalaison... étant de deux espèces, l'une de nature vaporeuse (*scil.* humide), l'autre de nature fumeuse (*scil.* sèche), il faut nécessairement que l'une et l'autre soient engendrées. De ces deux exhalaisons, celle dans laquelle la quantité d'humide prédomine est la source de l'eau de pluie..., tandis que l'exhalaison sèche est la source et la substance de tous les vents » (trad. J. Tricot) ; cf. Sénèque, *N. Q.*, II, 54.1 (selon Posidonius), *e terra terrenisque omnibus pars umida efflatur, pars sicca et fumida ; haec fulminibus alimentum est, illa imbribus* (cf. V, 4.1, 12.1) ; Pline, *N. H.*, II, 114, *Ventos uel potius flatus posse et arido siccoque anhelitu gigni non negauerim* (cf. encore 111 et 131).

3. Doctrine hétérodoxe. Pour Aristote (*Meteor.*, I, 9 = 346 b 25-31), au contraire, « quand la chaleur qui l'élevait (*scil.* l'humidité) vient à lui manquer, en partie parce qu'elle se disperse dans la direction de la région supérieure, en partie parce qu'elle s'éteint du fait

qu'elle est emportée plus loin dans l'air qui est au-dessus de la Terre, alors la vapeur, refroidie tant par le défaut de chaleur que par la nature du lieu, se condense de nouveau et d'air devient eau. Et l'eau, une fois formée, se porte derechef vers la Terre » (trad. J. Tricot). Je n'ai trouvé dans aucun texte classique cette idée que la chaleur de la sphère supérieure, zone des astres ignés, forme barrière (*feruentis obice mundi*) et rejette l'humidité. La théorie la plus proche se lit chez Pline, *N. H.*, II, 114 : *Posse et repulsu siderum depressum qui a terra meauerit spiritum nube cohibitum tonare, natura strangulante sonitum dum rixetur, edito fragore cum erumpat, ut in membrana spiritu intenta.* Le sens de notre texte ne semble pourtant faire aucun doute (ainsi comprennent Breysig et von Winterfeld, *loc. cit.*), malgré de menues incertitudes textuelles : j'adopte la correction *ductum* de Schaubach (von Winterfeld veut garder *ducta*, en le rapportant à *obice*... qui est masculin !), mais je conserve *ut* (atténuatif de la métaphore *obice mundi*) ; on ne citera que pour mémoire le texte récrit par Grotius : *eductum feruoris at obice mundus...*

4. Passage difficile, dont l'interprétation dépend du dernier mot du v. 1426.

a) Si l'on conserve *agri* (mss.), la conditionnelle se termine avec ce mot, qu'on peut construire de deux manières :

1) *moles utriusque agri* (Breysig, *Hermes*, XVI, p. 130) signifierait : « les masses (humides) venues des deux domaines (terre et ciel) ». Mais cet emploi de *ager* paraît bien insolite ; on en cherche en vain mention dans le *Thes. L. L.* (qui, sauf erreur, ne cite nulle part ce passage, s. v. *ager*).

2) *comminus agri* (von Winterfeld, *op. cit.*, p. 23 sq.) signifierait « in der Nähe der Erde ». Mais *comminus* + génitif est un hapax (c'est ainsi pourtant que construit le *Thes. L. L.*, s. v. *comminus*, III, 1895) ; et le mouvement du vers n'est guère satisfaisant, avec un second hémistiche tout rempli de notations redondantes (*uelut obuia* ∾ *occurset sibimet*) ou accessoires (*comminus agri*).

b) Aussi Grotius lisait-il ... *uelut obuia comminus, agris | ... fragor intonat.* Texte intéressant et plausible (*intonare* + dat. est courant, cf. *Thes. L. L.*, s. v. *intono*, VII, 2, 29).

c) Plus hardi, Housman corrige le vers entier : *occursu sibimet uenit obuia comminus acri* (et il ponctue ici). Mais retoucher trois mots distincts (*occurset*, *uelut*, *agri*) est excessif ; de plus, le *uelut* qu'il déclare dépourvu de sens se lit en *D. O. T.*, 413, *uelut obuia habebis | cetera terrarum.* La seule idée intéressante est de voir dans *agri* l'altération d'une forme de *acer* (confusion classique *C/G* en capitales).

d) Il me paraît d'abord nécessaire de bien préciser la limite des deux propositions — limite que je n'hésite pas à situer, vu le penchant d'Aviénus pour la ponctuation bucolique (cf. Introd., p. 74), avant *comminus* : effet de surprise bien ménagé, et il est normal que *comminus* se rattache à *intonat* (c'est la proximité qui engendre le fracas : *comminus* marque une progression sur *occurset* et *obuia*). A partir de là, pour le dernier mot du vers, on peut

1) Soit suivre Grotius : ... *uelut obuia, comminus agris / ... fragor intonat* — et ce serait la solution la plus économique.

2) Soit s'inspirer de Housman, de deux manières :

α) ... *uelut obuia, comminus acri / compulsu aerius fragor intonat* (relier *acri compulsu* oblige à corriger *aerio* en *-rius*) ; mais cela fait deux émendations.

β) ... *uelut obuia, comminus acer / compulsu aerio fragor intonat.* Explication de la faute : *acer* lu *ager*, inacceptable pour le mètre et le sens, corrigé par un réviseur en *agri* (d'après 1410, *agro* : les formes *agr-* sont innombrables en fin d'hexamètre, note le *Thes. L. L.* ; et d'après *utriusque*). Argument majeur : Sénèque, *N. Q.*, II, 27.3, (*Tonitruum*) *aliud genus est acre, quod acerbum magis dixerim quam sonorum ... Hic proprie fragor dicitur, subitus et uehemens.* Aviénus distingue ainsi, très clairement, la sèche détonation initiale (*acer fragor*), et les amples grondements qui se répercutent ensuite (*amplaque late / murmura discurrunt*) dans le ciel entier : cf. Aristote, *Meteor.*, II, 9, 369 a 30-35 ; Pline, *N. H.*, II, 113, et surtout Virgile, *G.*, I, 356-359, dont Aviénus paraît bien se souvenir pour le mouvement et la suite des idées. *Acer* offre donc un sens beaucoup plus intéressant que le *agris* de Grotius : d'où notre choix.

Cela admis, *utriusque*, sans précision, doit se comprendre *utriusque* (*umoris*), à savoir l'humidité ascendante (*umor consurrexit humo*) et l'humidité descendante (*calor feruentis mundi respuit umorem*), et non pas « la chaleur et l'humidité », comme le disent von Winterfeld (*op. cit.*, p. 23, n. 11) et les rédacteurs du *Thes. L. L.* qui citent ce passage (s. v. *comminus, compulsus, inflictus*). Il s'agit de chocs dans le sens vertical (cf. 1430, *superne*), ce qui se déduit aussi des textes d'Aristote (*Meteor.*, II, 9, 369 a 12-369 b 4) et de Pline (*N. H.*, II, 103, 112, 113) ; Lucrèce (VI, 185-194, 246 sq.) insiste de même sur la grande hauteur des nuages d'orage.

5. L'expression d'Aviénus ne permet pas de savoir s'il considère l'éclair et le tonnerre comme simultanés (*sic* Pline, *N. H.*, II, 142 ; Sénèque, *N. Q.*, II, 12.1 ; Lucrèce, VI, 170-172) ou si, pour lui comme pour Aristote (*Meteor.*, II, 9, 369 b 7) et Apulée (*Mund.*, XV, 321), l'éclair suit le tonnerre. L'ordre des notices plaide pour la seconde solution, le *item* pour la première.

6. A l'*excludit* des manuscrits, acceptable (cf. *supra*, v. 1344), je substitue *excudit*, plus approprié ici, puisque l'éclair naît du choc : cf. Virgile, *G.*, I, 135, *ut silicis uenis abstrusum excuderet ignem*, *Aen.*, I, 174, *silici scintillam excudit Achates.* Justement, Lucrèce (VI, 161 sqq.) et Pline (*N. H.*, II, 113) comparent l'éclair céleste et l'étincelle jaillie du choc des silex.

7. Cf. Lucain, I, 154, *obliqua praestringens lumina flamma.* On rapprochera, pour la tonalité, I, 151-157, et Avien., 1425-1432.

8. Même observation chez Lucrèce, VI, 221, et Sénèque, *N. Q.*, II, 21.2, 53.2. N'est-ce pas plutôt l'odeur de l'ozone produit par les décharges électriques?

9. Cf. *supra*, v. 1350, et note *ad loc.*

Page 154 :

1. Réminiscence de Virgile, *G.*, I, 89 sq. : *Seu pluris calor ille uias et caeca relaxat / spiramenta...* (mais le contexte diffère).

2. Comme Grotius, Buhle et Matthiae, je rattache *desuper* (sens propre d'origine) à *bibit* (antithèse avec *imum*). P. von Winterfeld (*op. cit.*, p. 24, n. 8) ponctue après *calorem* et joint *desuper* à *tepefactus* (« von oben erwärmt ») ; mais l'ordre des mots est moins naturel. Pour l'idée, cf. v. 1409-1415, et notes *ad loc.*

3. *Trames*, mot qu'Aviénus affectionne, désigne proprement chez lui la route parcourue dans le ciel par un astre (notamment l'écliptique) ; mais il en vient, comme ici, à devenir un simple synonyme de *caelum* (sens précisé par *mundanus*).

4. Cf. v. 1333, et note *ad loc.* Aviénus rejoint ici Aratos (778). Sur les pronostics tirés de la lune, on rapprochera de Virgile, *G.*, I, 427-437 ; Pline, *N. H.*, XVIII, 347-350. Cf. R. Böker, s. v. *Wetterzeichen*, P. W., Suppl., IX, 1637 sqq.

5. Je fais de *species* un acc. plur. et de *diuersa*, par hypallage (car le sens exigerait *species diuersas*), une apposition au sujet (*Cynthia* plutôt que *lux*, cf. la suite de la phrase).

6. Contre Breysig et Holder, qui mettent un point après *formarum*, Reuter a raison de revenir à la simple virgule des éditions antérieures, car Aviénus calque, en l'amplifiant, le mouvement d'Aratos :

> ἄλλοτε δ' ἀλλοῖαι μορφαὶ κερόωσι σελήνην
> εὐθὺς ἀεξομένην, αἱ μὲν τρίτῃ, αἱ δὲ τετάρτῃ.

En revanche, nous ne suivrons pas Reuter quand il rattache *igne* à *uario*, ce qui revient à placer en incise la première subordonnée, réduite à *primi cum surgit luminis*. Cette disposition, alors que les suivantes sont bien dégagées de la principale, nous semble peu naturelle. Et *uario formarum* = *uariis formis* est de syntaxe très aviénienne (H. Kuehne, *op. cit.*, p. 46, cite cet exemple parmi bien d'autres).

7. *Ingredientis... mensis* = περὶ μηνὸς ἐφεσταότος (Arat., 782). Le Scholiaste glose περὶ ὅλου τοῦ μηνός (p. 391, Mart.), cf. Virg., *G.*, I, 435, *exactum ad mensem*, et c'est ainsi que comprend J. Martin (« ... sur tout le mois qui commence »). M. Erren, lui, fait de ἐφεσταότος le synonyme de ἱσταμένου (« über die erste Dekade des Monats »), soit du 1 au 10, selon le comput grec, qui divise le mois en trois décades (ἱσταμένου, μεσοῦντος, φθίνοντος). Telle est aussi l'interprétation d'Aviénus.

8. Précision absente chez Aratos (784, εὔδιός κ' εἴη, « elle annonce le beau temps ») et ses Scholiastes.

9. Caurus = vent du nord-ouest. Précision absente chez Aratos (785, πνευματίῃ) et ses Scholiastes : simple enjolivement poétique? Pour le style, cf. Virgile, *G.*, I, 430 sq.

10. Problème de texte. Les manuscrits ont deux *si* « superposés » (1459, 1460), ce qui a fait croire à deux subordonnées avec conjonction en anaphore. De Grotius à Holder, on a donc écrit :

> *Luminis ista dehinc si crassior atque retunsis*
> *cornibus ingreditur, si quarti sideris ortu*[*m*]
> *percussi* [*ut*] *tenuem protendat corporis umbram...*

qui fait au texte une double et peu vraisemblable violence (correction de *ortum* en *-tu*, athétèse de *ut*). Reuter pense résoudre le problème avec le texte même des manuscrits :

> *Luminis ista dehinc si crassior, atque retunsis*
> *cornibus ingreditur si quarti sideris ortum,*
> *percussi ut tenuem protendat corporis umbram,...*

(*est* sous-entendu après *crassior* : syntaxe peu aviénienne). Mais Housman est sans doute mieux inspiré de changer en *sic* le second *si* (faute facile à commettre, et *sic... ut* comme 1020 sq., 1044 sq., 1466 sq.). Car l'essentiel du présage réside dans *crassior atque retunsis cornibus* (παχίων δὲ καὶ ἀμβλείῃσι κεραίαις, Arat., 785). La mention de l'ombre (*umbram tenuem*) est de toute façon normale au quatrième jour (cf. *supra*, v. 1330 sqq. = Arat., 735 sq.) : Aratos ne la rappelle même pas ici, mais bien le Scholiaste (p. 394, εἴγε καὶ σκίαν πέμπει τεταρταῖα οὖσα, « même si elle fait de l'ombre, comme il est normal au quatrième jour »), qui en fait clairement une notation accessoire : *sic... ut* peut avoir ce sens ; un second *si* fausserait l'idée.

11. Zéphyrs = légers vents d'ouest. Aratos (787) ne parle que du Notus, fort vent du sud, qu'Aviénus va du reste mentionner au vers suivant. En citant ici les zéphyrs, brise de beau temps, Aviénus contredit par avance le présage suivant (1465-1469).

Page 155 :

1. Explication absente chez Aratos ; mais cf. Schol. Arat., p. 395.4, Mart. : καὶ γὰρ ὁ νότος ἐξ ὑγροῦ ἀέρος συνίσταται, διὸ καὶ καρηβαρής.

2. Ce type de présage, qui figure chez Aratos (789 sq.) et que développent les Scholies (p. 395 sqq., Mart.), n'a évidemment aucun fondement. Si l'on peut admettre que la transparence ou l'obscurcissement de l'atmosphère, indices d'une certaine situation météorologique, aient quelque influence sur l'aspect, l'éclat, la couleur de la lune, en revanche la position droite, penchée en avant ou penchée en arrière du croissant est affaire de mécanique céleste et ne dépend en rien de l'atmosphère terrestre.

3. Aratos (791) dit seulement ἑσπέριοι ἄνεμοι ; mais les Scholies (p. 396.16, Mart.) précisent : οἷον ζεφύρους καὶ ἀργέστας.

4. Aratos (792) dit seulement εἰ δ' αὔτως ὀρθὴ καὶ τέτρατον ἦμαρ ἄγινοῖ, sans parler des pointes agressives. Mais cf. Pline, *N. H.*, XVIII, 347 : *Cornua eius* (...) *erecta et infesta uentos semper significant, quarta tamen maxime.* Les Scholiastes s'évertuent à expliquer pourquoi la même apparence, deux jours de suite, produit des effets aussi différents...

5. Pour éviter une ponctuation médiane (3 + 3 pieds), insolite chez Aviénus, Reuter (*op. cit.*, p. 89 sq.) rattache *ocius* à *ciet.* Mais, d'une part, un verbe pyrrhique après penthémimère et final de proposition n'est pas inconnu des poètes classiques (Virgile, *Aen.*, I, 713 ; II, 145, 528 ; III, 77, 103, 659, etc. ; Ovide. *Met.*, I, 657 ; II, 191 ; IV, 517 ; V, 166 ; VII, 307, 582, 833, etc.), toujours avec liaison consonne-voyelle (cf. J. Soubiran, *R. É. L.*, XLVI, p. 417-424).

D'autre part, Virgile groupe plusieurs fois *ocius* et *omnis* (*Aen.*, IV, 294 ; V, 828 ; VIII, 278, 444). Il y a donc toutes les raisons de ponctuer après *ciet*, comme les éditeurs précédents.

6. Χειμῶνος συναγειρομένοιο, dit seulement Aratos (793). Aviénus se complaît aux amplifications de style épique (cliché rebattu de la tempête).

7. Sur l'absurdité de cette notation, cf. *supra*, note au v. 1468. Aratos se contente de dire : « Si sa corne supérieure penche nettement en avant, attends le vent du nord ; et lorsqu'elle se renverse en arrière, le vent du sud » (trad. J. Martin). Les explications pseudo-scientifiques d'Aviénus (1478, *namque* ; 1482, *nam*) sont inspirées des Scholies (p. 398, Mart.) : ἀντιπνεῖ γὰρ ὁ νότος τῷ βορρᾷ, καὶ ὁ μὲν ὕπτιον ποιεῖ τὸ κέρας, ὁ δὲ βορρᾶς πρηνές, comme si le vent du nord soufflait « d'en haut », le vent du sud « d'en bas », l'un abaissant, l'autre relevant la corne !

8. Le sens paraît clair (cf. note précéd.), mais le texte est gravement altéré au premier hémistiche : *summa alt(a)e tuendo* des manuscrits est amétrique et inintelligible. En désespoir de cause, les éditions anciennes escamotent le vers ; Breysig (et Holder), avec *si luna alta tuens* (loin des mss. et peu satisfaisant pour le sens), Housman avec *sic maria et uento* (que viennent faire ici les mers?) ne convainquent pas. Gardant le *et uento* de Housman, qui paraît excellent, je risque *summati et uento*, avec l'adjectif rare *summas, -atis* (cf. A. Ernout, *Philologica*, III, Paris, 1965, p. 29-54), dont l'ablatif hésite entre -ī (*in agro Larinati*) et -ĕ (*ab Arpinate*) : cf. Neue-Wagener, *Formenlehre*, II, p. 88 sq. D'où, peut-être, une variante *summati* qui rendrait bien compte de *summa alte* (en outre, mécoupure *-te tu-* au lieu de *et u-*, et *tuendo* influencé par *docet*). L'adjectif *summās*, qui exprime la provenance et le rang, qualifierait heureusement le Borée, qui vient du plus haut de la rose des vents (et du ciel, suggère ici Aviénus), et qui est en outre le βασιλεὺς ἀνέμων (Pindare, *Pyth.*, IV, 181) ; cf. Aristote, *Meteor.*, II, 4 (364 b 4-10), qui note que ces vents du nord « tombent sur » les autres (ἐπιπίπτουσι τοῖς ἄλλοις μάλιστα) : venant de plus près, ils sont plus violents et l'emportent sur tous. La seule difficulté reste l'emploi de cet adjectif archaïque (mais cf. *inclinarier* dans le même vers) et rare (A. Ernout, *op. cit.*, p. 31 sq.). Aviénus a-t-il renoncé au simple *summus* (cf. Pline, *N. H.*, II, 128) pour évoquer le suffixe -ας de βορρᾶς, ἀπαρκτίας, θρασκίας...?

Page 156 :

1. Le vers d'Aratos (798), μείζονι δ' ἂν χειμῶνι πυρώτερα φοινίσσοιτο, est ambigu, à cause du neutre plur. πυρώτερα, qu'on peut appliquer soit à κύκλος, soit à la lune (τριτόωσαν). M. Erren adopte, comme les Schol. Arat. (p. 400.2, Mart., ὅσῳ μᾶλλον πυρρότερος ὁ κύκλος θεωρεῖται, σφοδρότερον χειμῶνα σημαίνει), la première solution, Aviénus et J. Martin (« pour une plus grande tempête elle flamboierait encore davantage ») la seconde.

2. Hémistiche de Virgile, *G.*, I, 187 (cf. déjà Lucrèce, II, 114).

3. Longues périphrases pour désigner le premier et le dernier quartiers (Aratos, 799, ἀμφότερον διχόωσαν).

4. Difficulté textuelle dont l'ampleur est malaisée à préciser. Au minimum, hésitation entre *et* et *ac*. *Et*, donné par E et (*in ras.*) V, est euphonique, mais succède à un *et* du vers et de la phrase précédentes ; *ac* se déduit bien du texte de V (d'où *ac qualem* A), mais est plutôt malsonnant (rencontre *ac qu-* rare — cf. *Thes. L. L.*, s. v. *atque* — et inouïe chez Aviénus). D'autre part, avec *qualem*, on attend un subjonctif d'interrogation indirecte qu'Aviénus, d'ordinaire, emploie. Et le *hinc* initial du vers suivant n'est pas très naturel après une conjonction de coordination : d'où le *hunc* de Grotius, repris par *ipso*. C'est le texte que, par prudence, nous adopterons.

Mais on remarquera qu'après la verbeuse évocation de la pleine lune et des quartiers, dont l'observation, nous dit-on, est nécessaire, Aviénus n'indique pas ce qu'en présagent les diverses colorations, alors qu'Aratos (802-804) prescrit fort logiquement : « ... et de sa couleur tire des conclusions sur chaque mois. Lorsqu'elle est partout immaculée, conclus qu'il fera très beau ; si elle est complètement rouge, attends l'arrivée du vent ; si des taches dispersées la noircissent, attends la pluie. » (trad. J. Martin). On peut dès lors se demander si les anomalies textuelles ci-dessus relevées ne dissimulent pas une lacune de plusieurs vers. Le *aequalem* de V serait alors à conserver : il signifierait une couleur « uniforme », immaculée ou rouge. Ainsi, par exemple :

Induit aequalem procedens ore colorem
⟨si Phoebe nitido, praedicit clara serena ;
si rutilo, uentos ; maculae sin undique foedant
ora deae, tunc imber erit. Tu rite colorem⟩
hinc perpende oculis...

Tout, ainsi, rentrerait dans l'ordre, la chute des trois ou quatre vers s'expliquant par un saut du même au même de *colorem* à *colorem* (car un même mot peut terminer l'hexamètre à peu de vers de distance : 1372 sq., 1410 et 1414, 1429 et 1431, 1522 et 1525, 1528 ; 1495 et 1498, etc.). Solution séduisante, mais un peu audacieuse, que nous suggérons sans l'imposer.

5. Phraséologie particulièrement embarrassée : « Symétriquement, les signes sont valables depuis la pleine lune jusqu'à la demi-lune décroissante ; vient ensuite le quatrième jour avant la fin du mois, puis le quatrième du mois suivant. » (Aratos, 808-810, trad. J. Martin). Aviénus simplifie le fond et complique la forme : de la pleine lune les présages valent jusqu'au dernier quartier, et du dernier quartier à la nouvelle lune...

6. ... qui marque la conjonction de la lune (*Phoebe*) et du soleil (*Phoebus*), son frère mythique (cf. *supra*, v. 33).

7. Après son vers 810 (cf. *supra*, n. 5), Aratos traite aussitôt des halos. Aviénus intercale ici, sans transition (d'où impression de rupture brutale, cf. *supra*, v. 1409), un étrange développement (v. 1506-1526) qui, sous prétexte de préciser les rapports entre la lune et les nuages (origine des halos), s'égare en spéculations cosmologiques

de mauvais aloi. Rien de tel à cette place dans les Scholies d'Aratos (mais cf. *infra*, n. 12). Passage analysé et commenté par P. von Winterfeld, *Beitr. zur Quellen- und Textkritik...*, p. 5-9.

8. Définition inattendue de l'air. On la rapprochera de Pline, *N. H.*, II, 33 : *Ita fieri ne conuolutus aer eandem in partem aeterna mundi uertigine ignauo globo torpeat, sed fundatur aduerso siderum uerbere discretus et digestus*, « c'est ce qui fait que l'air, au lieu d'être roulé dans le même sens par la révolution éternelle du monde et réduit par l'engourdissement à l'état de masse inerte, garde sa fluidité grâce aux chocs opposés des astres qui le divisent et le dispersent », traduit J. Beaujeu, qui commente (p. 134) : « Idée curieuse, dont on ne trouve trace nulle part. » L'air, en principe, n'occupe que les régions sublunaires et ne remplit pas l'univers entier.

9. Cf. *supra*, v. 1409-1415.

10. M. Haupt (*Hermes*, IV, 1869, p. 332) et P. von Winterfeld (*op. cit.*, p. 7) ont bien vu que *super* était adverbe (comme souvent chez Aviénus) et *aula deorum* apposition à *caelum*.

11. Restitution probable (Schrader, Haupt) *adamanteo* (cf. v. 1555, *curru adamanteo*). L'adjectif est classique (Ovide, *Met.*, VII, 104 ; Manilius, I, 923), mais ne s'applique jamais ailleurs (pas plus qu'*adamantinus*) à l'axe du monde, qu'Aviénus se représente donc ici comme matériel ; cf. Vitruve, IX, 1.2, et comm. J. Soubiran, p. 75 sq.

12. Aviénus assigne ici à chacune des cinq divinités planétaires un cercle céleste particulier : cercle arctique à Saturne ; tropique du Cancer à Jupiter ; équateur à Mars ; tropique du Capricorne à Vénus ; cercle antarctique à Mercure. Le soleil se voit attribuer le Zodiaque, et la lune une région plus basse, aux confins des nuages (et non le pôle sud, comme le dit P. von Winterfeld, *loc. cit.* !). Prise au pied de la lettre, cette théorie est absurde (Mercure serait perpétuellement invisible !) et en contradiction avec l'enseignement immémorial et constant qui fait courir le soleil, la lune et les cinq planètes sur le Zodiaque, le long de l'écliptique. Mais en fait, les expressions d'Aviénus sont ambiguës. Il ne dit pas qu'elles se déplacent sur ces cercles (« so gibt Avien an dieser Stelle an, in welchen Kreisen sich der Mond und die übrigen Planeten bewegen », écrit à tort von Winterfeld), mais qu'ils leur sont attribués, qu'elles en ont l'apanage : *regia, incolitur, stat, obtinet, cessit* impliquent plutôt immobilité, domination symbolique de type astrologique (pour d'autres systèmes d'esprit analogue, cf. A. Bouché-Leclercq, *L'astrologie grecque*, p. 328-347) ; au contraire, le soleil sur le Zodiaque *decurrit* (1519) et *lunam... ima uehunt caeli* (mouvement réel des astres, ici). C'est ainsi également qu'Achilles (*Isag.*, 29, p. 64 sq., Maass) présente les choses : les cinq zones sont respectivement dites Κρόνου, Διός, Ἄρεος, Ἀφροδίτης, Ἑρμοῦ, simples génitifs d'appartenance (et il s'agit ici des zones terrestres, où il n'est pas question de faire courir les planètes). Qu'il y ait là, comme le suggèrent W. et H. Gundel (s. v. *Planeten*, P. W., XX, 2, 2140), soit une idée stoïcienne de συμπάθεια, soit une spéculation théosophique plus ancienne, on l'admettra volontiers. Mais il semble, plus précisément, qu'un texte comme le nôtre se fonde sur une coïncidence et sur une double confusion.

— Coïncidence : il y a cinq cercles parallèles (2 arctiques, 2 tropiques, équateur) et cinq planètes visibles à l'œil nu.

— Confusions : *a*) le sens ambigu de ζώνη, qui signifie, dans les textes astronomiques grecs,

. soit les cercles ou sphères concentriques, intérieurs à la sphère des fixes, qui portent chacun une planète : Achilles (*Isag.*, 16), ἐν τῇ ὑψηλοτάτῃ (ζώνῃ) φέρεσθαι τὴν τοῦ Κρόνου, etc. ; Schol. Arat., p. 286 sq., Mart., ὁ οὐρανὸς ζ' ζώνας ἔχει... τὴν μὲν πρώτην ἔχει ὁ Κρόνος... (cf. Schol. Arat., p. 424.8, Mart.) ;

. soit les zones terrestres (cf. G. Aujac, *Strabon et la science de son temps*, p. 149-159), délimitées par des parallèles de latitude donnée (cercles polaires, tropiques), correspondant aux parallèles célestes (Achilles, *Isag.*, 29, περὶ ζωνῶν · εἰσὶ δὲ καὶ ἐν οὐρανῷ καὶ ἐπὶ γῆς, αἳ κατὰ κάθετόν εἰσι τῶν ἐν τῷ οὐρανῷ) — zones terrestres que les Anciens caractérisaient aussi par leur climat (glacial et insupportable pour les zones polaires, torride et insupportable pour la zone équatoriale, tempéré et propre à la vie pour les deux zones comprises entre cercle arctique et tropique).

b) Or, les planètes supérieures au moins (Saturne, Jupiter, Mars) se voyaient, en fonction de leur éloignement, attribuer une température glaciale pour Saturne, tempérée pour Jupiter, torride pour Mars (cf. Vitruve, IX, 1.16, et comm. J. Soubiran, p. 113 sqq. ; Pline, *N. H.*, II, 34, et comm. J. Beaujeu, p. 136 sq.).

Dès lors, il était tentant de rapprocher les cinq planètes et les cinq cercles ou zones. Saturne, Jupiter et Mars avaient leur place tout indiquée — d'autant plus qu'ici encore jouaient des confusions de vocabulaire : Saturne est la planète « la plus haute », ὑψηλοτάτη, et le nord est aussi « en haut », ὑψηλότερος. Vénus et Mercure complétaient tant bien que mal la série. Il est probable, quoi qu'en dise A. E. Housman (note *ad loc.*), que Lucain se fait aussi l'écho de cette théorie, mêlée d'astrométéorologie (cf. Germanicus, *fr.* III et IV) en X, 205 sqq. (révélations de l'Égyptien Acorée à César) :

Frigida Saturno glacies et zona niualis
cessit ; habet uentos incertaque fulmina Mauors ;
sub Ioue temperies et numquam turbidus aer ;
at fecunda Venus cunctarum semina rerum
possidet ; immensae Cyllenius arbiter undae est.

En tout cas, l'expression *Saturno... zona niualis / cessit* a sûrement inspiré le *cessit Mercurio locus umbrifer* d'Aviénus, qui, adaptant une source en prose, a songé aussi aux vers de la *Pharsale*.

Tout cela est trop cohérent pour qu'on admette avec von Winterfeld (*op. cit.*, p. 8 sq.) — qui ne cite ni Achilles, ni Lucain — la thèse d'une erreur isolée d'Aviénus, erreur née d'une fausse interprétation de Schol. Arat., 455 (cité *supra*). Car, de surcroît, il n'est question dans ces Scholies ni de l'air, ni des nuages ; l'étagement des sphères planétaires est clairement indiqué ; le soleil est placé entre Mars et Vénus, au lieu d'être à part comme ici ; enfin, on ne voit pas pourquoi Aviénus aurait tant différé ce développement, au lieu de le laisser aux environs des v. 908-927 (= Arat., 454-461), où il eût été beaucoup plus à sa place.

Page 157 :

1. Aviénus ne différencie pas assez le tropique du Cancer encore tempéré, et l'équateur torride. En ce qui concerne Mars (*Gradiuus*), on sait que sa couleur rouge, remarquée de toute antiquité, était considérée comme un symbole de chaleur (cf. Vitruve, IX, 1.16, et comm. J. Soubiran, p. 114 ; Pline, *N. H.*, II, 79, et comm. J. Beaujeu, p. 166 sq.).

2. Pour l'expression, cf. *supra*, v. 654 sq. On remarquera qu'Aviénus ne parle plus ici de température : pour les planètes inférieures, les Anciens n'en faisaient guère mention (cf. *supra*, p. 264, n. 12) ; cf. toutefois Julien, *Disc. Helios Roi*, 33 (150 b), (Vénus) πληροῖ μὲν τὸν οὐρανὸν εὐκρασίας.

3. Malgré le rapprochement tentant avec Lucain (X, 209, cf. note au v. 1510), nous préférons *umbrifer* de VA à *imbrifer* de E. Les manuscrits d'Aviénus confondent parfois les deux adjectifs :

— *umbri- / imbri-* en concurrence dans les manuscrits : 852, *umbrifer* (V : *im-* AE) *Austri / Aram cardo premit* ; 1517, *cessit Mercurio locus umbrifer* (VA : *im-* E) ;

— *umbri-* sans variante : 62, *polus umbrifero... decliuis in axe* ; 1550, *chaos umbriferum* ;

— *imbri-* sans variante : 979, *cardine in Austri... imbriferi corpus... Capricorni* ; *D. O. T.*, 1234, *imbriferum qua mundus uergit in Austrum.*

La répartition semble claire : le Capricorne et l'Auster sont « pluvieux », le chaos et le pôle invisible sont « ténébreux ».

4. P. von Winterfeld (*op. cit.*, p. 9) voit dans *his super* la confirmation de son hypothèse, selon laquelle Aviénus s'inspirerait ici uniquement de Schol. Arat., 455, qu'il aurait mal compris. Car le Scholiaste souligne bien que l'écliptique, tracé sur la sphère des fixes, est plus éloigné de la terre, centre du monde, que les orbites planétaires concentriques (cf. *supra*, v. 916, et note *ad loc.*). Mais il n'est nullement certain que *super* ait un sens aussi précis. Lorsqu'il parle des trois cercles parallèles (tropiques et équateur) *sur* lesquels est jeté obliquement l'écliptique — et il s'agit alors de cercles de la même sphère, réellement tangents et sécants — Aviénus dit de même, 1014, *desuper obliqua est alii uia.*

5. *Zonae* est ambigu. S'agit-il des cinq cercles parallèles (cf. v. 930, 933) — ici : les deux cercles arctiques, les deux tropiques et l'équateur? Ou des zones, au sens propre, délimitées par ces cercles (zones polaire nord, tempérée nord, équatoriale, tempérée sud, polaire sud)? De toute façon, l'assertion d'Aviénus est inexacte : l'écliptique n'atteint ni les cercles arctiques, ni les zones polaires ; il ne coupe ou touche que trois cercles ou zones. Aviénus s'est-il laissé entraîner par l'évidente réminiscence de Virgile, *G.*, I, 231-239 (en particulier 233, *quinque tenent caelum zonae*)? Pour le texte, mal établi (seul E constitue ici un témoin utilisable), nous préférons garder *quinque tenet zonas* au lieu de corriger en *tenens* (*-nens zo-*, rencontre consonantique difficile), et supposer la chute d'un *et* entre *certo* et *uia* (*uia* étant sujet commun de *tenet* et de *decurrit*). Aussi bien les v. 1518-1521 sont-ils tous altérés autour du IVe pied (accident matériel de

l'archétype, sans doute ; cf. *supra*, v. 266-270). Nous restituons aussi, avec la vulgate, le génitif *solis* (*-li* codd.) dans *uia feruida Solis* : phraséologie typiquement aviénienne (cf. *Ar.*, 396, 651, 661, 976, 1557, 1631 et même 1328), alors que le datif (seuls exemples, *Ar.*, 711, 1240) apparaît dans des contextes très différents.

6. Dans l'énumération des sept « planètes », que ce soit selon l'ordre égyptien ou l'ordre chaldéen (cf. F. Boll, s. v. *Hebdomas*, P. W., VII, 2561-2570), la lune est toujours la plus proche de la terre centrale. Son orbite marque la limite entre le monde sublunaire, théâtre de l'agitation atmosphérique (météorologie), et le monde supralunaire, où règne l'harmonie de la mécanique céleste (astronomie).

7. Cf. *supra*, v. 1409-1415.

8. Au lieu de l'impossible *frustra* des manuscrits, on lisait depuis Grotius *fusa* ; mais la faute s'explique mal (pourquoi ces additions de consonnes à un mot très simple et banal?), et *fusa* ne supporte guère d'être modifié par l'adverbe *frequenter*. Aussi préférons-nous *fracta*, plus proche de *frustra* par sa physionomie d'ensemble, compatible et allitérant avec *frequenter*, et surtout corroboré par les théoriciens antiques qui emploient constamment, pour expliquer le halo, le verbe ἀνακλάω-ῶ « briser » et le substantif ἀνάκλασις « brisure, réflexion ». Ainsi, Aristote, *Meteor.*, III, 3 (372 b 15) : « le halo est une réflexion de la vision (ἀνάκλασις τῆς ὄψεως) quand l'air et la vapeur se condensent en nuage, à la condition que la matière condensée soit uniforme et composée de fines particules. » (trad. J. Tricot) ; Schol. Arat., p. 404, Mart. : « le rayon lumineux (ἡ ὄψις), opposé à la résistance de l'air, s'il tombe sur des éléments rugueux, s'interrompt net sans s'engager dans une autre direction ; mais s'il se porte sur des éléments lisses et unis, comme les miroirs et les eaux, ou bien il se glisse plus avant à l'intérieur (ἐνδοτέρω διαδύεται), comme s'il s'y réfractait (οἱονεὶ ἐγκατακλωμένη), ou bien, si cela est impossible à cause de la résistance des corps, il est réfléchi (ἀνακλᾶται) en faisant apparaître à cet endroit-là les objets vus depuis l'endroit où se situe le départ de la réflexion. » (trad. personnelle). Texte précieux, car, tandis qu'Aristote (*Meteor.*, III, 2-6) et Sénèque (*N. Q.*, I, 2-13) expliquent uniquement par la réflexion les halos, couronnes, parhélies et arcs-en-ciel, le Scholiaste semble bien distinguer réflexion et réfraction — cette dernière étant mentionnée par Cléomède et étudiée par Ptolémée (*Hist. de la science antique*, sous la dir. de R. Taton, 2e éd., p. 350). En latin, ce sont aussi *frango* et *refringo* qui évoquent ces phénomènes optiques : objets apparemment brisés dans l'eau (Lucrèce, IV, 436 sq.), rayons du soleil dans l'eau (Lucain, III, 522, cf. Stace, *Th.*, XII, 660 ; *Ach.*, I, 689) ou les nuages (Pline, *N. H.*, II, 150). Tous ces textes nous semblent recommander chez Aviénus la lecture *lux... fracta*, qui peut désigner, soit la réfraction, soit, plus probablement, la réflexion.

9. Idée archaïque (Thalès, Xénophane, Héraclite), combattue par Aristote (*Meteor.*, II, 2, 354 b 33), mais reprise par les Stoïciens, suivant laquelle le feu des astres était alimenté par des exhalaisons humides nées de la terre (cf. Apulée, *Mund.*, II, 293, et note J. Beaujeu, *ad loc.*, p. 312 — texte qui n'est pas sans analogies avec l'excursus

aviénien : énumération des planètes de Saturne à Mercure, Soleil et lune *altitudinis aetheriae principia disterminans*, alimentation des astres). Il est possible qu'Aviénus suggère ici une sorte de cycle : dans son passage réfléchi ou réfracté à travers les nuages, la lumière de la lune s'affaiblit (*fracta* a couramment ce sens, et cf. Schol. Arat., p. 404, Mart., ἔστιν ἡ ἅλως περὶ τὴν σελήνην κύκλος, καὶ αὐτὴ ἐν μέσῳ ἀμυδροτέρα φαίνεται), mais l'humidité qui monte des nuages vers la lune compense cette perte.

10. Même idée chez Sénèque, *N. Q.*, I, 2.3 sq. : *Non est autem quod existimemus istas, siue areae, siue coronae sunt* (= les halos), *in uicinia siderum fieri. Plurimum enim ab his absunt, quamuis cingere ea et coronare uideantur ; non longe a terra fit talis effigies, quam uisus noster, solita imbecillitate deceptus, circa ipsum sidus putat positam. In uicinia autem stellarum et solis nihil tale fieri potest, quod illic tenuis aether est.*

11. Aviénus rejoint ici Aratos (811), qu'il suivra exactement (Arat., 811-818 = Avien., 1526-1542), avec beaucoup d'emphase en plus. Pour ces présages, cf. aussi Pline, *N. H.*, XVIII, 349.

12. Aratos (814) dit seulement ἀνέμοιο ; le Scholiaste précise (p. 405, Mart.) : ἄνεμον ἐξ ἐκείνου τοῦ τόπου καθ' ὃν τὴν ῥῆξιν λαμβάνει = Pline, *N. H.*, XVIII, 349, *si caligo orbisue nubium incluserit, uentos, qua se ruperit.* — Météorologie simpliste, qui rappelle l'inclinaison des cornes de la lune (cf. *supra*, n. au v. 1468). La conjecture *subitos* se recommande d'autant plus qu'ailleurs Aviénus emploie deux fois l'adjectif, jamais l'adverbe.

Page 158 :

1. Aratos (817) dit seulement (ἂν χειμῶνα φέροι) καὶ μᾶλλον μελανεῦσα ; et Pline (*loc. cit.*) : (*maiorem tempestatem*) *et magis si tres erunt aut nigri, interrupti atque distracti.*

2. Aviénus néglige le vers conclusif d'Aratos (818) : « Tels sont donc les renseignements que pour le mois tu peux tirer de la lune. »

3. Préambule très développé et solennel, par rapport aux trois vers d'Aratos (819-821), dont Aviénus garde l'anaphore (Ἠελίοιο... ἠελίῳ...), l'idée générale de netteté des présages (καὶ μᾶλλον ἐοικότα σήματα) et l'opposition lever/coucher. Mais il se souvient au moins autant des vers fameux de Virgile (*G.*, I, 438-440, cf. 463 sq.), lui-même tributaire d'Aratos. *Tibi cura uidendi* = Ovide, *Met.*, XIV, 835.

4. L'idée de l'hégémonie solaire n'est pas aratéenne, mais pythagoricienne et stoïcienne. Elle est liée à la théorie radio-solaire des planètes supérieures (cf. Vitruve, IX, 1.11-14, et comm. J. Soubiran, *ad loc.* ; Pline, *N. H.*, II, 69, 71, et comm. J. Beaujeu, *ad loc.* ; A. Bouché-Leclercq, *L'astrologie grecque*, p. 117 sqq.), au fait que les planètes inférieures ne peuvent s'écarter du soleil au-delà d'une certaine limite (Vitruve, IX, 1.6-9 ; Pline, *N. H.*, II, 72-76), et que la lune lui doit son éclat. Dans l'ordre chaldéen (qui n'est pas celui d'Aviénus, cf. v. 31-33, 1510-1521), l'orbite solaire occupe le milieu des sept « planètes ». D'où l'idée que le soleil est l'ἡγέμων, le *rector*

de l'univers : Cicéron, *Somn. Scip.*, IV, 19, *mediam fere regionem sol obtinet, dux et princeps et moderator luminum reliquorum...* (comm. de P. Boyancé, *Études sur le « Songe de Scipion »*, Paris, 1936, p. 78-104).

5. Les vers 1548-1559 sont encore une addition d'Aviénus ; rien ne leur correspond chez Aratos. C. Ihlemann (*op. cit.*, p. 18) les attribue à l'influence des Scholies, et il n'a pas entièrement tort. Pour cette puissance lumineuse qui dissipe les ténèbres, cf. Schol. Arat., p. 407, Mart. : πολλὴν ἔχων ἰσχὺν πρὸς τὸ διαλύειν ταῖς ἀκτῖσι τὰ ὑποπίπτοντα παχέα. Mais les expressions *per chaos umbriferum*, *per noctis amictus* ont déjà une résonance qui dépasse de beaucoup le modèle supposé ; cf. notes suivantes.

6. En fait, dans les v. 1552-1556, Aviénus s'élève jusqu'aux accents de l'hymne. Le texte de Cicéron cité plus haut (note 4 : ... *luminum reliquorum, mens mundi et temperatio, tanta magnitudine ut cuncta sua luce lustret et compleat*) a pu lui montrer la voie ; mais on n'oubliera pas que le culte du Soleil (*Sol inuictus*), d'origine syrienne, a droit de cité à Rome depuis le IIIe siècle (J. Bayet, *Histoire... de la religion romaine*, 2e éd., p. 226 sq., 251 sq.). Le *Discours sur Hélios-Roi* de l'empereur Julien (fin déc. 362) est exactement contemporain d'Aviénus ; bientôt suivront la grande profession de foi « solaire » d'Agorius Praetextatus dans les *Saturnales* de Macrobe (I, 17-23) et l'hymne au Soleil de Martianus Capella (II, 185-193). Le ton général de ces textes rappelle beaucoup celui d'Aviénus. D'autre part, cette esquisse d'hymne à *Sol*, introduit ici, n'est pas sans faire écho à l'hymne du procemium : les attributions des deux divinités, Jupiter et le Soleil, paraissent assez semblables (cf. v. 7, *mundi calor* ; 21 sq., *hic chaos altum /lumine perrupit, tenebrarum hic uincula primus / soluit et ipse... fluitantia fixit* ; 29, *altor rerum, rex mundi*), et cela ne surprend pas, puisque le syncrétisme hénothéiste du IVe siècle identifiait précisément Zeus, Hélios et Sérapis (Julien, *op. cit.*, 10 = 136 a, 31 = 149 c ; Macrobe, *loc. cit.*).

7. Idée d'origine platonicienne (*Rep.*, 509 b), reprise par Julien, *op. cit.*, 2 (= 131 c) ἁπάντων ἀνθρώπων εἶναι τοῦτον κοινὸν πατέρα (comme le Zeus d'Aratos, *Ph.*, 5) ; 9 (= 135 a) ᾧ... ἕπεται δὲ ἡ γένεσις (cf. 135 c, τὸ δημιουργικὸν καὶ γόνιμον) ; 12 (= 137 d) Τὴν δὲ τοιαύτην φύσιν ὁ θεὸς ὅδε... ὀρθοῖ καὶ ἐγείρει... μᾶλλον δὲ αὐτὸς ζωοποιεῖ κινῶν καὶ ἐποχετεύων αὐτῇ τὴν ζωήν ; cf. encore 16 (= 140 b) τὰ μὲν γὰρ τελειοῖ τῶν εἰδῶν, τὰ δὲ ἐργάζεται, τὰ δὲ κοσμεῖ, τὰ δὲ ἀνεγείρει ; 36 (= 151 c) τὴν ὅλην δὲ οὐχ οὗτος φύσιν, ἐνδίδους ἄνωθεν αὐτῇ τὸ γόνιμον, κινεῖ καὶ ἀναζωπυρεῖ ; Macrobe (*Sat.*, I, 19.17), *Sol auctor spiritus, caloris ac luminis, humanae uitae genitor et custos est, et ideo nascentis* δαίμων, *id est deus, creditur.*

8. Reprise probable du procemium, 12 sq. Gradation entre *dura* et *adamanteo* (d'une dureté extrême, acier ou diamant).

9. Réminiscence de Virgile (*G.*, I, 418 sq.) : *et Iuppiter uuidus Austris / denset, erant quae rara modo, et quae densa, relaxat.* Ce pouvoir de Jupiter, Aviénus le transfère encore à *Sol*.

10. On rejoint avec cette dernière phrase la pensée plus prosaïque des Schol. Arat. (p. 407, Mart.) : νικώμενος ὑπ' αὐτῶν (τῶν παχέων, cf. *supra*, n. 5), μείζονα τὸν χειμῶνα προαπαγγέλλει... εἰ μὴ μεγάλη καὶ ἰσχυρὰ τοῦ ἀέρος εἴη ἡ μεταβολή, οὐκ ἂν κρατηθείη.

Page 159 :

1. Aviénus, ici, retrouve enfin Aratos (822), dont il traduit les enseignements non sans prolixité, mais avec une excellente fidélité d'ensemble. Pour le présage des v. 1560-1563, cf. aussi Virgile, *G.*, I, 441-444.

2. Le *facem* des manuscrits (entraîné par celui du v. 1565) étant inacceptable *metri causa*, nous préférons au *faciem* d'Alde, suivi par tous les éditeurs et encore appuyé par Breysig et Daigl (qui rapprochent de 1615), le *pacem* de von Winterfeld. La confusion *p* / *s f* est courante dans nos manuscrits ; *pax* désigne ailleurs chez Aviénus le calme de l'atmosphère (794, 1534, 1730) ; et pour le même présage, les Schol. Arat. (p. 409 sq., Mart.) emploient εὐδία, Pline (*N. H.*, XVIII, 342) *serenitas*, qui signifient, tous deux, à la fois « beau temps » et « calme ». *Facies* non qualifié, en revanche, n'aurait guère de sens. Pour le présage, cf. en outre Virgile, *G.*, I, 458-460.

3. Κοῖλος ἐειδόμενος, dit Aratos (828) ; et les Schol. Arat. (p. 410, Mart.) expliquent bien que « ces concavités du soleil ne lui appartiennent pas en propre : ce sont de simples illusions d'optique. » Cf. Virgile, *G.*, I, 442, *medioque refugerit orbe* (dont Aviénus se souvient) ; Pline, *N. H.*, XVIII, 342, *Concauus oriens pluuias praedicit* (mal compris des éditeurs de la coll. des Belles Lettres : cf. J. Soubiran, *R. Ph.*, XLVIII, 1974, p. 140) ; Lucain, V, 544, *orbe quoque exhaustus medio.*

4. Il ne paraît pas possible de maintenir le *aut* des manuscrits, car l'idée est très claire chez Aratos et ses épigones : les rayons du soleil qui divergent s'allongent à la fois vers le nord et vers le sud : Arat., 829 sq., ἀκτίνων αἱ μὲν νότον, αἱ δὲ βορῆα / σχιζόμεναι βάλλωσι ; Schol. Arat., p. 413, Mart. : σχιζομένων δὲ τῶν ἀκτίνων πρός τε βορρᾶν καὶ νότον πεμπομένων ; Pline, *N. H.*, XVIII, 343, *si in exortu spargentur* ⟨*radii*⟩ *partim ad austrum, partim ad aquilonem...* Nous revenons donc au *ac* de Grotius (mais *ut* en anaphore n'est pas exclu) ; cf. encore Lucain, V, 542 sq. (au coucher du soleil, il est vrai).

5. Aratos (830) ajoute : « tandis que le centre rayonne » (= Pline, *loc. cit.* : *pura circa eum serenitas sit licet*).

Page 160 :

1. Vaste *amplificatio*, à partir de deux vers d'Aratos (836 sq.) : « ... ou au contraire s'il noircit : que le noir soit pour toi signe de pluie, et le rouge, toujours signe de vent. » (trad. J. Martin). Cf. Virgile, *G.*, I, 453, *Caeruleus pluuiam denuntiat, igneus Euros* ; Pline, *N. H.*, XVIII, 342.

2. Souvenir probable de Virgile, *G.*, I, 455, *Omnia tum pariter uento nimbisque uidebis / feruere.*

3. Passage difficile et suspect. *Coeunt radii* semble inattaquable (Arat., 841, ἀκτῖνες συνίωσι ; Pline, XVIII, 342, *cum occidentis aut orientis radii uidentur coire*). Mais le *ut* initial (donné par E seul) est-il un atténuatif (« en quelque sorte ») ou faut-il — ce que nous préférons — le rattacher à *ecce* (*ecce... ut* + indic., Labérius, 104 ; autres tours analogues dans le *Thes. L. L.*, s. v. *ecce*, V, 2, 30 sq.)? Mais *nebuloso* présente un spondée rarissime devant ponctuation bucolique (E. Reuter, *op. cit.*, p. 59), n'a pas d'équivalent chez Aratos, et sa construction n'est pas évidente (*nebuloso* scil. *soli* : dat. d'intérêt?). Les éditions anciennes écrivent *nebulose*, adverbe qui n'existe nulle part ailleurs et qui ne supprime pas la difficulté métrique. On ne voit pas comment ponctuer avant *nebuloso* : la phrase suivante a son plein d'adjectifs, et le mouvement *cetera quippe* est très aviénien (cf. 204, 468, 731, 1710 ; *D. O. T.*, 159, 294, 555). On lirait volontiers *nebulae uice*, excellent pour la métrique (dactyle IVe), le tour (cf. *Arat.* 366, 473, 831, 1035 ; *D. O. T.*, 1058, 1386) et le sens (« à la manière de... ») ; mais l'altération en *nebuloso* ne s'explique pas.

4. L'explication ternaire des v. 1590-1593 n'a d'équivalent ni chez Aratos, ni dans les Scholies actuellement conservées. Elle provient, sans doute, d'un commentaire antique plus étoffé. Le sens précis est difficile à cerner, vu la phraséologie pompeuse et floue d'Aviénus. On pouvait penser à une antithèse entre *comarum uis* (les rayons extérieurs) et *globus* (le disque, comme le ὁ κύκλος de Schol. Arat., p. 416.7, Mart.) ; mais il paraît hors de doute que *globus* désigne ici, comme souvent (Sénèque, *Ag.*, 462 ; *N. Q.*, II, 28.3 ; Lucain, IV, 74 ; Sil. Ital., XII, 657 ; Tacite, *Ann.*, II, 23, *atro nubium globo*), un « amoncellement » de nuages. Au v. 1592, *confusa* et *micans* paraissent quelque peu contradictoires.

5. *Nonnumquam* répond au *alias* de 1588 et sera à son tour suivi de *tum... rursus* : trois indices différents dont le sens est le même (= Arat., 840-844). Le *interdum* de 1598 en introduira un quatrième d'espèce semblable : il s'agit toujours de présages de pluie.

6. *Plurimus* (en relief grâce au rejet) est une addition d'Aviénus (ὕδατι... κατιόντι, Arat., 844 ; ὄμβρον, Schol. Arat., p. 416.8, Mart.). Même *amplificatio* au v. 1601, *nimbis ingentibus arua madebunt* (ὑετοῖο, Arat., 847 ; ὑετοῦ, Schol. Arat., p. 418.12, Mart.).

7. Plus qu'Arat., 846, cf. Schol. Arat., p. 418.11, Mart. : εἶτα αὐτὸς ἐπιὼν φέρηται ὥσπερ ἐνδεὴς ἀκτίνων...

8. Aratos (847 sq.) dit en fait : « Et lorsqu'autour de lui (οἱ πέρι) un cercle épais (πολὺς... κύκλος), comme fondant, s'étale au premier moment de son lever, puis diminue... » (trad. J. Martin). C'est le Scholiaste (p. 419, Mart.) que suit Aviénus : « aux levers et couchers le disque du soleil (ὁ τοῦ ἡλίου κύκλος) paraît plus grand (δοκεῖ... μείζων φαίνεσθαι). » Sur ces v. 1602-1609, excellent comm. de von Winterfeld, *Beitr. zur Quellen- u. Textkr.*, p. 9-11.

9. Au *defluxerit* des manuscrits, il faut préférer le *diffluxerit* de Housman. Entre les deux verbes, la confusion est fréquente dans les manuscrits (cf. *Thes. L. L.*, V, 1, 362 et 1104). *Defluo* chez Aviénus exprime toujours un mouvement linéaire (v. 912) de haut en bas

(v. 755, 1597), alors qu'il s'agit ici d'une dispersion floue, à l'expression de laquelle *diffluo* convient au mieux (Arat., 848, οἷον τηκομένῳ, « comme fondant »).

Page 161 :

1. Aviénus suit toujours le Scholiaste (p. 419, Mart.) : ἀνιὼν δὲ ὁ ἥλιος... καὶ εἰς τὸ ὕψος χωρῶν...

2. Explication toujours empruntée au Scholiaste (*loc. cit.*) : « les exhalaisons terrestres, aux levers et couchers, sont brumeuses et épaisses (παχεῖαι), lorsqu'elles reçoivent la lumière du soleil. Si elles ne laissent pas passer cette lumière, elles le font paraître plus large (πλατύτερον). Mais en montant, le soleil s'éloigne de ces exhalaisons, prend de la hauteur, et quand il trouve l'air pur (καθαρὸν τὸν ἀέρα = *tenero... tramite caeli*), son disque semble se rapetisser, car alors la lumière passe. »

3. Il faut donner ici à *attrahit* le sens de *contrahit* (sic *Thes. L. L.*, s. v.) qu'impose le contexte. Cette synonymie n'est pas sans exemple (*attractis superciliis*, *attractiorem frontem* chez Sénèque ; Maxim., *Eleg.*, I, 238, *Heu ! tantum attracti corporis ossa uides*).

4. Longue circonstancielle pour traduire le simple χείματος ὥρῃ d'Arat. (850), dont le sens prête du reste à équivoque : « en hiver » (J. Martin) ou « en période de mauvais temps » (« in einer Schlechtwetterzeit », M. Erren)? Aviénus corrobore la seconde interprétation.

5. Ces quatre vers 1612-1615, sans équivalent chez Aratos, proviennent encore d'un commentaire dont les Scholies nous conservent un témoignage partiel, p. 417.15 sq., τὸ δὲ ὅμοιόν φησι γίνεσθαι καὶ ἐὰν χειμῶνος ὠχρὸς δύηται, τῶν νεφῶν ὥσπερ διακαιομένων ὑπ' αὐτοῦ καὶ λυομένων. *Laboranti* (1613) n'a sans doute pas le sens technique de « éclipsé » (car le soleil éclipsé est obscur et invisible), mais celui, métaphorique, d' « épuisé » (cf. *supra*, v. 172) : cf. Schol. Arat., p. 420, Mart., ἀδύνατος γὰρ γέγονεν ὁ ἥλιος διαχέαι τὴν πύκνωσιν (le soleil livre un combat, pas toujours victorieux, pour dissiper les nuages : il est donc épuisé, même après sa victoire).

6. Aratos dit :

851 Ἀτὰρ ὕδατος ἠμερινοῖο
γινομένου, κατόπισθε περὶ νέφεα σκοπέεσθαι
κὰδ δὴ δυομένου τετραμμένος ἠελίοιο.

texte difficile, que J. Martin (cf. sa longue note *ad loc.*) traduit : « Mais s'il pleut dans la journée, examine ensuite les nuages en te tournant vers le soleil couchant. » (cf. Avien., 1617 sq., *proni procul ad confinia caeli / ... spectaris nubila*). Mais les Schol. Arat. (p. 420.3-8, Mart.) comprennent que ὕδατος ἠμερινοῖο γινομένου κατόπισθε désigne le lendemain (ἠμερινοῖο δὲ τῇ ἑξῆς ἡμέρᾳ φαινομένου) et c'est l'interprétation que suit Aviénus (von Winterfeld, J. Martin) : *nascente die* est complément de *uenturos*.

7. Il n'est pas question de rosée chez Aratos (855 sqq. : « ... et que ses rayons se divisent çà et là autour d'elle [la nuée], enroulée au milieu d'eux, alors tu auras encore besoin d'un abri le lendemain matin. ») ni chez les Scholiastes. L'addition n'est guère opportune, car la rosée

est un signe de beau temps (Aristote, *Meteor.*, I, 10, 347 b 1, εὐδίας μὲν γίγνεται, χειμῶνος δ' οὔ ; cf. Pline, *N. H.*, II, 152). Et quel sens donner à *ut*? « en sorte que », « en admettant que »?

8. Cf. *supra*, v. 1024, et note *ad loc.*

9. Aratos (859 sq.) emploie le pluriel : ταὶ δὲ... νεφέλαι... ἐρευθέες, ainsi que les Scholies (p. 421 sq., Mart.) et Pline (XVIII, 343) : *si circa occidentem rubescunt nubes, serenitatem et futuri diei spondent.* Cf. aussi Lucain, V, 541, *nam sol non rutilas deduxit in aequora nubes* (donc la tempête approche).

Page 162 :

1. Difficulté textuelle. Les manuscrits ont *languet et tenui*, amétrique à moins de scander *lāngŭĕt*, ce qui semble inouï (cf. L. Mueller, *De re metrica*, 2e éd., p. 308 sq.) ; mais il est curieux qu'au vers 939 une forme du même verbe fasse également difficulté, sans que pourtant les deux cas puissent être ramenés à l'unité. Le parfait *languit* de Housman se justifie mal, dans un contexte au présent ; le ⟨*in*⟩ *tenui... acumine* d'Alde et de ses successeurs introduit une préposition superflue, voire inopportune. Parmi les autres monosyllabes possibles, aucun ne traduirait le ἐξαπίνης d'Arat. (863). Après avoir songé à *hinc* (cf. *O. M.*, 495, *et hinc*), nous écrivons *heu!* (quoiqu'Aviénus ne l'emploie jamais ailleurs), à cause d'un vers de Virgile où cette interjection est, comme ici, associée à *frustra* (*G.*, I, 158, *Heu magnum alterius frustra spectabis aceruom*).

2. Cf. Cicéron, *Progn. fr.*, I. Comparaison de l'obscurcissement avec une éclipse de soleil. Sur l'attelage, cf. note au v. 1350.

3. Cf. *supra*, note au v. 1519. Cette explication de l'éclipse, absente du poème d'Aratos, est longuement développée par les Scholiastes (p. 422-425).

4. La lune passe entre le soleil et la terre (Schol. Arat., p. 422, Mart. : μέσης δ' αὖ τῆς σελήνης εὑρισκομένης) ; mais elle nous présente alors sa face obscure (nouvelle lune), et l'expression *lampadis orbe* d'Aviénus ne lui convient guère.

5. Aviénus abrège son modèle (Arat., 869-876) : « Lorsque le soleil est encore sous l'horizon, et qu'au point du jour ses rayons, étendus avant son lever, se montrent tout ombreux, n'oublie pas que pluie et vent vont s'abattre. S'ils entraient dans une obscurité plus profonde, ils annonceraient la pluie plus sûrement encore. Mais si un voile léger les enveloppait, tel qu'en donnent le plus souvent les nuages peu denses, ce voile sur eux présagerait la venue du vent. » (trad. J. Martin).

6. L'équivalent de *exortum* manque chez Aratos et ses Scholiastes ; mais cf. Pline, XVIII, 345, *si oriens cingetur orbe...* (présage de vent). Sur les halos, cf. *supra*, note au v. 1521.

7. Le pluriel *cingula* s'oppose au sing. *circulus*, car Aratos distingue le halo simple (877) du halo double (879), plus inquiétant ; cf. Schol. Arat., p. 427. Aviénus néglige en revanche l'idée de proximité (Arat., 878, ἀσσότεραι) : plus le halo est voisin du soleil, plus le présage est mauvais.

8. Aviénus résume en quatre vers et demi un développement plus copieux d'Aratos (880-889) : « Observe, au moment où le soleil se lève et se couche, si les nuages que l'on nomme parhélies montrent leurs lueurs rouges au sud, au nord, ou des deux côtés ; et dans cet examen garde-toi d'être imprécis. Car lorsque ces nuages entourent le soleil des deux côtés à la fois, tout près de l'horizon, la tempête tombe du ciel sans retard ; si l'on n'en voit qu'un rougir au nord, il apportera des souffles nordiques ; s'il est du sud, vent du sud ; ou encore des gouttes de pluie s'empresseront de tomber. » (trad. J. Martin).

9. Sur cet emploi rare de *meditata*, voisin de *imitata* (*atque imitata*, conjecturait Grotius), cf. Ovide, *R. a.*, 498 ; Prudence, *Cath.*, III, 98 ; *Perist.*, III, 25 ; *Psych.*, 435, et surtout Fortunat, *Carm.*, I, 1.6, *fulgorem astrorum meditantur tecta metallo* ; cf. *Thes. L. L.*, VIII, 580.

10. Grâce aux copieuses explications des Scholiastes (p. 429 sqq., Mart.), Aviénus esquisse la genèse du parhélie, engendré par la réflexion du soleil sur les nuages ; cf. aussi Aristote, *Meteor.*, III, 6 ; Sénèque, *N. Q.*, I, 11 ; Pline, *N. H.*, II, 99 (c'est le phénomène des *soles plures*).

Page 163 :

1. La description qui suit, de la Crèche flanquée des deux Ânons, est fidèle à Aratos (892-898) ; mais Aviénus semble avoir oublié qu'il l'a déjà esquissée (v. 383-388, cf. notes *ad loc.*) en un endroit où elle ne figurait pas dans son modèle : d'où redite. Sur l'ensemble de ce développement météorologique, cf. Pline, XVIII, 353, et comm. A. Le Bœuffle, *ad loc.* Ces présages paraissent dénués de toute valeur.

2. C'est Aviénus lui-même, naturellement, qui s'exprime ici (cf. J. Soubiran, *Cicéron*, *Arat. et fragts poét.*, p. 88).

3. Le sens de *obuoluitur* (hapax aviénien) fait difficulté (cf. *Thes. L. L.*, s. v., IX, 2, 327), d'autant plus que l'équivalent grec (Arat., 893, ὑπὸ Καρκίνῳ ἠγηλάζει) n'est pas limpide non plus (cf. notes J. Martin et M. Erren, *ad loc.*). Nous nous rallions à l'interprétation de J. Martin, « gravite à l'avant de » (*ob - uoluitur*). Les Scholiastes (p. 434, Mart.) glosent συνέστραπται (« gravite avec ») ἢ ὑπόκειται.

4. Sur ces étoiles faibles, dont Aviénus exagère emphatiquement l'éclat (v. 1654 sq., 1658 sq., 1666), cf. note au v. 384. Aratos (895 sq.) ajoute : « ... deux étoiles d'un faible éclat, ni très loin d'elle, ni tout près, à la distance, dirait-on, d'une coudée. » (trad. J. Martin).

5. Cf. Cicéron, *Progn. fr.*, II. Il faut donner ici à *adacta*, quoi qu'en dise le *Thes. L. L.* (qui glose '*admouere*' et rapproche de César, *B. G.*, V, 43.6 ; Tacite, *Ann.*, II, 7.1), le sens de *coacta* (cf. *supra*, 1609, *attrahit* = *contrahit*).

6. Ce vers n'a pas d'équivalent chez Aratos, qui dit seulement (903 sq.) εἰ δὲ μελαίνηται, ... ἐπί χ' ὕδατι σημαίνοιεν. C'est sans doute d'après les Scholies qu'Aviénus accentue le contraste entre la disparition totale de la Crèche, indice de μέγαν χειμῶνα, et un simple obscurcissement, annonciateur d'ὄμβρον (p. 437.15-18, Mart.). Jugeant *ruet* incompatible avec *lenior*, Alde et ses successeurs jusqu'à Breysig le corrigeaient en *cadet*, sans nécessité, semble-t-il.

7. Aux monts Rhiphées, incertains et mythiques, les grands fleuves

de Scythie étaient censés prendre leur source et les Hyperboréens demeurer (cf. F. Lasserre, s. v. *Rhipaia ore*, Kl. Pauly, IV, 1417 sqq.) : ornement poétique d'origine virgilienne (*G.*, I, 240 ; III, 382 ; IV, 518 ; et surtout III, 196, *qualis Hyperboreis Aquilo cum densus ab oris / incubuit*) ; cf. encore Paulin de Nole, XVII, 201.

8. Autre souvenir de Virgile, *Aen.*, III, 70, *lenis crepitans... Auster.* On n'hésitera que davantage sur l'adjectif qui commence ici le vers. Le *saeuus* de A, satisfaisant en soi, n'a guère d'autorité ; *segnus* de E oriente en revanche vers *segnis* (qui rappellerait le *lenis* de Virgile), mais en général les présages météorologiques annoncent plutôt des bourrasques que des brises (Aratos, 907, les Scholies *ad loc.*, et Pline, *loc. cit.*, ne parlent que de Borée ou d'Aquilon, sans épithète). La ponctuation de von Winterfeld ne convainc pas davantage, malgré le *locus similis* de Claudien, *Carm. min.*, XXVII, 36 sq. : E. Reuter (*op. cit.*, p. 58 sq.) la critique à juste titre (rejet spondaïque insolite), et tend à considérer l'ensemble du vers comme corrompu (prosodie *Aquilō* sans autre exemple chez Aviénus) ; c'est aller un peu loin, mais une légère incertitude subsiste.

9. Addition d'Aviénus qui éclaire une articulation majeure. En fait, *terrenae res* comprendront aussi des phénomènes de la haute atmosphère (étoiles filantes, comètes même, selon la croyance antique, etc.).

10. « Aratos commence par le plus puissant des éléments terrestres, je veux dire la mer. » (Schol. Arat., p. 439 sq., Mart.). Les v. 1671-1678 (= Arat., 909-915) = Cicéron, *Progn. fr.*, III.

Page 164 :

1. Précision absente chez Aratos ; cf. Schol. Arat., p. 439.10, εὐδίας οὔσης ; 441.5, νηνεμίας ἔτι οὔσης? Pour ce présage, cf. Virgile, *G.*, I, 356 sq. ; Pline, *N. H.*, XVIII, 359.

2. Comme Cicéron, mais d'une autre manière, Aviénus condense deux phénomènes que distingue Aratos (911 sq.) : « les falaises qui par beau temps se remplissent d'échos, et le mugissement des cimes des montagnes. » (trad. J. Martin) ; cf. Schol. Arat., p. 439.12-15, Mart., αἱ πλησίον τῆς θαλάσσης ἀκταί... αἱ ἀκρώρειαι τῶν ὀρῶν. Pour ce présage, cf. Virgile, *G.*, I, 357-359 ; Pline, *N. H.*, XVIII, 359 et 360, *litora ripaeque si resonabunt tranquillo... et quidam et montium sonitus...* (et Lucain, V, 551).

3. Ἐρωδιός d'Arat. (913) désigne en principe le héron (« oiseau amphibie qui vit tantôt au sec, tantôt à l'humide », explique le Scholiaste, p. 442, Mart.). Au lieu de *ardea* (Virg., *G.*, I, 364), c'est pourtant *fulix* ou *fulica* qu'emploient ici les Latins (Virg., *G.*, I, 363 ; Pline, XVIII, 362 ; Cic., *Progn. fr.*, III, 7) ; cf. J. André, *Les noms d'oiseaux en latin*, Paris, 1967, p. 76 sq. : foulque, garrot, cormoran, harle?

4. Nouvelle difficulté ornithologique. Les κέπφοι dont parle ici Aratos (916) sont, en principe, des mouettes ou des pétrels, et le Schol. Arat. (p. 445, Mart.) les considère bien comme « des animaux marins qui aiment l'écume des vagues et y trouvent leur nourriture ». On ne voit pas pourquoi Aviénus traduit par *sturnus*, « étourneau » ;

et la précision *picturati pectoris* est, pour l'identification de l'oiseau, moins décisive qu'il ne semble (cf. J. André, *op. cit.*, p. 148).

5. Plus que d'Aratos, Aviénus s'inspire ici des Scholiastes. Ils expliquent longuement (p. 443 sq., Mart.) que le κέπφος est un oiseau décharné (τῶν λιποσάρκων), « qui n'a guère que les os et les ailes ». Aussi, sentant arriver le vent, lui fait-il face (ἀντιπρόσωπος), ἐπειδὴ τὸ σῶμα σφόδρα ἰσχνὸν ἔχει, car il ne pourrait en supporter le souffle froid : s'il s'envolait vent arrière, le vent lui soulèverait désagréablement les ailes, tandis qu'avec le vent de face celles-ci le protègent. La mention répétée de la maigreur de l'oiseau nous a suggéré de corriger le *tenues* de E (*tenues... plumas*, lectio facilior), en *tenui*, datif d'intérêt. Martial (IX, 54.7) qualifie lui aussi les *sturni* d'*inopes* (« maigres »). Tout à la physiologie de l'oiseau, Aviénus néglige l'indication d'Aratos (917) : « ils se groupent en bandes ». Les *sturni* ne sont mentionnés dans aucun autre texte météorologique latin.

6. *Latipes* est une création d'Aviénus. Il s'agit évidemment du canard sauvage (ce qu'Aratos précise, 918, ἀγριάδες νῆσσαι) : cf. J. André, *op. cit.*, p. 28. Aratos ajoute : « ou les mouettes qui font des cercles sur la mer ». Cf. Virg., *G.*, I, 361 ; Pline, XVIII, 362 (*mergi, gauiae maria aut stagna fugientes*) ; Lucain, V, 553.

7. *Nebulam* (E) = νεφέλη d'Arat. (920), mais *nebulas* (A) = νεφέλαι de Schol. Arat. (p. 446, Mart.) ; cf. Pline, XVIII, 356, *cum in cacuminibus montium nubes consident, hiemabit.* Le choix entre singulier et pluriel est donc bien malaisé !

8. Jolie métaphore d'Aratos (921) πάπποι, λευκῆς γήρειον ἀκάνθης, « des duvets blancs, échappés à la vieillesse de l'aubépine », qu'Aviénus calque de plus près que Virgile (*G.*, I, 368 sq.) ; cf. encore Pline, XVIII, 360, *lanugo populi aut spinae uolitans.* Mais Aviénus abrège Aratos, qui poursuit (922 sq.) : « ... ont été reconnus comme signe de vent, lorsqu'en grand nombre ils flottent, en avant, en arrière, à la surface d'une mer silencieuse. » (trad. J. Martin). A la suite de ce présage, deux vers d'Aratos (924 sq.) sont également négligés par Aviénus : « D'où partent en été le tonnerre et les éclairs, de là tu attendras survenir le vent. » (trad. J. Martin). A-t-il jugé qu'ils faisaient double emploi avec le développement des v. 1691-1695 (= Arat., 933-935) ?

9. Il ne s'agit pas de comètes, comme semble le croire J. Martin (note *ad loc.*) — les comètes viendront plus tard (v. 1813) — mais d'étoiles filantes : cf. Virgile, *G.*, I, 365 sqq. (dont Aviénus reprend presque textuellement le v. 367 ∾ 1689) ; Pline, *N. H.*, II, 100 ; XVIII, 352. Le Schol. Arat. (p. 448-451, Mart.) confirme, en expliquant que lorsque l'éther brûlant reçoit en outre des exhalaisons sèches, il se forme des sortes d'étincelles que l'on prend pour des trajectoires d'astres — à tort, puisque les étoiles sont immobiles — et qui s'éteignent bientôt. Sur les étoiles filantes, cf. Aristote, *Meteor.*, I, 4 ; Sénèque, *N. Q.*, I, 1.5-12. L'explication antique par les exhalaisons est fausse : nous savons aujourd'hui qu'il s'agit de météorites portées à l'incandescence par frottement sur l'air de la haute atmosphère... Mais la localisation est exacte : ce sont bien des phéno-

mènes « sublunaires » (Aristote, 342 a 30), qui n'ont rien à voir avec la sphère des fixes (Sénèque, *N. Q.*, I, 1.9-10).

10. Ce sens précis de *inde* est garanti par Aratos (928 sq.) : « la rafale... soufflera par le même chemin », les Schol. Arat. (p. 449.13-16, 450.10-13, 451.7-9, Mart.) et Pline (*loc. cit.*). Aviénus résume ensuite les v. 929-932 d'Aratos : « Et si d'autres filent dans le sens opposé, et d'autres encore dans d'autres directions, prends garde alors à des vents variés, entièrement confondus, et dont les hommes ont peine à repérer les souffles indistincts. » (trad. J. Martin).

11. En disant : « le marin au large craint d'être enveloppé à la fois par la mer en bas et en haut par l'eau de Zeus » (935 sq.), Aratos ménage entre présages de vent et présages de pluie une habile transition qu'Aviénus néglige. Sur ces éclairs aux quatre points cardinaux (Eurus = E, Notus = S, Zéphyr = W, *Bistonio... axe* = N, cf. note suiv.), cf. Virgile, *G.*, I, 370-373 ; Pline, XVIII, 354.

12. Les Bistoniens sont un peuple de Thrace. L'adjectif *Bistonius*, poétique et rare, prend ici par extension le sens de « nordique », la Thrace étant considérée par les Anciens comme une contrée septentrionale (Borée est roi de Thrace, *gelidus tyrannus*, cf. Ovide, *Met.*, VI, 682-712).

Page 165 :

1. Des cirrus, annonciateurs de pluie. Métaphore aratéenne (939, πόκοισιν ἐοικότα, cf. Schol. Arat., p. 453, Mart.) reprise par les Romains (Varron d'Atax, *fr.* 21, Morel ; Virgile, *G.*, I, 397 ; Pline, XVIII, 356).

2. *Discolor*, épithète de l'arc-en-ciel chez Sénèque (*N. Q.*, I, 3.1) ; cf. Schol. Arat., p. 454.9, Mart., οὐ γὰρ μονόχρως ἐστὶν ἡ ἶρις. Textes antiques sur l'arc-en-ciel : Aristote, *Meteor.*, III, 2-5 ; Sénèque, *N. Q.*, I, 3-8 ; Pline, *N. H.*, II, 150 sq. ; Schol. Arat., p. 454-456, Mart.

3. Le double arc-en-ciel est d'observation classique : Aratos, 940, διδύμη... ἶρις (Schol. Arat., p. 454) ; Aristote, *Meteor.*, III, 2 (371 b 32 sqq.) et 4 (375 b 12-15) ; Pline, II, 151, fin. Pour l'arc-en-ciel annonciateur de pluie, cf. encore Plaute, *Cu.*, 131 ; Virgile, *G.*, I, 380 sq. ; Horace, *A. P.*, 18 ; Tibulle, I, 4.44 ; Properce, III, 5.32 ; Ovide, *Met.*, I, 270 sqq. ; Sénèque, *N. Q.*, I, 8.8 ; Lucain, IV, 79 sq. ; dubitatif, en revanche, Pline, II, 150.

4. Aratos dit (942 sq.) : « Souvent les oiseaux des marais ou des mers plongent insatiablement en se laissant ballotter par les eaux. » (trad. J. Martin). Cf. Varron d'Atax, *fr.* 22, 1-3, Mor. ; Virgile, *G.*, I, 383-387 ; Pline, XVIII, 362, *ceteraeque aquaticae aues concursantes* ; 363, *terrestres uolucres contra aquam clangores dabunt perfundentesque sese...*

5. Cf. Varron d'Atax, *fr.* 22.4, Mor. ; Virgile, *G.*, I, 377 ; Pline, XVIII, 363.

6. Précision absente dans les autres textes allégués. P. von Winterfeld la rapporte au contenu du v. 1703 (pléonasme avec *matutinas*, qui ne choquerait pas chez Aviénus) ; mais nous insérons ici le v. 1696 (cf. note suiv.). En fait, l'addition peut se comprendre. Les hiron-

delles ne volent pas la nuit ; dès le lever du jour, elles gagnent les étangs. Aviénus a négligé, en revanche, une jolie description d'Aratos (945) : « frappant à peine du ventre la surface de l'eau où se dessinent des cercles » (trad. J. Martin) ; cf. Pline, *loc. cit.*, *tam iuxta aquam uolitans ut pinna saepe percutiat.*

7. Manuscrits et éditeurs donnent ce vers en tête du développement. Mais l'indicatif *repetunt* y faisait difficulté avant les subjonctifs qui suivaient (d'où correction *-tant* de Heinsius) ; d'autre part, chez Aratos les grenouilles suivent immédiatement les hirondelles (946 sq.). Comme Aviénus est fidèle à l'ordre de son modèle, la transposition proposée par Sieg et approuvée par Breysig (*Philol. Abhandl. M. Hertz*, p. 48) nous semble s'imposer. Aviénus se souvient ici de Virgile (*G.*, I, 378) plus qu'il ne traduit Aratos (946 sq. : « ou, pitoyable engeance, aubaine pour les serpents d'eau, on entend du fond même du lac crier les pères des têtards », trad. J. Martin) ; cf. aussi Cicéron, *Progn. fr.*, IV, 1-3 ; Pline, XVIII, 361, *ranae ultra solitum uocales.*

8. Le ὀλολυγών d'Arat. (948), que Cicéron (*Progn. fr.*, IV, 4-7) rend par *acredula*, est un animal non identifié, un oiseau sans doute, quoiqu'on ait proposé d'autres solutions (Schol. Arat., p. 458 sq., Mart.). Nous renvoyons à notre note *ad* Cic., *loc. cit.*, p. 232 sq., à laquelle on ajoutera L. Gamberale, *L'acredula di Cicerone : una variante d'autore*, *S. I. F. C.*, XLIII (1971), p. 246-257. Il est douteux que *ulula* (la hulotte, cf. J. André, *Les noms d'oiseaux...*, p. 162) soit la traduction exacte ; mais elle rend au moins l'onomatopée (ὀλολυ- ∾ *ulula*).

9. Traduction traditionnelle de *cornix* ; mais selon J. André (*op. cit.*, p. 61 sq.) il s'agit d'une variété de puffin.

10. Comme ses devanciers romains, Aviénus abrège en deux vers cinq hexamètres d'Aratos (949-953) : cf. Cicéron, *Progn. fr.*, IV, 8-9 ; Virgile, *G.*, I, 388 sq. ; Lucain, V, 555 sq. ; Pline, XVIII, 363 ; Claudien, *B. Gild.*, 493.

11. Reporte en fin de développement et amplifie l'indication initiale d'Aratos, 938, ἐρχομένων ὑετῶν.

12. Hésitation possible entre *totis* E / *latis* A. La seconde leçon se recommande de tous les *loci similes* (Schol. Arat., p. 461.20, εὐρύτεροι οἱ μυκτῆρες γεγόνασι παχυνομένου τοῦ ἀέρος ; Varron d'Atax, *fr.* 22.6, Mor., *naribus... patulis* ; Virgile, *G.*, I, 376, *patulis... naribus*) ; mais son défaut est d'amener une répétition « verticale » *latis* / *late*, d'où la préférence de von Winterfeld pour *totis*, assurément moins expressif.

13. La variante *madebunt* E / *natabunt* A n'est sans doute pas le résultat d'un simple accident de copie. Les deux leçons ont un garant virgilien : *G.*, III, 429, *uere madent udo terrae ac pluuialibus Austris* ; *G.*, I, 372, *omnia plenis / rura natant fossis.* Mais *natare* est par ailleurs inconnu d'Aviénus, alors que *madere* (et *madescere*) se trouvent une douzaine de fois (cf. index de Holder), avec notamment *solum* (*O. M.*, 237, 478) et *tellus* (*Ar.*, 1663 ; *D. O. T.*, 326) pour sujets. D'où notre choix, opposé à celui de Breysig et de Holder.

14. Petite difficulté textuelle. Les manuscrits ont *relinquet... effert* (A) ou *haec fert* (E) ; d'où ... *relinquet. Oua cauis ecfert* (Breysig, Holder),

... *relinquet. Oua cauis haec fert* (von Winterfeld) ; ... *relinquens, oua cauis effert*, que nous préférons, est le tour le plus naturel : après *madebunt*, on attend en effet un présent comme *concipit* après *erit*, et il est peu normal de séparer *relinquet* et *effert* (ou *haec fert*) en deux indépendantes juxtaposées (cf. Virgile, *G.*, I, 379 sq., *tectis penetralibus extulit oua / angustum formica terens iter*). De plus, *haec fert* a le défaut de l'ambiguïté (*ferre* + dat. de direction ou abl. d'origine?) : le préfixe *ex-* s'impose (surtout d'après Virgile, *loc. cit.*, et *Aen.*, II, 297, *effert penetralibus*), l'origine probable de la faute étant une graphie *ecfert* (cf. *Thes. L. L.*, V, 2, 139). Sur ce comportement des fourmis, cf. Virgile, *loc. cit.* ; Pline, XVIII, 364.

15. P. von Winterfeld (*Beitr. zur Quellen- u. Textkr.*, p. 14 sqq.) est le premier à avoir compris et ponctué correctement cette explication qu'Aratos ne donne pas, mais qu'Aviénus emprunte aux Scholiastes (p. 462-464, Mart.). Quand il fait chaud à la surface de la terre, il fait frais sous terre, et vice-versa. Donc le froid externe a pour corollaire une forte chaleur interne (τὰ ἐν βάθει σφόδρα πυροῦται = *aestus*) que les fourmis ne peuvent supporter (τὴν θερμότητα ὑπὸ τὴν γῆν οὐ φέροντες) : aussi remontent-elles (τοῦ χειμῶνος ὄντος ἀνέρχονται), en ayant soin (διὰ σπουδῆς = *sollers*) de sortir leurs œufs (ἔξω φέρουσι τὰ ᾠά), dont elles redoutent la putréfaction (ὑποψίᾳ σηπεδόνος). Mais Aviénus sous-entend la fin du raisonnement ; d'où une obscurité qui a subsisté jusqu'en 1896, donnant lieu à maintes bévues. Comme cette glose n'est qu'une parenthèse, la phrase se poursuit, avec d'autres *cum* + indic. prés., qui dépendent tous de 1708, *sola madebunt*, jusqu'au v. 1717 : les précédents éditeurs s'y sont perdus...

16. Entre la fourmi et la poule (« les oiseaux domestiques dont le coq est le père », dit curieusement Aratos), le modèle grec mentionnait en deux vers et demi (957-959) les mille-pattes rampant sur les murs et les vers de terre sortant du sol — bestioles répugnantes qu'Aviénus juge sans doute indignes de ses vers.

17. « En pépiant à pleine voix avec un bruit d'eau qui tombe goutte à goutte » (trad. J. Martin), précise Aratos (961 sq.).

18. Aviénus ne traduit que les v. 963-966 d'Aratos, qui évoquent le comportement général des corbeaux (κόρακες) et des choucas (κολοιοί). Il laisse entièrement de côté les v. 966-971, qui décrivent plus précisément les cris de ces oiseaux, et qui leur ajoutent les canards domestiques (νῆσσαι οἰκουροί). Sur le choucas (*graculus*) en général, cf. J. André, *op. cit.*, p. 87 ; sur les corbeaux annonciateurs de pluie, Virgile, *G.*, I, 381 sq., 410 sq. (*presso... gutture* ∾ *tenui... gutture* d'Avien.) ; Pline, XVIII, 362.

19. Entre le héron (cf. Virg., *G.*, I, 364 ; Pline, XVIII, 363) et les mouches, Aratos intercale un vers charnière (973 sq., « Ne néglige aucun de ces signes quand tu veux te mettre en garde contre la pluie ; vois encore si les mouches... ») qu'Aviénus néglige. Il regroupe ainsi, dans ces subordonnées par *cum* + indic. prés. postposées à la principale (cf. *supra*, n. 15), tous les indices fournis par les animaux. La construction va changer au vers suivant : subordonnées par *si* + subj.

antéposées à la principale, pour des indices tirés d'objets inanimés.

20. Cf. Virgile, *G.*, I, 390 sqq. ; Pline, XVIII, 357.

21. Je comprends ainsi l'expression *ignis effluus*, car Aratos (977-980) dit : « Tantôt la lueur des lampes s'élève toute droite [ce qu'Aviénus ne traduit pas] tantôt des flammes s'en détachent, semblables à des bulles légères (κοῦφαι / πομφόλυγες). » Cf. Schol. Arat., p. 470 sq., Mart. ; Pline, XVIII, 358, *lumina... ex sese flammas elidunt*.

22. Aratos (980 sq.) dit tout le contraire : « ou si sur la lumière même (ἐπ' αὐτόφι) des rayons se mettent à briller (μαρμαίρωσιν / ἀκτῖνες) ». Mais le Scholiaste lisait ἀπόπροθι au lieu de ἐπ' αὐτόφι, et expliquait (p. 471, Mart.) : « Si la densité et l'humidité de l'air triomphent, la lampe ne peut absolument pas briller (διόλου ὁ λύχνος λάμπειν οὐ δύναται) : elle diffuse des rayons faibles (λεπτάς) et dispersés » qui semblent se détacher de la lampe (πόρρωθεν... τοῦ λύχνου ἀποστάντας... ἀκτῖνας). Il serait dès lors tentant de traduire *lucis substantia* par « la base de la flamme », mais le *locus similis* du v. 8 le déconseille : *substantia* n'a jamais le sens de « base », mais toujours celui de « substance », « essence » d'un élément chez Aviénus (cf. encore v. 1416).

23. Au lieu de traduire, après la mention des lampes, les v. 981 sq. d'Arat. qui reviennent au monde animal (« Si, lorsque l'été a atteint son plein développement, les oiseaux insulaires volent en groupes serrés... »), Aviénus ajoute cette principale (cf. *supra*, n. 19).

24. Dernier présage de pluie, et la syntaxe varie une dernière fois : l'indice est exprimé par une principale (*relinquit*) précédée d'une temporelle (*cum... torret*), et le fait annoncé par une conditionnelle (*si Notus... trahit*). Il n'y a rien à changer au texte des manuscrits, qu'il suffit de ponctuer correctement (bien vu par von Winterfeld, *op. cit.*, p. 27 sq.).

Page 166 :

1. Au *circumlabente* des manuscrits, il faut sans aucun doute préférer *circumlambente*. Les deux verbes sont aussi rares l'un que l'autre (le premier : Lucain, VI, 484 seul ; le second : Pline, XI, 171 seul) ; mais le simple *lambere* se dit beaucoup en poésie du feu et des flammes (Lucrèce, V, 396 ; Virgile, *Aen.*, II, 684 ; Horace, *S.*, I, 5.74 ; Grattius, 458 ; Sénèque, *H. O.*, 1754 ; Sil. Ital., XIV, 312, etc.), alors que *labi* (mouvement de haut en bas) n'aurait guère de sens. Même altération de *lambitur* en *labitur*, *D. O. T.*, 155. Pour le présage, cf. Pline, XVIII, 358.

2. Aviénus supprime les v. 985 sq. d'Arat. (grains incandescents sur la cendre du charbon) au profit de cette notation inspirée à la fois du v. 987 conclusif et du νύκτα κατὰ νοτίην de 977 — ce qui confirme encore la leçon νοτίην de la tradition indirecte (cf. J. Martin, app. crit., *ad loc.*). La variante *trahit / ciet*, non paléographique, est embarrassante ; car pour *trahit*, cf. 772, *trahit Auster* ; *D. O. T.*, 80, *faucibus a Libycis aestum trahit* ; pour *ciet*, cf. v. 1773. Dans le doute, mieux vaut suivre E que A.

3. Cette articulation majeure, en accord avec le *Sin imum* de A,

a été méconnue (corr. *Siue imum* de Grotius) jusqu'à von Winterfeld (*Beitr.*, p. 27 sq.), qu'approuve C. Ihlemann (*op. cit.*, p. 19, n. 1). Pour le présage des nuages bas, cf. Virgile, *G.*, I, 401 ; Pline, XVIII, 357.

4. Aviénus renonce à la comparaison d'Aratos (993), πλαταμῶνι... ὁμοίη, « comme un banc de rochers plats. »

5. Je comprends ainsi *supinis* (qui peut d'ailleurs se rapporter aussi à *Thetidi*), d'après Pline, *N. H.*, IX, 2, *in mari... tam late supino*, plutôt que « en pente douce » (Virg., *G.*, II, 276, *adcliue solum collisque supinos*). Aviénus emploie deux fois ailleurs l'adjectif (*O. M.*, 58, 535) en parlant d'un rivage (*litus*) *supino tractu (situ)*.

6. Quoiqu'Aviénus n'emploie ailleurs que *pura serena* (1606, 1611, 1679), *clara serena* (1456) et *mitia... serena* (1563), le *uasta serena* de von Winterfeld (qui rapproche de Pindare, *Ol.*, I, 6, ἐρήμας δι' αἰθέρος) paraît s'imposer d'après le *crasta s-* de E (*castra* n'est qu'une conjecture de A, favorisée par l'idée contenue dans le verbe *tenduntur*). *Templa serena* (cf. Lucrèce, II, 8) est trop loin pour la paléographie, et du reste inconnu d'Aviénus.

7. Aviénus développe en quatre vers un vers 3/4 d'Aratos (994 sq.).

8. La correction de *notatur* en *-tato* (*-tetur* possible aussi, mais moins probable) paraît s'imposer, car l'idée d'obligation est clairement exprimée chez Aratos (995 sq., εὖ δὲ μάλα χρὴ / ἐς Φάτνην ὁράαν) et les Scholiastes (p. 476, Mart., σκόπει τὴν Φ., ... ἀναγκαῖόν ἐστιν ἀφορᾶν πρὸς τὴν Φ., ... περισκόπει δὲ αὐτήν). On notera la *uariatio* très aviénienne : *praenoscere... conuenit / inspice / notato*. Pour la phraséologie, cf. 1062, 1651.

9. Avec *tenuari coeperit* et *primo flamine uenti*, Aviénus modifie la notice d'Aratos (997), qui dit au contraire : « ... lorsqu'elle commence à se purifier de tout brouillard sous elle ; car elle se purifie lorsque la tempête s'achève. » (trad. J. Martin). Le Scholiaste (p. 477, Mart.) explique : la Crèche est naturellement faible et difficile à apercevoir ; la moindre impureté de l'air la fait disparaître : quand on la voit, c'est que l'atmosphère est particulièrement pure. Sur la Crèche, cf. *supra*, v. 386 sqq., 1651-1663. Entre la Crèche et la chevêche, Aviénus laisse tomber une notice d'Aratos (999) καὶ φλόγες ἡσύχιαι λύχνων.

10. P. von Winterfeld a le premier compris et ponctué correctement ce vers (*Beitr.*, p. 26) : *noctua* (la chevêche, cf. J. André, *op. cit.*, p. 109 sq.) chante normalement la nuit (*tempore proprio*), comme son nom l'indique — sorte de jeu de mots intraduisible. Aratos, 999 sq., νυκτερίη γλαὺξ / ἥσυχον ἀείδουσα (cf. Schol. Arat., p. 478, Mart.).

11. Les Anciens attribuaient à la corneille une longévité exceptionnelle : Hésiode, *fr.* 171, Rz. = 304, M.-W. ; Aratos, 1022 ; Lucrèce, V, 1084 ; Cicéron, *Tusc.*, III, 69 ; Horace, *Od.*, III, 17.13 ; Ovide, *Am.*, II, 6.36 ; *Priap.*, LXI, 11 ; Pline, *N. H.*, VII, 153 ; Juvénal, X, 247 ; Ausone, *Ecl.*, V, 1-6, etc.

Page 167 :

1. Aratos (1008) ne parle pas des nids, mais de l'arbre et de son feuillage. Aviénus abrège son modèle (3 vers contre 7) — cf. note

J. Martin, *ad loc.* — et se souvient visiblement de Virgile, *G.*, I, 410-414, 423 (411, *cubilibus altis* ; 413, *strepitant* ; 423, *et ouantes gutture*).

2. Épithète « de nature » (cf. Virgile, *G.*, I, 120) absente chez Aratos (1010) ; mais les Scholiastes mentionnent (p. 482 sq., Mart.) la migration hivernale des grues de Thrace vers l'Égypte ; or, le Strymon est un fleuve de Thrace (cf. *infra*, 1768, *Threiciae... grues*).

3. Cette notice, dont le texte paraît inattaquable, offre un sens tout à fait satisfaisant et conforme à la suite des idées : dernier indice de beau temps, les grues s'ajoutent à d'autres oiseaux (chevêche, corneille, corbeaux), eux-mêmes précédés de la Crèche. Le mauvais temps, qui arrive au v. 1749, sera traité selon le même plan : phénomènes stellaires et astronomiques (1749-1757), puis oiseaux et insectes (1758-1772). La coupure, que les éditions précédentes marquent au v. 1746, doit donc être reportée au v. 1749 (cf. note *ad loc.*). La difficulté est que ce qu'Aviénus dit des grues ne correspond pas à la notice d'Aratos (1010-1012) : « en avance sur le beau temps doux (μαλακῆς προπάροιθε γαλήνης) les grues mèneraient fermement leur course directe toutes ensemble, et ne reflueraient pas (οὐδὲ παλιρρόθιοί κεν... φορέοιντο) sous un ciel serein (ὑπεύδιοι). » Les Scholies confirment (p. 482 sqq. et 489, Mart.) : quand elles prévoient plusieurs jours de beau temps, les grues n'hésitent pas à se lancer dans un vol prolongé ; mais si le vent annonciateur du mauvais temps les surprend, elles font demi-tour et refluent en désordre. Avec *circumuolitare*, Aviénus ne traduit ni l'idée de vol direct, ni celle de retraite (cette dernière d'ailleurs exclue par *ubi mitior annus... procellosum disiecerit aera*). Il semble penser à des vols circulaires sur place, par beau temps — peut-être d'après Virgile, qui note à l'inverse (*G.*, I, 374 sq.) que l'imminence de la pluie fait descendre les grues des hauteurs de l'air au fond des vallées (cf. Arat., 1031) ; cf. aussi Pline, XVIII, 362, (*Praesagiunt*) *grues silentio per sublime uolantes serenitatem*, et *infra*, Avién., 1768-1771, qui confirme *e contrario* que nous avons ici un indice de beau temps.

4. Le passage à une nouvelle section du développement (cf. note précéd.) est clair chez Aratos (1013, Ἦμος δ'...) et souligné par les Scholies (p. 484, Mart.).

5. Seule précision ajoutée par Aviénus (cf. *supra*, v. 936-942) dans ce développement, aratéen pour le mouvement général et les détails (1013-1018), mais surchargé ici d'épithètes et de synonymes. Pour le présage, cf. Pline, XVIII, 352.

6. *Hibernus* (seul emploi de l'adj. chez Avien.) signifie-t-il « hivernal » ou simplement « orageux, tumultueux » (cf. Virgile, *Aen.*, VI, 355 ; Horace, *Epod.*, XVII, 55)? Le χεῖμα correspondant d'Aratos (1018), le χειμών des Scholies, *ad loc.*, ne permettent pas d'en décider.

7. Les deux mots rares *semesa petacius*, qui ont dérouté les copistes (cf. app. crit.), sont sans équivalent chez Aratos (1021) : « lorsque les oies à grands cris (κλαγγηδόν) se mettent avec ardeur en quête de leur nourriture... » Pline (XVIII, 363) ne mentionne que les cris.

8. Ὀψὲ βοῶντε κολοιοί (Arat., 1023) ; cf. ἑσπερίζοντος τοῦ καιροῦ (Schol. Arat., p. 487, Mart.). L'ablatif *aethra* s'explique

bien, car l'étoile du soir apparaît dans le ciel obscurci sans qu'il y ait de mouvement ascendant au-dessus de l'horizon (cf. J. Perret, note *ad Buc.*, VIII, 30, coll. « Érasme »).

Page 168 :

1. Pour le présage, cf. Cicéron, *Progn. fr.*, III, 7 ; Virgile, *G.*, I, 361 ; Pline, XVIII, 362.

2. Aviénus calque le mot grec ὀρχίλος (Arat., 1025). L'identification avec le roitelet est communément admise (cf. note J. Martin, *ad loc.* ; J. André, *op. cit.*, p. 113 sq.), mais quelquefois aussi contestée (cf. note de P. Louis *ad* Aristot., *H. A.*, IX, 1, 609 a, éd. Belles Lettres).

3. Précision absente chez Aratos et les Scholiastes. Le seul texte antique qui, à notre connaissance, voie dans l'orchilos un mauvais présage lors des noces, est d'Euphorion, *fr.* 4, Powell (Schol. Lycophr., 513) :

Ποικιλόνους δὲ μέλαθρον... ὀρχίλος ἔπτη
Κυζίκου, ὃν δ' ᾔεισε κακὸν γάμον ἐχθομένη κρέξ.

(cf. Anton. Liber., *Met.*, XIV, 3, qui raconte la métamorphose en *orchilos* du devin Alcandros). Il est improbable qu'Aviénus ait connu directement ce texte : très certainement, il l'a trouvé dans une version plus développée des Scholies. Du reste, dans leur version actuelle, celles-ci citent déjà Euphorion quatre fois. Et comme la plupart des fragments de ce poète nous sont connus par des Scholies de poètes hellénistiques qui remontent à Théon d'Alexandrie (cf. F. Scheidweiler, *Euphorionis fragmenta*, diss. in. Bonn, 1908, p. 90 sqq.), on verra dans ces citations d'Euphorion au fil des Scholies d'Aratos un sérieux argument en faveur de la thèse de J. Martin (*Hist. du texte des Phén. d'Arat.*, p. 196-204 ; *Scholia in Arat. uetera*, p. IV) : c'est bien Théon d'Alexandrie, grammairien contemporain d'Auguste, qui, comme Lycophron, Apollonios, Théocrite et Nicandre, commenta Aratos, et non pas (thèse de E. Maass) le Théon mathématicien et astronome de la fin du IVe siècle après J.-C.

4. Hapax en latin = Arat., 1025, ἐριθεύς. L'identification avec le rouge-gorge n'est pas sûre (J. André, *op. cit.*, p. 68 sq.) ; on a songé aussi au merle de roche. Entre l'*eritheus* et les abeilles, Aratos (1026 sq.) mentionne « que les tribus de geais quittent un gras pâturage pour regagner leur abri du soir » (trad. J. Martin).

5. Épithète de nature inspirée par Virgile, *G.*, IV, 177, *Cecropias innatus apes...*, dont Aviénus calque exactement le mouvement. *Castra* appliqué par métaphore aux abeilles, Virg., *G.*, IV, 108 (essaim errant), cf. 75, *ad praetoria* ; 193, *sub moenibus urbis.*

6. Aratos dit en fait (1030), avec des mots ambigus (ἔργων, εἱλίσσονται) :

Ἀλλ' αὐτοῦ μέλιτός τε καὶ ἔργων εἱλίσσονται,

que J. Martin traduit : « Mais elles restent à la ruche pour s'occuper de leur miel et de leurs constructions », et M. Erren : « Mais elles virevoltent (tummeln sich) sur place, près de leur miel et de leurs rayons. » L'une des interprétations données par le Scholiaste (p. 448 sq., Mart.) est celle de J. Martin : ἑλίσσουσι τὰ τοῦ μέλιτος καὶ τῶν ἔργων φροντίσματα (« elles se préoccupent de... ») ; mais il en est une autre : οἱ δὲ ἔργων τῶν γεωργικῶν ἀνθῶν, qu'Aviénus semble avoir préférée. Car « en sortant des ruches elles vont aussitôt aux champs et butinent dans le voisinage, afin de n'être pas surprises par le mauvais temps et de rester près des ruches ». Pour le présage, cf. Aristote, *H. A.*, IX, 40, 627 b ; Virgile, *G.*, IV, 191-194 (qui comprend comme le Scholiaste 2 et Aviénus) ; Pline, *N. H.*, XI, 20 ; XVIII, 364 (qui comprend comme le Scholiaste 1 et J. Martin).

7. Aratos (1031-1033) dit en fait : « Les grues ne s'étirent plus en longues files rectilignes dans les hauteurs du ciel ; elles reviennent en cercle sur leurs pas, rasant la terre. » (cf. *supra*, note au v. 1748). *Trepidare* est donc vague et inexact. On voit mal pourquoi, à propos des grues, Aviénus a pris deux fois l'initiative de modifier l'enseignement d'Aratos.

8. Aratos (1033) ne parle que des toiles d'araignées (ἀράχνια) qui flottent, sans vent (νηνεμίῃ), ce que contredit le *uehit Auster* d'Aviénus. Ce sont les Scholies (p. 490 sq., Mart.) qui mentionnent l'araignée (ἀράχνη), pour dire qu'elle aussi, tant elle est légère, φέρεται καὶ κινεῖται par un souffle imperceptible pour nous. Cela nous invite à traduire *soluit* par « détache » plutôt que « défait ».

9. Aviénus supprime deux vers d'Aratos (1034-1035) : « quand les flammes de la lampe vacillent et s'assombrissent, que le feu et les lampes, alors qu'il fait encore beau, ont peine à s'allumer... » (trad. J. Martin).

10. Amplifie le très sobre πιστεύειν χειμῶνι d'Aratos (1036).

11. Autre amplification, avec *maiora* : τί τοι λέγω ὅσσα πέλονται / σήματ' ἐπ' ἀνθρώπους ; (1036 sq.). Cf. Virg., *B.*, IV, 1, *paulo maiora canamus.*

12. L'amétrique *cinis cinis* de AE requiert une correction. Celle de Grotius, *cinis ⟨en⟩ cinis*, très facile et vraisemblable, est étayée par *D. O. T.*, 6, *deus en deus intrat Apollo* ; nous la conserverons. Bitschofsky, cependant, proposait *canus cinis*, en rapprochant d'Ovide, *Met.*, VIII, 525, *cana prunam uelante fauilla* (et, mieux encore, Stace, *S.*, II, 6.90 sq., *canos... cineres*) ; mais il ne semble pas avoir pris garde à la cacophonie *canam canus cinis* ! D'autres solutions ne sont pas exclues : *tenuis cinis* et, beaucoup mieux, *uilis cinis*, qui ferait antithèse avec *maiora*, traduirait bien le ἀεικέϊ τέφρῃ d'Arat., 1037, calqué par Virgile, *G.*, I, 81, *cinerem immundum.*

13. Après l'indice commun (Arat., 1037 sq. = Avien., 1774 sq.) de la cendre agglutinée (cf. aussi Pline, XVIII, 358), Aviénus modifie profondément son modèle. Aratos (1039 sq.) mentionnait ensuite, comme indice de neige persistante (χιόνος) — par opposition à l'averse de neige aussitôt fondue (νιφετοῦ) qu'annonçait la cendre (sur cette distinction, cf. J. Martin, note *ad loc.*) — des excroissances en forme de grains de millet formées sur le bec des lampes ; enfin, comme indice de grêle (χαλάζης), les rougeoiements du foyer (cf. Schol. Arat., *ad loc.*). Aviénus néglige la distinction des deux neiges (*nix terras uestit* = *nix operit terras*) et — chose plus grave — supprime à la fois le second présage et, au troisième, la mention de la grêle, omniprésente dans ses modèles. Faut-il supposer un lapsus de copiste,

influencé par le *nix* du v. 1775, et restituer *grando operit* (ou mieux *ferit*) *terras?*

14. *Errantque breues caligine crassa... nebulae* (cf. app. crit.) semble meilleur que le *Errantque breui caligine crassae... nebulae* de Grotius et des éditions modernes : à la fois pour le rythme (pause syntaxique à l'hephtémimère dans un vers ternaire) et pour le vocabulaire : *breues* s'applique mieux à *nebulae*, *crassa* à *caligo* (cf. Trag. inc., 75, *crassa caligo* ; Lucr., VI, 461, *caligine crassa*, 691, *crassa... caligine*) ; cf. Arat., 1042 sq., λεπτή... νεφέλη, et Avien., 1417, *tenues nebulae caligine fusa.*

15. Notation absente chez Aratos et les Scholiastes.

16. A propos de l'yeuse (πρῖνος = *ilex*) aussi, Aviénus modifie sensiblement son modèle. Avec une phraséologie, il est vrai, peu claire, Aratos (1047-1050) paraît distinguer deux cas : 1) production modérée (κατὰ μέτρον) de glands = présage de mauvais temps accru (χειμῶνος... ἐπὶ πλέον ἰσχύσοντος) ; 2) production surabondante (ἄδην ἔκπαγλα) = présage de sécheresse (αὐχμοῖο). Mais cette étrange opposition n'était pas acceptée par tous, et Théophraste (*De sign.*, 45 et 49, cité par J. Martin, note *ad loc.*) donne le pas à une autre théorie, en apparence plus logique : « Quand les yeuses ont des fruits abondants (εὐκαρπῶσι) se produisent de nombreuses intempéries (χειμῶνες πολλοὶ σφόδρα)... Quand les yeuses ont des fruits particulièrement abondants (εὐκαρπῶσι σφόδρα), c'est en général (ὡς τὰ πολλά) le signe de violentes intempéries (χειμῶνα ἰσχυρόν) ; mais quelquefois aussi, dit-on, c'est la sécheresse qui survient (ἐνίοτε δὲ καὶ αὐχμούς φασι γίνεσθαι) ». Les Scholies d'Aratos connaissent et expliquent côte à côte les deux solutions : production excessive = sécheresse, p. 494.12 sq., 496.10, 498.10 sq. / production excessive = intempéries, p. 496.12-498.7. Aviénus a supprimé l'hypothèse de la production modérée et s'est rallié, pour la production excessive (1780, *immodicis*) à l'enseignement non-aratéen que privilégie Théophraste (cf. note suiv.).

Page 169 :

1. Il paraissait, en effet, plus logique d'attribuer une fécondité exceptionnelle à une humidité exceptionnelle. C'est ce qu'expliquent certaines Scholies citées note précédente : l'yeuse étant un arbre très sec par nature se couvre de fleurs (τέθηλε) sous l'influence de l'humidité, qu'elle aime. Quand il fait mauvais et que l'ambiance est très humide, elle se plaît à cette humidité et porte des fruits (καρποφορεῖ). Théophraste dit que l'yeuse (comme le lentisque), de constitution plus sèche que les autres végétaux, ne porte pas beaucoup de fruits si elle n'a pas d'humidité en profondeur (p. 496 sq., Mart.). On reconnaît la source des v. 1781-1784 d'Aviénus.

2. Le lentisque (μέλαιναι σχῖνοι, Arat., 1044 sq.) était présenté par Aratos en même temps que l'yeuse, comme indice de mauvais temps. Par souci d'ordre, Aviénus a supprimé cette mention liminaire, dont il reprend ici l'idée après la parenthèse explicative qui précède.

3. Variations en anaphore sur le chiffre trois (cf. Arat., 1051), qui

remplacent un long développement du modèle grec (1053-1059), attentif à détailler les trois phases annoncées. Pour l'idée, cf. Cicéron, *Progn. fr.*, V ; Pline, XVIII, 228, 244 (et notes *ad loc.* de J. Soubiran et H. Le Bonniec-A. Le Bœuffle).

4. Sur la scille, cf. Pline, XVIII, 244, et note *ad loc.* Aviénus laisse tomber les deux vers conclusifs (1062-1063) d'Aratos, qui n'apportent rien de neuf.

5. *Volitare... aethere* ne traduit pas πάντη βεβρίθωσι, « partout s'appesantissent », qui paraît plus justement observé (vol lourd des guêpes à la fin de l'automne). D'autre part, Aviénus change curieusement les guêpes d'Aratos (σφῆκες = *uespae*) en frelons (*crabrones* = ἀνθρῆναι). Aristote (*H. A.*, V, 22, 554 b ; IX, 41-42, 628 ab) et Pline (*N. H.*, XI, 71-74) distinguent pourtant bien les deux espèces.

6. Aratos (1065 sq.) dit seulement : ἑσπερίων... Πληϊάδων. C'est le Scholiaste (p. 500, Mart.) qui précise : « au lever vespéral » (ἑσπέριος ἀνατολή) — soit fin septembre /début octobre (cf. Gundel, s. v. *Pleiaden*, P. W., XXI, 2, 2511-2514). A tort, selon G. R. Mair, J. Martin et M. Erren (notes *ad loc.*) qui préfèrent comprendre : « au coucher matinal », soit vers le 10 novembre (Gundel, *loc. cit.*). Car le coucher matinal est depuis Hésiode universellement cité comme date d'arrivée de la mauvaise saison (cf. Avien., 616 sq.), et il correspond mieux à la mention *fine sub autumni*.

7. Aviénus laisse tomber le v. 1067 d'Aratos : « Il n'y a qu'à voir, avec ces guêpes, les tourbillons de vent qui s'élèvent. » (trad. J. Martin) — d'interprétation d'ailleurs discutée (cf. note de J. Martin, *ad loc.*).

8. Ici encore, ce que veut dire Aratos (1068-1070) prête à discussion. Les femelles sont-elles insatiables du mâle, ou bien, après avoir subi tous les assauts de celui-ci, s'en prennent-elles encore les unes aux autres (cf. note de J. Martin, *ad loc.* ; P. von Winterfeld, *Beitr.*, p. 17)? La traduction d'Aviénus n'est pas moins ambiguë, au fond, même si elle semble plutôt (comme J. Martin et M. Erren) suggérer la première solution, qui est aussi la moins insolite. Sur le présage, cf. la mention pudique de Pline (XVIII, 364) : *pecora exsultantia et indecora lasciuia ludentia.*

9. Tandis qu'Aratos enchaîne (1072-1074) : « Lorsqu'au contraire les chèvres, les brebis et les truies ne s'unissent aux mâles que tard dans la saison, le pauvre se réjouit ; car pour lui qui n'a pas de quoi se chauffer, leurs ébats révèlent une année douce. » (trad. J. Martin), Aviénus insère l'explication physiologique du Scholiaste (p. 502, Mart.) : « Ces animaux ont grand désir d'accouplement quand il fait mauvais, car alors, l'humidité étant à l'extérieur, la chaleur est interne, qui les brûle et éveille leur désir de s'accoupler. » (cf. aussi p. 501, Mart.).

10. Notice claire dans son ensemble, malgré quelques incertitudes textuelles. Le *aratro* de Housman, contre *arator* des manuscrits, ne s'impose pas (Arat., 1075, χαίρει... ὡραῖος ἀροτρεύς) ; pas plus que le *quique* de Morel et des éditeurs. Comme l'ont vu von Winterfeld et Housman, *quisque* a ici le sens, archaïque et post-classique, de *quisquis*,

quicumque (cf. Neue-Wagener, II, p. 493-497, qui cite nombre d'exemples du *C. I. L.*, de Plaute, Térence, Tite-Live, Apulée, Ammien Marcellin, Ausone, etc.). On s'étonnera néanmoins qu'Aviénus n'ait pas songé à écrire ici *quisquis humum* (*agrum*) ; en tout cas, il n'emploie ailleurs ni *quisque* dans ce sens, ni *quisquis* (mais neuf fois *quidquid*), ni *quicumque*. Après ce relatif indéfini, *uersarit* nous paraît meilleur que *-sabit* des manuscrits (confusion *B/R* en majuscules) et *-sauit* de von Winterfeld. Sur *iusti*(*s*), l'hésitation est permise : *-ti* donne une bonne structure rythmique avec disjonction classique (cf. v. 886), et se justifie, soit par un hypallage, soit par un sens de *annus* = saison (*sic* Winterfeld) ; *-tis* est de sens plus obvie, mais le *anni* final fait un peu cheville. L'idée est que, de toute façon, l'arrivée des grues est signe de pluie : si elle vient en son temps, elle fait plaisir au laboureur qui a suivi le calendrier normal ; si elle tarde, elle favorise le laboureur qui s'est moins pressé (cf. note suiv.).

11. Aviénus néglige les v. 1078-1081 d'Aratos, qui développe la notice précédente avec une insistance un peu scolaire : si les grues arrivent de bonne heure, les tempêtes commencent tôt ; si elles arrivent plus tard et progressivement, le retard de l'hiver favorise les travaux différés.

12. *Pecudes lanigerae* ne traduit pas exactement βόες καὶ μῆλα (Arat., 1082).

Page 170 :

1. Vers incomplet. L'addition de *primum* est facile (cf. v. 742, 1152, 1192, 1298, 1326, 1331... 1792). Mais Housman, remarquant qu'il s'agit du coucher matinal (ἑῴα δύσις) des Pléiades, lequel avait lieu, en effet, aux environs du 10 novembre (Gundel, s. v. *Pleiaden*, P. W., XXI, 2, 2511-2514), propose de lire *cum matutinus...*, symétrique de *iam uespertinus...* (1792). Correction séduisante (cf. v. 610, 1261, 1360, etc.), qui ne se heurte qu'à une objection : au contraire du v. 1792 (cf. note *ad loc.*), ni Aratos (1085, Πληϊάδες... κατερχόμεναι) ni les Scholies (p. 505 et 507, Mart.) ne précisent ici le moment de ce coucher. Il est douteux qu'Aviénus l'ait fait de son cru.

2. « Un hiver rigoureux » (μάλα... χείμερον... χειμῶνα), dit plus précisément Aratos (1084 sq.).

3. Le texte d'Aratos (1086-1090) fait ici difficulté (cf. P. von Winterfeld, *Beitr.*, p. 18). On comprend d'ordinaire qu'Aratos souhaite que la neige tombe en abondance (1087, ἀλλὰ χιὼν εἴη πολλή, optat. sans κε) pour protéger les jeunes pousses (trad. G. R. Mair, J. Martin, M. Erren). Mais l'idée a dû paraître étrange à certains Scholiastes, qui expliquent au contraire (p. 505 sq., Mart.) : (ce comportement des bêtes) « annonce de fortes chutes de neige, sous l'effet desquelles on verra (la récolte) dans les champs, encore délicate et pas assez développée pour échapper à la flétrissure, se dessécher sous l'effet du froid. Car si elle était vigoureuse, le cultivateur ne craindrait pas les dommages de la neige. » C'est la version que suit Aviénus, de fort près (τρυφερόν ∾ *teneras*, μαραίνεσθαι ∾ *uret*).

4. Aratos est plus méfiant : « ni une, ni deux, ni davantage » (1092)

et le v. 1091 précisait : « Que du haut du ciel les étoiles restent toujours semblables à elles-mêmes. » (trad. J. Martin).

5. Ces v. 1815-1819 proviennent non d'Aratos, mais des Scholies, qui consacrent de longs développements à l'origine des comètes (p. 508-512, Mart.). Leur doxographie énumère les Pythagoriciens, Hippocrate, Démocrite et Anaxagore, Posidonius et Sporos. C'est l'explication de ce dernier seul (p. 510.20-511.12, Mart.) que choisit Aviénus (sur ce Sporos, dont on ne sait à peu près rien, cf. J. Martin, *Hist. du texte des Phén. d'Arat.*, p. 205-209), non pas parce que ses Scholies ne lui en fournissaient pas d'autre (*sic* von Winterfeld, *op. cit.*, p. 21), mais parce qu'elle s'accordait au mieux avec le présage de sécheresse. Le Scholiaste dit, en effet, ceci : « Quand la terre se trouve sèche et aride, l'exhalaison sèche qui en jaillit produit les astres qu'on appelle comètes : sa chaleur propre la fait s'élever facilement sous la forme d'une flamme qui monte du sol, et projette vers le haut des sortes de rayons, car le feu tend par nature à monter. Ce sont ces rayons que l'on prend pour la chevelure de tout l'astre : οὕτω Σπόρος. » Mais cette théorie est également, *grosso modo*, celle d'Aristote (*Meteor.*, I, 7) et d'Épigène (cf. Sénèque, *N. Q.*, VII, 6) ; Manilius (I, 813-851) lui consacre un long développement qui n'est pas sans analogies avec celui d'Aviénus ; cf. Gundel, s. v. *Kometen*, P. W., XI, 1166 sq.

6. Avec beaucoup de cohérence, Aviénus veut ici expliquer, mieux que ne le fait le Scholiaste (tel du moins que nous le lisons) : 1) la nature ignée de l'astre (*ignescunt flammis*) ; 2) son déplacement souvent rapide (*impulsa* ; mais *mundi calor* est un bien énigmatique moteur) ; 3) son noyau brillant (*excutiunt stellas*, qui ne signifie pas « faire tomber les étoiles » de la voûte céleste ; sur ce sens de *excutere* = *emittere*, *edere*, cf. *Thes. L. L.*, s. v. ,qui cite, outre notre texte, Sénèque, *N. Q.*, I, 1.4, et Claudien, XVII, 111) ; 4) sa chevelure (*crebro crine*). Notons que, selon le Scholiaste, celle-ci est dirigée de bas en haut — ce qui est exact, puisque la pression de radiation chasse la queue des comètes à l'opposé du soleil (qui se trouve au-dessous de l'horizon).

7. *Solidam... terram* = le continent (ἤπειρος), par opposition aux îles.

8. L'explication, absente chez Aratos, est dans les Scholies (p. 513 sq., Mart.) qui se réfèrent à Aristote (*fr.* 240, Rose) et à Plutarque (*fr.* 20, Sandbach). Selon ce dernier, les îles sont plus sèches que le continent et sont plus vite affectées par la sécheresse. Le premier précise : quand l'air est frais et humide, les îles sont bien arrosées et se couvrent de végétation (ἀναφύουσι), offrant leur nourriture aux oiseaux ; mais en cas de sécheresse, il n'y a plus aucune végétation et les oiseaux des îles se réfugient sur le continent, où ils pourront subsister tant bien que mal (κἂν ἐξ ὀλίγου). On a parfois compris (éd. Lemaire, note *ad loc.* ; A. Breysig, *Hermes*, XVI, p. 134 sq.) que les îles étaient plus sèches parce qu'elles étaient plus hautes (îles escarpées de l'archipel). Mais rien dans nos textes n'autorise cette interprétation, et mieux vaut donner à *altas* le sens de « profond », habituel en un tel contexte (cf. 1409-1418, *occulte... insubiectum*

oculis... caespite ab imo; 1437-1440, *alta... uiscera telluris*). Dans l'autre hypothèse, Aviénus aurait plutôt employé *arduus* ou *celsus*. J. Beaujeu enfin, qui met en doute la justesse des explications ci-dessus, invoquerait plus volontiers le caractère desséchant reconnu par les Anciens à l'eau de mer (cf. *Corp. Hippocr.*, *Regim.*, II, 57; Pline, *N. H.*, XXXI, 62; Min. Felix, *Oct.*, 2, 3).

9. Aviénus a modifié l'ordre des idées que lui offrait Aratos (1094-1098), mais n'en a escamoté aucune : vols compacts des oiseaux des îles au continent, sentiments du cultivateur, sécheresse et moisson grillée en perspective.

Page 171 :

1. Le sens est clair, mais la lettre du texte fait difficulté. Si l'idée de mesure s'impose (*modico* = Arat., 1099, κατὰ μέτρον; Schol. Arat., p. 512.18, τεταγμένως; 513.19, ἔμμετροι; 514.6, ἐν κόσμῳ καὶ τεταγμέναι) contre le *immodico* de A, le reste a été restitué de plusieurs façons. Nous excluons un *producant* intransitif en écrivant avec von Winterfeld ⟨*se*⟩ (chute facile après *si*) *modico*... (cf. app. crit.), ainsi qu'un adverbe *modico* rarissime et tardif en pareil emploi (*Thes. L. L.*, VIII, 1238) : c'est évidemment un adjectif rapporté à un *agmine* (cf. les expressions du Schol., ci-dessus) qu'il faut restituer d'après le *-na* des manuscrits; et *producant* a pour sujet un *aues* à déduire du contexte.

2. Vers sans équivalent chez Aratos : remplissage tout aviénien.

3. *Duris* est aussi du cru d'Aviénus. Quant au présage, il est chez Aratos (1100) et les Scholiastes (p. 513.1, 514.7, Mart.) celui d'une bonne année de lait, ainsi que de chaleur (Schol. Arat., p. 514.7) et de fertilité (Schol. Arat., p. 513.20, εὐκαρπίαν). La pluie n'est nulle part mentionnée.

4. Après une brève réflexion sur la misère et les dissensions humaines (Arat., 1101 sq. : « C'est ainsi que, mortels chétifs et instables, nous vivons chacun sur des ressources différentes. »), qu'Aviénus rend, sur un ton plus grondeur et moralisant, aux v. 1832 sqq., Aratos enchaîne : « Et nous sommes tous prêts à reconnaître comme signes les premiers objets qui nous tombent sous la main et à les noter pour l'avenir. » (1102 sq.). Cette formule annonce les développements qui suivent : le berger tire des présages de son troupeau (Arat., 1104-1112), le laboureur de ses bœufs (Arat., 1113-1121) ; de même Aviénus, 1837-1845, *ouis... pastori... aries... haedi* / 1846, *Bubus arator item*... Cette répartition est claire aussi dans les Scholies (p. 514, Mart.) : ἄλλος ἐξ ἄλλων ἔργων καὶ ἐλπίδων ζῶμεν, l'agriculteur de ses semailles, le chevrier de son troupeau, les marins de la mer... et tous sont prêts à reconnaître les signes qui servent de base à leur activité (ἐξ ὧν μεταχειρίζονται). Après quoi, poursuit le Scholiaste, Aratos « passe en revue le cas de chacun » (ἐπέξεισι τὰ ἑκάστου). Cette idée, Aviénus l'a comprise et l'a rendue (avec une *amplificatio* emphatique de l'idée de providence, v. 1835), ainsi que l'atteste *suis studiis adfixit signa futuri*, où *suis studiis* exprime de toute évidence les préoccupations propres à chaque catégorie de travailleurs.

Mais ce réfléchi, tel quel, est syntaxiquement indéfendable ; même en lui donnant le sens de « son propre », il ne renvoie à rien, puisque tous les verbes précédents (*agimur*, *poscimus*) étaient à la première personne du pluriel. Le texte est donc altéré. Il devait présenter et un retour à la troisième personne, et un pronom de sens distributif, probablement *quisque*. D'où la conjecture de Housman, 1834, *denique cuique*. Mais on ne s'explique pas du tout la faute *cuique* > *et ipsa* (??). Aussi préférerons-nous *sed cuique ipsa*. Pour la prosodie *cŭĭ-*, cf. v. 206, et L. Mueller, *De re metr.*, 2e éd., p. 318 sq. ; E. Reuter, *op. cit.* p. 23 sq., montre que la scansion monosyllabique de *cui* ou *cui-* n'est jamais assurée chez Aviénus. *Sed* = Arat., 1102, τὰ δὲ πὰρ ποσί ; *sed cuique*, lu *se denique* (*cui* ∾ *eni* en minusc. ; fréquence de *denique* au pied V chez Avien.), donnait une fin de vers amétrique, *dispendia se denique ipsa*, qu'a corrigée un réviseur en supprimant *se* et en insérant *et*. On pouvait restituer aussi un *cuique sed ipsa* (*quisque* initial de phrase chez Virg., *Aen.*, VI, 743), mais le processus de la mélecture est moins évident. Reste une solution toute différente, mais non moins plausible : la chute d'un vers après 1835 :

Denique et ipsa
sollers natura et rerum genitabilis ordo
⟨ante pedes posuit cunctis et cuique pericli⟩
certa suis studiis adfixit signa futuri.

(*ante pedes... cunctis* = Arat., 1102, πὰρ ποσὶ πάντες ; *certa... signa* complément des deux verbes).

5. Aratos (1104-1109) ne parle ici que des béliers et des agneaux, non des brebis. Ceux-ci « courent au pâturage avec plus de hâte » (1105), quittent le troupeau pour jouer au milieu de la route en s'affrontant de leurs cornes (1106 sq.), et, lorsqu'ils bondissent, c'est des quatre pieds pour les jeunes, de deux seulement pour les plus âgés (1108 sq.) : détails pittoresques (cf. Schol. Arat., p. 514-516, Mart.) dont on regrette la disparition chez Aviénus.

6. Sans équivalent chez Aratos ou dans les Scholies. Au contraire, Aratos présente ces animaux, dans leurs ébats précédents, comme dispersés : 1106, ἐξ ἀγέλης ; 1108, ἄλλοθεν ἄλλοι (« quittant le troupeau... dispersés », traduit J. Martin). Observation personnelle? Influence d'une scholie perdue?

7. Aviénus édulcore et poétise. Aratos (1110 sqq.), plus rudement, parle des volées de cailloux que leur lancent les pâtres pour les faire avancer de force, malgré leur résistance.

8. Pour se tenir le foie au chaud, selon les Scholiastes (p. 517 sq., Mart.) ! Après cette notation (Arat., 1116), Aratos ajoute (1117) : « Le laboureur averti s'attend à un retard des labours. » (trad. (J. Martin).

9. « C'est que les jeunes, pleines de tristesse, sentent que demain elles n'auront pas le temps de se rassasier de la pâture des prés avant la venue de la tempête », explique Aratos (1120 sq.). Sur ces vers d'Aratos, d'interprétation délicate (est-ce pour cela qu'Aviénus les a négligés?), cf. J. Martin, note *ad loc.*

10. Après bergers et bouviers, voici — mais implicitement — chez

Aratos et Aviénus le tour des chevriers (Arat., 1122 sq. = Avien., 1850-1852) et des porchers (Arat., 1123 = Avien., 1852 sq.), dont seules les bêtes sont nommées. Mais ces notations développent encore les v. 1834-1836 d'Aviénus (cf. note *ad loc.*).

Page 172 :

1. A une notation réaliste d'Aratos (1124, λύκος... μονόλυκος, « le loup solitaire »), Aviénus substitue l'épithète, conventionnelle en poésie latine, de *Martius* (Virgile, *Aen.*, IX, 566 ; Properce, IV, 1.55 ; Manilius, IV, 26 ; cf. Horace, *Od.*, I, 17.9). Il supprime aussi le « long hurlement » (μακρὰ... ὠρύηται) dont parle son modèle.

2. Aviénus lisait donc (Arat., 1127) ἵνα οἱ λέχος αὐτόθεν εἴη — variante ancienne connue des Scholiastes (p. 520 sq., Mart.). Mais les éditeurs modernes préfèrent λόχος, « le butin » (cf. J. Martin, note *ad loc.*).

3. Aratos précise (1128) : « attends la tempête au troisième lever du jour ». Et il poursuit (1129-1131) : « De même, avec les signes précédents, note l'arrivée des vents, de la tempête ou de la pluie pour le jour même, le lendemain ou le troisième jour. » (trad. J. Martin). Aviénus néglige 1128, et reporte l'équivalent de 1129-1131 tout à la fin de son développement (1860-1863).

4. Le texte de cette fin de vers est gravement altéré, amétrique et inintelligible chez les deux témoins (cf. app. crit.). Ni le *praesentia multam* de la vulgate, ni même le *praesentiat ultro* de Breysig et Holder ne sont défendables. L'un ne signifie rien, l'autre présente, à côté d'un *ultro* très aviénien, certes, un subjonctif tout à fait injustifiable dans le contexte d'indicatifs. D'où la tentative de Housman, *praenuntiat ultro*, qui serait excellente si A et E ne s'accordaient à peu près sur la syllabe médiane *r/sen*, bien éloignée de *-nun-*. *Praesentit* est donc la solution la plus obvie. Quant au dernier mot, on n'a pas remarqué que le *adultis* de A (dont le témoignage est ici précieux, car il ne comprend rien à ce qu'il copie) peut fort bien, dans sa singularité même, être défendu. Aratos dit en effet :

> 1134 (οὐδὲ μύες) ἄσκεπτοι ἐγένοντο παλαιοτέροις ἀνθρώποις
> οὐδὲ κύνες.

« (ni les souris) ne sont passées inaperçues des anciens, ni les chiens ». Or, ce groupe παλαιοτέροις ἀνθρώποις, que les Scholies ne commentent pas, et qui signifie sans doute « les hommes d'autrefois » (avec l'aor. gnomique), peut aussi s'interpréter (παλαιός a couramment le sens de « âgé », par opposition à νέος en particulier) « les hommes d'un certain âge, d'expérience » — équivalent du lat. *seniores*. Dans le texte d'Aviénus, c'est cela que signifie sans doute *adultis* (dat. d'intérêt). Certes, *adultus* désigne plutôt (cf. *Thes. L. L.*, I, 802 sq.) un être parvenu à son plein développement, mais jeune. Chose curieuse, cependant — et à nos yeux décisive — le seul autre passage où Aviénus emploie le mot, dans l'expression 680, *tempore noctis adultae*, c'est pour traduire Arat., 304, πυμάτης ἐπὶ νυκτός = « à la fin de la nuit » (Schol. Arat., *ad loc.*, p. 228, Mart., ἐπὶ τῆς ἐσχάτης νυκτὸς, ἤγουν ἐπὶ ὄρθρου). Dans ces deux emplois d'*adultus*, Aviénus semble donc bien lui donner le sens particulier de « avancé » (en âge ou dans le temps). Ainsi *adultis* = παλαιοτέροις et doit être conservé. Le v. 1859 s'orne ainsi d'une 'uariatio' multiple : *portendunt* (plur.) / *praesentit* (sing.), *tibimet* (sing.) / *adultis* (plur.).

5. Aviénus a donc lu ὠρύξατο (Arat., 1135) comme les éditeurs modernes, et non ὠρέξατο « s'étire ». Les Scholies connaissent déjà les deux variantes (p. 522, Mart.).

6. Arat., 1129, οὕτω καὶ προτέροις ἐπὶ σήμασι. Il faut donc conserver *haec... omnia* (« ces derniers présages, et tous les autres »), plutôt que d'adopter le *omina* de Grotius — substantif qu'Aviénus emploie rarement (*Ar.* 3 et 599), jamais pour désigner des indices météorologiques. Même formule, du reste, au v. 1649.

7. Trois vers alambiqués pour traduire Arat., 1131, αὐτὴν ἢ μετὰ τὴν ἢ καὶ τριτάτην ἔτ' ἐς ἠῶ (cf. *supra*, p. 290, n. 3). Après l'attitude des chiens (1135 sq.), Aratos revenait aux souris (1137, « Et c'est aussi la tempête que présagent les souris dans ces cas-là »). Puis viennent quatre vers (1138-1141) sur les crabes et de nouveau sur les souris (maladresse évidente), que les Scholiastes ne commentent pas, qu'Aviénus et l'*Aratus Latinus* ne traduisent pas, et qui sont sans doute une interpolation (J. Martin, *Hist. du texte des Ph. d'Arat.*, p. 286-288).

8. Aratos (1145) dit παριόντος... ἐνιαυτοῦ, « de l'année qui s'écoule ». Ainsi comprennent J. Martin et M. Erren, mais les Scholiastes (suivis par Voss et Mair, cf. J. Martin, note *ad loc.*) glosent τοῦ παρελθόντος ἐνιαυτοῦ, qu'ils opposent à τοῦ ἐνεστῶτος (p. 523 sq., Mart.). En employant un participe passé, mais en substituant *menses* à *anni*, Aviénus est donc d'accord avec les plus récents exégètes d'Aratos.

9. Au lieu du *confluxere* de Grotius (ce serait le seul exemple de ce verbe chez Aviénus), rien n'empêche de conserver le *sic fluxere* des manuscrits (cf. *supra*, v. 1826). *Reperta* et *fluxere*, au passé, désignent les observations antérieures, dont on connaît l'aboutissement ; pour la construction de *fluere* avec un adverbe et un sens identique à celui qui est requis ici, cf. par exemple Tacite, *Dial.*, V, 5 ; *Ann.*, XV, 5.4. La suite des idées est claire : s'il y a trois indices présents, la certitude est déjà grande ; mais si l'on peut en outre faire état de précédents identiques, alors il n'y a plus la moindre raison d'hésiter. Aviénus développe ici Aratos, qui se contente de dire : « A mesure que l'année s'écoule, tiens un compte de tous les signes et établis des correspondances... » (1145 sq.).

10. « ... pour voir si un jour déterminé se montre bien, au lever ou au coucher d'une étoile déterminée, tel que le signe le laisse prévoir » (Arat., 1146-1148). La corrélation τοίη... ὁπποίην, reprise par les Scholies, nous avait d'abord suggéré qu'au *sic* de *sic fluxere* devait répondre un *ut*, qu'aurait fait disparaître la chute d'un vers après 1868. Mais la corrélation aratéenne concerne l'observation stellaire, qu'Aviénus aborde seulement au v. 1870, et c'est *casus similes* qui rend l'idée.

Page 173 :

1. Cf. *supra*, v. 1326-1332, 1343-1347. Il s'agit par définition des mois lunaires authentiques, sans rapport avec le calendrier julien connu d'Aviénus.

2. Cette ultime recommandation, qui clôt le poème d'Aratos d'assez falote manière — et Aviénus lui-même n'a pas su en dissimuler la platitude — s'explique selon le Scholiaste (p. 525, Mart. par le fait que les nuits sans lune, avec leur atmosphère épaisse et froide, seraient propices aux changements de temps (cf. Arat., 1151, σφαλερώτερος αἰθήρ, qu'Aviénus ne traduit pas). D'où nécessité d'une observation particulièrement attentive à ces moments-là : c'est pourquoi je préfère au v. 1876 le *ipsa* (sc. *confinia*) de A (non signalé par les app. crit. de Breysig et Holder) au *ipse* de E et de tous les éditeurs, qui n'offre aucun intérêt.

APPENDICE I

LA DOUBLE INSCRIPTION *C. I. L.*, VI, 537

Plaque de marbre, au Musée du Vatican. Bonne photographie dans A. Rostagni, *Storia della Letteratura Latina*, t. III, Torino, 1964, p. 556.

Sur critères épigraphiques, Mrs. Joyce S. Gordon date l'inscription, approximativement, du dernier quart du IVe siècle (plus probablement le milieu ou même la fin de cette période). La pierre a été gravée après la mort d'Aviénus (cf. Ch. E. Murgia, *Avienus's Supposed Iambic Version of Livy*, *Calif. St. in Class. Ant.*, III, 1970, p. 196).

R. Festus, clarissime, sur sa personne, à la déesse Nortia.

Moi, Festus, descendant de Musonius et postérité d'Aviénus, à qui tes eaux, Caesia, doivent leur nom, je te vénère, Nortia : issu des lares de Volsinies, habitant de Rome, grandi par un double titre de proconsul, auteur de nombreux poèmes, je mène une vie sans tache ; je suis dans la force de l'âge, heureux dans mon union avec Placida et fier du grand nombre de mes enfants. Puisse leur existence être longue ! Quant au reste, l'ordre et la loi des destins l'amèneront.

A son auguste père, Placidus son fils.

Tu iras au séjour que tu souhaitais : car Jupiter, Festus, qui t'ouvre l'empyrée, te permet d'y arriver tout radieux. Tu y arrives : que de sa place, le chœur des dieux te tend les bras, et voici que, de tout le ciel, on t'applaudit.

APPENDICE I

LA DOUBLE INSCRIPTION *C. I. L.*, VI, 537

C. I. L., VI, 537 = *I. L. S.*, 2944, Dessau = *C. E. L.*, 1530, Bücheler.

R. FESTVS. V. C. DE SE AD DEAM NORTI[am].

Festus, Musoni suboles prolesque Auieni,
Vnde tui latices traxerunt, Caesia, nomen,
Nortia, te ueneror, lare cretus Vulsiniensi,
Romam habitans, gemino proconsulis auctus honor[e],
Carmina multa serens, uitam insons, integer aeu(u)m,
Coniugio laetus Placidae numeroque frequenti
Natorum exsultans : uiuax sit spiritus ollis !
Cetera composita fatorum lege trahentur.

SANCTO PATRI FILIVS PLACIDVS.

Ibis in optatas sedes : nam Iuppiter aethram
  Pandit, Feste, tibi, candidus ut uenias.
Iamq(ue) uenis : tendit dextras chorus inde deorum,
  Et toto tibi iam plauditur ecce polo.

3. lare *Bücheler, metri causa* : lari *Mommsen (C. I. L.), Dessau.*

5. *integer aeuum* : cette inscription votive a donc été composée sensiblement avant l'inscription funéraire de Placidus, qui a repris, en guise d'*elogium*, un texte autobiographique de son père.

6. Nous ne connaissons pas autrement Placida, Placidus et l'existence d'autres enfants. On ne sait d'ailleurs s'il faut comprendre *natorum* comme un masculin exclusif, ou comme un synonyme de l'amétrique *līběrōrum*. Cf. Jones-Martindale-Morris, *op. cit.*, p. 704 sq.

Commentaire exégétique

Tit. *Nortia* : déesse étrusque du destin, particulièrement honorée à Volsinies. Témoignages littéraires (Tite-Live, VII, 3.7 ; Juvénal, X, 74 ; Tertullien, *Apol.*, 24 ; *Nat.*, II, 8) et épigraphiques (*C. I. L.*, XI, 2685 et 2686). Cf. E. Bernert, s. v., P. W., XVII, 1048-1051.

1. *Musoni* : pour tous les commentateurs, il s'agit de C. Musonius Rufus, chevalier romain lui aussi originaire de Volsinies (environ 30-100 après J.-C.), philosophe stoïcien et maître d'Épictète : cf. Tacite, *Hist.*, III, 81 ; Pline le Jeune, *Ep.*, III, 11, etc. K. von Fritz, s. v. *Musonius* 1, P. W., XVI, 893-897 ; H. Dörrie, s. v. *Musonius*, Kl. Pauly, III, 1496 sq. ; A. Rivaud, *Histoire de la philosophie*, t. I, Paris, 1960, p. 469 sq.

2. Ces allusions nous échappent. La source Caesia est inconnue ; on ignore si *unde* a pour antécédent *Auieni* (qui serait le père du poète, se serait peut-être nommé Caesius Aviénus et aurait donné à cette source son nouveau nom) ou *Nortia* (en l'honneur de qui la source aurait été rebaptisée) : cf. Mommsen, Dessau, *ad loc.* ; M. Schanz, *op. cit.*, p. 17. Autre interprétation possible : *nomen* signifierait « renom », quelque poème ayant illustré le site (O. Seeck, P. W., VI, 2257).

4. *Gemino proconsulis... honore* : sur ces proconsulats d'Achaïe et d'Afrique, cf. Introd., p. 15 sq.

Commentaire stylistique

Aidé par l'*index uerborum* de A. Holder, un lecteur assidu d'Aviénus remarque vite une relative constance dans le vocabulaire et les tours du poète qui, malgré sa prolixité, manifeste de nettes préférences lexicales, stylistiques et métriques. Or, la double inscription, *C. I. L.*, VI, 537, reflète exactement les mêmes.

1. *suboles prolesque* ∾ *Ar.*, 370 (même place du vers).

Auieni : quadrisyllabe final d'hexamètre attesté soixante-seize fois (E. Reuter, *op. cit.*, p. 82), notamment avec des noms propres : *Aquilones*, *Capricornus*, *Geminorum*, *Ophiuchi*... Cf., en particulier, *D. O. T.*, 895, 1299, *Arienos* (*-ni*) ; 1137, *Cletauenus* ; 1195, *Matieni*.

2. *tui... Caesia* : vocatif « fictif » ∾ *Ar.*, 136, 386, 701.

latices : mot aviénien (cinq occurrences), qui désigne toujours l'eau douce, notamment l'eau de source ; cf., en particulier, *Ar.*, 497 (source Hippocrène), *Aones hoc latici posuerunt nomen equino / pastores* ; 502, *in latices inhiat gens fontis alumni*.

traxerunt... nomen : nombreuses expressions analogues dans les longs poèmes : *nomen habet*, *tenet*, *dedit*, *indidit*, *statuit*, *liquit*, *posuerunt*...

3. *ueneror* et *cretus* ne sont pas attestés ailleurs ; mais Aviénus connaît *uenerabilis* (*Ar.*, 291, la Vierge-Justice ; *D. O. T.*, 316,

Hammon) ; *cretus* est un souvenir de Lucrèce (V, 6) et surtout de Virgile (*Aen.*, II, 74, etc.).

lare : terme favori d'Aviénus, qui l'applique volontiers aux cités (*D. O. T.*, 368, 870 ; *O. M.*, 198, 510, 517, 559, 614, 708).

Vulsiniensi : nom propre final de cinq syllabes ; c'est une licence qu'Aviénus se permet vingt fois (E. Reuter, *op. cit.*, p. 81 sq.), ainsi *D. O. T.*, 117, *Aeneadarum* ; 449, *Panticapaei* ; 652, *Aegialiae* ; 1035, *Bellerophontis* ; 1213, *Atropateni*...

4. *Romam habitans* : non seulement Aviénus construit *habito* transitivement (*D. O. T.*, 522, 929, 935, 1215, 1225, 1389...), mais encore l'élision sur cette forme et à cette place revient plusieurs fois : *D. O. T.*, 278, *Mauri habitant* ; 459, *Gerrhae habitant* ; 935, *arua habitant* ; 1215, *oram habitant* ; 1225, *saxa habitat* — coïncidence significative.

gemino = *duobus* : plusieurs dizaines d'exemples.

auctus : le verbe est aviénien (4 exemples).

honore : en fin de vers, 5 exemples (ainsi *Ar.*, 43, 151, 198, 227).

5. *carmina* : au début du vers = *Ar.*, 626.

serens : cf. *Ar.*, 1620 ; *D. O. T.*, 874 (mais dans un autre sens) ; réminiscence de Virgile, *Aen.*, VI, 160, *multa... uario sermone serebant.*

insons : ∾ *D. O. T.*, 725. L'accusatif de relation avec un adjectif est banal chez Aviénus (H. Kuehne, *op. cit.*, p. 39 sq.).

integer aeuum ∾ *Ar.*, 485, *integer artus* ; 1565, *integer ora* (en fin de vers) ; cf. Virgile, *Aen.*, IX, 255, *integer aeui* (en fin de vers).

6. *coniugio... natorum* : cf. *D. O. T.*, 285, *coniugibus natisque simul.*

frequenti : pour le mouvement, cf. *Ar.*, 1821 sq., *solidamque frequentes / succedunt terram.*

7. *exsultans* : non attesté ailleurs, mais cf. Virgile, *Aen.*, XII, 700, *laetitia exsultans*. Pour l'élision *natorum exultans*, cf. *Ar.*, 1344, *umbrarum excludit*. La redondance avec *laetus*, inspirée par Virgile, est très aviénienne.

uiuax sit ∾ *Ar.*, 466, *uiuax est* (même place du vers).

spiritus = *uita* ∾ *O. M.*, 10.

ollis : archaïsme qu'Aviénus affectionne (30 exemples !), surtout en fin de vers (*Ar.*, 116, 252, etc.) — encore un indice majeur.

8. *cetera* : en début de vers, *Ar.*, 820, 1147 ; *D. O. T.*, 17, etc.

composita : verbe aviénien (3 exemples) ; cf. *D. O. T.*, 1216 (Médée), *Pandionis letum componeret aulae.*

fatorum : cf. *Ar.*, 289, *mobile fatum.*

lege : désigne chez Aviénus les lois de la nature (*Ar.*, 1028, *scandendi lex una mouet* ; 996, ... *sub lege magistra* ; 1044, *spatii sic lege locantur*) et des dieux (*Ar.*, 1802, *quadam lege deorum*) ; cf. *Ar.*, 1815, *naturae legibus.*

trahentur : cf. *Ar.*, 1408, *mundi ratione trahantur* (fin de vers).

A ces convergences s'ajoutent celles, non moins convaincantes, des deux distiques de Placidus. On a remarqué depuis longtemps (Wernsdorf) qu'ils démarquent de fort près l'exorde des *Aratea* :

1. *Ibis in optatas sedes* ∾ *Ar.*, 3, *imus in astra*; *Ar.*, 5, *hic statio, hic sedes primi patris.*

Iuppiter aethram = *Ar.*, 2.

2. *aethram / pandit... tibi* ∾ *Ar.*, 4, *mortalibus aethera pando.*

candidus : rappelle Virgile, *B.*, V, 56, *candidus insuetum miratur limen Olympi.*

APPENDICE II

L'ASTROLOGIE COMÉTAIRE D'AVIÉNUS

p. 421 LES COMÈTES SANGLANTES ROUGEOIENT SINISTREMENT[1]. (*Lugubre*) pour *lugubriter.* — Comètes[2], en latin, se dit (astres) chevelus[3]. Et les Stoïciens disent qu'il en existe plus de 32[4], dont les noms et les effets sont rappelés par Aviénus, qui a mis en vers iambiques des mythes virgiliens[5]. Pline l'Ancien dit aussi que les comètes sont des astres naturels, qui apparaissent à dates fixes[6]. (Aviénus)[7] encore rappelle aussi que les comètes proviennent des cinq planètes, ce qui explique qu'elles présagent tantôt du bien, tantôt des calamités[8]. Si elles proviennent de Vénus ou de Jupiter, elles annoncent des événements excellents ; de Mars ou de Saturne, des événements plus fâcheux[9] ; quant à celle qui provient de Mercure[10], elle est toujours telle que la planète dont il est voisin ; ce qui explique également qu'on voie en lui le serviteur des dieux. Voilà *donc* pourquoi il[11] vient de dire : « les comètes sanglantes rougeoient sinistrement », c'est-à-dire « sont funestes ». *On dit que cet astre est Électre, avec laquelle coucha Jupiter. Voyant Troie en flammes, elle déchirait sa chevelure et fut dans cet état accueillie parmi les astres*[12]. *Au vrai, Aviénus différencie les comètes comme suit*[13] *:*

L'astre qui traîne derrière lui un flambeau oblique formant une sorte de chevelure s'appelle Hippius (chevalin)[14]. *S'il se déplace d'occident en orient, il fait voir des malheurs à la Perse et à la Syrie ; s'il se dirige vers le midi, il soulage de leurs maux l'Afrique et l'Égypte et*
p. 422 *n'annonce de fléau que pour les bêtes*[15] *; s'il regarde vers*

APPENDICE II

L'ASTROLOGIE COMÉTAIRE D'AVIÉNUS

Servivs, *ad Aen.*, X, 272 (ed. G. Thilo, Leipzig, 1884, t. II, p. 421-423). [*Italicis, ut aiunt, notis sunt Deutero-Seruii siue Seruii Danielis supplementa.*]

p. 421 Cometae sangvinei lvgvbre rvbent pro 'lugubriter'. Cometae autem Latine crinitae appellantur. Et Stoici dicunt has stellas esse ultra xxxii. Quarum nomina et effectus Auienus, qui iambis scripsit Vergilii fabulas, memorat. Plinius etiam Secundus dicit cometas stellas esse naturales, quae apparent certis temporibus. Item hoc quoque commemorat cometas fieri de planetis quinque, unde interdum bonum, interdum pessima significant. Nam si de Venere aut Ioue fiant, optima praenuntiant ; si de Marte aut Saturno, deteriora ; nam Mercurialis semper talis est, qualis ille cui cohaeret ; unde et minister deorum fingitur. Hinc est *ergo* quod modo ait 'cometae sanguinei lugubre rubent', id est noxii. *Hanc stellam Electram dicunt, cum qua Iuppiter concubuit. Quae cum Troiam ardentem uideret, capillum lacerabat atque ita in astra est recepta. Sane Auienus cometarum has differentias dicit :*

Stella, quae obliquam facem post se trahens quasi crinem facit, hippius uocatur. Ista si ab occasu solis in ortum ueniat, mala Persidi et Syriae ostendit; si ad meridiem attenderit, Africam et Aegyptum a malis releuat, solis
p. 422 *pecoribus pestem denuntians; si septentrionem respexerit, Aegyptum bellis et miseriis premit; si occidentem atten-*

421.21 uideret *Daniel* : -rat *codd.*

le nord, il accable l'Égypte de guerres et de misères; s'il se dirige vers l'occident, il pèse sur l'Italie et tous les pays qui s'étendent de l'Italie aux Espagnes; s'il va du midi au nord[16]*, il annonce qu'il n'y a aucun danger de guerres étrangères, mais fait prévoir des révoltes intestines.*

Une autre comète tire son nom de l'épée : elle s'appelle en grec 'xiphias'[17]*. Sa traînée est plus longue et sa couleur blafarde; elle n'a point, dit-on, de chevelure*[18]*, et ses feux sont moins vifs. Si elle se dirige vers l'orient, elle annonce que le roi de Perse doit être attaqué*[19] *par ruse, elle présage aussi des guerres; elle englobe encore les Syriens dans la même situation, et annonce que la Libye et l'Égypte pâtiront de fourberie et de traîtrise. Si elle se dirige vers l'occident, elle présage pour le roi de cette contrée des pactes nuisibles : ceux qui accompagnent la demande en mariage d'une fille, annonce-t-elle, seront rompus*[20]*.*

Il est une autre comète, appelée 'lampas' (la lampe)[21]*, qui brille comme une torche. Quand elle se dirige vers l'orient, elle dit que toutes ces contrées d'orient souffriront de brouillards et que leurs récoltes seront gâtées par l'obscurcissement de l'air; si elle se dirige vers le midi, elle dit que l'Afrique souffrira de la sécheresse et des reptiles; si elle regarde l'occident, elle dit que l'Italie souffrira constamment d'inondations fluviales; si elle contemple le nord, elle annonce la famine aux peuples nordiques*[22]*.*

Il est encore une autre sorte de comète, qui porte proprement ce nom de comète, car elle est enveloppée de tous côtés d'une chevelure[23]*. Celle-ci passe pour bienfaisante. Si elle se dirige vers l'orient, elle annonce du bonheur à cette partie du monde; vers le midi, de la joie pour l'Afrique ou l'Égypte; si elle regarde l'occident, la terre d'Italie verra ses vœux comblés. C'est elle qui apparut, dit-on, au moment où le pouvoir échut à Auguste*[24] *: bref, c'est le bonheur réservé à toutes les nations qui leur fut alors annoncé. Si elle se dirige vers le nord, elle présage une prospérité universelle*[25]*.*

Il existe une autre sorte de comète, en forme de tambour,

derit, grauat Italiam et quicquid ab Italia usque ad Hispanias tenditur; si a meridie in septentrionem ierit, a bellis quidem externis securitatem denuntiat, sed seditiones domesticas significat.

Alter cometes est cui ex gladio nomen est : nam Graece xiphias appellatur. Cuius tractus est longior et pallidus color, neque comas habere dicitur, et hebetior eius flamma est. Qui si orientem attenderit, regem Persidis dolis significat appetendum, denuntiat et bella; etiam Syrios pari condicione inuoluit, et Libyam atque Aegyptum fraude et insidiis nuntiat posse laborare. Quod si occidentem attenderit, foedera nocua regionis eius regi significat, quae dicit per puellam conrogatam in nuptias posse dissolui.

Alter cometes est qui lampas appellatur et quasi fax lucet. Hic cum orientem attenderit, omnes illas orientis partes dicit nebulis posse laborare frugesque eorum caliginoso aere corrumpi; si meridiem attenderit, Africam dicit siccitate et serpentibus posse laborare; si occidentem spectauerit, Italiam dicit adsiduis fluminum inundationibus laborare; si septentrionem uiderit, famem gentibus septentrionalibus significat.

Est etiam alter cometes, qui uere cometes appellatur; nam comis hinc inde cingitur. Hic blandus esse dicitur. Qui si orientem attenderit, laetas res ipsi parti significat; si meridiem, Africae aut Aegypto gaudia; si occidentem inspexerit, terra Italia uoti sui compos erit. Hic dicitur apparuisse eo tempore quo est Augustus sortitus imperium; tunc denique gaudia omnibus gentibus futura sunt nuntiata. Si septentrionem attenderit, prospera uniuersa significat.

Est alter cometes in tympani modum, qui nec ualde lucet et electri colorem habet, quem disceum uocant. Iste quoniam ex uno loco non solet gigni, orbi terrarum caedes, rapinas, bella et cetera mala significat.

422.3 tenditur *codd.* : -dit *Daniel* || 422.11 nocua *Schoell* : noua *codd.* || 422.13 lampas *codd.* : -padias *Masvicius*

qui n'est pas très brillante et a la couleur de l'ambre : on l'appelle 'disceus' (le disque)[26]. *Comme elle ne surgit pas, d'ordinaire, d'un point unique*[27], *c'est au monde entier qu'elle annonce massacres, pillages, guerres et autres fléaux.*

La sixième espèce de comète, dit-on, tient son nom du roi Typhon, et s'appelle elle-même 'typhon'. On ne l'a vue qu'une fois, en Égypte[28], *et l'on raconte que sa rougeur n'est pas celle du feu, mais du sang*[29]*; elle forme, paraît-il, un globe énorme*[30] *et renflé; sa chevelure n'apparaît, dit-on,*
p. 423 *que faiblement lumineuse, et elle s'est manifestée un jour, à ce qu'on rapporte, du côté du nord*[31]. *C'est elle que virent, paraît-il, Éthiopiens et Perses, qui endurèrent les contraintes de tous les maux et de la famine*[32].

Pour des distinctions plus complètes (?)[33], *au lecteur intéressé de les chercher chez Campester ou Pétosiris*[34].

COMÈTES SINISTRES. (Astres) chevelus funestes ; car il en est aussi de bénéfiques, comme nous l'avons exposé à propos de l'*Énéide*, si elles proviennent de Jupiter ou de Vénus — problème qu'Aviénus traite tout du long.

*Sextum cometen appellari ex regis Typhonis nomine typhonem dicunt, qui semel in Aegypto sit uisus. Qui non igneo, sed sanguine*o *rubore fuisse narratur; globus ei* im*modicus dicitur et tumens, crinem eius tenui lumine*
p. 423 *apparere ferunt, qui in septentrionis parte aliquando fuisse dicitur. Hunc Aethiopes dicuntur et Persae uidisse et omnium malorum et famis necessitates pertulisse.*

Quarum † ple uel in pleniores † differentias uel in Campestro uel in Petosiri siquem delectauerit quaerat.

422.29 sanguineo *Daniel* : -guine *codd.* ‖ 422.30 immodicus *Riess* : modi- *codd.*, *Thilo* ‖ 423.3 omnium... famis necessitates *Masvicius* : omni... fames necessitatis *codd.* ‖ 423.4 quarum *codd.* : quorum *Masvicius* ‖ 423.4 ple uel inpleniores *uel* plena uel in pleniores diff- *codd.* : plures differentias uel in Plinio (*ubi* uel in Plinio *glossa marginalis habenda est*) *dubitanter Thilo* plures differentias uel in Auieno *Schoell.*

Servivs, *ad Georg.*, I, 488 (ed. G. Thilo, Leipzig, 1887, t. III, p. 214).

Diri cometae. Crinitae pessimae, quia sunt et bonae, ut docuimus in Aeneide, factae ex Ioue uel Venere, quam rem plenissime Auienus exsequitur.

Notes de l'appendice ii

1. En *Aen.*, X, 270 sqq., Virgile évoque l'aigrette qui étincelle sur le casque d'Énée, et son bouclier resplendissant d'or. Il en compare l'éclat aux *cometae sanguinei* qui *lugubre rubent*, ou à l'ardent Sirius qui dessèche la terre.

2. Principaux textes anciens sur les comètes : Aristote, *Meteor.*, I, 6-7 ; Manilius, I, 809-926 ; Sénèque, *N. Q.*, VII ; Pline, *N. H.*, II, 89-94 (riche comm. de J. Beaujeu, *ad loc.*) ; monographie de Gundel, s. v. *Kometen*, P. W., XI, 1143-1193.

Sur l'astrologie des comètes (presque toujours de mauvais augure), cf. A. Bouché-Leclercq, *L'astrologie grecque*, Paris, 1899, p. 357-362 ; Gundel, *op. cit.*, 1145-1150, 1153-1164 ; A. Le Bœuffle, *Le vocab. lat. de l'astronomie*, p. 1045 sqq.

3. Cf. Cicéron, *N. D.*, II, 14, *stellis iis quas Graeci cometas, nostri crinitas uocant* (certains mss. ont *concinnatas*, cf. comm. A. Stanley Pease, *ad loc.*) ; Pline, *N. H.*, II, 89, *cometas Graeci uocant, nostri crinitas*. En fait, cette désignation est rare (sauf chez Suétone) : dans 80 % des cas, c'est le mot grec *cometae* qui est employé (A. Le Bœuffle, *op. cit.*, p. 111). Sur les noms des comètes, cf. A. Le Bœuffle, *op. cit.*, p. 108-118.

4. Ce nombre doit s'entendre des divers types de comètes, non du nombre d'apparitions ; il n'est pas attesté ailleurs. D'autres chiffres sont avancés par différents textes : entre 3 et 11, parfois plus (A. Bouché-Leclercq, *op. cit.*, p. 359 ; Gundel, *op. cit.*, 1157). Ces classifications sont d'autant plus subjectives et incertaines que la distinction n'était pas toujours bien faite entre comètes et météores.

5. Sur ces poèmes, cf. Introd., p. 34 sq.

6. Pline, *N. H.*, II, 97, *Atque ego haec statis* (*satis* codd.) *temporibus, naturae ut cetera, arbitror exsistere, non, ut plerique, uariis de causis, quas ingeniorum acumen excogitat.* C'est donc à tort que G. Thilo (*Testim. ad loc.*) déclare n'avoir pas trouvé chez Pline l'idée que lui attribue Servius.

7. Tel que nous lisons le texte de Servius, *commemorat* semble avoir pour sujet *Plinius Secundus*, et c'est bien ainsi que comprennent les *Scholia Strozziana* de Germanicus, qui, plus tard, reproduisent cette notice à peu près textuellement (cf. note suiv.). Mais d'une part cette théorie n'est pas mentionnée par Pline ; d'autre part, Servius, *ad Ge.*, I, 488 (cf. *infra*) l'attribue formellement à Aviénus. Il nous paraît donc certain qu'avec *item hoc quoque* nous revenons aux théories de notre poète. Il faut donc considérer la phrase *Plinius etiam Secundus... certis temporibus* comme une brève parenthèse (mais les *Schol. Strozz.* s'y sont trompés), à moins qu'on ne suppose un accident du texte.

8. Théorie fantaisiste, qui ne se retrouve que dans les *Scholia Strozziana* (et non *Sangermanensia*, comme le dit Gundel, *op. cit.*, 1156) de Germanicus, p. 186, Br. : *Plinius namque Secundus dicit stellas cometas fieri ex quinque planetis, unde interdum bona, interdum pessima significant. Nam si de Venere aut Ioue fiant, optima pronun-*

tiant, si de Marte aut Saturno, deteriora. Nam Mercurialis talis est semper qualis ille cui cohaeret. Hinc et minister deorum fingitur. Cette scholie est certainement postérieure à la nôtre, qu'elle reproduit quasi-textuellement, en attribuant à Pline (*sic* Gundel, *loc. cit.*) une théorie qui se lisait en fait chez Aviénus (cf. note précéd.). Sur l'origine tardive et composite des *Scholia Strozziana*, cf. C. Robert, *Eratosthenis... reliquiae*, p. 201-220 ; A. Swoboda, *P. Nigidii Figuli opera*, p. 38 ; J. Martin, *Hist. du texte des Phén. d'Arat.*, p. 39 sq.

D'autres Anciens aussi ont supposé un lien entre planètes et comètes, mais sous des formes différentes. Aristote (*Meteor.*, I, 7, 344 a fin, 344 b 17) admet que les comètes puissent naître, comme exhalaisons, d'étoiles fixes ou de planètes. D'autres (Varron, Nigidius Figulus, Apulée) jugeaient significatives les conjonctions des planètes et des comètes (Gundel, *loc. cit.*). Enfin, les diverses formes de comètes étaient parfois rattachées aux diverses planètes (Bouché-Leclercq, *op. cit.*, p. 358 sq. ; Gundel, *op. cit.*, 1156 sq.).

9. Répartition classique entre planètes favorables et défavorables (cf. W. et H. Gundel, s. v. *Planeten*, P. W., XX, 2130). A Vénus, belle et fécondante, à Jupiter, majestueux et tempéré, s'opposent Saturne, glacial et sinistre, Mars, rougeoyant et torride.

10. Pour des raisons de symétrie (deux favorables, deux défavorables), Mercure est classé à part. Sans influence spécifique, il se charge de transmettre celle de la planète la plus voisine de lui (cf. W. et H. Gundel, *loc. cit.*). Par là, l'astrologie rejoignait le mythe d'Hermès messager des dieux.

11. Virgile, dont Servius commente le texte.

12. Cf. *Ar.*, 585-597, et notes *ad loc.* C'est donc toujours d'Aviénus qu'il est question, au début de la notice propre au Deutéro-Servius (texte en italiques). Notre poète a exposé cette légende à la fois dans son poème « virgilien » en trimètres iambiques et plus tard dans les *Aratea.* Noter en particulier le verbe *lacerabat* = *lacerata* (*Ar.*, 592, et note *ad loc.*).

13. Ainsi que l'a montré E. Riess (*Nechepsonis et Petosiridis fragmenta magica*, Philologus, Suppl. Bd. VI, 1891-1893, p. 343-351), le développement qui commence ici présente des analogies textuelles massives avec Johannes Lydus Laurentius, *De ostentis*, 11-15, Wachsm. (première moitié du VIe siècle après J.-C.) et, à un moindre degré, avec Héphestion de Thèbes (auteur, vers 381 après J.-C., d'*Apotelesmatica* [ed. D. Pingee, Teubner, 1974]), I, 24. Les trois textes sont inséparables (E. Riess les réunit commodément), ont même plan et mêmes subdivisions, et ne divergent que sur des détails.

Par un intermédiaire romain du IIIe-IVe siècle après J.-C., Campester (ou -tris ; gr. -τριος), dont on ne sait à peu près rien (E. Riess, s. v. *Campester*, P. W., III, 1143 sq.), on admet qu'ils remontent aux Ἀστρολογούμενα de Néchepso et Pétosiris, sources également de Nigidius Figulus, Manilius, Pline, Suétone, Vettius Valens (vers 150 après J.-C.), Firmicus Maternus (vers 335-337 après J.-C.). Cette œuvre astrologique, attribuée à deux Égyptiens — l'un roi, l'autre prêtre — sans doute mythiques, dut voir le jour à Alexandrie vers 120 avant J.-C. (W. Kroll, s. v. *Nechepso*, P. W., XVI, 2163 sq.).

E. Riess (*op. cit.*, p. 329) la situait, lui, entre 80 et 60 (entre Posidonius et Nigidius Figulus).

14. Divergence sur l'étymologie. Aviénus adopte visiblement la thèse selon laquelle l'*hippius* (ou *hippeus*) est ainsi nommé parce qu'il rappelle la forme d'une crinière, alors que Joh. Lydus explique ἐκ δὲ τῆς ὀξύτητος οὕτως ὠνόμασται. Pline (II, 90, *imitatur... hippeus equinas iubas, celerrimi motus atque in orbem circa se euntes*) et Héphestion (ὀξύτατος τὴν κίνησιν, ἐν ἑαυτῷ στίλβουσαν ἔχων τὴν χαίτην καὶ ἀπολήγουσαν εἰς τοὐπίσω) combinent les deux. Sur cette sorte de comète, cf. Gundel, *op. cit.*, 1176 ; A. Le Bœuffle, *op. cit.*, p. 117 sq.

15. Cette antithèse hommes/bêtes n'apparaît pas dans les textes parallèles.

16. Ἐπὶ τὸν Βοώτην, dit Joh. Lydus, qui distingue aussi guerres extérieures (ἐξωτικόν) et guerres intestines (ἐμφυλίους).

17. Du gr. ξίφος, « épée » : cf. Hygin, *Fab.*, 192.6 ; Pline, II, 89, *sunt omnium pallidissimae et quodam gladii nitore.* Gundel, *op. cit.*, 1177 ; A. Le Bœuffle, *op. cit.*, p. 115.

18. Cf. Pline, *loc. cit.*, *sine ullis radiis* ; mais Héphestion, *loc. cit.*, παραμήκεις μᾶλλον ἀκτῖνας ἔχων περὶ αὑτόν.

19. *Appetendum* (*esse*) doit s'entendre comme un simple infinitif futur passif : Héphestion, τῷ Περσῶν βασιλεῖ... σημαίνει ἐπιβουλὴν καὶ φαρμακείας παρὰ σατραπῶν ; Joh. Lydus, οἱ δυνατοὶ Περσῶν... τοὺς ἑαυτῶν βασιλεῖς φαρμάκῳ διαφθεροῦσι.

20. Notice analogue chez Joh. Lydus (mais, selon lui, quand la comète regarde le nord) : « Elle indique des relations (ἐπιμιξίαν) entre peuples nordiques et libyens, au point que la fille d'un souverain libyen soit donnée en mariage à un tyran nordique, mais conspire contre son père et le trahisse, subjuguée par l'amour impie qu'elle porte à son mari. » *Nocua* est une correction de Schoell : les manuscrits ont *noua.*

21. *Lampas* est souvent un terme ambigu, qui désigne n'importe quel type de comète, voire de météore (A. Le Bœuffle, *op. cit.*, p. 116 sq.). Il s'agit ici d'une espèce particulière, appelée aussi *lampadias* : Pline, II, 90, *lampadias ardentes imitatur faces* ; Joh. Lydus, Héphestion (παραπλήσιος ταῖς διασειομέναις λαμπάσι), *loc. cit.* ; cf. Gundel, *op. cit.*, 1176 sq.

22. Les deux premières notations (E = brouillards nuisibles, S = sécheresse et serpents en Afrique) correspondent exactement à ce qu'enseigne Joh. Lydus. En revanche, celui-ci prévoit, lorsque la comète regarde le nord, chutes de la foudre et incendies de forêts en montagne ; lorsqu'elle regarde l'ouest, foudre encore, incendies et troupeaux décimés dans ces régions.

23. Sur cette comète « proprement dite », cf. Joh. Lydus, Héphestion, *loc. cit.* ; Gundel, *op. cit.*, 1175 sq. (qui comprend *blandus* = « blanc, argenté »). Son caractère favorable est souligné par les trois textes parallèles ; il se manifeste sur les contrées vers lesquelles elle paraît orientée.

24. Cette observation ne figure pas dans les textes grecs, mais elle est bien connue. Il s'agit de la fameuse comète (*sidus Iulium*) apparue

en septembre 44 lors des jeux funèbres donnés en l'honneur de César par le jeune Octave, qui allait se faire octroyer le consulat l'année suivante : cf. Virgile, *B.*, IX, 46-49 ; Calpurnius Siculus, I, 82 ; Pline, II, 93 sq. (et comm. J. Beaujeu, *ad loc.*) ; Suétone, *Iul.*, 88, etc. ; cf. Gundel, *op. cit.*, 1186 sq.

25. Cette dernière notice est sans correspondant chez Joh. Lydus et Héphestion.

26. Gr. δισκεύς (Joh. Lydus, Héphest.), lat. *disceus* (Pline, II, 89). *In tympani modum* ∾ *nomini similis* (Pline ; cf. Joh. Lyd.), στρογγύλος (Héphest.). *Electri colorem habet* ∾ *colore autem electro* (Pline), ἤλεκτρον (Héphest.). Cf. Gundel, *op. cit.*, 1178 ; J. Beaujeu, comm. Pline, *ad loc.* ; A. Le Bœuffle, *op. cit.*, p. 115.

27. Κυκλοτερὴς ὢν οὐκ ἔστι δῆλον ἐπὶ ποῖον μέρος ἀφορᾷ. Ἀνίσχων δὲ κοινὰ πᾶσι μαντεύεται κακά (Joh. Lyd.).

28. Sur les terribles effets de la comète 'typhon', cf. encore Joh. Lydus et Héphestion. Mais c'est de Pline, cette fois, qu'Aviénus est le plus proche : II, 91, *Diraque comperta Aethiopum et Aegypti populis, cui nomen aeui eius rex dedit Typhon, ignea specie ac spirae modo intorta, uisu quoque toruo, nec stella uerius quam quidam igneus nodus* (cf. comm. J. Beaujeu, *ad loc.*).

La mention de l'Égypte, absente chez Joh. Lydus et Héphestion, éclaire l'ensemble de la notice, qui reflète des croyances égyptiennes exposées en particulier par Plutarque, *De Iside et Osiride* (éd. J. G. Griffiths, Univ. of Wales Press, 1970 ; cf. J. Hani, *La religion égyptienne dans la pensée de Plutarque*, thèse Paris, 1971 = Lille, 1972). Typhon-Seth (syncrétisme gréco-égyptien, cf. Plut., *I. et O.*, 41, 49) est un des grands dieux de l'Égypte, adversaire d'Osiris et vaincu par Horus, un dieu malfaisant dont les traits principaux se retrouvent ici (cf. notes suiv.). S'il est qualifié de *rex* par Pline et Aviénus, c'est en vertu d'un evhémérisme que Plutarque connaît et conteste (*I. et O.*, 22 ; cf. J. Hani, *op. cit.*, p. 169-187).

29. Description un peu différente de celle de Pline (que *non igneo* contredit ; Héphestion la qualifie aussi de πυρώδης), de celle aussi des textes grecs correspondants (δρεπανοειδής, ἀργός, καπνώδης, στυγνός pour Joh. Lydus ; πυρώδης, ἄμορφος, βραδυκίνητος pour Héphestion). Il y a dans tout cela plus d'imagination que d'objectivité : les comètes, réputées de mauvais augure, ont suscité jusqu'au XVIe siècle des descriptions apocalyptiques où la couleur rouge sang est un trait banal (Sénèque, *N. Q.*, VI, 17.3 ; Pline, II, 89, etc.). Mais on rappellera aussi que le dieu Typhon-Seth a comme attribut la couleur rouge, celle de la flamme et de la chaleur (Plutarque, *I. et O.*, 22, 31, 33 ; cf. J. Hani, *op. cit.*, p. 205 sq.).

30. Le *modicus* des manuscrits paraît bien anodin : E. Riess préfère, sans doute avec raison, *immodicus*. Aussi bien Typhon-Seth est-il le mauvais génie de la démesure et du désordre (Plutarque, *I. et O.*, 49, 51, 54, 55 ; cf. J. Hani, *op. cit.*, p. 346, 348-355).

31. Cette mention du nord, que Pline (II, 91) considère, à tort, comme le lieu privilégié des comètes, se trouve aussi chez Héphestion à propos de celle-ci : ἐπικαταφέρεσθαι δὲ εἴωθεν τῷ ἡλίῳ ἐν τοῖς πέρασι τοῦ ἀρκτικοῦ πόλου. Mais précisément, l'âme de Typhon-

Seth est localisée dans la Grande Ourse (Plutarque, *I. et O.*, 21 ; cf. J. Hani, *op. cit.*, p. 285).

32. Ni Héphestion, ni Johannes Lydus ne mentionnent spécialement l'Égypte et la Perse parmi les victimes de la comète ; Joh. Lydus évoque seulement des désastres romains ! Pour le Scholiaste de Lucain (*Adnotationes super Lucanum*, I, 529, p. 30, Endt), l'apparition de la comète Typhon signifie, selon Campester, l'anéantissement universel (*cuncta interitura*). Du point de vue de la religion égyptienne, ces assertions ne surprennent pas. Typhon-Seth, dieu de l'aridité brûlante venue du désert (Plutarque, *I. et O.*, 33 ; cf. J. Hani, *op. cit.*, p. 202-211), donc de l'infertilité et de la famine, est le responsable de maints cataclysmes : séismes, tempêtes, orages, pestes (Plutarque, *I. et O.*, 55 ; cf. J. Hani, *op. cit.*, p. 330 sq.).

33. Texte très altéré, où l'on a voulu restituer le nom de Pline (cf. app. crit.). Mais c'est improbable : presque rien de ce qui précède ne le concerne.

34. Sur Campester et Pétosiris, cf. *supra*, p. 301, n. 13.

INDEX NOMINVM

Notes liminaires : 1) On a fait figurer entre parenthèses les références des passages où le nom propre n'apparaît pas explicitement.

2) Comme Aviénus dispose, pour nommer les objets célestes, d'une riche gamme de synonymes et de périphrases, on a jugé utile de dresser, avant l'index, le catalogue suivant, où sont regroupés tous les termes dont Aviénus désigne chacune des constellations, ainsi que la lune et le soleil.

Aigle	: *Aquila, Iouis ales (armiger)*
Andromède	: *Andromeda, Cepheis*
Autel	: *Ara*
Balance	: *Libra, Chelae*
Baleine	: *Cetos, Pistris (-is), Pistrix (-icis) ;* adj. : *Nereia*
Bélier	: *Aries, Laniger* ; adj. : *Phrixeus*
Bouvier	: *Arctophylax, Arcturus, Bootes*
Cancer	: *Cancer, Nepa* (font partie du Cancer : *Aselli, Asini, Praesepe*)
Capricorne	: *Capricornus*
Carène	: *Carina* (voir aussi Navire)
Cassiopée	: *Cassiepia*
Centaure	: *Centaurus, Centaurea (moles)*
Céphée	: *Cepheus, Iasides*
Chien (Grand)	: *Canis* (fait partie du Grand Chien : *Sirius* ; adj. : *Siriacus*)
Chien (Petit)	: *Procyon*
Cocher	: *Auriga, Aurigator, Erichthonius* (font partie du Cocher : *Capra* = *Cretaeum pecus, Haedi*)
Corbeau	: *Coruus*
Coupe	: *Crater*
Couronne (australe)	: *(Corona Austrina)*

Couronne (boréale) : *Corona* ; adj. : *Ariadnaea, Gnosia, Minoa*
Cygne : *Ales, Cygnus, Olor* ; adj. : *Cygneus*
Dauphin : *Delphinus, Delphis*
Dragon : *Draco, Anguis, Serpens*
Éridan : *Eridanus, Flumen, Fluuius, Nilus, Padus* ; adj. : *Ausonius, Pharius*
Flèche : *Sagitta*
Gémeaux : *Gemini* ; adj. : *Spartana (suboles)*
Hercule : *Adnixus, Nixus (in genu, genibus, pede), Tirynthius*
Hydre : *Hydra, Anguis, Serpens*
Lièvre : *Lepus*
Lion : *Leo*
Loup : *(Bestia)*
Lyre : *Lyra, Chelys* ; adj. : *Cyllenaea, Mercurialis*
Navire : *Argo* (font partie du Navire : outre Carène et Poupe — voir ces mots —, *clauus, gubernaclum, malus*) ; adj. : *Iasonia, Thessala*
Ophiuchus : *Ophiuchus, Anguitenens*
Orion : *Orion*
Ourses : *Arctoe, Arctos utraque, Plaustra, Vrsae* ; adj. : *Lycaoniae*
Ourse (Grande) : *Arctos (maior), Callisto, Helice, Plaustrum, Septem... trio, Vrsa (maior)* ; adj. : *Cresia, Lycaonia*
Ourse (Petite) : *Arctos (minor), Cynosura, Vrsa (minor)* ; adj. : *Cynosuris, Lycaonia*
Pégase : *Equus*
Persée : *Perseus*
Poisson (austral) : *Piscis* ; adj. : *Bambycius, Notius*
Poissons : *Pisces (duo)* (l'un des deux : *Piscis*) (fait partie des Poissons : *Nodus Caelestis*) ; adj. : *Bambycii*
Poupe : *Puppis* (voir Navire)
Sagittaire : *Arquitenens, Sagittifer (-ger)* (font

	partie du Sagittaire : *Sagitta, Arcus*)
Scorpion	: *Scorpius (-pios)* ; adj. : *Chius*
Serpent	: *Serpens, Anguis*
Taureau	: *Taurus* (font partie du Taureau : *Hyades ; — Pleiades, Atlantides, Vergiliae*)
Triangle	: *Deltoton*
Verseau	: *Aquarius, (Ganymedes)* (fait partie du Verseau : *Aqua*) ; adj. : *Idaeus, Laomedontiades, Phrygius, Troicus*
Vierge	: *Virgo, Erigone, (Fortuna), Isis, Iustitia* (fait partie de la Vierge : *Spica*) ; adj. : *Attica*
Soleil	: *Sol, Phoebus, Titan, Titanius* ; adj. : *Hyperionius, Phoebeus*
Lune	: *Luna, Cynthia, Phoebe* ; adj. : *Phoebeia*

INDEX PROGNOSTICORVM

TABLEAU SYNOPTIQUE

	ARATOS	CICÉRON	GERMANICUS	AVIÉNUS
Prooemium	1 – 18	Début	1 – 16	1 – 76
I. *DESCRIPTION DES CONSTELLATIONS*	[19 – 558]	perdu,	[17 – 572]	[77 – 1059]
a) *Constellations boréales :* Ourses, Dragon, Agenouillé, Couronne, Serpentaire, Pinces, Bouvier, Vierge, Gémeaux, Cancer, Lion, Cocher, Chèvre et Chevreaux, Taureau, Céphée, Cassiopée, Andromède, Cheval,	19 –	sauf 34 fragts = 72 v.	17 –	77 –
Bélier, Triangle, Poissons, Persée, Pléiades, Lyre, Cygne, Verseau, Capricorne, Sagittaire, Flèche, Aigle, Dauphin.	(229) – 320	1 – – 101	– 326	– 714
b) *Constellations australes :* Orion, Grand Chien, Lièvre, Navire, Baleine, Éridan, Étoiles anonymes, Poisson Austral, Eau, Autel, Centaure, Hydre, Coupe, Corbeau, Procyon.	320 – – 453	102 – – 222	326 – – 433	714 – – 907
c) *Planètes.*	454 – 461	223 – 236	434 – 445	908 – 929
d) *Cercles de la sphère céleste :* 1) Voie Lactée ; 2) Tropique du Cancer ; 3) Tropique du Capricorne ; 4) Équateur ; 5) Zodiaque.	462 – – 558	237 – – 340	446 – – 572	930 – – 1059

	Aratos	Cicéron	Germanicus	Aviénus
II. *SYNCHRONISMES DES LEVERS ET COUCHERS*	559 – 757	341 – (480)	573 – 725	1060 – 1383
a) *Levers et couchers des constellations en même temps que se lèvent les signes du Zodiaque :*	559 –	341 –	573 –	1060 –
Cancer, Lion, Vierge, Pinces, Scorpion, Sagittaire, Capricorne, Verseau,	(701)	– 480		
Poissons, Bélier, Taureau, Gémeaux.	– 732		– 725	– 1325
b) *Jours, mois, saisons, cycles.*	733 – 757	Fin perdue	6 fragts	1326 – 1383
III. « *PRONOSTICS* » *MÉTÉOROLOGIQUES*	758 – 1154	sauf	= 222 v. mais	1384 – 1878
Introduction	758 – 777	6 fragts	ne proviennent pas d'Aratos	1384 – 1445
a) Présages tirés de la *lune*	778 – 818			1446 – 1542
b) Présages tirés du *soleil*	819 – 891	= 27 v.		1543 – 1650
c) Présages tirés de la *Crèche*	892 – 908			1651 – 1669
d) Présages tirés du *monde terrestre*	909 – 1141			1670 – 1863
Conclusion	1142 – 1154			1864 – 1878

ADDENDA ET CORRIGENDA

Introduction

P 8 haut. Le *terminus a quo* de 310, traditionnellement déduit de Lactance, est rabaissé par Firmicus Maternus (*Math.* II *pr.* 2 ; VIII 5, 3), qui ne connaît lui aussi, vers 335-337 date de son traité, que Cicéron (*Tullius*) et Germanicus (*Caesar*) comme adaptateurs d'Aratos. La fourchette se resserre donc : entre 337 et 386. Cf. aussi *Année épigraphique* 1980, n° 39.

P. 39 haut (colonne de droite). En regard de « Vers 335 *Vergilii fabulae* », ajouter : Firmicus Maternus ignore les *Aratea* d'Aviénus.

Texte

P. 142, v. 1183 : lire « foret » au lieu de « daret ».

Traduction

App. I, p. 293 bas : supprimer « que » devant « de sa place ».

Notes

P. 175, note 4. L'anaphore du nom de Jupiter imite Virgile, *Aen.* VII 219 *sq.*

P. 182, note 3. L'ablatif de temps *tenebris* se lit chez Tibulle, I, 2, 25 ; 6, 59.

P. 191, note 8. Mouvement analogue, qui confirme notre restitution, chez Virgile, *Ge.* I 461 *sqq.*

P. 195 note 2. Cf. Pétrone, *Sat.* CXXI, *B. C.* 117 *sq.*

P. 200, note 3. Cf. encore Pline, *N. H.*,VII 202.

P. 211 note 6. Cf. encore Pline, *N. H.*, VII 204.

TABLE DES MATIÈRES

Ce volume,
de la Collection des Universités de France,
publié aux Éditions Les Belles Lettres,
a été achevé d'imprimer
en janvier 2003
sur presse rotative numérique
de Jouve
11, bd de Sébastopol, 75001 Paris

N° d'édition : 4617
Dépôt légal : janvier 2003

Imprimé en France